张广明○编著

Successful Revelation of Celebrity

名人成功启示录

A Short Story Every Day

每天一个小故事

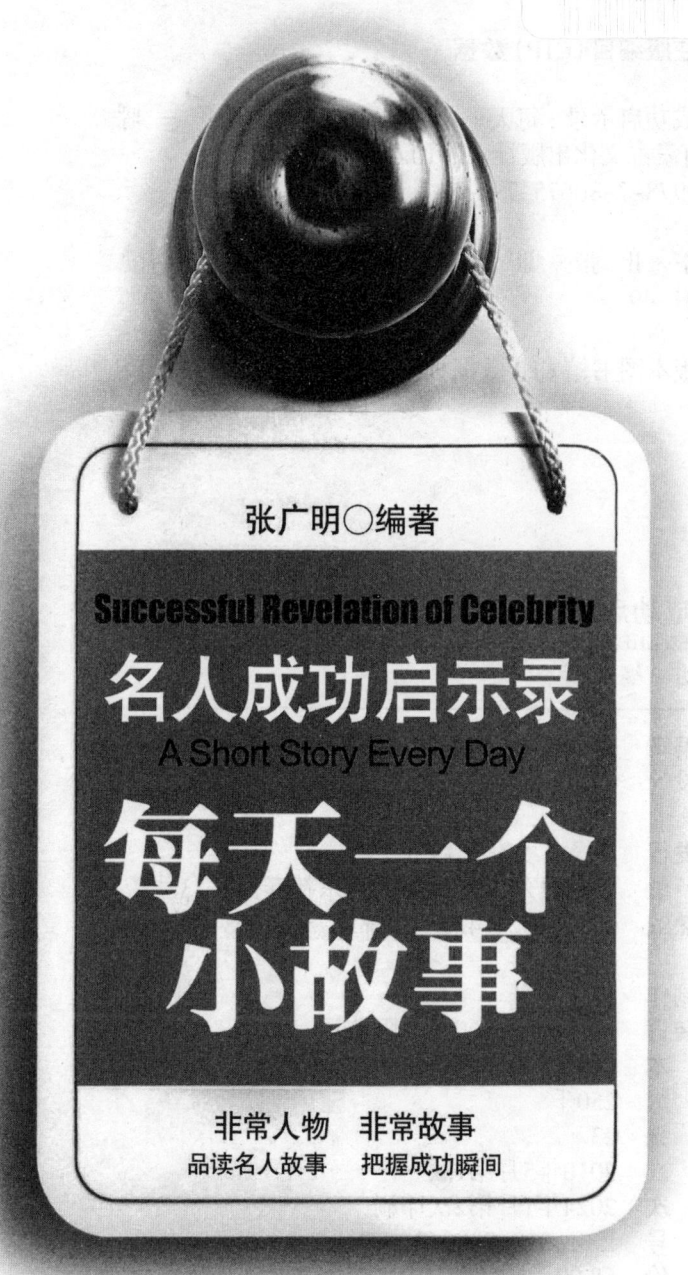

非常人物　非常故事
品读名人故事　把握成功瞬间

内蒙古出版集团有限责任公司
内蒙古文化出版社

图书在版编目(CIP)数据

名人成功启示录：每天一个小故事 / 张广明编著 . — 呼伦贝尔：内蒙古文化出版社，2010.4
 ISBN 978-7-80675-792-5

Ⅰ . 名… Ⅱ . 张… Ⅲ . 名人—生平事迹—世界—通俗读物 Ⅳ . K811-49

中国版本图书馆 CIP 数据核字（2010）第 048987 号

名人成功启示录：每天一个小故事
MINGREN CHENGGONG QISHILU : MEITIAN YIGE XIAOGUSHI
张广明　编著

责任编辑	王　春
封面设计	书心瞬意
出版发行	内蒙古文化出版社
地　　址	呼伦贝尔市海拉尔区河东新春街4－3号
直销热线	0470－8241422　　邮编　021008
排版制作	鸿儒文轩
印刷装订	三河市华东印刷有限公司
开　　本	710×1000毫米　1/16
字　　数	250千
印　　张	23
版　　次	2010年5月第1版
印　　次	2024年1月第2次印刷
书　　号	ISBN 978-7-80675-792-5
定　　价	68.00元

版权所有　侵权必究
如出现印装质量问题，请与我社联系。联系电话：0470-8241422

前　言

美国钢铁大王卡内基，相信没有人不知道他的名讳。在19世纪的美国，这个响当当的人物，有着极强的社会影响力。在20世纪末，美国评选历史上对美国社会影响最大的10名企业家中，卡内基名列第三。

他是怎么拥有成功的？相信很多人会对此好奇，并想一探究竟。答案很简单，就是模仿。他模仿洛克菲勒、摩根和其他成功人士的成功经验，最终爬上了胜利的巅峰。

而梅隆家族也曾是美国历史上的超级巨富，在第一次世界大战以后，这个家族迎来了全盛时代。到了二战年间，更是一跃成为美国工矿企业的翘楚。在20世纪70年代的时候，梅隆财团的资产占美国八大财团的第六位。当然，这份荣耀要归功于托马斯·梅隆，正是他缔造了这份辉煌。

在托马斯·梅隆14岁的时候，他无意中发现了一本散落的《本杰明·富兰克林传》。正是这本书告诉他，普通人一样可以通过努力变得有教养、通情达理、出人头地。他从那时候起就开始渴望拥抱成功，而正是富兰克林无形中指引他走出了这块贫瘠的土地，踏上成功的旅程。43年后，当他站在象征他事业巅峰的银行大厦里时，他没忘记矗立一座富兰克林的雕像。

罗素曾经说过："历来凡是有成就者，不论伟人、凡人，无不受到前贤思想的影响。我们必须向上代学习，必须掌握人类已经取得的最优秀的成果，必须借鉴他们的成功经验，这样才能少走弯路。"培根也说过，读史使人明智。这些话无一不证明了一点，名人是我们前进路上的好航标，只有多借鉴名人的成功经验，才能更加顺利地到达成功的彼岸。

古今中外的名人，不管是引领社会潮流的思想巨擘，是运筹帷幄的政治领袖，亦或是富甲天下的商业巨头，再或者是点亮人心的艺术巨匠……他们几乎都拥有豪情的壮志、坦荡的心胸、崇高的理想，阅读他们便会在无形中斩断荆棘环绕，搬开前进的障碍。

阿基米德说过，给我一个支点，我可以撬动地球。胜利的喜悦，成功的掌声，热烈的欢呼，这些无时无刻不在吸引着人们前进。而这本书，无疑是你前进途中要寻找的最好的支点，本书囊括了众多名人成功的经验和教训，分析了名人成功的思想理念，具有极强的指导意义。如果你懂得在名人成功的路上汲取成功的理想信念和价值信条，懂得踩住巨人的肩膀向上攀登，就一定能够最先找到成功的捷径。

目 录

1月份

2/1.1 找到自己的位置
3/1.2 激发出自己的热情
4/1.3 首先要确定自己的目标
5/1.4 不要满足于已有的成绩
6/1.5 别放弃自己的理想
7/1.6 人生中的大石块
8/1.7 不要把命运寄托在别人身上
8/1.8 机遇只光顾有准备的人
9/1.9 不可小看了偶然因素
10/1.10 人无远虑,必有近忧
11/1.11 在别人不留心的地方做文章
12/1.12 不妨换个角度思考问题
12/1.13 说的多不代表聪明
13/1.14 求知的道路上没有捷径
14/1.15 成功人士得益于善于讷谏
15/1.16 不妨表现得糊涂些
16/1.17 说理要到三分止
17/1.18 不经历风雨不能见彩虹
17/1.19 有行动才能有结果
19/1.20 做人要坚持原则
20/1.21 即使对子女也要讲诚信
21/1.22 切断受骗的链条
21/1.23 没有财产一样获胜
22/1.24 给人方便,自己方便
23/1.25 处世不可动辄顶牛抬杠
25/1.26 养成读书必动笔的好习惯
26/1.27 苏东坡成才照样得靠勤奋
27/1.28 你真的成竹在胸了吗
28/1.29 读万卷书行万里路
29/1.30 人生世上,首先应立大志
30/1.31 要善于借助他人的力量

2月份

34/2.1 每一个成功的背后都有辛酸
34/2.2 只要用心,沟通无极限
35/2.3 身在下层,心系国家
36/2.4 善于与陌生人交谈
37/2.5 幽默不是万能的
38/2.6 微笑是最好的通行证
38/2.7 只有专心致志才能取得成功
40/2.8 人不可有傲气,但不可无傲骨
41/2.9 家庭支持能促成事业成功
42/2.10 要善于制怒和忍耐
43/2.11 待人应宽厚平和
44/2.12 揠苗助长,害人害己
45/2.13 始终保持积极的心态
46/2.14 遇事要积极主动
47/2.15 凡事要有积极的心态?
48/2.16 世间难得真友谊
49/2.17 有志者事竟成
49/2.18 要有随机应变的处世技巧
51/2.19 敢于梦想才会成功
52/2.20 梦想多大成功就有多大
53/2.21 谦虚能为自己的人格增光
53/2.22 不要放过任何机会
54/2.23 机会是可以自己创造的
55/2.24 对消极的思想说不
56/2.25 生活中不妨来点幽默
58/2.26 要敢于尝试和冒险
59/2.27 要与自己的缺点斗争
59/2.28 小事可以映出人格

3月份

62/3.1 热爱读书,培养人格
62/3.2 读到痴时方见奇

— 1 —

63/3.3 生命是用时间组成的
64/3.4 竞争能促人上进
65/3.5 痴迷于自己的事业
66/3.6 上帝也救不了坐失机会的人
66/3.7 不要被逆境所屈服
68/3.8 以形象生动的语言说服人
69/3.9 讲话要充分利用特定的场合
69/3.10 智慧能害人于无形
70/3.11 忠言并不一定非得逆耳
71/3.12 团结合作更强大
72/3.13 克服自身的不利条件
73/3.14 坦诚可以赢得人心
73/3.15 把握成功的先机
74/3.16 处理事情要懂得变通
75/3.17 兴趣是最好的老师
76/3.18 真正的美不在于个人的享受
77/3.19 不仅要拿得起，还要放得下
78/3.20 既不随波逐流，也不消极避世
79/3.21 失之毫厘，差之千里
79/3.22 自学同样能成才
81/3.23 坚韧刚强成就伟业
82/3.24 勤奋铸造辉煌
83/3.25 居功自傲会自毁前途
84/3.26 曲高必然会和寡
85/3.27 心灵是思想火花的慧根
86/3.28 有梦想更要有行动
87/3.29 人可以相信，但不可迷信
87/3.30 好性格是幸福人生的基石
88/3.31 宽容他人会带给我们更多

4月份

92/4.1 疑神疑鬼，害人害己
93/4.2 生活之外并无禅机
94/4.3 刚愎自用是自取灭亡

95/4.4 善于掌握信息，发现商机
96/4.5 勤奋带来好财运
97/4.6 生意场上谨防"灌盐术"
98/4.7 要透过现象看到问题的本质
99/4.8 别让幌子迷花了眼睛
100/4.9 谨防空手套白狼的骗子？
101/4.10 及时解决眼前的小事情
102/4.11 停下匆忙的脚步检视一下自己
103/4.12 巧妙的退让往往会有意外之获
103/4.13 重视自己的人脉的力量
104/4.14 有阳光就足够了
105/4.15 人脉创造机遇
106/4.16 在别人最需要的时候伸出援手
106/4.17 要学会忍耐的本领
108/4.18 不要把心事写在脸上
108/4.19 要学会博采众长
109/4.20 广开言路，不可偏听偏信
111/4.21 滑稽幽默并机智应对
112/4.22 容忍别人对自己所犯的过错
113/4.23 不要病急乱投医
114/4.24 小不忍则乱大谋
115/4.25 不要被成功冲昏了头脑
116/4.26 没有磨难不能成功
116/4.27 任何情况下都不能放弃学习
117/4.28 不要在甜言蜜语前丧失警惕
118/4.29 不要放弃自己的梦想
119/4.30 人有远虑才无近忧

5月份

122/5.1 换个角度海阔天空
122/5.2 成功来源于积累
123/5.3 有所失才能有所得
124/5.4 现象背后有本质
125/5.5 失败没有任何借口

目 录

125/5.6 有多大风险就有多大利润
126/5.7 保持对金钱的欲望
128/5.8 消除自己的贫穷情结
128/5.9 学会宽容人生更加快乐
129/5.10 积极的心态是成功的根本
130/5.11 坚定地相信自己能行
131/5.12 成功要有超前意识
132/5.13 样样通不如一门精
134/5.14 远见预示你的将来
135/5.15 穷人缺乏的是赚钱的头脑
136/5.16 要有忍耐的本领
136/5.17 待人以诚方可成功
137/5.18 谎言重复千遍能成真理
138/5.19 要想富有必须向有钱人学习
139/5.20 对所用的人要充分信任
140/5.21 只要功夫深,铁杵磨成针
140/5.22 财富总是与知识相伴随
141/5.23 能与自己不喜欢的人相处合作
142/5.24 有一线希望也决不放弃
143/5.25 努力让金钱运动起来
144/5.26 冷静是对付无礼的利剑
145/5.27 能伸能屈大丈夫
146/5.28 做自己有兴趣的行业
147/5.29 警惕自己的"冤家"同行
148/5.30 投其所好是成功的不二法门
149/5.31 勇敢面对自己的失言

6月份

152/6.1 灵巧的奸诈不如笨拙的诚实
153/6.2 长期发展靠的是正直的品质
153/6.3 保住对方的面子
154/6.4 表面的不利因素往往是最佳因素
156/6.5 敏锐地抓住事情的先机
157/6.6 商机出现要果断出手

158/6.7 抢在其他人的前面
159/6.8 忍常人之所不能忍
160/6.9 把对手当朋友对待
161/6.10 做有意义的事情
162/6.11 韬光养晦,伺机而动
163/6.12 避讳尊重很重要
163/6.13 假痴不癫,突然出招
164/6.14 人的信誉胜过黄金
165/6.15 委婉地表达自己的苦衷
166/6.16 童叟无欺是赚钱的根本
167/6.17 以退为进,终能成功
168/6.18 自嘲能摆脱尴尬
169/6.19 谦让致富的卡内基
170/6.20 要能忍受人才的傲慢
171/6.21 成功来源于自信
172/6.22 一定要学会双赢
173/6.23 坚信自己是最好的
174/6.24 不要轻易放弃偶然的灵感
175/6.25 利润少也能赚大钱
176/6.26 把自己的事情做好
176/6.27 坦率承认并补救自己的错误
177/6.28 从小处着眼一点一滴地做起
178/6.29 博士生过池塘
179/6.30 稳中求胜不急功近利

7月份

182/7.1 小本生意照样赚大钱
182/7.2 忍辱可以保住自己的"青山"
183/7.3 直行不成就绕个弯
184/7.4 赚钱的三个阶段
185/7.5 绝处求生
186/7.6 侧面讽喻胜过正面直谏
186/7.7 薄利多销利润大
187/7.8 人有所长

188/7.9 学会"曲则全"的谏劝艺术
188/7.10 专注忘我才能成功
189/7.11 在做事之前多进行感情投资
190/7.12 盯住市场的缺口
190/7.13 盯住各方需求的空档
191/7.14 恩威并用,牢牢控制
192/7.15 没有教训难成功
193/7.16 开动脑筋善于巧借力
194/7.17 言过其实的人不可大用
195/7.18 处在屋檐下学会先低头
196/7.19 没有工厂的制造商
197/7.20 把握好做事的时机
197/7.21 真正的智慧
198/7.22 让别人为自己赚钱
199/7.23 不要被权威吓到
200/7.24 要学会借梯上楼
200/7.25 坏人也有做好事的时候
201/7.26 有些东西是模仿不来的
202/7.27 发挥借名钓利的谋略
203/7.28 不妨拉大旗作虎皮
204/7.29 巧借媒体的力量
205/7.30 勇敢地面对挑战
205/7.31 塞翁失马,焉知非福

8月份

208/8.1 善于借助已经成功的品牌
208/8.2 让谈判对象充当你的说客
209/8.3 忍得一时气,成得千秋业
210/8.4 利用对方最亲近的身边人
212/8.5 做事要分轻重缓急
213/8.6 要不惜重金聘请人才
214/8.7 爱心带来的回报
215/8.8 循规蹈矩做不成大事
216/8.9 利用客户的名气

216/8.10 在老人和孩子身上多下功夫
217/8.11 把精力用在办大事上
218/8.12 借力于名人的名气
219/8.13 坚持自己的主张
220/8.14 利用他人资金谋发展
221/8.15 留个缺口给别人
221/8.16 不可轻言放弃
222/8.17 把"面子"留给他人
223/8.18 史泰龙的坚持
224/8.19 别勉强自己做不愿做的事情
224/8.20 借他人手传自己情
225/8.21 细分市场找出新商机
226/8.22 确定自己做人处世的角色
227/8.23 真的高人一定是谦虚的
228/8.24 善于发现隐藏的供需失衡
229/8.25 赞美别人成就自己
230/8.26 成功要趁早
230/8.27 行行都可出状元
231/8.28 成全别人美好的记忆
232/8.29 充分认识细节的重要性
234/8.30 从科技发展中捕捉商机
235/8.31 帮助他人就是帮助自己

9月份

238/9.1 帮助别人会有收获
238/9.2 从细微之处看趋势
239/9.3 机遇常常源于身边的一些小事
241/9.4 不为外物所牵挂
242/9.5 搞乱对手的思维
243/9.6 社会关系是重要的资源
244/9.7 不因外界影响而放弃内心的追求
245/9.8 谨防对手笑里藏刀
246/9.9 要有敏感的财富神经
247/9.10 商品和服务质量是无声的广告

— 4 —

目录

248/9.11 世上没有白吃的饭
249/9.12 保持对信息的敏感性
250/9.13 赞美可以改变一个人
250/9.14 利用对手之间的罅隙
252/9.15 对市场要有前瞻性
253/9.16 暗示的力量是惊人的
254/9.17 空谈无用
254/9.18 充分利用身边的信息
256/9.19 要对你的观众充满兴趣
257/9.20 掌握他人心理可化险为夷
258/9.21 知识和智慧创造财富
258/9.22 使用部下要"对症下药"
259/9.23 为成就大事业果断出手
260/9.24 创意可以带来巨额财富
261/9.25 不要对下级言而无信
262/9.26 急中生智渡难关
263/9.27 找到问题的关键和核心
263/9.28 别忘了给自己找台阶下
264/9.29 要重视文章的字斟句酌
265/9.30 把"挫折"转化为"机会"

10月份

268/10.1 勤奋的鸟才有食吃
268/10.2 情形不对时走为上
269/10.3 敢于走出自己的新路
270/10.4 从客户的角度思考问题
271/10.5 宝剑锋从磨砺出
272/10.6 借尸还魂以图日后东山再起
273/10.7 让你的投资组合多样化
274/10.8 做事情要有主有次
275/10.9 从对方的内部下手
277/10.10 大海也是由水滴聚集成的
277/10.11 诚实能产生人格魅力
278/10.12 说话要注意把握"火候"

279/10.13 发大财也要从积小钱开始
280/10.14 谨防祸从口出
281/10.15 切忌出言不慎惹祸端
281/10.16 做事不一曝十寒要有恒心
282/10.17 要把道理讲得入情入理
283/10.18 苏格拉底的心境
284/10.19 别对表面的口号过于认真
285/10.20 非常之事需采用非常之法
286/10.21 待人以诚是相互的
287/10.22 银行是生意人的朋友
288/10.23 大智若愚潜藏深
289/10.24 人有危难时拉一把
290/10.25 别把手里的钱存死在银行里
291/10.26 宽恕别人就是宽恕自己
291/10.27 暂时的忍让是为了笑到最后
292/10.28 重要的是结果而不是过程
293/10.29 对钱保持平常心
294/10.30 入乡一定要随俗
295/10.31 虚虚实实方可达到目的

11月份

298/11.1 是狮子还是狐狸要看他自己的需要
298/11.2 提拔下属不能一次到位
299/11.3 心态决定人生
300/11.4 自然形成的是最美的
300/11.5 绕着弯子达到自己的目的
302/11.6 不要与别人正面冲突
302/11.7 尽量不得罪小人
303/11.8 敢于进行惊人的投资
304/11.9 用人如器,各取所长
305/11.10 根据需要化整为零
306/11.11 敢于在突发事件中挺身而出
307/11.12 势不可以使尽

— 5 —

308/11.13 有智慧的人才有钱赚
309/11.14 居心于有意无意之间
310/11.15 巧借时势创品牌
311/11.16 不要成为老板落魄的见证人
312/11.17 惹不起的小人要懂得躲
313/11.18 用不留下把柄的暗示引导对方
314/11.19 以弱示敌迷惑对方
315/11.20 坚守自己的成功品牌
316/11.21 要给别人留出必要的面子
317/11.22 要善于运用自身的弱点来施展计谋
318/11.23 开动脑筋白手起家
319/11.24 扶助那些落难的英才
320/11.25 学着做一位好听众
321/11.26 坦率承认自己的错误
321/11.27 敢想才敢做敢拼才会赢
323/11.28 看透生与死才能更好地享受人生
324/11.29 合情入理，歪打正着
325/11.30 要站在顾客的立场上

12月份

328/12.1 满足顾客的猎奇心理
329/12.2 能不能赚钱和体力无关
331/12.3 急流能勇退者是真正的智者
332/12.4 留下自己最美好的形象
333/12.5 要敢于经营不起眼的大生意
334/12.6 警惕利益背后的危险
335/12.7 机会往往会乔装成"问题"的样子
336/12.8 为人谋划就是为己谋划
337/12.9 该放手时就放手
338/12.10 学习是有用的
338/12.11 开发出人们迫切需要的产品
339/12.12 能上能下是真龙
341/12.13 利用对方的疲劳
341/12.14 能透过现象看到问题的本质
342/12.15 把烫手的"热山芋"扔给对方
344/12.16 学会在逆境中忍耐和等待
344/12.17 懂得谦逊就是懂得人生无止境
345/12.18 由自己的需求想到的生意
346/12.19 采他山之石成就自己
347/12.20 换个思路提意见
349/12.21 前景不广阔时及时更换行业
349/12.22 内心原则是外界的东西动摇不了的
351/12.23 做好小事
351/12.24 聪明人从不卖弄自己的聪明
352/12.25 入虎穴才能得虎子
353/12.26 经营理念要与时俱进
354/12.27 没有失败，永远不会有成功
355/12.28 细微之处不可轻易放过
355/12.29 大度包容才能够成就大业
357/12.30 人生是一个逐渐修养的过程
358/12.31 机遇来时不可优柔寡断

1月份

找到自己的位置
激发自己的热情
首先要确定自己的目标
不要满足于已有的成绩
别放弃自己的理想
……

1.1 找到自己的位置

凡·莫顿原来是个布商,后来成了著名的银行家。到了1888年时,他又成为美国的副总统候选人,一时间,声名煊赫。

后来有人请教凡·莫顿:"你是如何从一个小布商变为一个银行家的?"他回答说:"在我还经营布料生意的时候,业务状况一直比较平稳,我也很满足于现状,没有什么其他想法。可有一天我偶然读到爱默生写的一本书,书中有这样一句话:'如果一个人拥有一种别人所需要的特长,那么无论他在什么地方都不会被埋没。'这句话震撼了我,改变了我原来的目标。当时我做生意很守信用,与所有其他的商人一样,经常要去银行贷些钱来进行周转。在看到了爱默生的这句话以后,我就仔细地对自己从事的事业进行了反思,通过反思我觉得,当前社会上最急需的其实是银行业。人们的衣食住行、生意买卖,处处都需要钱,社会上不知有多少人为了钱而吃尽苦头。

经过这么一思考,我心底豁朗了起来。于是,我下决心抛弃我已经从事得还算不错的布匹生意,开始创办银行。在保证安全的前提下,我尽量多往外放款。一开始,我要去找贷款人,后来,许多人都开始来找我了。从这里可以看出,不管任何事情,只要你脚踏实地认认真真地去做,没有不成功的。"

纵观古今中外,有许许多多的人因为一生干着不适合自己的工作而导致失败。而在这些失败者中,有不少人做事也很认真,好像应该能够成功,但实际上最终失败了。这是什么原因呢?最关键的一点就是他们没有勇气放弃耕种很久但已经荒芜贫瘠的土地,没有勇气再去寻找肥沃多产的田野,所以,只好眼睁睁地看着自己在荒芜贫瘠的土地上白白花费大量的气力和耗费宝贵的光阴。其实,他们早就应该知道,这完全是由于他们没有找到适合自己的工作,没有找到适合自己的目标,过着浑浑噩噩的日子,原因全在于自己。

人生感悟

仰望夜空,我们就会发现,虽然繁星满天,但这些星星却各有各的位置。月亮只能围着地球转,地球只能围着太阳转;行星的轨道是圆的,而彗星的轨道却是椭圆的。这一切谁也不能任意改变,如果改变了,离世界末日也就不远了。星星是这样,人何尝不是如此?所以要找到自己的位置,这很重要。

1.2 激发出自己的热情

著名的人寿保险推销员弗兰克·帕克原来是一名职业棒球运动员,然而在他刚涉足职业棒球界后不久就被解雇了,原因是他在场上的表现缺乏激情,动作看起来太疲惫,没有一点儿力量。

在离开球队前,球队教练对他说:"你这样死气沉沉的,没有一点儿激情,就像在球场上混了20年马上要退休的人一样。如果今后你还打不起精神,无论你走到哪里,无论你从事什么行业,你都不会有什么出路!"

帕克被赶出球队之前的月薪是175美元,被解雇后,他转到亚特兰大球队效力,月薪只有可怜的25美元。如此少的薪水,实在是让帕克提不起精神,但他想起了那位教练的忠告,于是他决心试一试,看看自己能不能成为英格兰最有热情的球员。在随后的比赛中,他只要一上场,就告诫自己要焕发激情,用全新的精神状态来比赛。他用最大的力量投出最高速度的球,以至于把接球的对手双手都震麻了。有一次,他以惊人的气势冲入三垒,那位三垒手被这种猛兽般的气势给惊呆了,竟然忘记了接球,结果他盗垒成功。那一天正值夏季,气温高达35摄氏度,他在球场上奔来跑去,在他的激情的带动下,全队队员的热情都被激发出来了。最终,他们以大比分取得了胜利。

第二天的报纸上报道说:"那位新来的帕克,简直是一个充满激情的火球,全队的人都被他点燃了。他们赢得了本季度最精彩的一场比赛。"

由于帕克的出色表现,他的月薪很快就从25美元提高到了200美元。

帕克在以后的比赛中不幸伤了手臂,于是他不得不放弃棒球比赛,而改行做了一个人寿保险推销员。在刚开始从事推销员的一年多时间里,他没有什么成绩,情绪又低沉了下去。他很苦闷,甚至想到了放弃。然而这时他又想起了那位教练的话,于是他决定用自己打棒球的激情来做保险。

就像当年打棒球一样,他终于又成为了保险界的大红人。

后来当回忆起自己的经历的时候,他感慨颇多地说:"在我一生中,我遇到过许许多多、形形色色的人,他们中的成功者都是那些对工作抱着热忱的态度的人,他们的收入高,生活也很富足;而那些失败者,则多是缺乏生活热情的人。由此我深信,只有热情的生活态度,才是成功的最重要的因素。"

人生感悟

美国文学家R. W. 爱默生曾写道:"没有热情是干不成大事业的。"热情的付出与成功的收获是成正比的。

1.3 首先要确定自己的目标

1878年9月初的一天,美国大发明家爱迪生去访问华莱士。在华莱士那里,他看到华莱士把"远距离发电机"连接起来,并且点亮了一盏弧光灯,这让爱迪生兴奋起来,他对这个实验非常感兴趣,回去后他对发明白炽灯更加充满了信心,认为完全可以把电灯系统普及到千家万户。从此,他就以发明这样的电灯为目标,开始了自己的发明和实验。爱迪生的研究目标可以从他的《电与煤气争夺通用照明地位》看到:"目标:要用电力照明彻底取代煤气照明的现状。不仅要使电力照明具有煤气照明的一切优点,而且要使电力照明设备能够满足人们各种煤气照明所不具备的要求。"

这个目标带来的思路是全新的,主要是因为爱迪生决定先把电流分路,再引入住屋中去点灯。这在当时的电学家们看来是不可能的。然而对爱迪生来说,由于他看到了华莱士的实验,心中就有了目标。也正因为有了这样的目标,才有了研究的勇气和信心,才有了后来的成百上千次的尝试和努力,并最终取得了白炽灯的发明成功。

如果没有了这个目标,白炽灯能否在失败了上千次后仍能坚持试验下去还真不好说。而在现实生活中,有些人缺乏确定自己目标的能力,总是找不到目标,结果整天浑浑噩噩、得过且过,青春年华在不知不觉中流失殆尽。也正因为没有目标,许多人从来没有一个长远的计划,当然也就不会取得成功的思路和创意,从而永远被拒绝在成功的门外。

事实上,一个人只有首先确定了自己的目标,才有成就大事的希望,才有前进的方向。古今中外的成功者,都是非常善于在行动之前,通过自己的思考和判断来找到一个适合自己能力发展的目标,因为找到目标就等于成功了一半。目标给了你一个看得见摸得着的靶子。

人生感悟

人只有确立了心中的目标,才会有行动的方向。有了行动的方向,思想和行动才有最终的落脚点。毫不夸张地说,目标是思考问题和拿出行动的最终指向,是集中所有精力要追求的东西。

1.4 不要满足于已有的成绩

李嘉诚之所以能够成为华人首富,首先在于他从不满足于自己已有的成绩。喜欢读书的李嘉诚在香港只读了两年书,由于父亲过早病逝,全家生活的重担早早地压在了作为长子的李嘉诚肩上,当时年仅13岁的李嘉诚不得不辍学就业。

开始,李嘉诚在一家玩具制造公司当推销员,由于勤奋好学,肯动脑筋,不到20岁时便担任这家塑料玩具厂的总经理。然而李嘉诚并没有满足于现状,两年后,他用平时省吃俭用的积蓄和从亲戚处筹来的7000美元租了一间廉价的旧厂房,大胆地创办起了自己的塑胶厂,这就是后来著名的"长江塑胶厂"。

方兴未艾的巨大的塑料花市场,给李嘉诚带来了数以千万港元的利润。"长江塑胶厂"因此成为了世界上最大的塑料花生产基地,而李嘉诚则被誉为"塑胶花大王"。然而这时的李嘉诚并没有满足于"塑胶花大王"的称号而躺在功劳簿上睡大觉,而是不断找寻新的起点,使自己连续不断地进取和不断地取得更高的成绩。

他不久便开始涉足房地产市场,在1979年,他又斥资6.2亿元,从汇丰集团购入22.4%的股权,使"长江"成为第一个控制英资大银行的华资财团。1986年,李嘉诚又大举进军加拿大,购入了赫斯基石油逾半数的权益。

经过40年多年的打拼,李嘉诚从经营塑胶业、地产业到掌握多元化的集团,他的业务经营地域早已越过太平洋,向美国、加拿大……向全世界伸展,成为中国商界的骄傲。

试想,如果当年李嘉诚满足于自己"塑胶花大王"的称号,不思进取,躺在功劳簿上睡大觉,今天的辉煌肯定会与他无缘了,那他也就不会有今天的"华人首富"这个称号。

人生感悟

真正有远见的人追求的是远期的、长远的目标,当一个近期目标实现了,他又会设定新的近期目标,为之努力奋斗,永不停滞,永不满足。

1.5 别放弃自己的理想

布罗迪是英国的一位退休小学教师,有一天他在清理旧物时清理出了一摞旧作文本。这是多年前他教孩子们语文时,他们的作文本。他很怀旧地翻了起来,彷佛回到了几十年前的教室,看到了孩子们一张张充满稚气天真的脸。

作文本里的一篇作文引起了布罗迪的注意,这是一篇名为《长大后,我要做……》的作文,孩子们在作文里表达了自己的理想。比如小约翰在作文里说,他长大后要当英国首相,因为他能背出40个英国的郡名和市名,而其他同学没有人能超过10个。而小路加则说,他长大了肯定是能做海军大臣的,因为有一次他掉到海里,海水把肚子撑圆了都没有淹死。更让人称奇的是有一个叫大卫的小盲童,他认为自己长大后肯定能做英国的内阁大臣,原因是到目前为止,英国还没有一个盲人大臣。其他的孩子有说长大后要做银行家的,有说长大要做面包师的,还有要做火车司机的……

布罗迪读着读着冒出了一些想法:今天这些孩子们怎么样了呢?他们实现了自己的理想了吗?离自己的理想有多远呢?他突然有了一种冲动——干吗不把这些作文重新送回他们的主人手里呢?这样做不是很有意义吗?

说干就干,布罗迪联系了一家报纸发了一个启事,没过多久,他的学生们纷纷寄来了书信。他们中间有学者、商人、政府官员,当然大多是一些默默无闻的人,布罗迪按照来信的地址一一把作文本寄了过去。

几个月过去了,布罗迪的身边只剩下了小盲童大卫的作文本。布罗迪想,也许可怜的大卫已经不在人间了吧?毕竟已经过去50年了。

就在布罗迪已经对这本作文本不抱什么希望时,他收到了英国内阁教育大臣布伦克特的一封信。大臣在信中说:"老师您好,我就是那个小盲童大卫,感谢您还为我们保存儿时的梦想。不过我现在已经不需要那个本子了,因为从那时起,这个梦想就在我心里扎下了根,一直到我成为教育大臣,我一天也没有放弃过,到现在还在激励着我……"

布伦克特的信后来被发表在英国的《伦敦时报》上,因为他用行动证明了一个真理:只要你自己不放弃梦想,总有一天会有实现的可能。

人生感悟

我们小时候的梦之所以没能梦想成真，其实往往是因为我们没有坚守住这个梦。很多的时候我们找一大堆客观的、主观的理由放弃了心中的梦想。

1.6 人生中的大石块

教授在给学生们做实验。

教授首先拿出一个透明的大玻璃空瓶，然后取出一些碎石块装进瓶子里，一直到瓶子里装不下为止。然后他停下来问学生："装满了吗？"

学生回答："装满了。"

"真的装满了吗？"教授狡猾地一笑，又取出了一些比刚才的石块小得多的碎石子，他边往瓶子里装，边不停地晃动瓶子，一会儿又装不下了。这时候，他又问同学们："现在装满了吗？"

这次回答的同学比上次少了许多："这次应该装满了。"

"真的吗？"狡猾的教授又取出了些沙子，又是边装边摇，不一会儿又装不下了。他再次问同学们："现在装满了吗？"

同学们无人回答，充满好奇地看着教授。

教授又面带微笑的问了几次，见无人回答，他停了片刻，然后突然把旁边的一杯子水倒在了瓶子里。

同学们不自觉地"啊…"了一声。

教授对着还没回味过来的学生问："对这个小实验有点什么感想呢？"

学生回答说："这个实验告诉我们，无论我们把学习、工作和生活安排得多么紧凑，还是可以挤出更多的时间。"

教授说："这确实是一个好启示，不过我今天想告诉你们的是：如果我首先放进去的不是大石块，而是小石子或者沙子，情况将会是怎么样呢？"

同学们又不自觉地"啊……"了一声。

"那绝对不会把所有这些东西都充实到这一个瓶子里面！"教授坚决地说，"同学们，一定要记住，人生的道路上，如果先给自己装进了小石块或沙子，那么就会错过人生的大石块！"

人生感悟

在学习、工作和生活中一定要抓住主要矛盾和矛盾的主要方面,切忌做事不分轻重缓急,眉毛胡子一把抓。

1.7 不要把命运寄托在别人身上

美国总统约翰·肯尼迪的父亲从小就注意对儿子独立性格和精神状态的培养。有一次他赶着马车带儿子出去游玩,经过一个拐弯处,因为马车速度非常快,猛地把小肯尼迪甩了出去。当马车停住时,小肯尼迪以为父亲会下来把他扶起来,但父亲却坐在车上悠闲地掏出烟吸起来。

儿子叫道:"爸爸,快来扶我。"

"你摔疼了吗?"

"是的,我自己感觉已站不起来了。"儿子带着哭腔说。

"那也要坚持站起来,重新爬上马车。"

儿子挣扎着自己站了起来,摇摇晃晃地走近马车,艰难地爬了上来。

父亲摇动着鞭子问:"你知道为什么让你这么做吗?"

儿子困惑地摇了摇头。

父亲说:"人生就是这样,跌倒、爬起来、奔跑、再跌倒、再爬起来、再奔跑。在任何时候都要全靠自己,没人会去扶你的。"

人生感悟

在人生的旅途上,把自己的命运寄托在别人身上是靠不住的。真正可行的方案,还是应该自己把握自己的命运。

1.8 机遇只光顾有准备的人

麦克德·艾尔是艾墨尔肥料工厂的经理,他由厂内的速记员而走上经理的岗位,是因为他能做好他分内以外所能做的工作。

麦克德是一个十分细心的人,起初他在一个懒惰的经理手下做事,他在日常工作中很注意观察厂里各方面的情况,尤其是对老板阿穆尔先生的个人喜好——喜欢井井有条,他了解得格外仔细。皇天不负有心人,出头的机会终于来了。有一天,老板阿穆尔让那位懒惰的经理编排自己前往欧洲时用的电报密码,而懒惰的经理把这个任务交给了麦克德·艾尔。

麦克德·艾尔本能地感觉到,机遇来了。一般人编电报密码都是随便编几张纸就完事了,但是麦克德·艾尔却不同。他首先用打字机将这些电码很清楚地打出来,然后精心整理、裁剪、加装封面,最后装订成一本精美异常的本子。

顿感诧异的阿穆尔先生仔细地看了这本精致的电报密码本后,耐人寻味地对经理说:"这大概不是你的杰作吧?"

懒惰的经理只好照实回答:"不是我做的,这是速记员麦克德·艾尔做的。"

于是阿穆尔先生立即命令:"你把他叫到我这里来。"

这件事情过去了不久,麦克德·艾尔便在工厂里拥有了一间自己的办公室。又过了不久,懒惰的经理的职位就被麦克德·艾尔取代了。

从这个成功的案例中不难看出,如果当初麦克德·艾尔没有平日里细心的观察,没有充分的准备,他是不会有这样好的机遇的。

人生感悟

我们要时刻主动地去寻找机会,并且在机会降临时果断、及时地抓住它——这是成功者必备的重要品质。当然要想真正抓住机遇,必须要有敏锐的嗅觉和判断能力,同时还要在平时多观察、多思考。

1.9 不可小看了偶然因素

大家都知道,中国历史上的三国分立是由赤壁之战决定的,但是却很少有人知道赤壁之战竟是由偶然因素促成的。

三国时期,曹操亲自率领80万大军驻扎于赤壁北岸,企图一战而彻底消灭孙、刘联军。诸葛亮正与周瑜设计让庞统前去诈降并为其献计,恰好蒋干到东吴劝庞统归顺曹操,庞统将计就计到曹营诈降。

由于当时曹军士兵大多是北方人,很多人水土不服,皆生呕吐之疾,没生病的士兵也由于不习惯在船上的风浪颠簸,晕船的现象比较普遍,部队的战斗力大减,曹操正在为此事发愁。庞统献计说："这好办，可把战船用铁环连锁，首尾相扣，上面再铺上宽大的木板，如此一来船就不会再颠簸，士兵们可以在船上面行走自如，这样的话，就算风浪再大也不可怕了。"曹操听后觉得此计甚妙，马上传令军匠赶造连环大锁，锁住船只。

此时军中谋士程昱提醒说："丞相，船只连锁，虽然平稳，但如果遭遇火攻的话可难以躲避，麻烦就大了。"曹操听后笑道："不怕，不怕，现在正是冬季，大多都是西北风，东南风很少见，我们处在西北，正处在上风向，敌人处于南岸，正处在下风向，如果敌人不用火攻还好，如果他们用火攻，还不先烧了自己。哈，哈，哈！"大家听后都觉得有理，纷纷称赞曹操谋略过人。

但是，诸葛亮通晓天文地理，对气象颇有研究，他通过观察天象，知道近日将会刮东南风，于是和周瑜一起，趁东南风时火攻曹营，烧得曹军大败。曹操刚愎自用，被偶然的东南风所击溃，真可以说是败在了必然中的"偶然"上。

人生感悟

偶然中有必然，必然中也有偶然。我们做事不能凭想当然，一定不要忘了那句老话："不怕一万就怕万一。"

1.10 人无远虑，必有近忧

孔老夫子说："人无远虑，必有近忧。"是说人若无长远考虑，必有眼前忧患。要做到深思熟虑，就要瞻前顾后，不能只顾眼前利益。

项羽一生骁勇善战，勇冠三军，纵横天下，没有对手，然而缺少谋略。鸿门宴上，优柔寡断，不肯听范增之言除掉刘邦，结果纵虎为患，埋下了日后失败的伏笔。他攻取咸阳后不做深入细致的思考，便以霸王的身份大封诸侯，封刘邦为汉王，自封为西楚霸王。轻率封王，让艰苦血战得来的天下一统局面白白丧失。他只看到眼前的胜利，却未想到以后的失败。

时隔不久，那些诸侯和功臣便率兵再起，刘邦趁机与项羽争夺天下，最后在垓下将项羽包围，迫使项羽发出了"虞姬虞姬奈若何"的悲叹，在"四面楚歌"中"霸王别姬"，最终在乌江边横剑自刎。

这一曲悲歌提醒我们，深思熟虑者就会成功，轻率疏忽者则失然必败。

人生感悟

人生的道路曲曲折折，特别漫长，要想轻松地走下来还真不容易。正像屈原讲的："路漫漫其修远兮，吾将上下而求索。"要想前进的路上少些坎坷，还非得把眼光放远、放长不可。

1.11 在别人不留心的地方做文章

司空见惯的事情，一般人总是容易忽视，这也就是我们常说的熟视无睹。即使大专家、大学者也不例外。

法国人李比希是19世纪最杰出的化学家之一。1825年，年仅22岁的李比希从法国著名化学家盖·吕萨克那里学成归来，踌躇满志地准备干一番大事业，当时他担任台森大学的教授。

一天，一个制盐工厂的熟人给他送来了一瓶浸泡过某种海藻植物灰的母液，请他分析鉴定其中的化学成分。经过一番处理后，李比希从中提炼出了某些盐类。接着他又将剩下的母液与氯水混合，再加上一点淀粉试剂，母液马上呈现出了蓝色，这说明母液中含有碘化物。

第二天上午，李比希又拿起这变成蓝色的溶液来看。他发现在蓝色的含碘溶液上面还有少量的呈现棕色的液层。这个液层是什么呢？他想当然地认为，肯定是氯化碘，于是便没有做进一步的深入研究。

在做了上述鉴定的一年以后，一个与李比希同龄的法国青年巴拉也遇到了呈现棕色的少量的液层，但巴拉没有像李比希那样随便下结论，而是对棕色液体进行了多方试验。结果是惊人的，巴拉从这不起眼的少量的呈现棕色的液层中发现了一种化学性质与氯、碘极为相似的新元素——"溴"。这一发现震惊了世界。

李比希因为想当然，与一个重大的发现失之交臂。他悔恨万分，为了永远牢记这一刻骨铭心的教训，以后每当李比希指导学生实验时，就会将当年自己的结论——"氯化碘"的标签拿出来，告诫同学们千万不可粗心大意，否则就会犯自己当年的错误。

人生感悟

在人的一生中，总会碰到各式各样的偶然性的机遇，但是，假如不是对周围的事情感兴趣,不是经过悉心的观察、持久的思索,那么,机遇即使降临到你的眼前,你也不会知晓。

1.12 不妨换个角度思考问题

有个脑筋急转弯说:"一个人要进屋子,但那扇门怎么拉也拉不开,为什么?"答案是:因为那扇门是要推开的。

想想问题可能觉得很好笑,然而生活中我们有时就是会犯一些只知拉门进屋,不知推门进屋的错误。其实原因很简单,就是我们有时遇事就是靠经验,靠已有的思维定势,而不知换个角度思考问题,不懂得变通。很多时候,周围的环境早就变了,而我们不知变通,还在认死理,结果就闹出许多笑话来。

《吕氏春秋》里就记载了一个这样的故事:楚国有一个人搭船过江,一不留神,身上的剑掉进了河里。同船的人都劝他下水去捞,但他却不慌不忙,万分沉着,从身上掏出一把小刀,在刚才剑落水的船边刻了个记号。有人着急地说:"刻记号有什么用啊?"他从容地回答说:"这地方的水太深,我的剑就是从这个地方掉下去的,我作个记号。等会儿船靠岸时,水就浅了。到那时,我就从这个刻过记号的地方下水去把剑找回来。"船靠岸后,他就从刻了记号的地方下水去找剑,当然,结果是自然不会找到。

人生感悟

俗话说:"变则通,通则久。"只要我们学会变通,就能把不可能变为可能,就能把坏事变为好事。

1.13 说的多不代表聪明

1956年,苏美最高领导人举行谈判。赫鲁晓夫自以为比艾森豪威尔聪明,占上风,耍小聪明,结果反而闹出了不少笑话。

在双方谈判的过程中,无论赫鲁晓夫提出什么样的问题,艾森豪威尔都表现得糊糊涂涂,他总是先看他的国务卿杜勒斯的脸色,等到杜勒斯递给他纸条以后,他才开始慢条斯理地回答。由此,赫鲁晓夫判断艾森豪威尔肯定智力低下,而自己作为苏联人民的领袖,当然是聪明异常的,你看,自己知道任何问题的答案,根本无须借助他人的帮助。赫鲁晓夫甚至当场讽刺艾森豪威尔说:"美国谁是最高领袖?是艾森豪威尔还是杜勒斯?"

这场谈判,从表面上看起来,好像赫鲁晓夫非常机敏、博学,他常常口若悬河,滔滔不绝;而艾森豪威尔却显得迟钝、犹豫,缺乏大国领袖的气概和风度。其实,恰恰相反。艾森豪威尔的大智慧就表现在这里,他在谈判中通过迟钝、从杜勒斯那里取纸条来为自己赢得了充分的思考时间,避免急中出错,同时又及时地获得助手的建议和提醒。而赫鲁晓夫刚愎自用,闹出了诸如用皮鞋敲讲台的笑话。

在国际交往中许多人坚持不用外语谈判,而只用本国语言,除了国家的尊严外,很多时候就是为了争取尽量多的思考时间。

人生感悟

记得一位哲人说过:"话说得多了,总会说出蠢话来。"因此,我们每个人都应牢牢记住这句至理名言。

1.14 求知的道路上没有捷径

孔子向师襄子学习弹琴。学习一段时间以后,师襄子说:"我虽然因为磬击得好而被任以官职,但我最擅长的莫过于弹古琴了。现在,你跟我学弹古琴好了。"

于是孔子便跟师襄子学习弹古琴。师襄子先教了他一支曲子叫他练习,过了一段时间,师襄子说:"这支曲子你弹得已经比较熟练了,可以学习新的曲子了。"

孔子不同意学习新曲子,他回答说:"可我还没有熟练掌握好所弹曲子的节奏呢。"

又过了一段时间,师襄子说:"你已经熟练掌握了所弹奏曲子的节奏了,可以学习新的曲子了。"

可孔子说:"我还没有领悟到琴曲中所表达的思想感情。"

又过了一段时间,襄子说:"你已经领会到曲中所表达的思想感情,可以学习新的曲子了。"

孔子说:"我还没有理解作曲者是怎样的为人。"

又过了一段时间,孔子说:"我知道作者是什么样的人了,他肤色黝黑,身体魁梧，目光明亮而高瞻远瞩，胸怀包罗天下，统治着四方诸侯，这样的人不是文王还能是谁呢！"

师襄子离开坐席向孔子连拜两次，说道："您真是圣人啊！这首琴曲据传说就是周文王作曲的《文王操》。"

人生感悟

只有持之以恒的求知精神，才会最终学有所成。天才出自勤奋，这里所说的勤奋，不是一天的勤奋、一年的勤奋，而是持之以恒的勤奋！

1.15 成功人士得益于善于讷谏

唐太宗李世民是个广开言路、善于纳谏的皇帝。他与魏征的故事大家都很熟悉了。当魏征去世时，唐太宗痛心地说："以铜为镜，可以正衣冠，以人为镜，可以明得失，魏征死掉，我失去了一面镜子。"由此可见，善于忠言进谏的魏征在李世民心中的地位是何等重要。

虽然中国历代的朝廷都设有谏官，但真正虚心纳谏的皇帝却屈指可数。历任成吉思汗、窝阔台汗两代重臣的耶律楚材就是历史上一位敢于直言进谏的人，而窝阔台汗也算得上是一个诚心纳谏的有道明君。

公元1232年，窝阔台汗派大将速不台率领蒙古大军攻打金国首都上京，遭到金军顽强抵抗。按照蒙古军惯例，凡攻打一座城市遇到对方抵抗时，攻克后就要屠城，即杀尽全城军民，彻底毁掉此城。速不台报告窝阔台汗："上京即将攻下，他将依照惯例屠城。"

当时刚任蒙古汗国中书令（相当于丞相）的耶律楚材闻讯大惊失色，心急如焚，为了保全古城，挽救城中百姓的性命，他火速赶到宫中，力谏窝阔台汗："我们蒙古大军南征北战，浴血奋战了几十年，为了什么？还不是为了夺取土地和百姓？如果把百姓杀光，那得到土地又有什么用？"窝阔台汗听后虽然心动，但还是下不了废除屠城这种蒙古流传下来的旧制度的决心。耶律楚材见窝阔台汗举棋不定，便又继续说："上京城里集中了中原地区的能工巧匠和各类珍宝，一旦屠城，这些无价之宝将荡然无存！"窝阔台汗听了这些话，觉得确实有道理，便下令废除了沿袭已久的屠城旧例。这样，耶律楚材就保全了上京城里140多万军民的生命，更重要的是，由于废除了屠城的旧制，使后来更多人的生命免遭屠戮。

值得一提的是,中原刚被蒙古大军占领的时候,有蒙古头领出主意说,可以把土地上的汉人杀光,把耕地荒起来长草,以便放马。也是在耶律楚材的力谏下,他们才打消了这种念头。

人生感悟

俗话说得好:"良药苦口利于病,忠言逆耳利于行。"不能给予他人忠告的人,不是真诚的人;不接受他人忠告的人,则是一个失败的人。

1.16 不妨表现得糊涂些

美国第九任总统威廉·亨利·哈里逊小时候是个文静怕羞的孩子,人们都把他看作傻瓜,常喜欢捉弄他。他们经常把一枚5分硬币和一枚1角的硬币扔在他的面前,让他任意捡一个,威廉总是捡那个5分的,于是大家都嘲笑他。有一天一位好心人问他:"难道你不知道1角钱比5分钱值钱吗?""当然知道。"威廉慢条斯理地说,"不过,如果我捡了那个1角的,恐怕他们就再没有兴趣扔钱给我了。"

古往今来,世上那些有大智大慧的人,往往不在众人面前显露才华,外表上好像很愚笨,其实,这既是一种至高的人生境界,又是人生的大谋略。这种人像风一样自由,无牵无挂,无拘无束,世俗的一切都在身外,在人前收敛自己的智慧,一副混混沌沌的样子,在小事上常常不如一般人精明,应变能力好像差一些,殊不知这正是城府很深的表现。

明代大作家吕坤在《呻吟语》中说:"愚者人笨之,聪明者人疑之。聪明而愚,其大智也。夫《诗》云'靡者不愚',则知不愚非哲也。"用现在的话讲,他的意思是:愚蠢的人,别人会讥笑他;聪明的人,别人会怀疑他。只有聪明而看起来又愚笨的人,才是真正的大智者。

正如清朝的大画家郑板桥,明明是一位大智者,但他却有一方闲章:"难得糊涂。"此章一经刻出,便立刻变成了某些人津津乐道的座右铭,仿佛有许多人生的禅机一下子从这四个字中折射出来一样。于是,这世上便有了糊涂哲学。人活于世,显得太傻气不行,显得太聪明也不行。所谓"不智不愚",其实就是假借糊涂之象实行聪明之道的大哲学。

人生感悟

世上的人都愿意做"智"者,都对"愚"讳莫如深。其实,这里所谓的"愚"并不是傻里傻气,而是对"智"的荫蔽或荫护;是一种自我保全、不惹是非、不招妒嫉的行之有效的手段。

1.17 说理要到三分止

做人不能太认真、太明白,即便是与人说理辩非也只需说到三分。

唐朝无际大师曾经写了一个处世的药方,教的是如何待人接物,写得很有意思,其中有这么几句:"热心肠一副、温柔二片、说理三分……"。有的聪明人可能会忍不住问了:"奇了怪了,这说理为什么是三分而不是十分呢?"

"理说三分",是一种处世技巧。你若有理,聪明人一点就通,不用十分,只需要三分就足够了,不必去画蛇添足;如若碰到蠢人(或一时走进死胡同的人),你就算再费多少口舌也无用。明白了这个道理,那又何必执著呢,还不如假以时日,让他自己慢慢去领悟。至于颠顸之人,又傻又愣根本不懂得讲理,你即使讲上十二分,也只能是对牛弹琴——有时候还是对"虎"弹琴,弹得"老虎"上了火,就更没意思了!

另一方面,"理说三分",也是一种宽容。人总是有缺点的,或多或少总有不周全的地方,他或许一时真的不明白,你巧妙地说上几句,点到为止,确是与人为善的做法,等他明白过来,自然心存感激;倘若穷追猛打,非要弄得人家连面子都留不住,最后的结果只能是两败俱伤。

语文老师在教学生作文时常教学生写作的诀窍:"含蓄不露,便是好处","用意十分,下笔三分",这其实也是在教学生做人的诀窍:做人不能太露,太露了不可取;含蓄是一种大气、一种风度。

不过,要在现实生活中真正做到这一点却是很难的。因为人性的弱点之一便是"一吐为快",碰到自己占理的时候常常会不知不觉就"理直气壮"起来。因此,许多人虽然有高僧所说的"热心肠一副,温柔二片……",到时候也难以把持自己,得理不让人起来。

人生感悟

"理说三分",实在是大智慧,大修养,大气度,大学问。真正会做人的人,总是含蓄的,总是懂得明明占理十分而只说三分,总是时时刻刻提醒自己"得理也要让人"的。

1.18 不经历风雨不能见彩虹

英国劳埃德保险公司从拍卖市场拍得一艘船。这艘船于1894年下水,在大西洋上曾经遭遇138次冰山,触礁116次,13次起火,207次被风暴扭断桅杆。让人吃惊的是,它一直没有沉没。而这正是劳埃德保险公司购买它的动机所在。

然而,让这艘船名扬天下的却是一名曾经来此观光的律师。当时,他刚打输了一场官司,他的委托人也因为官司失败自杀了。尽管这不是他第一次辩护失败,也不是他遇到的第一例自杀,但每次遇到这样的事情他都会有一种负罪感。他不知该怎样安慰那些在生意场上遭遇不幸的人。在他的苦闷难以排解的时候,他在萨伦船舶博物馆看到了这艘船。突然闪过一个念头:为什么不让那些委托人参观这艘船呢?于是,他把这艘船的历史抄写下来同船的照片一起挂在自己的律师事务所里。每当有委托人请他辩护时,无论输赢,他都建议他们去看这艘船。让他们明白一个真理:只要在大海上航行,就不可能不受伤害。

人生感悟

生活如同在大海中航行,随时有可能遭遇风险。只有在风浪面前坚强地挺住,才是最终到达成功的彼岸。

1.19 有行动才能有结果

哥伦布在求学的时候,偶然读到了一本古代哲学家毕达哥拉斯的著作,知道了地球是圆的,此后他就牢记在脑子里。经过很长时间的思索和研究后,他大胆地提出,如果地球真是圆的,他便可以经过极短的路程而到达印度了。

当他提出这一想法时,许多知识渊博的大学教授和哲学家们都耻笑他,认为他这是在痴人说梦。他们警告他说,如果一直向西航行的话,他的船将驶到地球的边缘而掉下去……

然而,哥伦布却没有被这种言论所吓倒,他很相信自己的认识是正确的。但是他家境贫寒,没有钱让他实现自己的理想。他想从别人那儿得到一点钱,实现自己的理想,却一连空等了十七年。

他决定不再等下去,于是启程去见皇后伊莎贝拉,向皇后陈述自己的想法,皇后很赞赏,赐给他船只,让他去实现自己的梦想。

接下来,哥伦布去找水手,水手们听了这个疯狂的计划后,都认为他是个疯子,没有人愿意跟随他去。于是他鼓起勇气跑到海滨,找到了几位水手,先向他们哀求,接着是劝告,最后使用恫吓手段逼迫他们去。为了凑够所需的人手,他还请求皇后释放了狱中的死囚,答应他们,如果这次航行成功,就赦免他们的死罪并恢复他们的自由。

终于在1492年8月,哥伦布率领着三艘帆船,开始了那个伟大的航行。

航行并不顺利,刚航行了几天,就有两艘船破了,接着他们又在几百平方公里的海藻中陷入了进退两难的险境。克服海藻后又在浩瀚无垠的大西洋中航行了六七十天,也不见大陆的踪影。水手们都失望了,他们要求哥伦布返航,否则就把他杀死。心情迫切的哥伦布费尽了心机和口舌,最后总算把船员们说服了。

就在大家陷入绝望之中的时候,希望出现了,哥伦布忽然看见有一群飞鸟向西南方向飞去,他立即命令船队改变航向,紧跟这群飞鸟前进。因为他知道海鸟总是飞向有食物和适于它们生活的地方,所以他推测附近可能有陆地。果然,美洲新大陆很快就出现在了眼前。

人生感悟

假如没有行动的话,任何天花乱坠的梦想,任何山盟海誓的决心,也都只能是"天桥上的把式——光说不练"。现实生活当中,如果想实现梦想中的一切,就必须先有脚踏实地的行动,因为不论做任何事情,只有行动,才能有结果。

1.20 做人要坚持原则

魏晋时期的竹林七贤,在历史上留下美谈,其中的嵇康,是个节操高贵、坚守原则的人。

嵇康曾经在魏朝担任过一个小官,虽然是官小权小,但是他却不畏恶势力,一身正气。嵇康对当朝的权贵司马集团很是厌恶,羞于与他们同朝为官,因此退官还乡,过起了隐居的田园生活。

他的好朋友山涛写信劝他,不要冲撞司马集团,对他们的行为,只要睁一只眼闭一只眼,不要太冒尖,就可以稳稳当当地做自己的小官,平平安安地生活。不然的话,很可能受到迫害,遭遇不测。

嵇康看到山涛的信后非常生气,他认为男儿生于天地间,做人要有自己的原则,不能俯首哈腰地附和那些贪官污吏,而要有自己的骨气,不正确的人和事决不可迁就。他把自己的想法如实写进回信中,并由此与山涛断绝朋友关系。

当他把这封信给自己的另一位好友阮籍看时,阮籍竟被他不与贪官污吏同流合污的气节感动得泪盈满眶。阮籍称赞他是与邪恶势力格斗的真正勇士,而且他同样为山涛的没有骨气而抱憾不已。

由于嵇康的疾恶如仇,不肯与司马集团合作,不久便被司马昭借"轻时傲世,乱群惑众"的罪名处以死罪。

在嵇康临刑之时,他还气定神闲、视死如归地弹奏了一曲流传至今的古琴名曲——《广陵散》。这首绝世之作音调激越,久久回荡在刑场的上空,至今为正人君子们所慨叹。

人生感悟

做人要有原则,要有自己的底线,不然的话在大千世界中很容易迷失自我,浑浑噩噩地度过自己在人世的短暂的人生。

1.21 即使对子女也要讲诚信

被后人称为"宗圣"的曾参是孔子最得意的弟子之一,他博学多才,十分注意修身养性。

他在教育子女时,不仅对孩子严格要求,对自己也是以身作则。有一天,曾参的妻子要上集市上办事。可是,在一旁玩耍的小儿子看到后,跑上前去拉着母亲的衣襟,哭闹着也要去。曾参的妻子看孩子年幼,不愿意带他,可又被儿子缠得没有办法,就骗孩子说:"好孩子,你听话,好好留在家里,等我回来,把咱家那头猪杀了给你吃。"

儿子听到可以吃到过年时才可以吃到的猪肉,立刻止住了哭声,露出了笑脸,又蹦跳着跑到一边玩去了。

这一切,都被站在旁边的曾参看在了眼里。

当曾参的妻子从集市上回到家里时,正看见曾参拿着绳子在捆猪,身旁还放着一把雪亮的杀猪刀。妻子慌忙上前制止曾参说:"你疯了,这时杀猪,到年底怎么过?我刚才不过是哄孩子,你认的什么真?"

曾参说:"孩子是不能欺骗的。因为孩子年纪小,不懂如何处世,他们只得学习和模仿成年人的行为,尤其是以父母的言行作为自己的榜样。今天你如果说话不算数的话,就等于是欺骗了孩子,今后孩子就会模仿你,反过来欺骗你、欺骗别人;今天你在孩子面前言而无信,明天你再教育孩子的时候,他就会不再相信你,这种伤害是很大的,这可不是小事情啊。"

妻子听了丈夫的一番话,也觉得十分有道理,也认为教育孩子,就要诚实,于是,与丈夫一起给儿子杀猪去了。

人生感悟

诚信是做人的根本,一个"说了不算,定了不办"的人是很难长期在社会上立足的。要耍小手段、小聪明,可以一时得计,取得点小利益,但最终的结局却是悲惨的。当我们观察周围的人群时,就会发现好多当年叱咤风云的人士,正处在穷愁潦倒的落魄之中。

1.22 切断受骗的链条

宋朝人陶禹锡的高祖被人称为陶四翁,他开了一家染坊。一天,有个人带着一种紫草来卖,这种草可以制染料。陶四翁于是就拿出了四百万钱买了他的紫草。可是,没过几天,另有一个生意人来到陶四翁的染坊,并且看了紫草。随后,他对陶四翁说紫草是假的,陶四翁要他解释给自己听。于是,这个生意人便把缘由告诉了他。

原来,紫草已经被蒸过了,已经没有了颜色,所以也不能给布上色了。陶四翁听后便去试了一下,果然像那人说的那样。这时,那个生意人又对他说可以帮他向其他的染坊转手。当时,陶四翁没意识地应了一声。可是,等到那个买卖人又来到这里,要帮他去卖给别人时,他却发现陶四翁已经把紫草收在一起,并且还当着他的面,一把火把紫草烧了。

这时,陶四翁对他说:"我已经受过骗,我不能再让别人也受骗。"当时并不富裕的陶家,因为这件事赢得了人们的信任,生意越来越好,后来有好几位陶氏子孙科举高中。

人生感悟

宁可我被骗,不可我骗人!这是一种很高尚的行为,就像我们在生活中收到假币而不再把假币流通出去一样。自己已经被人骗了,很窝火,那就不能把这窝火传给其他人,从而斩断欺骗的链条。

1.23 没有财产一样获胜

1860年,林肯作为美国共和党候选人参加总统竞选。他的对手是当时美国的大富翁道格拉斯。

道格拉斯从铁路上租用了一列豪华富丽的竞选专列,车后安放了一尊礼炮,每到一站,就鸣炮30响。此外,他还雇佣了庞大的乐队来为自己助威,声势之大,史无前例。道格拉斯得意洋洋地说:"我要让林肯这个穷乡巴佬见识见识我的贵族派头。"

面对这种情况，林肯一点也不畏惧，他照样买票乘车，每到一站，就登上朋友们为他准备的耕田用的马拉大车，发表他自己的竞选演说："有人写信问我有多少财产。我坦然地告诉他们，我有一个妻子和三个儿子，他们都是无价之宝。另外，我还租有一个办公室，室内有一张办公桌，三把椅子，墙角处还有一个大书架，书架上的书值得每个人一读。关于我自己，大家都看到了，既黑又瘦，脸型太长，根本没有发福的可能，我没有后台，实在没有什么可以依靠的，唯一可依靠的就是你们大家。"

就是如此悬殊的助选团队，如此悬殊的选举气势，似乎选举结果已经没有悬念了。但选举结果大出道格拉斯的预料，最终的获胜者竟是亚伯拉罕·林肯。林肯这次被选为美国的第十六任总统，成为美国历史上仅次于华盛顿的伟人。

人生感悟

身处穷困之中也不要放弃理想，世界上的许多事情并非是金钱所能解决的。只要抱定自己的理想不放松，它总有实现的那一天。

1.24 给人方便，自己方便

《史记·留侯世家》记载：因在博浪沙组织刺杀秦始皇失败而被政府通缉的张良，曾在下邳一代藏匿。一天张良在圯上散步，看见一位穿粗布短衣的老人来到自己跟前，他故意把鞋子丢到桥下，然后轻蔑地对张良说："小子，下去把鞋给我拾上来！"

张良当时是个年轻人，正是血气方刚的年龄，当时的第一反应就是把老头痛扁一顿。但看到这位老人年龄太大了，想了想："算了，就算给他帮忙了。"于是耐着性子到桥下把鞋子拾了上来。可老人并不满足，又继续要求说："小子，给我穿上！"张良这时火气更大了，觉得太过分了，又想把老头痛扁一顿。但转念一想："拾都拾上来了，给他穿上算了。"于是耐着性子给他穿上了。之后，老人就笑着走了。

可一转身，老人又回来了，他和蔼地对张良说："你这个孩子，还是可以教导的么，五天后，在天亮时分，你来在这里和我会面。"张良迷惑不解地望着这个奇怪的老人，点了点头，答应了。

五天后，天刚一亮，张良就来到了桥上。不成想老人早已等在桥上，生气地说：

"年轻人跟老人约会,却迟到,这是对待老人应有的态度吗?"说完他转身就走,并说:"过五天再早点来。"

又过了五天,张良半夜就来到了桥上。可是又迟到了。在被老人训斥了之后,又约定五天后早晨见。

这次张良干脆在天未全黑的时候就去了,不一会儿,老人来了,高兴地说:"这才是年轻人对待老人应该有的态度。"老人从怀里取出一本书,对张良说:"读了这本书后,你就可以做帝王的老师了。十年后我的话就会得到验证。十三年后你会在济北见到我,谷城山下的那块黄石头就是我。"老人说完就走了,此后再也没出现。

这位老人就是后人所说的黄石公,老人送的书,就是《黄石公兵法》。

人生感悟

助人就是助己,很多时候事情就是这样,当自己坑害了他人的时候,最终的受害者却是自己,而当我们帮助了别人,有一天突然发现最终的受益者竟然是自己。世界是普遍联系的,看来这话确实不是随便说的。

1.25 处世不可动辄顶牛抬杠

有一天被后人称为"复圣"的颜回到街上去办事,见一家布店前围满了人。

一个买布的在跟卖布的争论,买布的在高声嚷嚷:"明明是三八二十三,你为什么却要收我二十四个钱?"卖布的也不示弱:"众位听听,三八当然是二十四,哪有三八二十三的道理?"

这时颜回插了一句话说:"这位大哥,三八的确是二十四,怎么会是二十三呢?是你错了,不要再吵啦。"

买布的很不服气,指着颜回的鼻子说:"你说二十四就是二十四呀,你算老几呀?你以为你是谁,好吧,这事咱们去找孔夫子,对与错只有他说了才算!走,咱们找孔夫子去!"

颜回说:"好,不过若是孔夫子评你错了怎么办?"

那买布的说:"若是评我错了,我输上我的脑袋。不过如果是评你错了怎么办呢?"

颜回说:"如果是评我错了的话,我输上我的帽子。"

二人找到了孔子。孔子问明了情况后笑着对颜回说："三八就是二十三哪！颜回，你输啦，把帽子取下来给人家吧！"

颜回简直怀疑是自己的耳朵出了问题，不过他从来不跟老师斗嘴，在听了孔子的话后，他老老实实地摘下了帽子，交给了那个得意的买布的。

对于孔子的这个评判，颜回心里很有怨言。他认为孔子已经老糊涂了，再跟他学习还有什么益处？于是便不想再跟孔子学习了。

第二天，颜回便借口家中有事，要请假回去。孔子明白颜回的心事，也不挑明，就点头准了他的假。颜回临行前，孔子嘱咐他两句话说："千年古树莫存身，情况不明勿动手。"

颜回随便应了声："记住了"，便动身往家走。在路上，天气突变，乌云滚滚，雷鸣电闪，跟看要下大雨。颜回急忙钻进路边一棵大树的空树干里，想先避避雨，刚一进去，他猛然想起了孔子嘱咐的"千年古树莫存身"那句话，本想不听这个糊涂老师的话，可转念一想，师徒一场，就再听他一次话吧，于是又从空树干中走了出来。他刚离开不远，一个霹雳，把那棵古树炸个粉碎。颜回大吃一惊，倒吸了一口冷气："我的天，幸亏我听了老师的话。"

等颜回赶到家里，夜已经很深了。他不想惊动家人，就用随身的佩剑，拨开了妻子住室的门闩。颜回到自己的床前一摸，大吃一惊，床上竟然睡着两个人，啊呀呀，这还了得！他怒从心头起，举剑就要砍。这时他突然又想起孔子的第二句话"情况不明勿动手"。于是他放下剑，点起了灯，仔细一看，原来床上的人一个是妻子，另一个是妹妹。

天还未亮，颜回就又返回到孔子那里去，跪下说："老师，您那两句话，救了我、我妻和我妹三个人哪！您太英明了，您怎么知道我身上将要发生的事呢？"

孔子把颜回扶起来说："昨天天气太过燥热，估计不久将会有大雷雨，所以我提醒你'千年古树莫存身'。而你又是带着怨气走的，身上还带着佩剑，所以我提醒你'情况不明勿动手'。"

颜回说："老师料事如此，学生十分敬佩！"

孔子又开导颜回说："我知道你请假回家是假的，其实你是认为我老糊涂了，赌气不愿再跟我学习了。那件评理的事你想想看，我现在说三八二十三是对的，你输了，只不过是输个帽子；如果我说三八二十四是对的，他输了，那可是输得一条人命啊！你说，帽子重要呢还是人命重要？"

颜回恍然大悟，跪在孔子面前，说："老师是重大仁大义而轻小是小非，而学生我误解了你，学生十分惭愧！"

从此，颜回安心地跟着孔子学习，再也没有离开过孔子。

人生感悟

人活一辈子,不要太浮躁,不要只会较劲;应将最宝贵的光阴用在最有意义的事情上。不然的话,就算你赢了又能如何?任何事情都有轻重缓急之分,顶牛抬杠是不可取的,不要为了争一口气而后悔莫及!

1.26 养成读书必动笔的好习惯

马克思一生博览群书,学识渊博而精深。在伦敦期间,马克思每天都在伦敦大不列颠博物院图书馆里工作10小时以上,回到家里后又继续工作到深夜。虽然他的记忆力惊人,对所读过的书能够记得深刻而又准确,但他读书时还是有做笔记的习惯。

他读过1500多种书籍,他写提纲,写内容提要和笔记。仅是这些内容提要和笔记就可以编成许多书。一切科学,主要的如历史、哲学、经济学、法律学、物理学、化学、数学、语言学、文学,他都用极大的钻研精神进行研究,从中追求他所发现的新思想。他的好朋友恩格斯曾经说,"马克思在写作的时候,如果他不确实知道所有的有关书籍都参考过了,所有的疑义都考虑过了,所有的论点都彻底探讨过了,他是绝不肯下笔的。"

为写作《资本论》,马克思光是笔记就写了100多本。马克思的笔记不少是自己制作的。通常的做法是将一叠白纸一折为二,然后居中间缝上一道线。在封面上写明做笔记的时间和地点,编上笔记的序号,有的还加上标题。笔记记得密密麻麻,旁边留出的空白处有用铅笔、钢笔作的粗细实线、虚线、"×"、"+"等各种记号。

为了查阅方便,马克思还对许多笔记编制了目录和内容提要,然后放到特定的地方,需要时不用翻找,随手就能抽出来。同时马克思还在书上直接做笔记。

像马克思这样的伟人,学者还需要做笔记来帮助自己的记忆,我们这些普通的人是否更应该做笔记呢?

人生感悟

读书做笔记,一方面可以帮助自己的记忆,另一方面也是一个整理自己思路、思想的过程。中国古代就有"不动笔墨不读书"的训示。

1.27 苏东坡成才照样得靠勤奋

宋代的朱载上曾经在湖北黄冈担任学官。在他的任上，恰好苏轼被谪居黄冈。

苏东坡原先与朱载上并不相识，一个偶然的机会，听到有人在诵咏朱载上的诗，苏轼听后觉得很好，称赞不已，后来相见两人便成为了知己。

一天，朱载上去拜访苏东坡，已通报姓名很久了，却迟迟不见苏东坡出来，等待了很久，苏东坡才出来，对朱载上致歉说："对不起，刚刚才做完了当天的日课，怠慢了朋友了，多多包涵。"

朱载上疑惑地问苏东坡："先生，你所说的'日课'是什么呢？"

苏东坡回答说："抄《汉书》。"

朱载上说："以先生的天才，聪敏过人，开卷一读就足以终身不忘，干嘛非得手抄不可呢？"

苏东坡说："我自读《汉书》以来，已经手抄过三遍了。第一遍，每一段抄前三个字，第二遍则抄前两个字，现在可以只抄第一个字就可以了。"

朱载上看了看苏东坡所抄的文字，不能明白是什么意思。

苏东坡说："你可以读一字考考我。"

朱载上按苏东坡所说的，每读一个字，苏轼便能应声背出其后数百字的整段文章，而且一字不差。

朱载上叹服道："先生真是被贬于人间的神仙。"

后来朱载上对自己的儿子朱新仲说："苏东坡这样的奇才、大才尚且如此，我们这些才质居于中等的人，能不勤奋读书吗？"

章太后主政时，苏东坡在朝廷担任要职，每晚工作到深夜，所写奏议等公文受到朝廷内外的学者的追捧。等章太后去世后，苏东坡再次被贬谪到南方的穷乡僻壤。苏东坡的继任者，也每天工作到深夜，对自己写的奏议颇自负，问侍候的太监说："我写的奏议与苏东坡相比，是不是比他写得更好些？"

太监回答说："对于文章的事情，我是个粗人，无法判断。不过苏东坡写文章的时候，从来不翻检藏书，你写文章的时候，不翻检藏书就写不出来。"

人生感悟

我们常说："再高的大厦一层一层盖上去的，再大的学问也是一点一点积累起来的。"是的，海洋再浩瀚也是一滴滴水聚集起来的。连苏东坡这样的天才都无法例外，何况是我们。

1.28 你真的成竹在胸了吗

某大学毕业考试的最后一天,在一座教学楼前的阶梯上,有一群机械系的大四学生们挤在一起,正在讨论几分钟后就要开始的考试。他们个个信心满满的样子,这是离开学校的最后一场考试,随后就是毕业典礼和找工作了。有几个人说他们已经找到了工作,其余的人则在热烈地讨论他们想得到的工作。

怀着对4年大学教育的肯定,他们都觉得自己心理上早有准备,能够征服外面的世界。

他们知道即将进行的考试只是件很轻松的事情,因为教授说他们可以带自己认为需要的教科书、参考书和笔记等一切东西,只是有一条严格的纪律:考试时谁也不准互相沟通和交头接耳。

他们高高兴兴地先后走进教室。教授把考卷发了下去,学生都眉开眼笑,因为看到试卷上只有五个论述题。3个小时很快就过去了,教授开始收考卷。学生们已经没有了先前的兴高采烈,似乎不再有信心,他们的脸上出现了愁眉苦脸的表情。大家都默不作声。

教授把收上来的考卷拿在手里,面对着全班同学,端详着他们担忧的脸,镇静地问道:"把五个问题全答完了的举手?"没有人举手。

"把四个题答完了的举手?"仍旧没有人举手。

"三个?""两个?"学生们在座位上不安起来。

"那么一个呢,一个应该有人做完了吧?"全班学生仍然保持沉默。

教授放下手中的考卷说:"这正是我所预料的,我今天只是要加深你们的印象:即使你们已完成了四年的工程学习,但仍旧有许多有关工程的问题是你们所不知道的。这些你们不能回答的问题,在今后的日常操作中是非常普遍的存在的。"

教授微笑着说下去:"这个科目我会让你们全都及格,但是你们要记住,虽然你们已经是大学毕业生,但你们的真正的教育才刚刚开始。"

人生感悟

很多时候,我们自认为已经准备好了,已经准备得很充分了,但实际情况却是差得很远,不要想当然地认为学得够多了,足够用了,其实,一切不过才刚刚开始。

1.29 读万卷书行万里路

孔子是春秋时期鲁国人,公元前501年,51岁的孔子被鲁定公任命为中都宰相。由于政绩突出,第二年便被提升为司空(管理工程的官职)。后来又被提升为大司寇(掌管司法礼制的官职)。在齐鲁两国之会时,孔子担任鲁国的相礼。曾很有见地地建议鲁定公带领左右司马同去,以防不测。果然,齐国想以会议为名,使鲁国屈从于齐国。由于孔子义正辞严,又有大兵压境,齐国只好作罢。孔子凭着自己的机警又使鲁国避免了一场灾祸。还收回了齐国曾经侵占鲁国的三座城池,从此,人们对孔子更是刮目相看了。

但是,齐国国君齐景公认为孔子若是留在鲁国继续做官,将会对齐国产生很大的威胁。于是,齐景公决定设法迫使孔子离开鲁国。

为了使鲁国的国君不问朝政,丧失治国的意志,齐景公特意送给鲁国国君美女80名,骏马120匹。果然,鲁定公从此整天沉湎于酒色之中,对于孔子的主张开始表现得越来越冷淡。孔子想去劝说他,但是他总是避而不见。因此,孔子开始失望。

到后来,孔子只好无奈地离开鲁国,带着他的学生开始周游列国。希望寻找机会,实现自己的政治主张。

孔子带着他的学生们在外游历了长达十四年之久,先后到过卫国、宋国、陈国、蔡国、楚国,这些国家的国君都没有重用他。因为这一时期社会正处在巨大的变革转折期,而他所宣传的恢复礼乐、讲究天道、平息争斗的主张,被这些国君认为太过迂腐,因此都不接受。

他首先来到卫国,卫国国君卫灵公虽然想用他,但又怕他带的这些学生是替鲁国做事的,也不敢任用他。孔子只好不辞而别,带了学生去往陈国。在去往陈国的途中路过一个叫匡的地方,匡人把他当成了阳虎,阳虎是一个十分凶暴的人,曾迫害过匡人,于是匡人把他包围起来。正在这时卫灵公派人又将孔子追了回去,才解除了危机。

孔子回去后,以为卫灵公想施行自己的政治主张。谁料,卫灵公只是想假借孔子的名声来壮一下卫国的国威。在当时的卫国,卫灵公没有实权,权力都掌握在他的夫人南子的手中。南子是一个十分漂亮的女人。她邀请孔子去见她,孔子盛情难却,只好面见了南子。这件事令许多人都不能理解,就连他的学生子路也十分生气。孔子解释说:"我绝没有做什么不合理的事,如果那样,叫老天罚我!"

孔子还是被南子利用了,一次,卫灵公与南子盛情款待孔子,并且还带着孔子一起坐在车上招摇过市。老百姓见如此有学问的圣人孔子竟然和一个女人同出同入,心里都感到不痛快,孔子也觉得自己十分窝囊,认为自己连一个女人都比不上。最后,终于下定决心离开了卫国。

孔子最后回到了鲁国,时年68岁,这时,他已无心做官,把时间和精力都放到了整理古代文化典籍和教育学生上。在他去世以后,他的弟子继续传播他的学说,形成了儒家学派。

如果孔子没有行万里路的周游列国的经历的话,还真的很难说孔子的读万卷书的结果还有他后来所取得的辉煌业绩。

人生感悟

没有比较就没有文化,如果当年的孔子不周游列国的话,他能否产生如此深刻的思想,如何能对各国的历史文化有如此深刻的理解,从而整理出以《诗》、《书》、《易》、《礼》、《春秋》为代表的古代典籍呢?答案恐怕是否定的。

1.30 人生世上,首先应立大志

伟大的革命先行者孙中山(1866~1925),幼名帝象,读书时取名文,号日新,字德明,辛亥革命后,常以中山为名。他改变了中国,成为了一代伟人。

他领导的辛亥革命推翻了满清政府,结束了中国两千多年的封建统治,开创了中华民族历史的新篇章。

孙中山出生在广东一个农民家庭。在他12岁的时候就随母亲投靠了远在夏威夷的舅舅。来到夏威夷后,孙中山就进了一所由英国基督教监理会创办的学校。由于他天资聪颖,学习刻苦,3年后,他以第一名的优异成绩毕业。授奖那天,是夏威夷的国王亲自把奖品交给了他,这对于当地的华人来说是难得的殊荣。后来孙中山又以优异的成绩,获得医科学士学位。

医科毕业后孙中山回到广州行医。有一天,孙中山为清政府一个提督的家人治病。他看见一批衣衫褴褛的犯人正要被处决,他们的身上拴着铁链,都在凄惨地喊冤,拼命地挣扎,几个刽子手挥着刀就站在一边准备行刑。

孙中山着急地走到跟前问一个官员:"这些人都审问了没有?为什么要喊冤?"

这个官员生气地说:"这些人还用得着审问,再杀几个也不多!"孙中山实在不忍再看下去,因为他是个医生,眼看着这些人就要被杀死,却不能救他们。医生只能治人的病,却不能治国家的病,国家如果没有一个清廉的政府,那就还会有许多无辜的人被屠杀,医生再有本领又有什么用!想到这里,孙中山感到,要救人先救国,不能放弃救国的责任。

1894年,孙中山离开广州回到家中。他把自己关在书房里奋笔疾书,他要上书李鸿章,提出兴利除弊、改良政治的方法。他想,如果清政府能够接受这种改良的方法,是再好不过的了。然而,孙中山失望了。这年夏天,他和陆皓东一同北上给李鸿章上书,但竟然被置之不理。

中日甲午战争爆发后,日本帝国主义敲开了有着五千年文明历史的中国的大门。清政府被迫签订了丧权辱国的"中日马关条约",中国不仅要付出巨额赔款,还要割让大片领土。

这一切都深深地刺痛了孙中山。他下定决心,放弃行医,投笔从戎,开始走上了革命道路,并把自己的一生都贡献给了救国救民的大业。

人生感悟

一个人首先要有大志,因为志向是一个人的奋斗方向和不竭动力。只有先定下了志向,然后才能摆脱庸俗,不浑浑噩噩地虚度一生。

1.31 要善于借助他人的力量

胡雪岩12岁那年父亲死了,在家贫的窘境中,他告别了母亲,只身去杭州信和钱庄里当起了学徒。胡雪岩天资聪颖,机警过人,还十分勤快。开始时,胡雪岩和其他伙计一样在店里站柜台,后来东家觉得这个小伙计顺眼,就派他出去收账,胡雪岩认真操办,从来没有出过纰漏,深得东家的赏识。

有一年夏天,胡雪岩在一家茶店里碰到一个落魄青年,攀谈后得知他叫王有龄,是一名候补盐大使,打算北上"投供"加捐。王有龄当时境况不好且又举目无亲,穷困潦倒,每天在茶馆穷泡,消磨时光,虽然捐了官却无钱去"投供"。胡雪岩了解到这些情况后,心头不由地一亮,他想,眼前的王有龄绝非等闲之辈,若助他进京"投供",日后定有出头之日,到那时岂不成为助己飞黄腾达的靠山!于是,胡雪岩把老板交办给他的银票交给了王有龄。事实证明,胡雪岩的判断是对的。他后来正是靠着朋友王有龄的帮助,成为商场上呼风唤雨的人物。

后来王有龄自杀身亡,但已踏上官商之路的胡雪岩不能一日无官场靠山,于是他又将目光投向了更有价值的人物左宗棠。由于有了左宗棠这个大靠山,胡雪岩衰败的生意很快有了生机,而且比以前发展更快。

十数年间,左宗棠购置弹药,筹借洋款,拨饷运粮,无一不经其手,借用左宗棠的力量,胡雪岩的事业如日中天,成就了自己红顶商人的一番伟业。

人生感悟

要想成就一番大事业,单靠自己一方面的力量是不够的,在力量不强大时,要善于积极借助他人的力量。在他人的大树下,开辟出自己的一片新天地。

2月份

找到自己的位置
激发自己的热情
首先要确定自己的目标
不要满足于已有的成绩
别放弃自己的理想
……

2.1 每一个成功的背后都有辛酸

日本帝国大饭店虽然已有百年历史,但它仍然是日本第一流的饭店。帝国大饭店的前社长,在年轻的时候,从日本坐了两个月的船到英国去学习"旅馆经营"。

他刚到英国时,人家叫他擦玻璃,他很生气,心想:"如果擦玻璃,我不会留在日本擦吗?为什么要大老远跑来学擦玻璃?"他除了不愿意,还非常沮丧。

有一天,他看到一个英国的清洁工一边吹口哨一边擦玻璃,把玻璃擦得发亮。就好奇地问他:"擦玻璃有什么值得高兴的?"那个英国人回答说:"你看看我擦的玻璃,照亮了每一个人,而你擦的玻璃却一点都不明亮。"

这位前社长听到这里,恍然大悟:"我们做任何事情都要热心、彻底、全心投入,这样才能做得好,做得愉快。"

这位英国人的话改变了这位日本青年的一生,后来他回到日本成为帝国大饭店的社长。

想想看,如果当时人家叫他擦玻璃的时候,他说"我不干了",然后打包回日本,我想,那他恐怕一辈子都没有机会当一名社长了。常常有年轻人问:"要多久才可以升到经理一类的位子?"其实,如果你要得到这样的位子,那要看你洗了几百个马桶,铺了几百张床单,被顾客骂了多少次……

人生感悟

成功意味着痛苦,意味着超人的付出,意味着这样或那样的代价。但只有这样,我们才能真正体验到生活的原味,才能真正地了解生活。

2.2 只要用心,沟通无极限

查尔斯·华特尔,属于纽约市一家大银行,奉命写一篇有关某公司的机密报告。他知道一家大工业公司的董事长拥有他非常需要的资料。

于是,华特尔先生去见那个人,当华特尔被迎进董事长的办公室时,一个年轻的妇人从门边探出头来,告诉董事长,她今天没有什么邮票可给他。"我在为我那

12岁的儿子搜集邮票。"董事长对华特尔解释说。

华特尔先生说明他的来意后,开始提出问题。董事长的说法含糊、概括、模棱两可,他不想把心里的话说出来,无论怎样好言相劝都没有效果。这次的见面很快就结束了,没有收到什么效果。

后来华特尔说:"坦白地讲,我当时没有任何良策,但接着,我想起他的秘书对他说的话——邮票,是的,12岁的儿子……我也想起我们银行的国际部,我到那儿去,搜集邮票——从来自世界各地的信件上取下邮票。

"第二天早上,我再次去找他,说我有一些邮票要送给他的孩子。结果,他满脸带着笑意,客气得很。'我的乔治将会喜欢这些,'他开心地说。

"我们花了一个小时谈论邮票,瞧他儿子的照片,然后他又花了一个多小时,把我所想要知道的资料全都告诉我——我甚至都没提议他那么做。他把他所知道的,全都告诉了我,然后叫他的下属进来,问他们一些问题。他还打电话给他的一些同行,把一些事实、数字、报告和信件全部告诉我。"

结果,只用了很短的时间,查尔斯·华特尔就成功地写完了他的机密报告。

人生感悟

有人常说某某人难于沟通,其实,真实的情况是我们并未尽到自己的心力。沟通无极限,只要我们仔细地观察,细心地思考,沟通的方法总会有的。

2.3 身在下层,心系国家

鲁迅十八岁的时候,看到英美列强都用海军侵略中国,无比愤慨,他在心中暗想:如果中国能建设一支强大的海军,就可以把外国侵略者赶出中国。他爱国心切,抱着建立强大海军的良好愿望,考进了南京水师学堂。

进入水师学堂以后,他学习了很多方面的知识,开阔了眼界,对爱国的认识又有了新的理解。他认为中国要想建设强大的海军,应该首先发展矿业、工业,于是鲁迅退出了水师学堂,又转入了南京矿务学堂。他抓紧时间刻苦学习,一直坚持到毕业。

毕业后,鲁迅面对着中国的现实,又决定学医,为人民解除病痛,摘掉被帝国主义列强扣在中华民族头上"东亚病夫"的帽子。1904年,鲁迅报考了仙台医学专科学校。在这里,鲁迅学习非常刻苦,曾受到藤野先生的赞扬。但是第二年,有一件事使鲁迅受到了很大的震动。那是1905年秋天,有一次,鲁迅在看反映日俄战争题材的幻灯片时,看到一个中国同胞被日本军人五花大绑押赴刑场。说他是因为给俄国人做侦探,被日军所获,日军要砍下他的头颅示众,而在一旁围观的竟是一群中国人。这时,放映幻灯的教室里,爆发出"万岁"的欢呼声和鼓掌声。这深深地刺痛了鲁迅的心,他的"医学救国"的愿望完全破灭了。

他清醒地认识到,医学只能医治人们的身体,却无法拯救人们的灵魂,而振兴和改变中国国民的精神,才是当务之急。于是他的一个新的志愿产生了,决定放弃医学而从事文学工作。

1906年,鲁迅告别仙台医学院回到东京,不久返回祖国。此后,他开始用自己犀利的笔,写出了大量的小说、散文、杂文,以此来剖析着愚弱的国民灵魂,揭露敌人的反动腐败,歌颂先进的事物,为解救中华民族而呐喊,成为站在革命最前沿的坚强的战士。

人生感悟

陆游曾说:"位卑未敢忘忧国。"顾炎武也说:"天下兴亡,匹夫有责。"一个人只有像爱护自己的母亲一样来爱自己的祖国,才可能成为一个真正对社会有用的人。纵观历史,哪一个优秀人物不首先是一个爱国者?

2.4 善于与陌生人交谈

与陌生人首次交谈,最能从内心深处感动他的莫过于他的家庭。所以,我们要拨动的就是他心里最敏感、最脆弱的那根弦。

只要是拜访过罗斯福总统的人,都会感到非常惊讶,因为无论商界名流、政治明星还是农夫、牧童,都可以和他谈得很投机。而秘密就在于他深知捕获人心的捷径:谈对方最感兴趣、最引以为豪的东西。

据身边的工作人员说,罗斯福总统在接见任何来访者之前,都会事先了解他们的工作、生活、家庭、事业等方面的尽可能多的内容,以及对方感兴趣的话题。事前了解他人,就很容易找到双方谈话的交叉点,共同的兴趣爱好是结交朋友最自然也是最有效的方法。

会见陌生人之前,不妨了解一下他目前最得意的事情。没有谁是不喜欢听好话的,不管他是多么谦逊的人。每个人都喜欢享受被人承认的感觉,心理上也有被别人认可的需要,所以人的成就越大,就越希望别人能够看到。

试想一下,跟一位完全陌生的人谈论他最引以为自豪的事情,会是什么情况呢?如果对方刚刚被提拔,那么恭喜升迁,夸奖对方的能力和官运无疑就是他最愿意听,同时也是他最愿意谈的啦。

人生感悟

没有人愿意被人冷淡或被人揭疮疤,同样,也很少人能真正从内心抵御表扬的进攻。谁都愿意被这个社会,被周围的人所接受,所肯定。这也是人之为人的共性吧。

2.5 幽默不是万能的

马克·吐温是美国著名作家,同时他还是一位幽默大师,他经常开别人的玩笑,不过有一次反而被人开了一个大玩笑。

有一次,马克·吐温应邀到一个小镇进行演讲。演讲结束后,一个年轻人来找他,说自己的祖父从来不笑,不管什么人或什么事情都不能让他发笑。他问马克·吐温可有什么办法。

马克·吐温信心十足地地说:"今天晚上,请你带你的祖父来听我的演讲,我相信,在听了我的演说后他一定会捧腹大笑。"

那天晚上,年轻人带了他的祖父和他们同村的许多人前来。年轻人和他的祖父坐在第一排。马克·吐温特别针对老人,讲了一个又一个笑话和有趣的故事,但奇怪的是,别人都笑得前仰后合,唯独老人的脸上连一点笑容都没有。

接着马克·吐温拿出了看家本领,说了他所知道的最有趣的故事,但老人还是面无表情。最后马克·吐温只好停止了努力,感到失望极了。

他茫然地看着大家,感到迷惑不解和不可思议。

这回该轮到马克·吐温大笑了。有人告诉他:"这位老人是个聋子,已经聋了好多年了。"

人生感悟

任何事情都是相对的、有条件的。我们要预先知道我们所做的事情的局限性,不然的话,就像这个小故事里所讲的一样:面对一个聋子,即使是马克·吐温这样的幽默大师也是无能为力的。

2.6 微笑是最好的通行证

美国的希尔顿饭店全球闻名,是世界上最负盛名的酒店之一。董事长唐纳·希尔顿认为,是微笑给希尔顿带来了繁荣。

为什么希尔顿这么重视微笑呢?许多年前,一位老妇人在希尔顿心情不好的时候去拜访他,希尔顿不耐烦地抬起头,他看见的是一张微笑的脸。这张笑脸的力量是那么不可抗拒,希尔顿立即请她坐下,两人开始了愉快的交谈。交谈中他发现老妇人真的是那么慈祥,她脸上真诚的微笑完全感染了他。

从此,他把"微笑服务"作为饭店的宗旨。每当他在世界各地的希尔顿饭店视察时,总会问员工:"今天,你对客户微笑了吗?"如果你去任何一家希尔顿饭店,你就会亲身感受到希尔顿的微笑。

唐纳·希尔顿总结说,微笑是最简单、最省钱、最可行、也最容易做到的服务,更重要的是,微笑是成本最低、收益最高的投资。因此,他要求员工不管多么辛苦,多么委屈,都要记住任何时候对任何客户用心真诚地微笑。

即使是在20世纪30年代的大萧条的时期,当时在各行各业,每个人的脸上都挂着愁云惨雾,然而希尔顿的员工仍然用自己的笑容给每位客户带去阳光。

大萧条过后,希尔顿率先进入了繁荣期。也许正是希尔顿人的微笑赢得了"上帝",从此,它迈入了黄金时期,一直发展到今天。

人生感悟

是的,没有人能轻易拒绝一个笑脸。笑是人类的本能,要人类将笑容从脸上抹去是件很困难的事情。真诚的微笑是交友的无价之宝,是社交的最高艺术,是人们交际的一盏永不熄灭的绿灯。

2.7 只有专心致志才能取得成功

牛顿是享誉世界的物理学家、数学家、天文学家。1642年,他出生于英国林肯郡的一个农民家庭。他的父亲在他诞生前的3个月就因病去世了,母亲在他两岁时又改嫁给邻村的一位牧师。这样,小牛顿便由他的外祖母来抚养。牛顿小时候就非常爱动脑筋,常常思考一些"为什么"的问题。他还喜欢制作各种机械玩具。中学毕业后,他考入剑桥大学。1665年大学毕业后,他留在剑桥大学研究室工作。

牛顿从事科学研究常常是废寝忘食,极度专心。有一次,牛顿邀请他的一位老朋友司徒克博士到家吃午饭,司徒克来到后,他热情地端出一盘烧鸡请老朋友品尝。请客应该喝酒,于是,他对老朋友说:"请等一等,我去拿瓶酒,马上就回来"。他一出去,忽然想到一种新的实验方法,就赶忙到实验室里做起了实验。

司徒克在桌边左等右等,就是不见他回来。他是牛顿的老朋友,了解牛顿经常废寝忘食工作的习惯,再加上他确实是有些饿了,于是就自己动手吃起鸡来。他慢慢地吃着,直到吃饱了也不见主人拿酒回来。于是,他把吃剩的鸡骨头放在餐盘里,自己靠在沙发上打起盹来。

又过了好久,牛顿才兴冲冲地从实验室里走出来,他叫醒司徒克博士,连连道歉,说正准备一起吃饭呢。但当他看到桌上盘子里的鸡骨头和用过的餐具时,便不好意思地说:"哦,我还以为我没有吃饭呢,其实早已经吃过了。"

牛顿每天除抽出少量的时间锻炼身体外,其他大部分时间都是在书房里度过的。一天早晨,牛顿正在书房中思考着一个复杂的问题,女仆走进来准备替他煮两只鸡蛋,牛顿怕打扰思路,叫她把锅子放着他自己来煮。不一会儿,女仆进来准备收拾餐具,只见牛顿仍在专心致志地工作着,鸡蛋仍放在桌子上。锅里的水沸腾着,女仆赶忙掀锅一看,"啊!"她惊叫起来,锅里煮的却是一块怀表。原来牛顿考虑问题时竟心不在焉地随手把怀表当作鸡蛋放在锅里了。

正是由于牛顿对科学的极度专心,使他在科学上有了非凡的成就。他一生发现了力学三大定律,创立了万有引力定律。发现光可以被分解为七色。此外,在数学方面他发明了微积分。对人类科学作出了巨大的贡献。

人生感悟

有首歌里唱得好:"没有人能随随便便成功。"是的,不经历风雨,怎么见彩虹,哪一个成功后面没有艰辛的付出?哪一个成功后面没有这种专心致志的废寝忘食呢?

2.8 人不可有傲气，但不可无傲骨

1935年，冼星海回到了祖国。他表示："我有我的人格、良心，是不能用金钱买的。我的音乐要献给祖国、献给劳动的人民大众，为挽救民族的危亡服务。"他是这样讲的，也是这样做的。

冼星海归国后，曾经应邀到上海工部局交响乐团担任音乐指挥。在那个时期，工部局交响乐团是由西方人出资办的，其中从事音乐的人也大都是外国人，冼星海前去工作，已经属于破例了。

一次，冼星海指挥乐团的人演奏贝多芬的《第八交响乐》，冼星海对演奏不十分满意，于是停下指挥棒说："先生们，你们的演奏过于华丽和轻松了。为了表现贝多芬，我认为宁可粗犷些、坦诚些，以体现出快板乐章的浪漫精神。"说完之后，乐队中似乎没有什么反应，半响，首席小提琴手傲慢地说："我们从来都是这样演奏的。"

本来，乐手是应当服从指挥的，是应当按照指挥对于音乐的理解来处理作品的，除非能找到真凭实据的谬误之处，这位乐手的回答显然是在有意顶撞冼星海。但冼星海却耐着性子说："我觉得，一个指挥对整个演出负有责任，这点你们是应该了解的。"

这位乐手非但不能够反省自己，反而嚣张地说："我们了解，一个不曾产生过一部交响乐的国家，能够出现一个什么样的交响乐指挥。"

冼星海极其严肃而沉痛地放下了手中的指挥棒，毅然地说："我和我的国家都不能容忍这种卑劣的侮辱，再见吧！先生们！"说完，他推开上来劝解的乐队负责人，大踏步地离开了工部局交响乐团。

冼星海能够忍受个人的屈辱，但他不能忍受对祖国、对民族的诬蔑，这就是一个音乐家的傲骨，这也是他高尚品质的体现。

人生感悟

傲气是一个人浮躁的表现，但傲骨却是一个人具备非凡人格力量的表征。中国人向来傲骨铮铮："威武不能屈，贫贱不能移。"

2.9 家庭支持能促成事业成功

徐霞客是我国著名的明代地理学家,足迹遍布大江南北,写成了具有地理学价值及文学价值的《徐霞客游记》。这些成绩的取得与他的母亲的大力支持是分不开的。

在当时,人们奉行这样的古训:"父母在,不远游",虽然他几次萌动出游的念头,但当看到年迈的老母及早亡妻子留下的孩子时又不忍心说出口。徐母为了打消他的顾虑,就对他说:"听说附近的荆溪和勾曲那里景色很美,我想去看一看大自然的风光,你陪我去一趟吧。"

徐霞客说:"您的身体……"

话还没说完徐母就抢过去说:"我身体很硬朗"。

不仅如此,她还告诫儿子:"身为男儿应该志在四方,不要受'游必有方'的约束,只要你算好路途的远近,如期回来,我也就放心了。"

在家庭的支持下,徐霞客摒除了后顾之忧,取得了丰硕的成果。

徐霞客通过亲身的考察,以无可辩驳的事实材料,论证了金沙江是长江的正源,否定了被人们奉为经典的《禹贡》中关于"岷山导江"的说法。同时,他还辨明了左江、右江、大盈江、澜沧江等许多水道的源流,纠正了《大明一统志》中有关这些水道记载的混乱和错误。他认真地观察河水流经地带的地形情况,看到了水流对所经地带的侵蚀作用,并认识到在河岸凹处的侵蚀作用特别厉害。他还注意到植物与环境的关系,观察在不同的地形、气温、风速条件下,植物生态和种属的不同情况,认识到地面高度和地球纬度对气候和生态的影响。对温泉、地下水等,徐霞客也都有一定的科学认识。

不仅如此,他写的游记,既是地理学上珍贵的文献,又是笔法精湛的游记文学。他的游记,与他描绘的大自然一样质朴而绮丽,有人称赞它是"世间真文字,大文字,奇文字"。

人生感悟

有人说:"每一个成功男人的背后都站着一个女人。"事实上,更正确的表述应该是:"每一个成功人物的背后都立着一个伟大的家庭。"正是家庭的付出成就了许许多多的英才俊杰。

2.10 要善于制怒和忍耐

唐朝贞观二年，河南有个叫李好德的人有精神病，常胡说八道，乱讲一些话，皇帝李世民下令大理寺丞相张蕴古去察访此事。张蕴古察访后上奏折说，李好德确实有病，而且有检验结果，不应当抓起来。权万纪上书弹劾张蕴古说，因为张蕴古是相州人，而李好德的哥哥李厚德是相州刺史，所以说张蕴古是因为讨好顺从他，所以才说李好德有神经病，考察之时没有实事求是。李世民很生气，结果在街上就把张蕴古杀了。后来魏征处理此事，证明张蕴古是冤枉的，李世民暗地里很后悔。

就在这同一年里，李世民又因为瀛州刺史卢祖尚文武双全、廉直公正，征召他进朝廷，告诉他说："交趾很久没有得到适当的人去管理了，你为官比较公正而且有才能，现在派你去到交趾为官。"卢祖尚答应后出来，不久又感到后悔，不想前去，于是他托病推辞。皇上派杜如晦等人前去宣读诏书，但卢祖尚坚决推辞，李世民非常生气，说："我亲自派人都派不出去，今后还让我怎么处理政务？"因为在气头上，朝廷上当场就把他杀了，但很快又感到后悔。

魏征对他说："当年，齐文宣帝要任青州长史姚恺为光州刺吏，姚恺不肯去。文宣帝气愤地责备他。姚恺回答说，'我先任大州的官职，只有功绩并没有犯罪，现在却让我担任小州的官职，所以我不愿意去。'于是文宣帝就饶恕了姚恺的死罪。"

唐太宗说："卢祖尚虽然有失臣子的礼义，不过我杀了他也太过份，由此看来，我还不如文宣帝呢。"于是马上命令追复卢祖尚荫庇子孙任官的权利。

唐太宗认识到了自己做事因怒不忍，过于急躁，连杀了两位臣子是错误的。尽管他知错能改，但毕竟有些事情是无法补救的。正是出于怒能造成严重的危害，所以古今中外许多人都下功夫去研究制怒的办法。

人生感悟

人一发怒，出于一时的激愤，做事就有可能过火，等认识到问题的严重性，为时已经太晚。身居高位的人，凡事不能容忍，动辄发怒，则会贻害更多的人。

2.11 待人应宽厚平和

东汉的刘宽任河南南阳太守时,有一天骑着一头驴到郊外游览,碰见一位找驴的老大娘,看见他的驴跟自己丢的驴一样,就要刘宽还驴,刘宽不想争执,只好把驴给了大娘。

过了几天,大娘上门还驴,并叩头道歉,要求处罚。原来她找到了自己的驴。刘宽扶起大娘,平和地说:"此乃物相似引起,驴既以归还,何须再罚呢!"

后赵王石勒出身贫贱,年轻时与邻居李阳多次为争夺沤麻地相互殴打。后来石勒成为国王,宴请老友一起欢会饮酒,只有李阳一个人因为怕石勒记恨不敢前来。石勒听说后,马上表示对原先的事情不再追究,并急速传召李阳一同饮酒。席间谈起往日之事更是谈笑风生,一笑而过,随后还任命李阳做了参军都尉。

春秋时期,吴国进攻楚国,楚国上下都奋起杀敌卫国,其中有一个人更是英勇无比,杀敌无数,当楚庄王问他为什么如此勇敢,他回道:"臣乃殿上绝缨者也。"楚庄王一愣,不禁回想起数年前的那件事来,周定王元年,楚庄王设宴庆祝战场大捷,并让自己的妃子许姬为众将敬酒,一阵狂风袭来,屋内所有灯烛尽灭,黑暗中有人趁机调戏许姬,许姬顺手扯下此人帽缨,并要求庄王掌灯之后查出帽上无缨之人,庄王听后说:"酒后狂态,人常有之。"并下令百官在点灯之前都去掉帽缨。而这个人正是因为楚庄王心存感激,所以奋勇杀敌,以死报效国家。

"玄武门之变"以前,魏征是太子李建成的谋士。"玄武门之变"中,处死了李建成和李元吉,可是,他们手下的许多谋士却被赦免。李世民找到魏征对他说:"你之前为什么要挑唆太子让我们兄弟不和?"魏征不慌不忙地答道:"我是太子的谋士,我就要为太子效力。"旁边的人都吓坏了,李世民也认为他很有胆量,便对他说:"我们不去追究你们的责任,现在所有的人都应该为大唐效力。"魏征回答要效全力助大唐。接着,李世民又拿管仲和齐桓公来举例子说明他对魏征等一些人不计前嫌,并且还委任了魏征很重要的职位。

魏征感激涕零,决心要忠于李世民。后来,在魏征的帮助下,唐朝一派繁荣,出现了盛极一时的"贞观之治"。

人生感悟

比大海宽阔的是天空,比天空宽阔的是人的胸怀。凡成大事者无不有宽厚广阔的胸怀,连对手和敌人都能容下的人,非王者其谁?

2.12 揠苗助长，害人害己

哈佛大学的一个心理学教授一直认为人脑和肌肉一样，是可以训练和培养的。在他的儿子小赛达斯还没有出生前，他就制定了一系列的实验计划，准备在儿子的身上实施。

小赛达斯出生不久，父亲就开始实行了他的实验计划，首先他在儿子的小床周围挂满了英文字母，并用录音机在他的床边不断发出字母的读音。小赛达斯渐渐长大，而他父亲的实验也在不断地提高。各种教科书取代了孩子的儿童玩具，在他身边围绕着的是各种几何图形，不同国家的语言文字。

在这样的环境下小赛达斯6个月会认英文字母，2岁能看懂中学课本，4岁已发表了3篇500字的文章，6岁生日晚会写成了一篇解剖学论文，12岁破格进入哈佛大学。

但是到了14岁这一年，小赛达斯终于经受不住过分的压力，精神变得恍恍惚惚，时而大笑，时而大哭。一心想实验"人造"神童的父亲不得不把他送进了精神病医院。

经过治疗，病情终于得到了控制，出院后，他虽然以优异的学习成绩从哈佛大学毕业了，但是小赛达斯早已对父亲的"实验"充满了强烈的反感。他渴望过正常人的生活，渴望和同龄人一起玩耍。

没过多久，他便隐姓埋名到一家商店当了个普通的店员。这件事在美国引起了强烈的反响，给所有像这位心理学教授一样的父母敲响了警钟。

人生感悟

在国内，各种大学的少年班成立了几十年了，那么当年的"神童"有几个被培养成为创造型的真正意义上的"人才"了呢？答案是惊人的和残酷的：一个也没有。所谓的"神童"几乎没有一个不是早熟的"仲永"。我们再也不要干"伤仲永"的傻事了。

2.13 始终保持积极的心态

海伦·凯勒1880年出生于亚拉巴马州北部一个叫塔斯喀姆比亚的城镇。在她一岁半的时候,一场重病夺去了她的视力和听力,接着,她又丧失了语言表达能力。

然而就在这黑暗而又寂寞的世界里,她竟然学会了读书和说话,并以优异的成绩毕业于美国拉德克利夫学院,成为一个学识渊博,掌握英、法、德、拉丁、希腊五种文字的著名作家和教育家。她走遍美国和世界各地,为盲人学校募集资金,把自己的一生献给了盲人福利和教育事业。她赢得了世界各国人民的赞扬,并得到许多国家政府的嘉奖。

一个聋盲人要脱离黑暗走向光明,最重要的是要学会认字读书。而从学会认字到学会阅读,得付出超乎常人的努力。海伦是靠手指来观察老师莎莉文小姐的嘴唇,用触觉来领会她喉咙的颤动、嘴的运动和面部表情,而这往往是不准确的。她为了使自己能够读好一个词或句子,要反复的练习,海伦从不在失败面前屈服。

从海伦7岁受教育,到考入拉德克利夫学院的14年间,她给亲人、朋友和同学写了大量的信,这些书信,或者描绘旅途所见所闻,或者倾诉自己的情怀,有的则是复述刚刚听说的一个故事,内容十分丰富。

在大学学习时,许多教材都没有盲文本,要靠别人把书的内容拼写在她手上,因此她花在预习功课上的时间要比别的同学多得多。当别的同学在外面嬉戏、唱歌的时候,她却在努力备课。

1968年6月1日,88岁高龄的海伦走完了她传奇般的一生。因为她坚强的意志和卓越的贡献感动了全世界,各地人民都开展了纪念活动。有人曾如此评价她:"海伦·凯勒是人类的骄傲,是我们学习的榜样"。

人生感悟

有人能成功,是因为他能始终保持积极的心态。人生是好是坏,不由命运来决定,而是由心态来决定。我们应该用积极的心态看事情,因为积极的心态可以激发我们的潜能。

2.14 遇事要积极主动

在一次招聘会上,某著名外企本想招一个有丰富工作经验的资深会计人员,结果却破例招了一位刚毕业的女大学生,让他们改变主意的原因只是一个小小的细节:这个学生当场拿出了两块钱。

当时,女大学生因为没有工作经验,在面试一关即遭到了拒绝,但她并没有气馁,一再坚持。她对主考官说:"请再给我一次机会,让我参加完笔试。"主考官拗不过她,就答应了她的请求。结果,她通过了笔试,由人事经理亲自复试。

人事经理对她颇有好感,因她的笔试成绩最好,不过,女孩的话让经理有些失望。她说自己没工作过,唯一的经验是在学校掌管过学生会财务。找一个没有工作经验的人做财务会计不是他们的预期。

经理决定收兵:"今天就到这里,如果有消息我会打电话通知你。"

女孩从座位上站起来,向经理点点头,从口袋里掏出两块钱双手递给经理:"不管是否录取,都请给我打个电话。"

经理从未见过这种情况,问:"你怎么知道我不给没有录用的人打电话?"

"您刚才说有消息就打,那言外之意就是没录取就不打了。"

经理对这个女孩产生了浓厚的兴趣,问:"如果你没被录取,我打电话,你想知道些什么呢?"

"请告诉我,在什么地方我不能达到你们的要求,在哪方面不够好,我好改进。"

"那两块钱……"女孩微笑着说道,"给没有被录用的人打电话不属于公司的正常开支,所以由我付电话费,请您一定打。"

经理也笑了,"请你把两块钱收回,我不会打电话了,我现在就通知你:你被录用了。"

人生感悟

只有主动出击,给自己创造机会,选择适合自己的路,才能够成为赢家。时代的发展,知识的更新,阻挡发展是不可能的,拒绝发展更是自暴自弃。

唯一的选择就是主动出击,自己去创造机会。

2.15 凡事要有积极的心态

小李大学毕业后进入到一家跨国公司,现在已经成为这家公司的副总,深得自己老总的信任。老总对于他的评价就是:"眼里有活,积极主动。"小李说自己的成功得益于他的一次出差。

有一次到上海出差的时候,小李顺便拜访了两位同学。两年前,这两位同学大学毕业后一同进入了一家大公司做业务。而今,一位已经是这家大公司的业务主管,而另一位还是一个普普通通的业务员。

等到小李告别的时候,这两位同学就一起送他到电梯口。这时,做业务主管的那位同学看到电梯口贴着的公司通知单没有粘牢,快要掉下来了,他急忙把它揭下来,拿在手中。

小李很不解,就问他干嘛要把它拿在手中,这位业务主管笑着说:"等会儿回去用胶带把它粘好。"而那位做业务员的朋友则在一旁无所谓地说:"掉就掉呗!又不是你把它给扯掉的。"

这件小事给了小李很深的感触。通过这件事,他明白了为什么那位同学能够做到业务主管的位置,而另一位同学至今还是一位普普通通的销售员。那位成为业务主管的同学一个小小的动作,反映出了他积极主动的态度,不用别人指点自己,就能够自觉地把事情做到位;而另一位同学则缺乏这种积极主动做事的精神,所以至今仍然是一名业务员。

这件事情虽小,但是却反应了两个人截然不同的心态。回去以后,小李开始向那位能够主动做事的同学学习,在公司抢着做事,不等老总交待,就把自己该做的事情做好,很快,他就得到了提拔,成为这家公司的副总了。

人生感悟

如果你想获得成功,就必须端正自己的心态,在工作中要有主动性,能够积极主动地工作。因为,那些成就大业者成功的秘诀就在于:他们积极主动地做事,积极主动地工作,同时为自己的所作所为承担责任。

2.16 世间难得真友谊

德蒙与匹西亚斯同为国王效力。一次,匹西亚斯因不满国王迪奥尼修斯的做法,得罪了国王,国王便下令将他处死,五天后执行。匹西亚斯想在临死前看看自己年迈的母亲及年幼的妹妹和曾经住过的家。他的朋友德蒙得知后便恳求国王允许他代替匹西亚斯坐牢,国王看其真诚便答应了他的请求。临刑日期马上就到了,当国王准备处决德蒙时,匹西亚斯返回了刑场,德蒙被释放了,国王看到他们之间的友情如此深厚也赦免了匹西亚斯。"生死之交"的好友从此便得名了。

1932年8月中旬,鲁迅与瞿秋白相识,两人一见如故,言谈与志趣十分相投,从此他们共同为新文化运动并肩作战。瞿秋白十分欣赏鲁迅的杂文,为此给了他很高的评价,从此,二人结下了深厚的友谊。

在白色恐怖中,鲁迅将瞿秋白安置到安全的地方,并让他用自己的笔名发表杂文,抨击反动政府。1935年鲁迅得了重病,不能起身走动。1935年6月瞿秋白被国民党杀害,当鲁迅得知后仍咬牙起身为亡友悼念,编印了《海上述林》。

在东汉时期有一个读书人叫公沙穆,虽然家境贫苦,但却刻苦好学,掌握了很多知识。可他觉得还不够,他听别人说在很远的东方有一个很好的学府,如果到那里深造,将有更大发展。但去那里路途遥远而且需要很多盘缠,无耐为了筹集路费他只能先做工,攒够了盘缠再东行求学。

他来到一个叫吴佑的官员家里当了舂米工人,一次吴佑来到作坊视察,看到公沙穆言行举止都不像一个工人,而像一个书生,便询问起来。吴佑发现他学识渊博,谈吐风雅,遂和他交上了朋友,从而资助他东行求学。

人生感悟

真正的友谊地久天长,经得起时间的考验,而且真正的朋友与吃吃喝喝的狐朋狗友是大相径庭的。真正的友谊往往是"君子之交淡如水"的道义之交。

2.17 有志者事竟成

戴摩西从小就希望自己成为一个伟大的演说家,但由于先天口吃,连话都说不清,甚至常常连一个字音都发不清楚。

虽然他年纪小,但对事情却很有见解。先天的缺陷并没有使他堕落、顺其自然下去,而是更加下定决心去完成自己的理想。有志者事竟成,有了目标就有了奋斗的动力,为了克服口吃他常常将石头子放在嘴里,跑到大海边上练习,石子将舌头磨出了血,他也要继续。不管是吃饭喝水,他都不停止。舌头的疼痛令人难以忍受,但他仍坚持天天练习,后来他真的克服了口吃的毛病。

由于他专心、勤奋和刻苦、不认输的精神,在经历了一次又一次失败后终于成为了一个伟大的演说家。

罗马著名的雄辩家昆提连说:"演讲家是一个精于讲话的好人。"他说的"好人"便是真诚与性格。摩根也说,性格是获取听众信任的最佳途径,同时也是获取听众信心的最佳途径。

亚历山大·伍科特说:"一个人说话时的那种真诚,会使他的声音焕发出真实的光彩,那是虚伪的人所假装不了的。"

当我们谈话的目的是说服听众时,就更需要用发自内心的真诚笃信的光辉来表述自己的意念。我们必须先说服自己,然后才能设法说服别人。

人生感悟

一个先天口吃的人,应该是与讲话的职业无缘的人。然而就是这样一个看似与讲话的职业无缘的人,竟成了历史上著名的演说家。这再一次印证了那句真理:"精诚所至,金石为开。"

2.18 要有随机应变的处世技巧

北宋王安石的儿子王元泽年幼时,有一位客人欺负他不认识笼子里的獐与鹿,却故意问他:"哪一头是獐哪一头是鹿?"

王元泽不慌不忙,沉着答道:"獐旁边的那头是鹿,鹿旁边的那头是獐。"王元泽年幼无知,却机智地用模糊语言为自己解了围,显示了他的应变能力。

隋朝时,有一位善辩者。一次有人问他:"腊月时,家人被蛇所伤,怎样医治?"

他应声答道:"取五月五日南墙下雪涂之,即愈。"

那人反唇相讥:"五月哪里有雪?"

这位善辩者笑道:"腊月里何处有蛇?"

由于提问者的话本身是荒谬的,对于荒谬的回答,自然就丧失了指责的权利,刁难别人就成了自我出丑。

当令你难堪的事实已经发生时,运用自嘲,不仅能通过自我排解的方式保护你的自尊心,而且还能体现出你的宽广的胸怀。

某次,柏林空军军官俱乐部举行招待会,主宾是有名的乌戴特将军。敬酒时,一位士兵不小心将啤酒洒到了将军发亮的秃头上,士兵吓得魂不附体,手足无措,全场目瞪口呆。面对颤抖的士兵,乌戴特微笑着说:"老弟,你以为这种治疗有效吗?"在场的人闻言大笑起来,难堪的局面被打破了。

有位年轻美貌的法国女学生一天用挑逗的话问老师:"亲爱的老师,你更喜欢法国女性还是美国女性?"

这种问话突然冒出,的确有点使人难以回答。如果老师回答更喜欢法国女性,有点儿不近情理;但如果老师说更喜欢美国女性,也许会伤了这位法国女学生的心。

于是,老师对这位女学生微微一笑,迎着她逃逗的目光说:"凡是喜欢我的女性,我都喜欢!"

清朝的纪晓岚,很得乾隆皇帝的赏识。一次,乾隆皇帝想开个玩笑检验一下纪晓岚的辩才。便问:"纪卿,忠孝二字作何解释?"

纪晓岚道:"君要臣死,臣不得不死,为忠;父要子亡,子不得不亡,为孝。"乾隆立刻说:"那好,朕要你现在就去死。"

"臣领旨!"

"你打算怎么死法?"

"跳河。"

"好吧!"

不一会儿,纪晓岚回到乾隆面前,乾隆道:"纪卿何以未死?"

"我碰到屈原了,他不让我死。"

"此话怎讲?"

"我去到河边。正要往下跳时,屈原从水里向我走来,说:'纪晓岚,你为何要死？想当年楚王昏庸，我不得不死；可如今皇上圣明，你应该回去先问问皇上是不是昏君，如果皇上说他跟当年楚王一样，是个昏君，你再死也不迟啊！'"

乾隆听后，开怀大笑，连连称赞道："好一个如簧之舌，真不愧为当今雄辩之才，这下朕算服了。"

人生感悟

随机应变的处世之道，随时闪现出思想机智的火花，有些前人的应变技巧让我们叹为观止，忍俊不禁。但这火花没有平时长期的学识积累显然是不行的。

2.19 敢于梦想才会成功

哈佛大学有一个非常著名的关于目标对人生影响的跟踪调查，对象是一群智力、学历、环境等条件都差不多的年轻人，调查结果发现：

27%的人，没有梦想；

60%的人，梦想模糊；

10%的人，有自己的梦想；

3%的人，有自己坚定的梦想。

25年的跟踪调查发现，他们的生活变化十分有意思。那3%的人，几乎从不曾更改过自己的人生目标，他们始终朝着同一个方向不懈地努力，25年后，他们几乎都成了社会各界顶尖成功人士，他们中不乏白手创业者、行业领袖、社会精英。

那10%的人，大都生活在社会的中上层。他们的共同特征是，一些短期目标不断实现，生活质量稳步上升，他们成为各行各业不可缺少的专业人士，如医生、律师、工程师、高级主管等等。

那60%的人，几乎都生活在社会的中下层，他们能安稳地生活与工作，但都没有什么特别的成绩。

剩下的27%的人，他们几乎都生活在社会的最底层，过得很不如意，常常失业，依靠社会救济，并且常常抱怨他人，抱怨社会。

调查者得出结论：梦想对人生有巨大的导向作用。成功在一开始仅仅是一个选择，你选择了什么样的梦想，就会有什么样的成就，就会有什么样的人生。

人生感悟

19世纪中期，美国的小马丁·路德·金庄严地向全世界宣告："我有一个梦想！"这句简单朴素的话语成为人类历史上最震撼人心的宣言之一。成功始于梦想，梦想是一切成就的起点，所有伟大的事业都起源于伟大的梦想。

2.20 梦想多大成功就有多大

有一部叫做《一球成名》的电影，讲述了一个勇于追求梦想的孩子的故事。10岁就跟着父亲偷渡越过美墨边境的小男孩桑蒂亚哥身边只带了一个足球和一张世界杯足球赛的照片。足球是桑蒂亚哥的全部，也是他全部的梦想。

身为非法移民的桑蒂亚哥虽然很会踢球，却不能如愿，他只能跟着固执的父亲到处帮洛杉矶地区的有钱人家清扫家园，以赚取微薄的薪水。

一天，来自英国的球探发现了桑蒂亚哥的天分，并且鼓励他前往足球运动蓬勃发展的英国闯天下。为了追逐自己的梦想，桑蒂亚哥不顾父亲的极力反对，最终还是离家出走，只身前往英国挑战自己的极限。

桑蒂亚哥到了英超劲旅——纽卡斯尔队的主场圣詹姆斯球场准备参加赛前选秀会。不幸的是，英超毕竟是世界级的足球殿堂，桑蒂亚哥的球技在这群卧虎藏龙的顶尖选手中几乎凸现不出来，这也使他领悟到除了天份之外，勤奋的练习才是在职业足坛立足的重要关键。

最后，桑蒂亚哥在最紧张的关头帮助纽卡斯尔队顺利晋级，成为纽卡斯尔的英雄。

从中我们可以看出，一个人能有多高的成就通常取决于他有多高的目标，心怀多大的志向。大文豪高尔基曾经说过："一个人追求的目标越高，他的才力就发展得越快，对社会就越有益。"一个人只有具备了进取心，才能够拥有终身取之不竭、用之不尽的精神动力。

人生感悟

要成为一个成功者，首先你就要去梦想成功；要想创造出巨大的成就，首先就要有大的梦想。拥有伟大梦想的人，就拥有了最强大的力量，当他以坚定的信念、十足的勇气去实现自己的梦想时，他将是不可阻挡的。

2.21 谦虚能为自己的人格增光

青年作家费定在对高尔基的长篇小说《阿尔达莫诺夫家的事业》进行评价时，除了赞扬小说成功外，还指出了作品的缺点：结构不合理，重要事件没有充分展开。

大师高尔基看到后不仅没有生气，反而虚心地接受了批评，并给费定回信说："在您的信里，真的可以感到您是一个热爱自己事业的人。您提出的严肃而坦率的意见对我十分宝贵。"

程普和周瑜是三国时吴国的两位大将。程普依仗自己年长，看不起周瑜，经常找周瑜的麻烦。以周瑜当时在吴国的地位，完全可以不用在意程普，甚至可以与程普一争高下。但是周瑜却表现得很谦虚，对待程普也很恭敬，"折节容下，终不与较"。

最终，在周瑜的谦虚和对他的尊重下，程普被感动了，他说："与周瑜结交，就像喝美酒，不知不觉就会醉了。"将自己与周瑜的交往比喻为喝美酒。

这样，他们不但关系没有破裂，而且还建立了深厚的友谊，成为忘年之交。最好的表现就是后来在赤壁之战中他们两人的联手破敌。

人生感悟

谦虚是人的最基本的美德之一，中国古代一直有"谦谦君子"的说法。五经之一的《易经》上告诫说："谦受益，满招损。"现实生活中，我们也可以发现：越是高尚的君子，越是谦虚。

2.22 不要放过任何机会

麦克阿瑟是美国历史上杰出的将领，在第二次世界大战和占领日本期间，他创造了被世人熟知的辉煌业绩。

1941年12月在日本人制造的大灾难中，他的空军被摧毁殆尽，他的陆军退守巴丹半岛，他本人则像一头被拔掉了牙齿的雄狮一样，被困在只有1700英亩的科雷希多小岛上，与日军周旋。

1942年3月，他留下"我还要回来"的诺言离开他的部队，乘坐鱼雷快艇冲破日军封锁,前往澳大利亚。从那以后,他念念不忘重返巴丹。他争取太平洋战场的所有指挥权,为的是重返巴丹;他在巴布亚血战布纳,为的是重返巴丹;他在珍珠港向罗斯福力主进军菲律宾,为的是重返巴丹!怀着他的信念,凭着他的智慧,带着他的勇气,为了他的荣誉,他成功地指挥他的部队实施了 56 次两栖登陆。终于在 1945 年 3 月 2 日率领他的"巴丹帮",乘坐鱼雷快艇沿着当年离开时的路线回到了巴丹半岛。

都说成功等于实力加机遇,实力需要自身的勤奋获得,而机遇似乎只能等待老天垂青,实则不然,机遇更需要自己去争取,如果自己不去准备不去争取,机遇即便来了你也未必能把握住。

有三个人同在一家公司做事,第一个人总觉得自己怀才不遇,心想要是哪一天能见到老板,自己肯定会被赏识的。第二个人心有同感,更是打听老板上下班时间,大概何时会坐电梯,心想在电梯里见到老总好有机会打招呼。第三个人精心去了解老板的个人爱好、交际风格,并由此设计了几句颇有分量的开场白,在如愿碰到老板后抓住机会和老板交谈了几句,不久,他争取到了更好的职位。

机遇偏爱有心人,这话一点都不假。机遇何时有?机遇时时有,可只有有心的人才能抓得住。

如今在世界饮料产业排名第一的产品"可口可乐",是从一个炮火纷飞的时期——二战时发展壮大起来的。

1941 年 12 月 7 日,日军偷袭珍珠港,美军参战,可口可乐公司总裁伍德瑞夫见此形势,立刻宣传"无论美军所到何处,可口可乐公司都会在当地以每杯五分钱的价格供应可口可乐。"当大战结束后,美军返回家园时,留下的可口可乐生产设备,就发展成了当地首家生产可口可乐的工厂,从此日益壮大,进而形成今天的局面。

人生感悟

机会不是等来的,而是努力争取来的。就算天上掉馅饼,你也得做好去接的准备。不放过身边的每一个机会,抓住那稍纵即逝的时机,你就会取得成功。

2.23 机会是可以自己创造的

公元前 258 年,秦兵攻打赵国,包围了赵都邯郸,赵王无奈只能派平原君出使楚国求救,平原君从其门下挑选能言善辩的食客 20 人同往,最后还差一个,不知挑谁时，一位食客主动求往，平原君此时还不识此人，问了之后才知他叫毛遂，投于平原君门下已经三年了，三年中一直没有机会展示才能。平原君思考后决定带他一同前往，到了楚国后，楚王就是不答应出兵救赵，多亏毛遂言辞犀利，才干非凡，说服了楚王出兵救赵，毛遂因此名声大振。

有三个人被判入狱三年，监狱长答应，可以满足他们每个人的一个要求，以便帮助他度过这三年难捱的时光，美国人爱抽烟，要了雪茄，法国人爱浪漫，要了一个美丽的女子，而犹太人却说要一部联系外部世界的电话，美国人和法国人都笑他不会享受。

三年过去了，到了他们出狱的时候，美国人第一个冲了出来，气急败坏地大喊给他火，原来他忘了要火。法国人带着满脸疲惫第二个走了出来，只见他手里抱着一个孩子，美丽的女子手里抱着一个，并且肚子里还怀着一个。

犹太人最后出来，他紧握监狱长的手告诉监狱长，由于他给的这部电话让他这三年里生意不断，挣了很多钱，为了感谢狱长决定送给他一部轿车。

紧张的招聘会场里，经理正忙碌地对每一个应聘者进行面试，这时秘书给他递过来一张纸条，经理打开一看，只见上面写道：亲爱的经理，在您尚未见到第18个孩子前，请您不要做出最后决断，落款是第18个孩子。经理看完后脸上浮现了一丝笑意，原来他们公司正在招聘四名儿童做小商品的电视广告，这个处在第18位的聪明机智的小孩通过礼貌的言行让秘书小姐将纸条递到了经理手上，从而让经理对他产生了较好的第一印象。

人生感悟

马其顿国王亚历山大在打了一次胜仗回来之后，他的部下问他，如果有机会，他会不会把第二个城市攻占。"什么？机会！"他大笑了起来，"机会！如果我想要，机会随时可以制造！"由此看来，世界上真正缺少的，就是那些懂得制造机会的人。

2.24　对消极的思想说不

一位出差的公司职员搭乘了一辆出租车前去联系一项业务，上了车，他发现这辆车外观光鲜清洁，司机服装整洁，车内的布置亦十分典雅。

车子一发动，司机很热心地问车内的温度是否适合，又问他要不要听音乐或是收音机。车上还有早报及最新一期杂志,前面是一个小冰箱,如果需要,冰箱中的果汁及可乐可以自行取用,如果想喝热饮,保温瓶内有热咖啡。这些特殊的服务让这位上班族很意外,他不禁望了一下这位司机,司机愉悦的表情就像车窗外和煦的阳光。

不一会儿,司机对乘客说:"前面的路段可能会塞车,这个时候高速公路反而不会塞车,我们走高速公路好吗?"

在乘客同意后,这位司机又体贴地说:"我是一个无所不聊的人,如果您想聊天,除了政治及宗教外,我什么都可以聊。如果您想休息或看风景,那我就会静静地开车,不打扰您了。"

从一上车起,这位常搭乘出租车的职员就充满了好奇,他不禁问这位司机:"你是从什么时候开始这种服务方式的?"

这位专业的司机说:"从我觉醒的那一刻开始。"

司机接着讲了他那段觉醒的过程:他以前也经常抱怨工作辛苦、人生没有意义。但在不经意间,他听到广播节目里正在谈一些人生的态度,大意是你相信什么,就会得到什么。如果你觉得日子不顺心,那么所有发生的事都会让你觉得倒霉;相反,如果你觉得今天是幸运的一天,那么你所碰到的每一个人都可能是你的贵人。就从那一刻起,他开始了一种全新的生活方式。

目的地到了,司机下了车,绕到后面帮乘客开车门,并递上名片,说:"希望下次有机会再为您服务。"

从此以后,这位出租车司机的生意再没有受到经济不景气的影响,他很少会空车在这座城市里兜转,他的客人总是会事先预定好他的车。他的改变,不仅创造了更好的收入,而且更从工作中得到了自尊。正是他这种积极的工作态度创造了最大的价值。

人生感悟

不要让消极的思想来统治自己,不要总是看到消极的一面,消极的心态会在愚昧无知的基础上不断地生长,直到侵占你的思想,腐蚀你的灵魂。要想有所成就,有所收获,首先就得对消极的思想说"不"。

2.25 生活中不妨来点幽默

一位芭蕾舞演员非常喜欢肖伯纳,于是就对他说:"如果我们能够结婚的话,那我们的孩子就会有我的美貌和你的聪明。那该有多么好。"

但肖伯纳并不喜欢这位姑娘，于是就回答说："可是事情如果不像你说的那样，而是有我的相貌，你的智慧的话，那可就糟糕透了。"

石中立是宋代人士，在他做员外郎的时候，西域向宋朝进贡了一头狮子，这头狮子就养在皇帝的御花园中。

一次，他和几个朋友一起来看狮子，发现狮子每天要吃十五斤肉，朋友们嘀咕说，我们的俸禄一天也只有几斤肉，它一头狮子每天倒要吃那么多，言语之间有很大的不服气。而此时石中立却很坦然地对他说："老兄们啊，这已经足够了，谁让我们是'苑外狼'（谐音，"员外郎"）呢，我们是不能和'苑中狮'相比的。"

在美加的外交关系上，美国的里根总统与加拿大的皮埃尔·特鲁多总理经常利用二人是老乡的这个优势"求同"。

有一次，特鲁多特意请里根到自己的老家，以老乡的身份盛情款待他。当里根第一次以美国总统的身份访问加拿大时，免不了要发表一些公开演说，但是加拿大的百姓们与他们的总理一点儿也不同心，许多群众在里根的公开演说会上一边举行反美的游行示威，一边不时地打断里根总统的讲话，让特鲁多很是下不来台。

但是里根却反而表现得很自在、洒脱，还笑着对皮埃尔·特鲁多总理说："这种事情在美国时有发生，我想这些人是特意从美国赶到贵国的。他们想让我有一种宾至如归的感觉。"

特鲁多听到此话后，打开了紧皱的眉头，也展开了会意的笑容。

瓦莲金娜·列昂金耶娃是前苏联著名的播音员。一次，他向观众展示了一种玻璃杯，说这种杯子是摔不破的。在展示前，她几次练习都很成功，但是，没想到在转播时，杯子却被摔得粉碎。

这时，她没有慌乱，而是幽默地说："看来这杯子是禁不住我的力气呀。"

还有一次，她主持少儿节目，本来她想向孩子们介绍大白鹅，可是还没等她开口，大白鹅先叫了起来，这时她又急中生智很自然的和孩子们说："大家听，我们的客人等急了。"周围的人都为她的机智幽默逗笑了。

人生感悟

人们经常把幽默看成是一种风采气度美，并且从幽默诙谐中看一个人的学识、涵养和思辨能力。生活中以轻松幽默的心态处世，可以化解许多不期而至的尴尬。

2.26 要敢于尝试和冒险

吉姆·伯克晋升为美国翰森公司新产品部主任后的第一件事,就是要开发研制一种供儿童使用的胸部按摩器。然而,这种产品最终失败了,伯克心想这下可要被老板炒鱿鱼了。

伯克被召去见公司的总裁,然而,他受到了意想不到的接待。"你就是那位让我的公司赔了大钱的人吗?"总裁问道,"好,我要向你表示祝贺,你能犯错误,说明你勇于冒险。而如果你缺乏这种精神的话,我们的公司今后就不会有发展了。"

数年之后,伯克本人成了翰森公司的总经理,他仍牢记着前总裁的这句话。

美国一家大印刷公司的经理曾回忆起他与自己公司一位会计员的谈话,这位会计员的理想是要成为他公司的审计长,或者创办她自己的公司。虽然她连中学都没毕业,但她却毫不畏惧。

但随之而来的却是公司经理对她的提醒:"你的会计能力不错,这一点我承认,但你应该根据自己的受教育程度,把目标定得更加切合实际些。"经理的话使她大为恼火,于是,她毅然辞职追寻自己的理想去了。

后来她成立了一个会计服务社,专门为那些小公司和新移民提供服务。现在,她在加州的会计服务社已发展到了五个办事处。

其实,我们谁也不知道别人的能力限度到底有多大,尤其是在他们怀有激情和理想,并且能够在困难和障碍面前不屈不挠时,他们的能力限度就更难预测了。

1990年,在温布尔登举行的网球锦标赛女子组半决赛中,16岁的前南斯拉夫选手塞莱丝与美国女选手津娜·加里森对垒。随着比赛的进行,人们越来越清楚地发现,塞莱丝的最大对手并不是加里森,而是她自己。

赛后,塞莱丝垂头丧气地说:"这场比赛中双方的实力太接近了,因此,我总是力求稳扎稳打,只敢打安全球,而不敢轻易向对方进攻,甚至在加里森第二次发球时,我还是不敢扣球求胜。"而加里森却恰恰相反,她并不只打安全球,而是暗下决心,鼓励自己要敢于险中求胜,决不能优柔寡断、犹豫不决。

津娜·加里森赛后谈道:"即使是失了球,我至少也知道自己是已经尽了力。"结果,加里森最终赢得了全场的比赛。

人生感悟

生活中，常常有这样的现象，同样一件事情，因为存在一定的风险，甲经过细算，认为有60%的把握，便抢占时机，先下手为强，并因而取胜。乙在谋划时过于保守，认为必须有90%甚至100%的把握才下手，结果坐失良机。

2.27 要与自己的缺点斗争

美国建国时期的伟人富兰克林有一个习惯，每天晚上都把自己当天的言行回想检视一遍，记下每天所犯的错误。后来通过总结，他发现这些错误主要是由自己的以下缺点造成的：浪费时间；为小事烦恼；容易争论冲突。

聪明的富兰克林还发现，这几项缺点对他的人生之旅会带来严重的危害，所以决定改正这一类的错误。

他一个礼拜选出一项缺点，有意识地与之进行对抗，然后把每一天的输赢写下记录。在下个礼拜，他另外挑出一个坏习惯，准备齐全，再接下去做另一场战斗。就这样，富兰克林每个礼拜改掉一个坏习惯的战斗持续了两年多。

《战争与和平》出版后，给列夫·托尔斯泰赢得了巨大的声誉。但是，1868年4月，在《俄国残废军人报》上发表的拉奇诺夫评论《战争与和平》的文章，却指出书中某些历史性事件和战役描写得不够准确，对文章进行了批评。

托尔斯泰看完之后，认为言之有理，很快给报社写信表示非常感谢拉奇诺夫的批评，说："如果我在写作时能听到他的劝告，我是会避免许多错误的。"并表示希望能与拉奇诺夫通信。

人生感悟

"知耻近乎勇"，知耻而后勇，善于发现并努力改正自己的缺点才能有所成就。古人曾参所作的"三省吾身"的行为正是为了能做到这一点。

2.28 小事可以映出人格

爱因斯坦是科学界的领军人物，他对自己的衣着打扮几乎不花工夫，他将毕生的精力和时间都用在了科学事业上。

当他还未成名时,走在美国纽约的街头时,一个熟人见他衣着寒酸,便讥笑他为何穿得如此简朴。爱因斯坦回答道:"反正这里也没有人认识我,穿着随便点也无妨。"

又过了几年,爱因斯坦已经功成名就,走在纽约街头又碰到那个熟人,那个人见到爱因斯坦还是那身打扮,更是惊讶,而爱因斯坦笑着回答道:"反正这里的人都已经认得我了,穿什么还不都一样?"

从这件穿衣的事情中我们不难领略到爱因斯坦做人的坦荡和简朴。

挪威是产油国,丰富的石油为挪威人换来了大量的外汇,使他们很富裕,但他们都崇尚简朴,不追求外表的奢华。出门开的多是旧汽车,即使是王室成员,如果没有执行公务,也喜欢骑自行车上街。全国垄断企业 Statoil 石油公司的老板,上下班时坐的竟然是公交车。之所以这样,是因为挪威人追求的是北欧神话中"灰孩子"汉斯的形象——瘦弱的外表,坚强的内心。

1935年,名声鼎盛的大画家徐悲鸿从巴黎回来,蒋介石就特意差张道藩来请徐悲鸿给他画一张半身像。尽管张道藩说了很多好话,可是都被徐悲鸿给断然拒绝了。

徐悲鸿说:"我是画家,对你们委员长丝毫没有兴趣。你还是另请高明吧!"

张道藩非常吃惊地说:"对委员长你没有兴趣,你对什么有兴趣?"

徐悲鸿冷冷地笑了笑说:"我对人民大众感兴趣。"

张道藩说:"这么说你肯定不给蒋委员长画像了?"

徐悲鸿说:"是的,是这样。"

张道藩急了:"徐先生,你是才华横溢的艺术家,我奉劝你还是不要做这样愚蠢的事,免得今后后悔。"

徐非鸿看了张道藩一眼说:"我永远不会后悔。"

人生感悟

我们常说一滴水可以映出太阳的光辉,从一些小事上可以看出一个人的人格,这也是古人所强调的"勿以善小而不为,勿以恶小而为之"的本意吧。

3月份

热爱读书，培养人格
读到痴时方见奇
生命是用时间组成的
竞争能促人上进
痴迷于自己的事业
……

3.1 热爱读书，培养人格

读书与做人有密不可分的关系，因为读书可以修身、明智。

古今的智者、伟人，都是读书、修养与做人的榜样。

两千多年前的孔子从 15 岁开始"志于学"。经过"而立"、"不惑"、"知天命"、"耳顺"的渐进修养过程，到 70 岁时才自认达到"从心所欲不逾矩"，即所思所为都符合道德规范。

周恩来在少年时代就把"为了中华之崛起"作为读书的目的，继而接受了共产主义思想并终生为之奋斗。被后人用"死不留灰、生而无后、官而不显、党而不私、劳而无怨、去不留言"来评价他那源于千锤百炼的修养而形成的伟大人格。

郁达夫在日本生活时，平均每月读书 20 部，四年内阅读了俄、德、英、日、法等国家的一千多部小说。

易卜生在其当童工期间白天干活，晚上读书，三四年的时间，阅读文学名著上千种。

"发明大王"爱迪生每天必读三本书。

斯大林每天必读 500 页书。

正是大量的阅读丰富了他们的知识，使他们取得了成功。

人生感悟

"读书破万卷，下笔如有神"，"读万卷书，行万里路"。先哲们用他们如此言简意赅的话语告诉了我们多读书的重要性。

3.2 读到痴时方见奇

北宋诗人苏舜钦对书非常着迷，成婚前有一段时期他住在岳父的西厢房里，下人对他岳父报告说，西厢房里的酒每晚都少一坛。他岳父感觉很奇怪，就去偷偷地观察。

看见苏舜钦正在津津有味地朗读《汉书·张子房传》，在读到张良狙击秦始皇，误击到副车时,他突然拍案叫道:"惜乎击之不中!"随即满饮一大杯酒,在读到张良对汉高祖说"此天以臣授陛下"的时候,他又满饮一大杯说:"君臣相遇,其难如此!"

苏舜钦的岳父顿时明白了他为什么每晚能喝一坛酒,自语道:"以书下酒,一坛还不算多哩!"

我国有一位著名的经济学家王亚南。他一生翻译出版41部著作,发表学术论文300多篇。他自幼就学习勤奋,酷爱读书。

有一次,他乘船去欧洲,正在读书的时候遇到了风浪,颠得他站不住脚,可又不忍心放下手中的书,于是就让船员将他绑在了一根柱子上。船员以为是他怕自己摔倒,但当船员绑好王亚南的时候,却惊异地发现他又开始聚精会神地读书了,这让同船的许多外国人都投来了敬佩的目光。

正是他这种刻苦的学习精神使他成为了一名学识渊博的学者。

明代文学家张溥从小就喜欢读书,然而往往记不住,为此,他常常骂自己笨,可这不能解决问题,他想,唯一的办法是比别人多用些工夫。

于是他想了个办法:反复地抄写。他每读一篇文章,就整整齐齐地抄上一遍,边抄边读,抄后又读,读后烧掉,再重新抄写。这样重复七次,一篇文章也读了一二十遍,自然也就记住了。

为此,他把自己读书的屋子取名为"七录书斋"。由于他长年累月地抄写,握笔的手指上都长满了老茧。

张溥正是靠这种扎扎实实的功夫,才成为一个学识渊博的文学家。

人生感悟

我们每每钦美巨星大家们的渊博的学识,惊人的见解和过人的智慧,殊不知每位大家的背后都有一段对书,对前人留下的知识的痴迷的故事。

3.3 生命是用时间组成的

德国"狂飙"运动的杰出人物、伟大的艺术家歌德说:"朋友,要成就大业,就要在青年时代。历史上有成百上千个能干的人在青年时代就已在内阁里或战场上立了大功,从而博得了巨大的声誉。在今天和明天之间,有一段很长的时间,趁你还有精神的时候,学习迅速地办事。"

可见,中外有识之士都深刻地领悟到了时间的意义,并发出了在少年时代应珍惜光阴,锐意进取的呼唤,因此,莫让年华付水流,对人一生的事业来说,是至关重要的。

名人都是把握他生命中的每分每秒的,如爱因斯坦,去世前还在工作,当有人问他还有什么问题时,他说他还想多留几个小时,把剩下的稿子整理好。

瑞士数学家欧拉是在让孙子给他报了一下自己演算的结果和天文学家观测的天王星轨道相符不相符之后才闭了眼。

俄国的化学家门捷列夫,积劳成疾,视力模糊,临死手上还握着笔,面前是写完的一部著作。

鲁迅先生,同样把时间把握得很紧。他在病魔已经威胁着生命的时刻还在不停地写信,写文章,参观木刻博览会,直到逝世前一天,他还在不停地写。

人生感悟

我们整天说要爱惜生命,然而却不知珍惜时间,殊不知生命正是用时间组成的。古人一再地强调时间的重要,这才留下了"一寸光阴一寸金,寸金难买寸光阴"的慨叹。

3.4 竞争能促人上进

一个人在平等的竞争中,能够充分发挥自己的聪明才智,能够极大地发扬自己的创新精神和奋斗精神。因此,竞争可以成为催人上进、促人前进的有效动力。

在心理学中竞争被视为能激发一个人自我提高的一种动机形式。

诺贝尔生理学和医学奖获得者罗歇·吉耶曼和安德鲁·沙利持续22年的竞争就是一个生动的事例。

沙利是波兰出生的美国科学家,吉耶曼是法国科学家。1955年,他俩不约而同地宣布了一个相同的基本发现——主张首先从下丘脑分离出垂体释放的"促皮质素的下丘脑因子"(CRF)。

以前,他俩是在互不知道的情况下进行这一研究的,从此,一场分离CRF的竞争开始了。他俩谁都不甘落后,谁都想领先分离出CRF。

经过持续22年之久的你追我赶和不断奋斗,虽然他俩都没有分离出CRF,然而,沙利首先分离、合成了"促甲状腺激素释放的下丘脑因子"(TRF)和"促黄体生成激素释放因子"(LHRF),而吉耶曼却领先分离、合成了"生长激素释放抑制因子"(SRIF)。

他俩的这些科研成果,证实了脑激素的存在,不仅为控制某些重要疾病开辟了新的道路,而且为找出控制人口的安全方法提供了可能,成为神经内分泌学历史上划时代的里程碑。

鉴于这一系列重大成果,他俩荣获了1977年诺贝尔生理学和医学奖。他俩的激烈竞争,结出了丰硕的成果。

人生感悟

竞争是不可避免的。人与人之间的竞争不见得全是坏事。人若不参加竞争,就不够紧张,不会活跃,内心深处的热情就调动不起来,自己的潜能就发挥不出来。

3.5 痴迷于自己的事业

居里夫人的一生几乎都是在实验室里度过的。说她痴迷于科学,不如说她的本性就是忠于科学的。

她是两次诺贝尔奖的获得者,但是她却十分厌恶金钱和名誉,她把自己研究成果所赚来的钱,大部分都捐给了贫困和需要帮助的人,还有富余便继续用于科学研究。她从未想要借研究成果而大捞一笔,她认为在科学面前应该被重视的是事情,而非人物本身。

虽然居里夫人发现了镭,但是这一发现也付出了血的代价。由于和镭长时间的接触,不但她的双手被镭射线烧得十分严重,她自己也因此得上了可怕的血液病。所有的人都劝她去休息治疗,但是她却毅然决然地拒绝了。因为她对科学热爱,因为她知道追逐科学比顾全她的生命更重要。

居里夫人说:"我的生活是离不开实验的。"就这样,在重病缠身的晚年,她仍旧带病完成30种科学报告以及很多种理论书籍。

她每天坚持工作14个小时,直到1934年病魔残酷地夺去了她宝贵的生命。

人生感悟

谈到居里夫人,我们首先会想到她在科学上的杰出贡献,即她因成功提炼出放射性元素而两度获得诺贝尔奖的卓越成就。但是更令世人钦佩和崇仰的是她那伟大无私又谦虚质朴的高尚品格和在科学探索中表现出的坚毅刻苦、锲而不舍的顽强精神。

3.6 上帝也救不了坐失机会的人

某地发生水灾,整个乡村都难逃厄运。村民纷纷逃生,一位上帝的虔诚信徒爬到了屋顶,等待上帝的拯救。

不久,大水浸过屋顶,刚好有一只木舟经过,舟上的人要带他逃生。这位信徒胸有成竹地说:"不用啦,上帝会拯救我的!"木舟就离他而去。

片刻之间,河水已浸到他的膝盖。刚巧,有一艘汽艇经过,拯救尚未逃生者。这位信徒则说:"不必啦,上帝一定会救我的。"汽艇只好到别的地方救其他人去了。

几分钟后,洪水高涨,已经涨到了信徒的肩膀。这个时候,有架直升飞机放下软梯来拯救他。他死也不肯上机,说:"别担心我啦,上帝会救我的!"直升机也只好离去。

最后,水继续高涨,这位信徒淹死了。

死后,他升上天堂,遇见了上帝。他大骂上帝:"平日我诚心祈祷您,您却见死不救算我瞎了眼啦。"

上帝听后委屈地叫了起来:"你还要我怎样救你?我已经给你派去了两条船和一架飞机!"

人生感悟

机不可失,时不再来,这是一个浅显而深刻的道理。但生活中有很多人遇到事情总是寻找保险、举棋不定、犹豫不决。这种人连自己都不相信自己,也就更别指望被他人所信赖了。

3.7 不要被逆境所屈服

冯如,1883年出生于广东省一个贫困家庭。12岁那年由于生活所迫,冯如跟随舅舅到美国旧金山做工。

　　自幼喜好机器制造的冯如到了一家机器制造厂学习制造技术,先后完成了多项技术发明。

　　冯如勤奋努力,志在强国,他经过认真分析,立志制造飞机。1907年,他在奥克兰租了一间厂房开始研制飞机,经过一年的奋战终于制造出第一架飞机。不幸的是试飞失败,厂房也被烧毁,面对打击他毫不气馁,分析原因并不断改进技术,尽管如此,他得到的却是一次又一次的失败,其中一次试飞他险些丧生。

　　不久,资金即将耗尽,国内双亲又催他回国,事业的失败、对亲人的思念使他陷入极度的痛苦,但是一想到祖国和民族的危难,他又振作起来,立下誓言:"飞机不成,誓不回国"。

　　历经三载的不懈攻关,到1909年,冯如终于造出了一架新型莱特型飞机并试飞成功。冯如的成就获得了各国的注目,他们出重金邀请冯如,都被冯如拒绝。1911年,冯如带着飞机毅然回国。

　　清代文学家吴敬梓住在南京写《儒林外史》一书时,家境贫困。

　　冬天,他没有钱生火取暖,夜间写作时,屋内寒冷难耐,于是便邀请一些穷朋友绕城跑步取暖。《文木先生传》记载说:吴敬梓和朋友们"出城南门,绕城堞得数十里歌吟啸呼,相与应和"。就这样,一路唱歌一路吟诗,你唱我和,直到天明"夜夜如是,谓之暖足"。

　　吴敬梓以乐观奋争的精神战胜重重困难,历经十年,终于完成了《儒林外史》这部文学名著。

　　1929年经济危机席卷日本,许多工厂、企业产品积压,销量骤减,相继停产倒闭,幸存者也只能是依靠降低工人工资或裁减职工得以勉强维持。作为松下公司的管理者松下幸之助也正在考虑这一做法,但是他也深知如此一来,公司必将失去民心进而元气大伤。痛定思痛后,松下幸之助做出了"生产减半、人员不减、工资全额发放、取消假日、全力推销"的决定。方针一出台,公司上下员工欢欣鼓舞,他们深知松下幸之助这种宁可让公司接受损失,也不让职工失业的良苦用心,个个斗志昂扬,不到数月,所有积压产品便被他们推销一空,公司恢复了全天生产仍是供不应求的状态。

人生感悟

　　逆境是成功人士的磨刀石,小逆境成就小人物,大逆境成就大人物。纵观古今中外的历史,有哪一位英才俊杰是一帆风顺走过来的?所以当逆境出现时,不要心灰意冷,说不定这是你人生一次大成功的契机呢。

3.8 以形象生动的语言说服人

著名作家李准曾经这样说过:"没有几下绝招,难得当个作家!我的看家本事是:三句话叫人落泪,三分钟过戏,把读者的心放在我手心里揉,叫他噙着眼泪还得笑!"

在常香玉舞台生涯五十周年庆祝大会上,文艺界名流同来祝贺。

专好插科打诨的电影导演谢添一把拉住李准说:"李准,我想当众试试你!你说三句话,能让常香玉哭一场,我才服你!"

李准皱皱眉,看看众人,摊摊手为难地对常香玉说:"香玉,你看看老谢!今天是你大喜的日子,他偏偏让你哭,这不是难为人吗?"

常香玉说:"你今天能让我哭,算你真有本事!"

谢添说:"或者签字认输也行!"

李准依旧为难地说:"香玉,咱们能有今天,多不容易啊,论起来,你还是我的救命恩人哩!我十来岁那年,眼看逃荒的难民群到了西安,眼看人们都要饿死了,忽然有人喊:大唱家常香玉放饭了,河南人都去吃吧!哗——人们一下子都涌了上去!我捧着粥,泪往心里流。想,日后见了这个救命恩人,我给她叩个头!哪想到'文革'中,你被押在大卡车上游街,让你'坐飞机'!我站在一边,心里又在流泪,我真想喊一句,让我替替她吧,她是俺的救命恩人哪——"

"老李!你……别说了!"常香玉猛然打断李准的话,捂住脸,转过身,满脸泪水滚下来,把手绢打湿了。

大厅里没有一点声息。众人望着李准,沉浸在他讲的故事里,忘记了这是在打赌,连谢添也轻轻吸了一下鼻子……

李准针对常香玉特有的心理体验运用形象生动的语言进行带有强烈感情色彩的描述,产生了极大的感染力。

人生感悟

运用形象生动的语言颇有说服力,它可以把简单的事情具体化,把枯燥无味的事说得生动活泼,可以化解尴尬的场面,能够吸引讲话的对象。

3.9 讲话要充分利用特定的场合

克林顿之所以能当上总统,与他的绝佳口才有很大的关系。

在1992年10月15日第二次电视辩论中,辩论现场只设一个主持人,候选人前面都没有讲桌,只有张高椅子可坐,克林顿为了表示他对广大电视观众的尊敬,一直没有坐,并且在辩论中减少了对布什的攻击,把重点放在讲述自己任阿肯色州州长12年间所取得的政绩上。

克林顿的这种以柔克刚、彬彬有礼的做法,立即赢得了广大电视观众的好感。

在最后一次电视辩论中,克林顿潇洒的姿态,敏捷的论辩与幽默机智的谈吐使他大出风头。他在对布什的责难进行了有效的反驳以后,很得体地对广大电视观众说:"我既尊敬布什先生在白宫期间的为国操劳,又希望选民能鼓起勇气,敢于更新,接受更佳人选。"话音刚落,掌声雷动。

充分利用特定的场合讲话,可以为你增添无穷的魅力,从而使你的社交能力进一步加强。

人生感悟

在人际交往中,说什么,怎么说,一定要顾及场合、环境,只有这样才有利于沟通。不顾及场合的心直口快是任何时候都不值得提倡的。

3.10 智慧能害人于无形

齐景公手下有三名勇士:公孙接、田开疆、古冶子,三人力能降虎、恃勇而傲、目空一切。晏婴认为他们都是危险人物,就晋见景公,请求景公除掉他们。景公说:"这三人勇力过人,别人都打不过他们,行刺又恐刺不中,谁敢动他们?"

晏婴听了,想出了一个办法。一次景公在宴会上拿出两个鲜桃,说要给最勇敢的两个人吃。

公孙接最先说:"我赤手空拳捉住公鹿,打死猛虎,我当然可以得一个桃子!"说完便拿走了一个桃子。

接着田开疆说:"我伏兵两次击退敌人,横扫三军,像我这样的人也可以吃桃。"于是又拿走了第二个桃子。

最后,古冶子说道:"我跟从君主一起渡黄河,当时一只大龟衔住君主所乘车的左马,将它拉入中流。我潜行逆流百步,顺流九里,捉到大龟,杀掉了它,跳出水面,围观者都以为我是河神。像我这样的人,自然是该吃桃的。你二人还不赶快把桃子给我!"说完拔剑而起,就要与二人决斗。

公孙捷、田开疆听了古冶子的话后,说:"我们的勇敢不如你,功劳也比不上你,自己拿了桃不相让,是贪婪;知道羞耻而怕死,是不勇敢。"说完把桃子交给了古冶子。接着就拔剑断颈而死了。

古冶子看到这二人自杀了,顿时感到非常难过,说:"他俩死了,我一个人活着,太不仁了;用言语去羞辱别人夸自己,是太不义了。痛恨自己的行为,又不去死,就是不勇敢。"说完他扔掉了桃子,也自刎而死。

人生感悟

古代传说:仓颉造字后,夜里就可以听到野地里有鬼哭的声音,因为人类的智慧可以流传并积累了。人的智慧是了不起的,当然,我们反对把这些智慧用来害人。

3.11 忠言并不一定非得逆耳

据《史记·滑稽列传》记载:秦宫中有一位爱说笑话的艺人,他的名字叫优旃。他的身材虽然十分矮小,但说的话却都符合大道理。

有一次,秦始皇在宫中设宴,当时外边正好在下大雨,在殿上侍候的卫士们却淋雨受冻。优旃觉得他们非常可怜,便问他们:"你们想休息一下么?"卫士们当然说:"好!"于是优旃说:"好吧,等我喊你们,就应声进来。"

过了一会儿,优旃趁殿下向秦始皇敬酒并高呼万岁的时候,冲殿阶上大喊:"侍卫们!"于是侍卫们都应声而进。这时优旃故意说:"你们身材长得高大有什么用?只能站在外面淋雨!我长得矮小,却有幸在殿堂坐着休息。"秦始皇听了,于是命令卫士们轮流值班,交替休息。

还有一次,秦始皇对优旃谈到扩大上林苑的计划,打算东起函谷关,西至陕西凤翔南和宝鸡东。优旃听了便说:"好啊!多放养一些禽兽在苑里,敌人从东方来,就放麋鹿用角去触他们,便可以把敌人击退。"

秦始皇听后便放弃了这个计划。

秦二世即位后,想把城墙涂成红色的,优旃又说:"好啊!用油漆涂饰了城墙,漂亮光滑,敌人来了爬也爬不上!不过,要做这件事倒容易,只是难找一间能把漆过的城墙阴干的大房子。"

秦二世听了,笑着打消了这个念头。

人生感悟

人们常说:"良药苦口利于病,忠言逆耳利于行。"实际上很多时候药不苦口同样利于病,言不逆耳同样利于行。只要我们多动脑筋,在不伤及对方面子的情况下同样可以达到提意见的目的。

3.12 团结合作更强大

有一年,有一个外国教育考察团在我国上海参观访问时,在学校的学生当中做了一个"抽球"实验:将3个彩球放在一个窄口瓶里,每个彩球代表一名矿工,有3个学生每人拉住系在彩球上的引线,然后突然通过一开口向瓶中注水,看3名学生谁能把自己的"矿工"从水中救出。

实验开始了,只见三名学生在互相用眼神交流了一下之后,非常有次序地一个接一个从瓶中成功地救出了自己的"矿工",外国专家连声惊呼:"太了不起了,我在许多国家做过这个实验,从未成功过"。

从这个故事中我们不难看出,如果他们争先恐后地抢着出来而不是相互配合协调的话,谁也不会成功逃生的,这就是合作的精神。

生物学家经过对多类动物的研究发现,动物世界的团结互助的群居生活,能使动物变得更强大,成为各种动物战胜强敌、适应环境的最锐利的武器,从而使得它们能够生生不息,世代相传。

昆虫类动物的蚂蚁和蜜蜂就是典型的群居者,它们单个生活时,力量薄弱,很难逃脱丧命的危险;但当他们集体生活,共同工作时,力量明显得到加强,可以免受天敌的骚扰,顽强地生存下来。鹦鹉也是一种极其依赖群居生活的鸟类动物,它们成群结队地生活在一起,使得自己可以过上较为安逸的生活。

虽然狼表面给人一种凶残的印象,但它们也习惯于过群居生活,类似的还有野狗、马等动物。

人生感悟

看来"团结就是力量"这句歌词不仅适用于人类,同样也适用于动物界。要知道人类的祖先类人猿就是过群居生活的,就是通过团结协作才生存下来的。

3.13 克服自身的不利条件

拜伦是英国著名诗人。他先天身体虚弱,并从小跛足,走路都困难,所以他从不参加运动。这也使他成了同学们嘲笑和欺侮的对象。

一天,一个身体健壮的学生当众取笑他是个残废,连球也踢不了。他很不甘心,决心参加体育锻炼,从练习长时间走路到跑步,到踢足球,到练拳击,他的身体一天天强壮了起来。在学校举办的运动会上,他还参加了几项比赛,并取得了不错的成绩。

身高1.60米的NBA球星博格斯是NBA有史以来创纪录的矮子,可他却是全联赛中表现最杰出、失误最少、控球一流、远投精准的后卫之一。

小矮子是如何成为大球星的?全因为有了梦想后那无穷尽的苦练。他并没有视自己的身高为障碍,而是看到了自己灵活、弹跳性好的一面,坚持要攻破弱势,实现梦想,他白天练,夜里练,甚至做梦时也在练……后来终于能和那些"高人"同台献技。

美国肯塔基州有一位立志当拳击手的黑人少年,名叫阿里,他见拳击手科基仗势欺人,非常气愤,想打抱不平却又力不从心。于是阿里刻苦训练,并有针对性地调整战术,很快就打败了身材高大的科基,后来成为一代拳王。

人生感悟

正视自己的不足和短处,并有针对性地设法弥补这不足和短处,会使自己成为了不起的人,这就是人们常说的超越自我。当然,这需要付出艰苦的努力。

3.14 坦诚可以赢得人心

西晋武帝时,羊祜奉晋武帝之命征讨吴国,常有吴国兵将前来投降。羊祜细细问过一遍后,总宽宏大量地说:"留下当然好,但是想回去也行,你们来去自由。"

每次外出活动,羊祜常穿一身轻便皮衣,不着铠甲。住所附近,保卫的侍卫总不超过二十人。一有空闲,羊祜就跟将士们一起去打猎捕鱼。这一切吴国士兵都看在眼里,渐渐地他们失去了敌意,纷纷越过边界向羊祜投降,吴军的斗志慢慢开始松懈。

有一次,羊祜手下捉来了两个吴国孩子,羊祜招呼手下:"送他们回去,一定要找到他们的家,保证他们平安无事。"不久以后,小孩子的父亲大受感动,带着部将前来投降。

另有一次,吴国将领陈尚、潘景入侵晋地,羊祜派兵追击,截杀了他们。事后,羊祜隆重地给他们举行了葬礼。陈尚、潘景的弟子闻讯后,悄悄赶来送葬,羊祜以礼相迎,以诚相送。

吴国将领邓香举兵入侵晋朝夏口,一败涂地,被羊祜活捉。邓香被晋兵捆绑押送到羊祜面前时,心中诚惶诚恐,羊祜却微笑着挥手吩咐松绑,饶恕了他。邓香感激涕零,连连叩头,他返身入吴,马上带领大队人马投降了羊祜。

没过多久,吴国人对羊祜心悦诚服。吴国虽与晋国敌对,却尊称羊祜为"羊公",与羊祜对战的吴国将领陆抗也啧啧称赞:"羊公胸怀宽广,连乐毅、诸葛亮也比不上他啊!"吴国人的心逐渐偏向羊祜。

人生感悟

人心真诚则无往而不胜,坦诚是一种对待他人甚至敌人最可取的办法。世间唯人心难得,而得人心者才能成就事业。

3.15 把握成功的先机

二战之后日本人的饮食习惯开始逐渐西化,绝大多数家庭开始饮用咖啡,并且为了省钱和享用咖啡的天然纯香,很多家庭都乐于自己动手煮咖啡。

对于这一现象的凸现,一些名牌电器公司并未意识到,而菲利浦公司则清楚地看到了电咖啡壶在日本大有市场,开始大力开拓电咖啡壶市场,并迅速占领了这一产品的主要市场,从而使得菲利浦公司以生产电咖啡壶而闻名全日本。

其实像"松下"、"日立"等一些有名的电器公司之前已生产过该产品,但由于对市场的预期没有把握好,所以其市场份额落后于后来居上的菲利浦。

李嘉诚在生意场上,总是独具慧眼,不动声色地抓住时机,这也是他称雄商界的制胜法宝。

1965年,香港房地产价格暴跌,众多地产公司、建筑公司倒闭。两年后,由于政治上的原因,地价、楼价处于有价无市状态,建筑业完全停顿,投资者纷纷贱价抛售房屋,远走他乡,香港再一次陷入房地产大危机。而李嘉诚却用现金以最低的价格收购地皮和旧楼。到了70年代初期,他已拥有了70万平方米的楼宇,以一种稳固的姿态崛起于地产界。

人生感悟

世界是千变万化的,但变化是有规律的。如何把握变化的方向那就需要敏锐的洞察力了;而要在观察好之后采取行动,那就不仅需要过人的智慧,更需要过人的胆略了。

3.16 处理事情要懂得变通

嘉祐二年(1057年),贡举考试在京师举行,主持人是礼部侍郎兼翰林院侍读学士欧阳修,收上来的试卷中有一篇文章是《刑赏忠厚之至论》,这篇文章写得很好,把这位当时的文坛泰斗迷住了。欧阳公本欲提笔将此文列为第一,但对文中作为论据的一个典故产生了疑虑。

这典故说的是:当年尧为帝时,皋陶主掌刑法,有人犯了法,皋陶欲将此人处死,请示尧时列出了三条该杀的理由,但尧却提出了三条赦免的理由,最后宽恕了此人。

文章是以这个典故来论证"立法贵严而责人贵宽"的论点的,用得恰到好处。疑虑归疑虑,但文章所表现出的严密的逻辑和美丽的文采,也不得不使欧阳公给考生排名第二,名列进士的高榜,写这篇文章的考生就是当时20岁的苏东坡。

欧阳修是饱学之士,对史书中的典故了如指掌,怎么就不知皋陶杀人和尧帝救人的典故呢?事后他问了苏轼,东坡笑着说:"这个典故是学生想当然耳,今天特向老师请罪。"

欧阳公一惊,从此对苏轼更刮目相看了,该生不但善读书而且善用书,不但才思过人而且善于变通,于是他对自己的儿子们说:"你们记住了,30年以后,世人就不再说起我欧阳修了,到那时,天下传诵的只有苏东坡的文章了。"

人生感悟

俗话说:"兵无常势,水无常形。"因势利导,因地制宜,不墨守成规,不拘泥于一格,从而达到变则通,通则达,达则成的理想效果。

3.17 兴趣是最好的老师

1564年,莎士比亚诞生在英格兰中部美丽的埃文河畔,他的父亲约翰·莎士比亚是个精明、能干的商人,主要经营手套、羊毛、皮革等物,并且在市议会里兼任一份公职。

7岁的时候,父亲把威廉送到一所文法学校去上学,可他却不用功,总是被老师用教鞭提醒着去读书。他不喜欢那些古板的祈祷文,他喜欢阅读古罗马作家用拉丁文写的历史故事,喜欢一个人在郊外的田野里漫游,听秋虫鸣叫。

尤其是每年的五月节,小城斯特拉福热闹非凡,戏剧班子从伦敦来到这是举行各种表演,这是一年中威廉最快乐的日子。他每场演出必到,戏剧班子走到哪里,他就跟到哪里,痴迷地观看着每一场精彩的演出,直到戏剧班子离开斯特拉福城为止。这使威廉的母亲玛丽·阿登忧心忡忡,她怕有一天独生子会抛下她跟着戏剧班子远走高飞。

14岁,威廉离开了学校,来到父亲的铺子里帮工。但是,他对织手套、收购羊毛等工作并不感兴趣,仍然迷恋着戏剧班子和戏剧。每有空闲,莎士比亚就到泰晤士河边的几家剧场附近转悠。

后来,他在一家剧院找到了一份工作,主要替客人看管衣帽,照料有钱的观众上下马车,还在后台打杂。从此,莎士比亚可以真正接近戏剧了。一有空闲,他就躲在后台静静地观看演员们排练。这里成了他的戏剧学校。就是在后台这个地方,孕育了一位名垂青史的戏剧大师。

如果少年时代的莎士比亚听从了父亲的安排，干上了自己不喜欢的经商职业，就不会产生后来伟大的莎士比亚。正因为他从小就与戏剧结下了不解之缘，长大以后又得以从事自己所喜爱的戏剧创作，才使他有极大的热忱和非凡的创造力为人类留下了不朽的艺术珍宝。

人生感悟

一个人如果从事自己所喜爱的职业，那么他的心情是愉快的，态度是积极的，因此能发挥最大的才能，可以取得令人瞩目的成就。

3.18 真正的美不在于个人的享受

歌德是德国的著名诗人，他的诗剧《浮士德》与《荷马史诗》、但丁的《神曲》，莎士比亚的《哈姆雷特》并列为欧洲文学的四大古典名著。

诗剧取材于德国16世纪关于浮士德博士的传说。歌德把浮士德写成了一个不断追求进取的理想人物，把他的知识、爱情、政治、艺术和事业五大发展阶段，都写成了以封建政体腐败，感悟古典美追求的幻灭和"理想王国"蓝图之虚妄为主体内容的悲剧。尤其是在事业悲剧中写浮士德靠帮助封建国王平息叛乱取得一块海边封地，建立了一个"在自由的土地上住着自由的国民"的"理想王国"。

他感到了满足，灵魂本该归魔鬼所有，但天使却在"凡是自强不息者，我辈均能解救"声中，把他接到了天上。

在歌德看来，人间的真正的美不是在个人的享受之中，而是为人类谋幸福的理想的实现。

人生感悟

在温饱问题没有解决的时候，人们很容易把追求的目标锁定在财富上。然而一旦实现了这一目标，就会迅速地感到不满足，转而追求新的精神上的目标。

3.19 不仅要拿得起，还要放得下

有个叫梵志的婆罗门教的教徒有一天要赶到一个村落，为当地的信徒举行一场祭祀。他日夜兼程，不眠不休，一路急奔，生怕错过了卜算选好的吉日良辰。

此刻，天空突然阴暗起来，豆大的雨滴开始落下来。无奈，梵志只好跑到一棵大树下面避雨，心里打算天晴之后再继续上路。

雨渐渐小了下来，但天色却越来越暗，借着微弱的星光，沿着崎岖陡峭的崖壁，梵志临渊履冰般地蜿蜒前进。黑暗中，梵志突然脚下一滑，踩到一堆泥泞的烂泥堆，身体失去重心，一个踉跄，跌入了山谷，身体像折了翅的鸟儿一般，迅速地向谷底坠去。危难间，他急中生智，张开双臂向黑暗的夜空乱抓。一阵忙乱的抓取，突然触到了倒挂于岩石缝中的树枝，梵志赶忙用胳臂顺势一勾，人就像一只折翅的蜻蜓，悬挂在了半山腰上。

梵志心想：这回可糟糕了，这么晚的黑夜，哪里会有人来救我呢？真希望佛陀慈悲，以他的神通救护我这个异教徒。梵志正在转动心念之时，突然听到一阵安详慈和的声音说：

"梵志！你真的祈望我能救你吗？"

咦！那不正是佛陀的法音吗？梵志仿佛见到一线光明，扯开嗓子声嘶力竭地向崖上大喊："慈悲的佛陀！求求您赶快救我上去吧！"

"要我救你很简单，但是你要依照我的话去做，我才救得了你！"佛陀语重心长地说。

"佛陀！我都到这个节骨眼上了，只要你能救我上去，我什么事都依照您的指示。"梵志殷切地请求。

"好！那么请你把攀住树枝的手放下，我好救你。"佛陀平静地说。

梵志一听佛陀要他放下树枝，仿佛霹雳击顶，大嚷道："这怎么可以？如果我放掉树枝，我不就跌入深谷了吗？说什么我也不能放下。"

"你不放下，我怎么救你上来呢？"佛陀微笑着说。

人生感悟

我们做事不能成功的原因，很多时候都不是因为拿不起，而只是因为放不下。纠缠我们的私心杂念太多，背负的包袱太重，让我们不能放下，不能放下又如何前进呢？

3.20 既不随波逐流,也不消极避世

无际禅师经常云游四方,这一天,他来到了一个小山村。正是中午时分,天气很热,禅师便停下来歇脚。

这时,无际禅师看到河边有一个村民正在用水车打水,就走上前去向村民讨水。

这个村民见对方是个出家人,便对无际禅师说道:"禅师,如果有一天我看破红尘,我就会跟您一样出家参禅。不过我出家后,不会四处云游,居无定所。我会找一个地方隐居起来,专心参禅打坐,不再抛头露面。"

无际禅师微微一笑,问道:"那你什么时候看破红尘呢?"

村民答道:"我虽然一直有出家悟道的想法,遗憾的是,我们这一带只有我最了解水车的性质,而全村的人都以此为主要水源,如果能找到人来接替我的位置,我就可以无牵无挂地出家了。"

无际禅师道:"你最了解水车,如果水车全部浸在水里,或者完全离开水面又会如何呢?"

村民答道:"水车置于水中,是靠下半部被水流冲击而转动的原理来工作的,如果把水车全部浸在水里,它不但无法转动,甚至还有被急流冲走的可能。同样,如果水车完全离开水面也不能转动,更别说抽上水来了。"

无际禅师听后,开示他道:"水车与水流的关系可以说明个人与世间的关系。如果一个人完全入世,纵身江湖,难免会被尘世的洪流所冲走,假如超然出世,与世隔绝,则其人生必会失去强大的动力。同样,一个修道之人,也要出入得宜,既不冷眼旁观,也不随波逐流。因此,出家既要看破红尘,更要想法普度众生。"

村民听了无际禅师的话,久久地愣在那里,似有所悟。

人生感悟

人生在世最难把握的就是一个"度",即常说的"居心于有意无意之间"、"平常心"。儒家为了纠正人们的偏激心理,特别强调"中庸"。

3.21 失之毫厘，差之千里

当贝尔宣布发明了第一部电话机并提出申请这项发明专利后，科学家莱斯却向美国最高法院提起了对贝尔的控诉，声称电话机的发明权应该归他所有。

调查和鉴定的结果证明：在贝尔之前莱斯确定已研制成功一种利用电流进行传声的装置，这种装置能把声音传到1000米以外。但是这个装置仅能单向传送，不能双方互相交谈。对此莱斯确认不讳，是法院和科学家判定这种装置还不能算是电话机。

同时贝尔也直言不讳地承认他曾借助过莱斯的试验，但他发现了莱斯装置的不足，便将装置所用的间歇电流改为直流电，这就解决了话音短促多变的问题。然后他将莱斯装置上的一颗螺丝往里拧了半圈，仅仅5丝米（1丝米相当于0.1毫米），话音就能互相传递了。

就是这5丝米的细微之差，诞生了世界上第一部真正的电话机。这个结果令莱斯瞠目结舌，使科学家们也为之震惊。

法院最后裁决莱斯败诉，电话的发明权归贝尔。贝尔感到他利用了莱斯的试验，同意将发明专利变为他与莱斯共有。莱斯感慨万分地说："我在离成功5丝米的地方失败了，我将终身铭记这个教训。"

莱斯坚决谢绝了与贝尔共享专利。

人生感悟

中国人把差一点成功的情况用一句成语来概括——功亏一篑，然而世界就是常常用这种实实在在的例子一次又一次地证明这个成语的现实性。差一点点就成功，然而残酷的事实是，差多少也不算成功，哪怕这差距只是5丝米。

3.22 自学同样能成才

1706年富兰克林出生于美国波士顿，他在少年时代，由于家庭贫困，没受过几年教育，但他一直凭着自己顽强的毅力自学着各种知识。

1746年，一位英国学者在波士顿表演了电学实验。富兰克林怀着极大的兴趣观看了他的表演，并被电学这一刚刚兴起的学科深深地吸引住了。从此，他便开始了电学的研究。

早在数年前，人们并不知道电为何物，一些人认为，雷电是上帝在发怒。一些人士不以为然，他们曾试图解释雷电的起因，但都未成功，学术界比较流行的观点是，雷电是"气体的爆炸"。

在一次研究的意外事件中，他得到启迪。有一次，他把几只莱顿瓶（一种可充放电的容器）连在一起，以加大电容量。不料，实验的时候，守在一旁的妻子丽德不小心碰了一下莱顿瓶，只听得"轰"的一声，一团电火花闪过，丽德被击中倒地，面色惨白。她因此休息了一个星期身体才得到康复。

"莱顿瓶发出的轰鸣声，放出的电火花，不是和雷电一样吗？"富兰克林大胆地提出这个设想。经过反复思考，他推测雷电就是普通的电，并找出它们两者间的12条相同之处：都发亮光；光的颜色相同；闪电和电火花的路线都是曲折的；运动都极其迅速；都能被金属传导；都能发出爆炸声或噪声；都能在水或冰块中存在；通过物体时都能使之破裂；都能杀死动物；都能熔化金属；都能使易燃物燃烧；都放出硫磺气味。同时，他把自己的想法写成了一篇名叫《论天空闪电和我们的电气相同》的论文，并送给了英国皇家学会，但遭到了许多人的嘲笑。有人耻笑他是"想把上帝和雷电分家的狂人"。

可富兰克林并没有灰心，他继续实验着，他决心用事实来证明一切。

1752年6月的一天，在北美洲的费城，富兰克林做了一个轰动世界的实验：这天下午，天色阴暗，乌云滚滚。天空中不时闪烁着青白色的电光，传来一阵阵沉闷的雷声，眼看一场可怕的暴风雨就要来临了。

富兰克林和他的儿子威廉带着风筝和莱顿瓶，奔向郊外田野里的一处空旷地带。这可不是一只普通的风筝：它是用丝绸做成的，在它的顶端绑了一根尖细的金属丝，作为吸引闪电的"接收器"；金属丝连着放风筝用的细绳，这样细绳被雨水打湿后，也就成了导线；细绳的另一端系上绸带，作为绝缘体（要干燥），避免实验者触电；在绸带和绳子之间，挂有一把钥匙，作为电极。富兰克林和他的儿子连忙乘着风势，将风筝放上了天。风筝，像一只矫健的鸟儿，渐渐地飞到云海中。父子俩躲在草棚的屋檐下，手中紧握着没有被雨水淋湿的绸带，目不转睛地观察着风筝的动静。

突然，天空中掠过一道耀眼的闪电。富兰克林发现，风筝引绳上的纤维丝一下子竖立起来。这说明，雷电已经通过风筝和引绳传导下来了。富兰克林高兴极了，他禁不住伸出左手，触碰一下引绳上的钥匙。"哧"的一声，一个小小的蓝火花跳了出来。

"这果然是电!"富兰克林兴奋地叫了起来。

"把莱顿瓶拿过来。"富兰克林对威廉喊道。他连忙把引绳上的钥匙和莱顿瓶连接起来。莱顿瓶上电火花闪烁,这说明莱顿瓶充了电。

事后,富兰克林用莱顿瓶收集的雷电,做了一系列的实验,进一步证实了雷电与普通电完全相同。富兰克林的这一风筝实验,彻底地击碎了闪电是"上帝之火"、"空气爆炸"等流行的说法,使人们真正认识到雷电的本质。因此。人们说:"富兰克林把上帝与闪电分了家。"

1763年,俄国著名电学家利赫曼为了验证富兰克林的实验,在操作时,不幸被一道电火花击中身亡,这是做电实验的第一个牺牲者。血的代价使许多的科学家都离开了雷电试验,而富兰克林的"风筝实验"并没结束,之后他又研制出了"避雷针"。

富兰克林的一生都在为科学而献身,他不仅是探索电学的先驱者之一,更是一位卓越的科学家以及社会活动家。

人生感悟

古往今来,自学成才者不乏其人,孔夫子应该说是第一个典范;俄国的高尔基只有小学二年级毕业,杰克·伦敦小学也没毕业;中国的伟人毛泽东、鲁迅皆是中专毕业:他们全是靠的自学成才。

3.23 坚韧刚强成就伟业

看看下面这个美国人的"败迹",你就会理解"人生不如意事十常八九"的含义:

8岁时,被赶出居住的地方,他必须工作谋生;

21岁时,经商失败;

22岁时,角逐州议员落选;

27岁时,精神崩溃,卧床6个月;

35岁时,参加国会大选失败;

36岁时,角逐联邦众议员,再度失败;

40岁时,寻求众议员连任,失败;

41 岁时,想担任州土地局长被拒绝;

46 岁时,竞选国会参议员,失败;

这张"失败"的履历表上的"失败者"就是亚伯拉罕·林肯。生下来就一贫如洗的他,终其一生都在面对挫折:两次经商均告失败,8 次竞选 8 次落选,甚至还曾精神崩溃。

不过,一次次的失败并没有把他打倒,尽管好多次他本可以放弃。可他不但没有放弃,反而勇敢地接受命运的屡屡挑战。正因如此,他在 52 岁时终于成功地当选为美国第十六任总统,并做出了惊天动地的丰功伟业。

没有一个人的成功是一蹴而就的,没有谁可以一步登天。恰恰相反,所有的成功都是经历了一连串的失败之后才获得的。

泰戈尔说:"幸运女神不喜欢那些迟疑不决、懒惰、相信命运的懦夫。"

人生感悟

天有不测风云,人有旦夕祸福。在人生的旅途上,经常会碰到激流险滩,或是顺境与逆境的转换,或是必须面对巨大的不幸和惨痛的打击。这时,你需要做的是"胜不骄,败不馁",勇往直前。

3.24 勤奋铸造辉煌

19 世纪 70 年代,爱迪生开始着手研究电灯的工作。他想发明一种结构简单、价格便宜、适合家庭使用的白炽灯。

为了研究这项实验,爱迪生在实验室里吃,在实验室里睡。一个朋友来看他,开玩笑地说:"怪不得人头脑里知道那么多的东西,原来你睡觉也往脑子里记书上的东西啊!"

攻克白炽灯,最大的难题是玻璃泡里那一截细灯丝。他起初用木炭、金属铂等做灯丝都失败了。后来,他把灯泡里的空气抽掉,制成了一个真空的炭丝灯泡,但也只能亮 8 分钟。这之后,他又用白金、银、钌、钛、钼、铑等稀有金属试验,效果也不太理想。最后,他又用棉纱烤焦后试验,灯泡寿命达到 13 个小时;又经过反复的试验和失败,终于在 1879 年 10 月 21 日研制成功一盏炭丝灯,通电后亮了 45 个小时。新年之夜,曼罗园的松树上挂上 500 盏电灯,像夏夜的繁星一样,景色迷人。

但他仍不满意,他想做成一个寿命能达 1000 多小时的灯泡。于是,他又开始了新的试验,他曾用杉木、亚麻、藤条、椰子壳等植物纤维试验,又用橡树皮等反复试验,共计试验了1600多种材料,最后发明了炭丝灯泡,达到300多小时;又经过反复的试验,终于发明了炭化竹丝灯泡,寿命达到1200多个小时,达到了他的愿望。这时,他创建了电灯工厂。他又派人跑到世界各地去采集各种竹子样品,最后发现日本出产的一种竹子质地最佳。他的工厂开始大批生产灯泡,价格便宜,深受人们的欢迎。

后来,又经过多年的试验,改用钨丝,使发光效率提高了三倍。他发明的电灯,照亮了全世界。

人生感悟

世间的辉煌成就都是来源于勤奋,没有勤奋的工作哪来丰硕的果实。所以要想在有生之年取得点成就,那就努力工作吧。

3.25 居功自傲会自毁前途

年羹尧是清代的著名武将,他战功赫赫,但却居功骄横。正是因为他放纵骄横的性格,为自己的政治前途,乃至生命埋下了祸根,成为中国历史上又一名以悲剧告终的功勋人物。

康熙末年,在皇室内部激烈的皇位争斗中,具有远见卓识的年羹尧认定了未来的皇位继承人将是康熙第四子胤禛,所以他选中胤禛作为自己未来政治前途的"监护人"。

在他的政治监护人登基前后,作为一名重量级的朝廷大将,他在平定西北部民族的叛乱中战功赫赫,维护了各少数民族的团结,稳定了西北部边疆,显示出了他卓越的军事才能和管理才能。他因此得以青云直上,达于极端,几乎是一人之下,万人之上了。

在争夺皇位的斗争中,年羹尧作为一位拥有重兵、戍守边疆的封疆大吏,他的支持分量之重是不言而喻的。因此,他也是雍正取得皇位的大功臣。

但在雍正王朝激烈残酷的倾轧斗争中。居功自傲、恃宠骄横的年羹尧注定要成为牺牲品和替罪羊,逃脱不了由时代铸定也由他自己性格造成的悲剧命运。

据史载,当年年羹尧门下有一个湖南长沙人,叫孙剑才,做其幕僚已有很久。有一年,年羹尧大兴土木,兴建府第,术士们都来恭贺,他们异口同声地说兴建这个府第是"百年大业",孙剑才却说了句极不吉祥的话:"转眼间即将化为废墟!"年羹尧一听,大怒,喝令手下人将他拉出去杀掉。

孙剑才并不害怕,只是要求说道:"请让我只说一句话再去死。"年羹尧便又将他召回来,孙剑才便说:"大将军眼看就要大祸临头了,还不醒悟——现在我愿就死。"

年羹尧一听,心中不免一惊,免孙剑才死罪,忙让他讲明原因。

孙剑才便说:"大将军功劳卓著,威震四海,然而功高震主,这必然会引起皇上的猜疑。"

几年后,年羹尧果然遭劾查办,彻底垮台了。到雍正皇帝乙巳年,即公元1726年,年羹尧被赐死。

据史载:年羹尧共计贪赃银三百五十余万两,罪状九十二条。廷议对他施大辟之刑,其父及兄弟子孙、伯叔之子,年十六岁以上者皆斩,十五岁以下及母女妻儿姊妹并予功臣家为奴。上奏到雍正皇帝,雍正"恩予自裁。子富立斩。余十五岁以上之子,发边充军。其父遐龄、兄广东巡抚希尧革职免罪。"已经算是对他的恩赦了。

这位战功赫赫又是雍正心腹的清王朝一代大臣,最后由雍正予以宽宥"赐死",结束了他既是功臣,又是罪人的一生。

人生感悟

古人一再强调:"自伐无功",也就是说自己夸耀自己的功劳有功也变得无功了,因为自我邀功是一种让人讨厌的行为。如果更进一步"居功自傲",那离败落不远了。

3.26 曲高必然会和寡

宋玉是战国时代楚国的文学家,也是楚襄王的大臣。

一次,楚襄王听到人们议论宋玉行为不好,就把他找来说:"别人对你很不满,在背后纷纷议论你,你应好好反省。"

宋玉回答:"大王,您先不要责备我,请您听我讲一个故事:在咱们楚国郢城,来了一个唱歌的人。开始他唱《下里》、《巴人》这样通俗流行的曲子,随着他一起唱诵的有几千人;后来,当他唱《阳河》、《薤露》这样比较文雅的曲子时,跟随他一起唱的只有几百人;而当他唱《阳春》、《白雪》这样高雅的曲子时,能够跟随他一起唱的人不过几十人而已!这是什么原因呢?这是因为曲子的格调越高,能跟着唱的人就越少。那些平庸人怎么能够理解我宋玉的行为呢？"

楚襄王觉得宋玉的话很有道理，就不再追究他了。

这个故事记载于《文选·宋玉对楚问》，文中说："客有歌于郢中者，其始曰《下里》、《巴人》，国中属而和者数千人；其为《阳阿》、《薤露》、国中属而和者数百人；其为《阳春》、《白雪》，国中属而和者数十人；引商刻羽，杂以流徵，国中属而和者，不过数人而已。是其曲弥高，其和弥寡。"

人生感悟

正因为曲高和寡，所以苏东坡才发出了"高处不胜寒"的慨叹。因为当达到一个过高的境界时已经很少有人与你交流了。孔子在唯一能与自己进行心灵对话的学生颜回死去时，绝望地喊出了"天丧予"。

3.27 心灵是思想火花的慧根

小沙弥刚刚来到寺院，老方丈慧光法师就从山下的花市买来一枝鲜花送给他。

小沙弥不知这是何意，就怯生生地去请教慧光法师："您送给我的这枝花，有什么讲究或寓意吗？"

"当然有讲究了，"慧光法师莞尔一笑，说，"花朵是草木的智慧啊。"

小沙弥还是不明就里，他抱着虚心好学的心态，接着问慧光法师："草木也有智慧吗？"

"当然有了，"慧光法师又莞尔一笑说，"草木的智慧就是它们的花朵，以及花朵散发的馨香……"

小沙弥更是一头雾水了，他左思右想之后，小声嘟哝道："没想到法师这么有雅兴，真是妙语如诗啊！"

慧光法师脸上的笑容马上凝固了，他静静地说："你没想到的还有很多，保养好这枝花，回房参悟吧。"

小沙弥满怀疑惑地把这枝花带回自己的房间。三天之后，那枝脱离了枝干、根系和泥土的鲜花终于枯萎凋零了，可是，小沙弥还是没想明白法师送花的奥秘所在。他只好硬着头皮再去向慧光法师讨教。

没等小沙弥说话，法师就开门见山地问："你知道那枝花朵为什么那样鲜艳吗？"

"因为土肥苗壮、风调雨顺呗。"小沙弥反应灵敏地说。

慧光法师微微含首,又接着问道:"那枝鲜花呢?"

"它枯萎了,"小沙弥难为情地说,"其实,我对待它挺负责的,回去就把它插在了清水瓶里……"

"既然这样,它怎么会枯萎得这么快呢?"法师打断小沙弥的话说。

"还、还不是因为它被人剪下来,脱离了枝干和泥土嘛!"小沙弥理直气壮地说。

"那你还有什么不明白的呢?"法师反问道,"难道说,你对一朵花的遭遇和凋零就没有些许的心灵触动?就没有一点儿思想火花?"

人生感悟

人的智慧就好比花朵、心灵的花朵,心灵则是思想火花的慧根。心灵的火花离不开心灵而独立存在,否则就是无源之水、无本之木,只能枯萎。

3.28 有梦想更要有行动

皮尔·卡丹独自来到巴黎闯天下,当时他一贫如洗。他最初在一家服装店里当学徒。从此,皮尔·卡丹便与服装结下了不解之缘,进而改变了他一生的命运。皮尔·卡丹虚心好学,尤其在服装设计上似乎有一种特殊的天赋。他很快便在"世界时装之都"的巴黎有了一点儿名气,一些达官贵人、太太、小姐都知道有这样一个年轻人,都愿意请他设计加工服装,因为他在设计上力求大胆创新,赢得了大家普遍的好评。

1950年,28岁的皮尔·卡丹创建了自己的服装公司。当皮尔·卡丹只身一人闯荡巴黎服装界时,服装公司比比皆是,真正称得上高级时装的公司也有三十几家。皮尔·卡丹的小公司相比之下显得太微不足道了,而且没有雄厚的资金实力。但他是敢想敢做,不断谋求新的经营理念,不懈地开拓创新,迎接挑战。积累了一部分资金之后,皮尔·卡丹便大胆地向女性服装领域进军。皮尔·卡丹特意为女性设计生产了一系列风格高雅、面料价格适中的服装,深受广大中下层女性欢迎。在女式服装领域取得了很好的反响之后,随即他又把目光转向男式服装领域。应该说,这一举措比他在女装上的举措更大胆,更具有开创性。

皮尔·卡丹的发家史,实际上也是他敢想敢做、不断开拓的奋斗史。它告诉人们,一个人仅有梦想是远远不够的,更重要的是要有不懈追求的决心和切实果敢的行动。

人生感悟

梦想是成功者的起跑线,决心便是起跑时的枪声,行动犹如起跑者全力的冲刺。行动很重要,敢想敢做,方可成就大事。

3.29 人可以相信,但不可迷信

洞山良价禅师在南泉普愿禅师座下悟道时,刚巧遇到他的剃度恩师云岩昙晟禅师的忌日,因此就设斋上供。

有学僧问道:"禅师于令师云岩处,得到什么开示?"

洞山答:"虽在云岩座下,但不曾垂梦指示。"

学僧疑惑地问:"既然无梦指示,为何还要设斋供奉他?"

洞山说:"我怎敢违背他呢?"

学僧又说:"我真不懂,你来南泉普愿禅师处悟道,为什么却为云岩设斋?"

洞山平和地回答:"我不尊先师的道德佛法,只尊重他不为我说破——单凭这一点恩惠就胜过父母。"

学僧接着又问:"禅师既然为你的先师设斋,那么是肯定他的宗风了?"

洞山答:"半肯定半不肯定。"

学僧问:"为什么不全部肯定呢?"

洞山答:"因为如果全部肯定就辜负先师了。"

人生感悟

柏拉图的弟子亚里士多德留下一句千古名言:"吾爱吾师,吾更爱真理"。中国儒家也有"当仁不让于师"的说法。无论对老师还是对自己都不能过于迷信。

3.30 好性格是幸福人生的基石

曾国藩是成功开发自己良好性格的典型代表,他的一生是颇受争议的一生,但他的成就也得益于其方圆得体的性格。良好的性格,使他能做到处江湖之远剖解民心,居庙堂之高深得君意。

他是中国历史上最后一位学者兼"贤相",一生福禄寿禧全都占全。在他的身上,封建士子追求的虚名与实利都得到了集中的体现。

曾国藩是从镇压太平天国起家的。清王朝的统治高层在对他大加重用的同时,也对他怀有防范之心。而事实上,满清王朝的大半个江山已经掌握在他的手中。

曾国藩心里很明白,如何处理好同朝廷的关系,是自己今后命运的关键。于是,他性格里的百炼钢转化成绕指柔,从此他的性格开始了柔韧的旅程。

就这样,倔强刚猛的"曾剃头",一变而为温厚宽容的权相,位列三公,权倾当朝,得到了一个汉族官吏前所未有的名利和权势。

"养活一团春风意,撑起两根穷骨头。"正是曾国藩这种刚柔相济的良好性格使他游刃于朝野上下、天地之间。

优秀的性格是我们本身具有的法宝,能让我们在错综的人际关系网中游刃有余,让我们在坎坷的求生之路上战无不胜。

人生感悟

好性格是幸福人生的基石,一个人拥有较多的良好性格特质,也就等于抓住了成功与幸福的入场券,因为良好的性格结构会潜移默化地改变人生中的各个层面,进而改变整个人生。

3.31 宽容他人会带给我们更多

有一天,佛光禅师开讲禅门真诠以后,学僧甲向禅师禀告道:"老师!生死事大,要了生脱死,惟有念佛往生净土,故弟子想要到灵岩念佛道场去学念佛法门。"

禅师听后,非常高兴地回答说:"很好,你去学净土念佛法门回来;能让此地佛声不断,使我们的道场真正成为莲华世界。"

佛光禅师话刚说完,学僧乙起立合掌禀告说:"老师,戒住则法住,佛门没有比戒律再重要的事,所以我想到宝华山学戒律。"

禅师听后,也很高兴,说:"很好!你学律回来,能让我们大家都具有三千威仪,八万细行,真正成为一个六和僧团,真是太好了。"

佛光禅师话音未落,学僧丙亦整衣顶礼说道:"老师!学道莫如能即身成就,弟子思前想后,急于到西藏学密去。"

禅师淡淡一笑,答道:"很好!密宗讲究即身成佛,等你学密回来,影响所及,我们这里一定有许多人成就金刚不坏之身。"

听了佛光禅师和众学僧的对话,一旁的侍者很不以为然,非常不满地问道:"老师!您老是当今一代禅师,禅是当初佛陀留下的以心印心的法门,成佛作,没有比学道参禅更重要的事,他们应该留下来跟您学禅才对,您老怎可鼓励他们走呢?"

佛光禅师听后,哈哈大笑,说道:"我还有你啊!"

人生感悟

弥勒佛的圣像边上有一幅对联说:"大肚能容容天下难容之事,开口便笑笑世上可笑之人。"少一分苛责,多一分宽容,这世界会变得更和谐。

4月份

疑神疑鬼，害人害己
生活之外并无禅机
刚愎自用是自取灭亡
善于掌握信息，发现商机
勤奋带来好财运
……

4.1 疑神疑鬼，害人害己

曹操"挟天子以令诸侯"，取得了政治上的主动，在著名的官渡之战中，以少胜多，大败袁绍，基本上统一了北方。他兴修水利、熟读兵法、爱惜人才、精通文学，但他也为人狡诈多疑，曾杀害了当时的不少名士和文人，为后人所鄙薄。

在董卓弄权作乱之时，曹操用计谋企图刺杀董卓，不料被董卓发觉，仓皇逃至城外，哪知被中牟县县令陈宫拿住。陈宫听了曹操一番言谈，认为曹操是位乱世英雄，就毅然弃官不做，与曹操一同出逃。

他们逃到成皋的地方时天色已晚，曹操用鞭子指着林子深处对陈宫说："这里有一人姓吕，叫吕伯奢，是我父亲的结义弟兄，我们就在他家里借宿一宿吧。"二人来到庄前下马，进里边见到吕伯奢，说明来意。吕伯奢便说："你们就放心住在我的茅舍里面吧。"说完，进到里屋好长时间才出来，对他们二人说："我家没有好酒，待我出去打回一些来款待你们。"说完就骑着驴离去了。

曹操与陈宫坐了好久，忽然听到屋子后有磨刀的声音。曹操生了疑心："吕伯奢不是我的至亲，这次他去了好久也没回来，我们应当去听听他家人的谈话。"

二人悄悄走到草堂前，只听到里面有人说："绑了以后再杀，怎么样？"

曹操听了大惊道："对了，现在若不先下手，必被他们擒住。"于是便冲进屋中，举剑杀了他们一家八口。

等搜到厨下，却发现绑着一口待杀的猪。陈宫道："你多心了，误杀了好人啦！"

二人赶忙骑马出庄，向外逃走。谁知正好遇到吕伯奢骑驴回来，鞍上挂着酒和菜，一见二人，便问道："如何匆忙而走？"

曹操答道："我们是有罪之人，不敢久留。"

吕伯奢说："我已经命家人杀猪款待二位了，你们为何不留宿一夜呢？"

曹操心中有鬼，哪里肯回去，可他没有走几步，却回头拔剑在手，把吕伯奢斩于驴下。

陈宫大惊，他问道："刚才你杀人，是由于误会，如今杀人又是为何呀？"

曹操答道："他回家发现家人被杀，肯定不肯罢休，一定会带人追杀我们，不如先下手为强。"

陈宫说："这样做，太不仗义了。"曹操说："宁可我负天下人，不可天下人负我。"

此语让陈宫无言以对。后来,陈宫终于认清了曹操的真面目,便不辞而别,投奔吕布去了。

曹操以其一副多疑的心态,不但误杀了好人,还为此失去了一位朋友。

人生感悟

宁可我负天下人,不可天下人负我。这样的人除了自己谁都不会相信,曹操做事虽雄才大略,然而做人无疑是失败的。

4.2 生活之外并无禅机

唐朝百丈怀海禅师,继承马祖道一禅师的衣钵之后,立下了一套极有系统的丛林规矩——百丈清规。这也正是所谓的"马祖创丛林,百丈立清规"。

百丈禅师积极提倡一日不做一日不食的农禅生活。然而在实行过程中,百丈禅师曾经遭遇过很大的阻力,为什么？就是因为佛教一向以戒为规范,百丈禅师的制度一反常态,变成了以农禅为生活。对此外界议论纷纷,甚至有人批评他是外行人。对于外界的批评,百丈禅师淡定处之,一直以平常心面对。渐渐地,百丈禅师年纪大了,对于每天的农禅生活却没有半点儿松懈。他每日都会随众上山担柴、下田种地。弟子们毕竟不忍心让年迈的师父做这种粗重的工作,就恳请他不要再参加田间劳作了。百丈禅师以坚决的口吻说:"我无德劳人,人生在世,如果不亲自劳动,那不就成了废人了吗？"

弟子们见不能阻止师父,只好将禅师日常用的扁担、锄头等工具藏了起来。百丈禅师无奈,只好绝食抗议。弟子们知道后都问他为什么不吃不喝了？百丈禅师道:"既然没有工作,怎么能吃饭呢？"

弟子们无奈,只好将工具又还给百丈禅师,让他随众参加田间劳作了。

人生感悟

真正的禅机在哪里？就在日常生活的劳作中。那些渴望不劳而获的人,这辈子都不可能得到这样的禅机。

4.3 刚愎自用是自取灭亡

项羽在巨鹿之战中消灭了秦军的主力,并率诸侯兵临函谷关。当项羽得知刘邦已定关中,而且大肆收买人心,意欲称王时,不禁大怒,当即命令黥布等人攻破函谷关,大军蜂拥而上,围攻刘邦的力量。

刘邦的阵脚大乱,军心一片涣散。这时,刘邦的左司马曹无伤见风使舵,见项羽来势汹汹,便改弦易辙,趁机向项羽邀功讨封,于是便派人对项羽说:"沛公欲王关中,令子婴相,珍宝尽有之。"这番话,对项羽无异于火上浇油。被项羽尊为亚父的范增也说,刘邦居山东时贪财好色,可是入关后却一反常态,珍宝无所取,妇女无所幸,看来志向不小。他劝项羽赶紧发兵击之,不要错过机会。

正在这一紧要关头,项羽的叔父项伯连夜将实情告诉张良。项伯和张良原是好朋友,所以劝张良赶紧脱离刘邦,不要一起送死。张良认为"亡去不义",反而拉着项伯一起去见沛公。刘邦立刻与项伯结成亲家,并且向项伯表明心迹,并许诺第二天早晨一定要亲自向项羽谢罪。项伯回到大营,将刘邦的一番心意转告项羽,并且劝项羽不要兴师动众,因为刘邦立有大功,"击之不祥",不如善待之。

项羽自以为是一方霸主,被项伯三言两语说得就放弃了动手的准备,失去了消灭对手的良机。

刘邦于第二天清晨赶到鸿门,向项羽面谢:"我与将军戮力攻秦,将军在黄河以北作战,我在黄河以南作战,没想到先入关,攻破秦军,与将军在这里相见。今有小人谗言,令将军与我有隙。"项羽听了这番话,犹豫不决,于是将曹无伤的话和盘托出,并且设宴招待刘邦。

在鸿门宴上。范增好几次用眼睛示意项羽攻击沛公,项羽却毫无反应,范增只好离席找到项庄,对他说:"君王为人优柔不决,你进去舞剑,寻找机会杀掉刘邦,不然,我们都会成为他的俘虏。"

项庄于是入席敬酒,并借口"军中无以为乐,请以剑舞",随即拔剑起舞。项伯心知项庄舞剑,其意在沛公,遂起身对舞,以自己的身体翼蔽沛公。在营外担任警卫的壮士樊哙急闯进来,樊哙粗中有细,他分析了刘邦入定咸阳以待项羽的事实,接着他责备项羽听信小人之言,与沛公为敌,这样下去恐怕丧失天下人心,几句话说得项羽无言以对。

一会儿,刘邦以上厕所为由悄悄跑了,让张良留下和项羽周旋。老谋深算的范增对性格固执、自负的项羽也无能为力，最后连自己也成了项羽的殉葬品。

人生感悟

在楚汉相争的时代，势力弱小的刘邦最终胜利了，势力强大的项羽最终却失败了。项羽因过于自信、刚愎自用而错失良机，最后不得不自食苦果。

4.4 善于掌握信息，发现商机

美国的钢铁大王卡内基是一位因战争而发家的大富豪。1835 年，卡内基出生于英格兰的登弗梅林，1848 年随全家移居美国。进入苏格兰人开办的纺织厂做工，后又干过电报局送报员。1852 年，卡内基进入宾夕法尼亚铁路公司西段，先担任股长秘书，后接任股长等工作。

1860 年前后，卡内基开始做股票投资。他抓住了机遇，在 10 余年的时间里，他赚了不少钱。一次，宾夕法尼亚铁路公司的一个股东要卖掉他的股份，敏感的卡内基认为铁路业的生意会越来越兴旺，于是他筹措 600 美元，买下了这个股东的股票。没过多久，600 美元的股票就升值为数千美元。

卡内基的股票投资，收益越来越丰厚。在他 29 岁时，他所在的宾夕法尼亚铁路公司生意兴隆。就在此时，他辞职离开了，因为他要自己创业。

"美洲大陆现在是铁路时代、钢铁时代，需要建造铁桥、火车头和钢轨，钢铁是一本万利的。"他是这样想的。

为了掌握钢铁业经营的经验，卡内基渡过大西洋，到英国去做短期考察。在伦敦，他买下了道兹尔工程师兄弟的有关钢铁制造的技术专利，信心十足地回到美国。当时，美国的股市行情不错。他看准时机，把手上的股票全部变现，筹集资金投资于钢铁业。

1872 年，他用 35 万美元在匹兹堡南开办了一个现代化的钢铁企业，先后建立起"联合钢铁工厂"和"汤姆逊钢厂"，还很快控制了该地区的其他几家钢铁工业企业。

1873 年，一场严重的股市风暴席卷美国，大批股市投资付诸东流，很多人倾家荡产。卡内基就像得到神仙保佑一般，在此风暴中丝毫未受影响。不仅仅是未受影响，不久以后，宾夕法尼亚铁路公司以及其他铁路公司调换铁轨。军火工业及其他方面对钢铁的需求也在增加，卡内基的钢铁厂开足马力生产也供不应求，不到一年时间，他投资钢铁业的资本就翻了好几番。

人生感悟

卡内基之所以能取得如此巨大的成就，与他的敏感性格及超人的魄力分不开。眼光敏锐，善抓良机，勇于面对挑战是卡内基性格的财运之源。

4.5 勤奋带来好财运

世界著名的洲际大饭店总裁罗伯·胡雅特小时候家里很穷，所以在14岁的时候就被母亲送到一家大饭店打工。因为年幼，胡雅特对"工作"没有任何概念，母亲无奈之下只好哄他说："在那里你可以吃得好，住得好。"胡雅特就这样稀里糊涂地到饭店打工去了。

在大饭店当学徒并不是件简单、轻松的事，小胡雅特经常被师傅打骂。但在母亲的鼓励下，他坚持了下来。时光流转，一晃3年过去了，胡雅特的机会来了。胡雅特所在的可丽珑大饭店要派几名职员到英国实习，经过准备，他顺利地通过了考试。胡雅特的成功并不是出于偶然，而是出于勤奋和努力：在考试前，他下功夫学了3年的英语。但最初只是为了能更好地工作，并没有想到会有这样的结果。

一年后胡雅特返回法国，成功地由侍者升为了领班。而这时，他已经从内心深处爱上了饭店的工作，由原来被动的工作态度转化成了自觉、积极的工作态度。

很快，第二个机会来了。德国广场大饭店想和可丽珑大饭店交换一名服务人员，进行互相培训。这其实是饭店之间常有的事，但胡雅特觉得这是充实自己最好的机会，于是他找到戴奎士经理，要求赴德实习。

在德国广场大饭店胡雅特从事的是一项自己最不熟悉的工作——招揽顾客。如果是在原来的饭店一定没有机会做这个，因为他是生手，老板不会为他冒这个险。但在广场大饭店，他实现了这个梦想，因为他是见习生，即使做得不够好，也没有人和他计较什么。当时正是20世纪30年代，整个世界经济疲软，全球萧条，生意惨淡。胡雅特对此却没有在意，他兢兢业业地做自己的工作。他根据饭店里保存下来的旅客资料，设计不同的信函寄出，向旅客问好，并邀请他们来德国时到广场大饭店就住。很快，这样做的效果就出来了：客源量稳步上升，这使得广场大饭店渡过了非常困难的时期。因为在德国的出色表现，胡雅特得到广场大饭店老板的极力推荐，再加上原来的老板赏识他，很快胡雅特就被提拔为业务部副经理。

此时的胡雅特已经掌握了三国语言，游历了行业许多国家，遗憾的是他还没有去过最向往的美国。

但很快机会就来了,因为之后胡雅特毛遂自荐申请去,而且是自费。戴奎士为了奖励他多年来做饭店做的贡献,特准他以公假的形式去美国考察,很多费用准予报销。

带着戴奎士经理的推荐信,胡雅特来到了美国的华尔道夫大饭店。华尔道夫大饭店的总裁柏墨尔接待胡雅特后,没想到他竟然要求去餐饮部工作。更令人大惑不解的是,胡雅特要求擦地,这使餐饮部经理马上愣住了。胡雅特开玩笑的说:"擦地有什么不可以?是不是你们美国的地板和法国的有很大不同呢?"

过了几天,总裁柏墨尔到餐饮部视察,正好看到胡雅特在擦地,他大为惊奇:"你不是法国来的胡雅特吗?"

"是的。"

"你不是在可丽珑大饭店当副经理吗?怎么到我们这来擦地了呢?"

"我是想亲身感受一下美国的地板和法国的有什么不同。"

"你以前擦过地吗?"

"在英国、德国、法国都擦过。所以这次想体验美国的。"

"有什么不同吗?"

"没有亲身体会,很难说清。"

这就是胡雅特的本色。从学习外语到招揽顾客再到擦地这种又脏又累的活儿,只要是旅馆业需要的知识和工作经历,他都勤奋地去"体验",什么都要努力去搞懂。如此舍得下功夫的勤奋之人,又怎么会不和成功相遇呢?

人生感悟

机遇是稍纵即逝的,它只垂青有准备的人。要想抓住机遇,创造成功,就需要凡事勤奋,只有这样,才能最终和成功相遇。

4.6 生意场上谨防"灌盐术"

1815年的一天,一位名叫丹尼尔·德鲁的美国人,从远方买回了一群骨瘦如柴的牛。怎样才能使牛膘肥体壮呢?

他把许多盐撒在草里喂给又饥又渴的牛,又不让牛喝水。第二天,当他到纽约市与屠宰商谈生意时,才让手下给牛喝水,口干欲裂的牛喝了一桶又一桶的水,似乎比原来大了一倍,屠宰商便买下了这群"膘肥体壮"的牛。这种损招后来被称之"灌盐术"。

当他到了华尔街,与有权有势的华尔街富翁范德比尔特较量时,又把"灌盐术"用在了股票的发行上。

当时范德比尔特是华尔街的风云人物,他财大气粗,控制着当时美国的轮船业以及铁路业中最大的中央铁路公司。在当时美国刮起的铁路热的浪潮中,他雄心勃勃地想收购另一家伊利铁路公司,以求在全美创建一个与航运业相应的现代化运输系统。

面对范德比尔特咄咄逼人的进攻,伊利铁路公司总裁丹尼尔·德鲁绝不示弱,他决定加印股票。为此,德鲁纠集了两个同伙,买了一架印刷机和几令纸,租了一个偏僻的印刷车间昼夜不停地赶印出面值总计 700 万美元的股票券。在范德比尔特对其手下的经纪人下达"购买伊利铁路公司股票"的命令之后,这些股票像一堆废纸一样被他买进,而 700 万美元现金则源源不断地流入德鲁等人的腰包。

事后,尽管范德比尔特动用各种手段,要回了 700 万美元的现金,但德鲁采用"灌盐术"炮制"掺水股票"的事从此却在华尔街家喻户晓。

"掺水股票"后来也被许多股票投机商广泛运用,受害者当然不会是像范德比尔特这样的大户,而是广大弱小的投资散户。

人生感悟

商场如战场,到处布满了地雷与陷阱,稍不留心,就可能落入圈套。对付的方法只有一个:不占小便宜。因为天下没有免费的午餐。

4.7 要透过现象看到问题的本质

1945 年,苏联官员在一个十分友好的场合,送给美国大使一个雕刻得异常精致的美国国徽,即一只木雕老鹰。

哈里曼大使甚为珍惜,将它挂在自己的书房里。原来,那只展翅欲飞的老鹰体内,装有不甚复杂的窃听器。哈里曼大使的书房里只要有谈话的声音,苏联克格勃在与大使馆相隔一条街的房子里就可以清清楚楚地听到。

这只老鹰一挂就挂了 7 年,直到 1952 年美国情报人员偶然发现一种奇怪的频率,跟踪追寻,才弄清这只老鹰的秘密。

这里,美国大使哈里曼中的就是苏联"暗渡陈仓"的骗局。苏联人装作十分友好赠送美国大使一份珍贵的礼品,一般人是不会怀疑在礼品中做手脚的,因此,哈里曼不仅欣然接受,而且爱不释手,挂在书房长达7年,也为苏联情报人员服务了7年。

之所以难于识破"暗渡陈仓"的骗局,不仅与美国大使的粗心大意有关,而且与人的思维方法也有紧密的联系。如果是单一性思维方式,就容易产生片面性和直线性。片面性,即是从一个方面观察事物,或把多样化的事物归结为一个方面;直线性,则容易把事物简单化、直线化,不考虑事物的复杂性。以这种单一性思维方式看人看事,往往只看一人一事一时,或只看事物的一个方面或只看事物的一种存在形式等。

以这种思维方式与人交往,往往只想到一个方面或一个可能,而想不到多个方面或多种可能,结果只看到对方明修的"栈道",而想不到他人要暗渡的"陈仓",难免上当。

人生感悟

从心理学上讲,人容易见其利而忘其害,就像鱼儿见食而不见钩。很多骗子正是利用常人的这种心理,表面上装出友好,或者以利诱之,而暗地里偷做手脚,使人见利忘害。

4.8 别让幌子迷花了眼睛

希腊女船王克里斯蒂娜,家有10亿美元的财产,500万吨的油轮船队。她那位于地中海北端的斯科皮奥斯岛,具有重要的军事战略价值。

原苏联克格勃妄图攫取女船王的"战略性"家产,决定施展"美男计",企图让克里斯蒂娜堕入情网,进而侵吞其家产。

但是,如何才能使这位"美男子"接近克里斯蒂娜并获得她的好感呢?克格勃精心策划了一场"舍身救人"的撞车事件,让"美男子"假装行侠仗义以接近克里斯蒂娜。

1978年的一天晚上,在希腊首都的雅典大剧院,希腊女船王克里斯蒂娜由苏联驻希腊大使陪同,观看莫斯科芭蕾舞剧团的专场演出,另一个俄国人考佐夫也在一旁就坐。演出结束后,在回公寓的路上,汽车行驶到伯尔美大街时,只见对面一辆黑色的奔驰汽车突然向克里斯蒂娜的车冲来,司机驾车让路已经来不及了。克里斯蒂娜眼看危险就要发生,吓得用手捂住自己的双眼,只听到猛烈的一声撞击声,当她睁开眼睛看时,只见那辆奔驰车却与另外一辆黑色的雪佛莱相撞,而自己的车子却完好无损。

原来,驾奔驰车的是一个醉汉,他的车在马路上横冲直撞,正当千钧一发之际,一辆雪佛莱车从后面飞速顶了上去。驾雪佛莱车的正是考佐夫,他受了重伤。克里斯蒂娜十分感动,不久就与考佐夫结了婚。

其实,这一撞车事件,这一"英雄救美人"的"壮举",都是苏联克格勃精心策划的。他们以此为手段,来打动克里斯蒂娜的心,使她堕入情网。这一惊人之举,开始果然得逞,考佐夫成了克里蒂娜的郎君,而且感情甚笃。

只是婚后两年多的生活中由于考佐夫的间谍活动露了马脚,女船王才同考佐夫解除了婚约。

人生感悟

见义勇为,助人为乐,是最容易赢得人们的信任和好感的。现实社会生活中,某些人打着"助人为乐"、"行侠仗义"的幌子,来达到不可告人的目的。我们要多加小心。

4.9 谨防空手套白狼的骗子?

有人说,历史上最不寻常的两个骗子恐怕要算是维克多·鲁斯蒂格伯爵和丹尼尔·柯林斯了。鲁斯蒂格是澳大利亚人,在法国劳工部任职。柯林斯是美国来的一个流浪汉。二人沆瀣一气,耍弄信口雌黄的把戏,竟把法国埃菲尔铁塔卖了,而且卖了两次。

1925年春天,鲁斯蒂格在巴黎一家旅馆里开了一套房间并邀请5位商人到那里,开始做这笔"生意"。商人到场之后鲁斯蒂格要他们起誓保密,接着郑重其事地告诉他们,埃菲尔铁塔已处于危险状态,政府不得不将其推倒。他请在座的各位为买这座著名的建筑拆下的废铁投标。他解释说,会面之所以在旅馆举行,并且要参与方发誓,是因为埃菲尔铁塔是深受人民喜爱的国家纪念物,劳工部担心过早泄漏情况会闹得满城风雨,招致人们的强烈反对。

一周之内,所有标书都送到了。鲁斯蒂格接受了废金属商安德鲁·波伊松开的价码。买卖成交了。在最后一次会议上,鲁斯蒂格介绍波伊松同他的"部长"见面。这个角色是由柯林斯扮演的。双方互致祝贺,一张银行汇票交到了卖主手里。接着,这两个骗子为了打消买主的疑虑,他们要波伊松出点钱来打通关节,以便使这笔生意顺利通过官方渠道。如果说波伊松过去还有点怀疑的话,现在也完全打消了。因为他认为,伸手要贿赂这证明卖主确系官衙门里来的人。

鲁斯蒂格和柯林斯拿到钱后24小时便离开了法国。但是,他们呆了一段时间,发现巴黎没什么动静,本来预计骗局被揭穿后会引起的轩然大波并没有出现。原来买主波伊松发觉上当以后羞愧得无地自容,为了避免当众出丑,根本就没去报案。

鲁斯蒂格和柯林斯知道这一情况后,又返回巴黎,把这出闹剧又重演了一遍。他们把埃菲尔铁塔又卖给了另一位头脑简单的废金属商,这回受骗者去报案了。但鲁斯蒂格和柯林斯已经逃之夭夭。

他们一直逍遥法外,也从来没有人知道他们一共骗到多少钱。据说他们二人后来还卖过美国的自由女神像、英国的伦敦塔等等。

人生感悟

在日常生活中,很多骗子的伎俩并不高明,所用的手法也荒唐可笑,但让人不解的是却屡屡得手。像到今天还在使用的中大奖的骗术、骗汇款的骗术等等。

4.10 及时解决眼前的小事情

圣经里有一个故事,说耶稣带着他的门徒彼得出外远行,在途中,耶稣看到地上遗落着一块破旧的马蹄铁,于是要求彼得把它拾起来。

但是,彼得却因为旅途劳累,不愿为一块马蹄铁折腰,因此充耳不闻,故意假装没有听到。

耶稣并没有多说些什么,他自己弯腰捡起马蹄铁。

到了城里,他用这块马蹄铁向铁匠交换了微薄的金钱,又用这些钱买了十七、八颗樱桃。

师徒两人继续往前行,来到了一片荒野,四周杂草丛生,砾石遍地,简直是个鸟不生蛋的地方。

彼得背着沉重的行李,走得又累又渴,但是身上的水却早已喝光了,正当他苦无对策之际,耶稣悄悄地从衣袋里丢出一颗樱桃,彼得看到了,像是发现什么大宝藏似的,连忙捡起来吃。

于是,耶稣每走一段路就丢下一颗樱桃,彼得也只好每走一段路便弯一次腰,一路上为了甘甜的樱桃,狠狈地弯了不知道多少次腰。

耶稣见到彼得腰酸背痛的模样,知道他受够了教训,于是笑着说:"如果你不肯为小事付出,那么你将会为更小的事而付出更多。"

人生感悟

世上无小事,许多大事成功的契机,都在看似不起眼的小事里。所以,要想成大事,就要先把手边的小事做到极致,做到无可挑剔。

4.11 停下匆忙的脚步检视一下自己

一位农夫在打扫完马厩后突然发现他老婆送给他的怀表不见了。这个怀表对他来说十分珍贵,于是他马上又跑回马厩寻找,找了一段时间,几乎把马厩整个都翻遍了,还是没有找到,因此他气馁地走出马厩。

而这时候,他发现外面正有一群孩童在玩耍,于是他对那群孩童说:假如你们之中有谁能在马厩中找出他遗失的怀表,那个找到的人便能得到五毛钱,于是孩童们一窝蜂似的跑进马厩里寻找怀表,经过了一段时间,当孩童们走出马厩时,都表示没有找到怀表,此时农夫更加地气馁与失望。

就在这个时候,农夫听到了一个声音:"我可以再进去找一次吗?"一个孩童对他说。但是农夫觉得大家几乎都把马厩翻遍了,都找不到,怎么可能凭你一个人就找得到呢?

由于没有任何害处,因此农夫抱着试一试的想法答应了这位孩童,过了不一会儿的功夫,当那个孩童走出马厩时,他手里拿的正是农夫遗失的怀表。

农夫很惊讶地问他:"你是怎么找到的。"

那个小孩回答:"我进去之后什么都不做,就只是静静地坐在地上,慢慢地,我听到了滴答滴答的声音,于是循着声音我找到了你的怀表……"

人生感悟

当我们不断地努力工作时,是否应时时地静下心来好好地想一想,我们所努力的方法及方向,是否正确呢?

4.12 巧妙的退让往往会有意外之获

有一位留学美国的计算机博士,毕业后在美国找工作,结果接连碰壁,许多家公司都将这位博士拒之门外。这样高的学历,这样吃香的专业,为什么找不到一份工作呢?万般无奈之下,这位博士决定换一种方法试试。

他收起了所有的学历证明,以一种最低身份再去求职。不久他就被一家电脑公司录用,做一名最基层的程序录入员。这是一份稍有学历的人都不愿去干的工作,而这位博士却干得兢兢业业,一丝不苟。

没过多久,上司就发现了他的出众才华:他居然能看出程序中的错误,这绝非一般录入人员所能比的。这时他亮出了自己的学士证明,老板于是给他调换了一个与本科毕业生对口的工作。

过了一段时间,老板发现他在新的岗位上游刃有余,还能提出不少有价值的建议,这比一般大学生高明,这时他才亮出自己的硕士身份,老板又提升了他。

有了前两次的经验,老板也比较注意观察他,发现他还是比硕士有水平,对专业知识认识的广度与深度都非常人可及,就再次找他谈话。这时他才拿出博士学位证明,并叙述了自己这样做的原因。

此时老板才恍然大悟,毫不犹豫地重用了他,因为对他的学识、能力和敬业精神都很了解了。

人生感悟

懂得"退一步"的艺术,一念之差就会带来天壤之别的结局。处世的智慧就在于你懂不懂得退一步海阔天空,不去做无谓的坚持。

4.13 重视自己的人脉的力量

星期六上午,一个小男孩在他的玩具沙箱里玩耍。沙箱里有他的一些玩具小汽车、敞篷货车、塑料水桶和一把亮闪闪的塑料铲子。在松软的沙堆上修筑公路和隧道时,他在沙箱的中部发现一块巨大的岩石。

小家伙开始挖掘岩石周围的沙子,企图把它从泥沙中弄出去。他是个很小的小男孩,而岩石却相当巨大。他手脚并用,似乎没有费太大的力气,岩石便被他连推带滚地弄到了沙箱的边缘。

不过,这时他才发现,他无法把岩石向上滚动、翻过沙箱边墙。

小男孩下定决心,手推、肩挤、左摇右晃,一次又一次地向岩石发起冲击,可是,每当他刚刚觉得取得了一些进展的时候,岩石便滑脱了,重新掉进沙箱。

小男孩气得哼哼直叫,拼出吃奶的力气猛推猛挤。但是,他得到的唯一回报便是岩石再次滚落回来,砸伤了他的手指。

最后,他伤心地哭了起来。这整个过程,男孩的父亲从起居室的窗户里看得一清二楚。当泪珠滚过孩子的脸庞时,父亲来到了跟前。

父亲的话温和而坚定:"儿子,你为什么不用上所有的力量呢?"

垂头丧气的小男孩抽泣道:"但是我已经用尽全力了,爸爸,我已经尽力了!我用尽了我所有的力量!"

"不对,儿子,"父亲亲切地纠正道,"不,你并没有用尽你所有的力量。你还没有请求我的帮助。"

父亲弯下腰,抱起岩石,将岩石搬出了沙箱。

人生感悟

在这个世界上没有一个人可以不依靠别人而独立生活,这本是一个需要互相扶持的社会,先主动伸出友谊的手,你会发现原来四周有这么多的朋友。

4.14 有阳光就足够了

新加坡旅游局曾给资政李光耀打过一份报告,大致是这样的意思:我们新加坡不如埃及,埃及有金字塔;不如中国,中国有万里长城;也不如日本,日本有闻名于世的富士山。我们除了一年四季直射的阳光,几乎一无所有,所以要发展旅游业,简直是巧妇难为无米之炊。

李光耀极其生气,他说:"你想让上帝给我们多少东西?阳光,阳光就够了!"

是的,阳光,有阳光就足够了。命运也许并不公平,唯独分享的阳光,每一个人都是平等地拥有的。对于许多的人,拥有的其实也只有阳光。只是他们中有一部分人,更能接受阳光给予的伟大恩赐,更善于利用阳光的能量补充、发掘和开拓自身蕴藏着的智慧和资源,这是一种伟大的创造力和财富。

当人们感叹太阳熠熠光辉的时候,新加坡已经成为阳光一样诱人的旅游王国。有谁能够相信,只有阳光同样可以风光无比?

世界上许多东西实际上都是如此,只有有人利用它创造了财富,人们大概才肯承认它内在的发展潜能;但未发掘过的一些东西却依旧深埋着。

人生感悟

上帝给我们每个人提供了一样的阳光,但决不会为我们一手创造一样的财富或者代替我们改造世界。我们对上帝的依赖不应该太多,否则我们在这个世界中将失去生存的理由。

4.15 人脉创造机遇

美国老牌影星寇克·道格拉斯年轻时十分落魄潦倒,没有人,包括许多知名大导演都不认为他会成为明星。

但是,有一回寇克搭火车时,与旁边的一位女士攀谈起来,没想到这一聊,聊出了他人生的转折点。没过几天,寇克被邀请到制片厂报到。

原来,这位女士是位知名制片人。

虽说是金子就会闪光,但那也需要有人能看见金子的光。

现实中不乏这样的人,相貌堂堂,胸怀大志,才华满腹,既有学历,又有超人的工作能力。然而,他们却始终郁郁不得志,甚至是别人眼中的失败者和负面教材。于是烫金的文凭,丰富的经历可能成了累赘——没有这一切也不过如此嘛!真的是"命苦"吗?当然不是,千里马还需要伯乐呢。

人生感悟

不过一定要切记,在碰到伯乐时你已经是一匹真正的千里马了。当然这需要艰辛的、充足的前期准备工作。

4.16 在别人最需要的时候伸出援手

德皇威廉一世在第一次世界大战结束时,可以算得上是全世界最可怜的一个人。他众叛亲离,他的臣民都反对他,只好逃到荷兰去保命,许多人对他恨之入骨。可是在这时候,有个小男孩写了一封简短但流露真情的信,表达他对德皇的敬仰。这个小男孩在信中说,不管别人怎么想,他将永远尊敬他为皇帝。

德皇深深地为这封信所感动,于是邀请他到皇宫来。

这位小男孩接受了邀请,由他母亲带着一同前往,他的母亲后来嫁给了德皇。

"我不知道他那时候那么痛苦,即使知道了,我也帮不上忙啊!"许多人遗憾地说。

这种人与其说他不知道朋友的痛苦,不如说他根本无意知道。

"患难之交才是真朋友",这句话大家不会陌生。

人的一生不可能一帆风顺,难免会碰到失利受挫或面临困境的时候,这时候最需要的就是别人的帮助,这种雪中送炭般的帮助会让处于逆境的人记忆一生。

人们总是可以敏感地觉察到自己的苦处,却对别人的痛处缺乏了解。他们不了解别人的需要,更不会花工夫去了解;有的甚至知道了也佯装不知,大概是没有切身之苦、切肤之痛吧。

虽然很少有人能做到"人饥己饥,人溺己溺"的境界,但我们至少可以随时体察一下别人的需要,时刻关心朋友,帮助他们脱离困境。当朋友身患重病时,你应该多去探望,多谈谈朋友关心的感兴趣的话题;当朋友遭到挫折而沮丧时,你应该给以鼓励:"这次失败了没关系,下次再来。"

人生感悟

如果我们少做些"锦上添花"的事情,而去多做些"雪中送炭"的事情,那么这些适时的安慰,会像阳光一样温暖受帮助者的心田,给他们以希望。

4.17 要学会忍耐的本领

刘伯温的《郁离子》中记述了这样一个故事,在晋郑之间的地方,有一个性情十分暴躁的人。

他射靶子,射不中靶心,就把靶子的中心捣碎;下围棋输了就把棋子儿咬碎。人们劝告他说:"这又不是靶心和棋子的过错,你为什么不认真地想一想,问题到底产生在哪里呢?"他听不进去,最后因脾气急躁得病而亡。

战国时期的魏国人西门豹,性情非常急躁,他常常扎一条柔软的皮带来告诫自己。魏文侯时,他做了邺县令。他时时刻刻地提醒自己,要克服暴躁的脾气,要忍躁、求稳、求安、求静,最后终于在邺县做出了成绩。

唐朝人皇甫嵩,字持正,是一个出了名的脾气急躁的人。有一天,他命儿子抄诗,儿子抄错了一个字,他就边骂边喊边叫人拿棍子来要打儿子。棍子还没送来,他就急不可待地狠咬儿子的胳膊,以至咬出了血。

如此急躁的人,怎能宽容别人?这样教育后代,能教育得好才怪呢!后来他也意识到这样急躁,气性过大,对人对己都没有好处,便开始学习忍耐。

不少人办事都想一挥而就,一蹴而成,应该知道,做什么事都是有一定规律,有一定步骤的,否则势必欲速则不达。

宣德和正统时期,赵豫任松江知府。他对老百性问寒问暖,关怀备至,深得松江老百性的爱戴。

赵豫处理日常事务,有他自己的一套工作方式。每次他见到来打官司的,如果不是很急的事,他总是慢条斯理地说:"各位消消气,明日再来吧。"起先,大家对他的这套工作方法不以为然,甚至还暗地里给编了一句"松江知府明日来"的顺口溜来讽刺他。这句顺口溜慢慢地在老百性中间流传开来。老百姓见到他都叫他"明日来"。听到这个绰号,赵豫总是仁慈地笑笑,从不责备叫他绰号的人。

赵豫曾对人说起过"明日再来"的好处:"有很多的人来官府打官司,是乘着一时的忿激情绪,而经过冷静思考后,或者别人对他们加以劝解之后,气也就消了。气消而官司平息,这就少了很多的恩恩怨怨。"

"明日再来"这种处理一般官司的做法,是合乎人的心理规律的。以"冷处理"缓和情绪,不急不躁,才能理智地对待所发生的一切,避免不必要的争执,忍一时的不冷静,对人对己都有好处。

人生感悟

修身养性,培养自己的浩然之气、容人之量。保持自己的高远志向,必须要抑制急躁的脾气。否则,气躁心浮,办事不稳,差错自然会增多。

4.18 不要把心事写在脸上

西汉时的窦婴，是孝文帝的皇后的侄子。汉武帝建元二年，他被封为魏其侯，他喜欢蓄养宾客，天下的游士都归奔他。当时，桃侯刘舍被免去宰相的职务，太后多次向皇上评价窦婴："魏其侯喜欢沾沾自喜，行为不定，很难担当得起宰相的责任。"于是最终没任他为相。

晋朝的谢安，孝武帝时任尚书和太保。太元八年，后秦的苻坚大举入侵晋，谢安派他的侄子谢玄去退敌，在淝水把秦军给打败了。捷报传来，谢安依然神情自若地和客人下围棋。客人走后，谢安走进屋里，过门槛时，却因高兴过度，把木鞋的齿都折断了。

要在社会中安身立命，如果太轻易暴露自己的情感则容易受到伤害，人应该学会保护自己，不同的人有不同的对人对事的态度，掌握一定权力的人，把自己的喜怒经常流露给下级，下级则会投其所好，而掩盖事物真正的本质。普通人过于直率地表露自己的情感，则显得为人肤浅，也容易开罪于人。所以要忍耐住自己的情绪，不要过多地暴露出来。

人生感悟

"喜怒不形于色"确是一种极深的修养，我们把有这种修养的人表述为："很有城府"或"城府很深"。这种功夫不是短时间所能练成的。

4.19 要学会博采众长

汉高祖刘邦出身低微，当过亭长，识字也不多，但他能礼贤下士，依靠各路人才的智慧和力量，来成就自己的大事业。谋士张良是贵族，萧何是下级小吏，陈平是游手好闲之士，大将军樊哙是屠夫，周勃是吹鼓手，娄敬是车夫，韩信是无业流民，彭越做过强盗：这些人无论出身如何以及地位高低，都各有所长。刘邦也正是集中了众人的智慧才打败项羽的。

刘邦采纳谋士张良的建议，首先夺取关中，进入秦都咸阳，这样一来使项羽与众王所订立的先入咸阳为王的盟约成为事实,从而造成了项羽的极大被动。而刘邦的谋臣萧何则首先接收了秦朝的中央档案文件和其他国书资料,从而掌握了全国政治、军事、经济、地理等一系列重要情况,为以后的战争做好准备。

此时的刘邦迷恋的是宏伟的宫殿,美丽的宫娥,无尽的财宝,他不想再图进取了。大将樊哙见此情景,质问他:"大王是想得天下,还是想成为富翁?别忘了,秦朝就是刚刚在这里灭亡的。"

这一下警醒了刘邦,他还兵灞上,且与民约法三章,恢复社会秩序,稳定人民情结,消除苛政,让人民安居乐业,这一举措使他赢得了在政治上的优势。此时刘邦在军事上依然处于劣势。他采用了张良"斗智不斗力"的策略。当项羽毁约,封他为汉中王而非关中王时,刘邦也曾大怒,想与项羽决一死战,是萧何等人劝他:要正确估计自己和对手的力量,决战的时机还不成熟,先忍耐一时的委屈,接受分封,到汉中去争取民众,招贤纳士,利用巴蜀的富庶,积累财力,他日再图东山再起,到时反攻也不迟。

刘邦接受了部将们的规劝,还采纳了张良的建议,去汉中当王的途中,逐段烧毁沿途的栈道,表示再不出来与项羽作对。

刘邦就是这样迷惑了项羽,积蓄了力量,到力量壮大后重新攻入关中,在垓下一战,逼迫项羽自杀。

建立了汉朝之后,公元前202年,刘邦在洛阳举行的盛大酒宴中,不无得意地总结他的经验说:"运筹于帷幄之中,决胜于千里之外,我不如子房(即张良);镇守国家,安抚百姓,供给粮饷,不绝粮道,我不如萧何;战必胜,攻必克,率百万之众,战于沙场,我不如韩信。三者皆是人杰,我能用之,这也就是我能够获取天下的原因了。"

人生感悟

古人说:兼听则明,偏听则暗。个人的认识是有限的,再高明的人,也会有疏漏。"三个臭皮匠,顶个诸葛亮",就是说要博采众长,为我所用,才能使事业成功。

4.20 广开言路,不可偏听偏信

司空马原为秦国吕不韦的手下。作为吕党人物,在吕不韦被废之后,他随即离开秦国投奔赵国。赵国的悼襄王对司空马并不十分器重,只任命他担任了一个代理相国。

这时,秦国对山东六国的军事攻势日益猛烈,一度号称强大的赵国也开始频频受到它的攻击。司空马入赵后,根据当时的形势以及他对秦国政治的了解,建议赵王采取割让土地用以贿略秦国的计谋,激起其他诸侯国对强秦兼并政策的恐惧与反感,进而重新构建列国合纵抗秦的军事同盟,借此来保存赵国。这在当时秦强赵弱的情势下,不失为一种办法,但是赵王没有采纳他的计谋。

赵王没能采纳司空马的计谋,却也无法阻挡秦国的强烈的攻势。司空马见赵国大势已去,毅然决定离开赵国。

司空马来到平原津渡口,遇到了渡口守令郭遗。郭遗见司空马来自都城邯郸,便向他询问秦、赵二国的战争情况,以及赵国在这场战争中的前途与命运。

司空马直言不讳地告诉郭遗:赵王没有采纳他的计谋,赵国将逃脱不了亡国灭族的厄运!

司空马由秦入赵,对双方的情况都有较为深入的了解;在赵王摒弃他的计谋不用而迫使他离赵出走时,他对赵国何时灭亡的问题已经是成竹在胸了。此刻,他面对郭遗,以一个战略家的口吻直接而明快地说:"赵国必亡。但它如能启用武安君李牧为统兵元帅,可以抗秦一年;如果它杀掉李牧,它就支持不了半年。但是,现在赵王身边有一个韩仓,此人心胸狭窄,嫉妒功臣,曲意迎合赵王,深得赵王的宠信。赵国目前危在旦夕,赵王势必进一步偏信他,而他又极容不得李牧。因此,武安君李牧将难保性命,赵国灭亡也不会超出半年!"

秦王政十八年,秦国在灭掉韩国之后大举进攻赵国。秦赵战争进入了大决战的阶段。赵王任命李牧、司马尚率兵抵抗,然而偏信小人的赵王却未能始终如一地任用李牧,秦国使用离间计,贿赂赵王身边的宠臣,散布了武安君李牧要造反的谣言。赵王轻听轻信,不顾军事上临敌易帅的大忌,一面派出赵葱、颜聚代替李牧指挥军队;一面派出谗臣韩仓处置李牧的"谋反案",韩仓即以莫须有的罪名处死了李牧。

李牧死后,秦军拉开攻势很快击败了赵军,赵军将领赵葱战死沙场,颜聚战败逃亡,赵国完全丧失了抵御的力量。秦军乘胜攻破赵都邯郸,俘虏了赵王,赵国灭亡。

从李牧被杀到赵国灭亡,前后时间仅5个月,这正如司空马所预测:赵国如果杀掉李牧,它将支持不了半年!

赵国的灭亡,是历史发展的大势所趋,更重要的内在原因,正是赵王偏信小人,不能广开言路,采纳有识之士的建议。

人生感悟

身处高位的人很容易相信自己的"身边人"的话语,但如果没有足够的辨别能力,再加上言路不畅的话,那就很危险了,似乎脱逃不了要么被架空,要么被毁灭的厄运。

4.21 滑稽幽默并机智应对

汉武帝身边有个大臣叫东方朔,头脑聪明,言词流利,又爱说笑话。

汉武帝刚即位就下了一道诏书,叫各郡县推举品行端正、有学问才能的人,当时有上千人应征。这些人上书给皇帝,多半是议论国家大事,卖弄自己的才能,其中不少建议皇帝看不上,提建议的人也就没被录取。

东方朔的上书却半开玩笑半认真,他说自己怎么博学多才,聪明过人,怎么身材高大,五官端正,怎么勇敢灵活,正派守信,最后说:"像我这样的人,真该当皇上的大臣了。"汉武帝看这份上书与众不同,有些意思,就让他待诏公车。东方朔虽然被留在了长安,但薪水很少,也见不着皇帝。

过了些日子,东方朔想出个让皇帝注意他的主意来。当时皇宫里有一批给皇帝养马的侏儒,东方朔骗他们说:"皇上说你们这些人一不能种田,二不能治国,三不能打仗,对国家没一点用处,准备把你们全杀了呢。"侏儒们都吓得哭起来。问怎么办,东方朔教他们说:"皇上要是来了,你们赶快去磕头求饶就没事了。"不久,汉武帝路过马厩,侏儒们都嚎啕痛哭地跪在武帝的车子前连连磕头。武帝觉得奇怪,问道:"你们干什么?"侏儒们回答说:"东方朔说您要把我们全杀了,求皇帝开恩。"

汉武帝知道了是东方朔干的,就把他叫来责问:"你为什么要吓唬侏儒?"东方朔说:"侏儒身高不过3尺多,每个月有一袋粮食、240钱。我东方朔身长9尺多,也只有一袋粮食、240钱。侏儒们会撑死,我却会饿死。皇上要觉得我不行,就放我回家,别留着我在这里吃白饭。"

武帝听了哈哈大笑,让他待诏金马门。待诏金马门比待诏公车的地位高,他也就渐渐地能接近皇帝了。

有一次过节,汉武帝下令把肉赏给身边的官员、随从们,可是执行命令、主管分肉的大官丞迟迟不来。东方朔对同事们说:"今天过节,该早点回去,请原谅我占先了。"说着拔出剑来,割了一块肉走了。

大官丞知道后报告给汉武帝。第二天,东方朔进宫来,汉武帝责备他说:"昨天你为什么不等大官丞来分肉就擅自割了一块?"

东方朔赶紧脱下帽子,跪在地上请罪。

汉武帝说:"你起来,自己责备一下自己吧。"

东方朔爬起来,像背书一样装模作样地说:"东方朔,你过来！东方朔,你过来！你接受赏赐不等命令,多么无礼啊！拔出剑来就割肉,多么豪壮啊！只割一小块,多么廉洁啊！回去送给妻子,又多么有爱心啊！"

汉武帝忍不住笑了,说:"让你责自己,你倒夸起自己来了！"不但没治他的罪,反而赏给他一担酒、100斤肉,让他带回去给妻子。

人生感悟

对于上级的指责,不是强词夺理,而是机智应对,有理有节,这其实就是忍。不逞一时的刚勇,耐住性子,首先保护好自我,以图发展。

4.22 容忍别人对自己所犯的过错

宋朝时,郭进任山西巡检,有个军校到朝廷控告他。

宋太祖召见了那个告状的人,讯问了一番,结果发现他在诬告郭进,就把他押送回山西,并交给郭进处置。

有不少人劝郭进杀了那个人,郭进没有这样做。当时正值北汉国入侵,郭进就对诬告他的人说:"你居然敢到皇帝面前去诬告我,也说明你确实有点胆量。现在我既往不咎,赦免你的罪过,如果你能出其不意,消灭敌人,我将向朝廷保举你。如果你打败了,就自己去投河,别弄脏了我的剑。"

那个诬告他的人深受感动,果然在战斗中奋不顾身,英勇杀敌,后来打了胜仗,郭进不记前仇,向朝廷推荐了他,使他得到提升。

容忍别人对自己所犯的过错,不记仇,别人必然以自己的一技之长来报答你。宽大自己的仇人,仇人终究会良心发现,必会找机会相报。原因在于你不记他的过错,给他以希望,他要报恩的感情存在于胸中。

因此,一旦人的能量、才学被发挥出来,就能干一番大事业,对己对人,对社会都是一大贡献。

人生感悟

常言说:"宰相肚子里能撑船。"非常之人必有非常人之肚量,当年的林肯把数不清的对手都感化成了朋友,以至于他获得了他的敌人的尊敬。

4.23 不要病急乱投医

明朝的冯梦龙曾讲过这样一个故事：明朝的嘉靖年间，松江府有一个监生，博学多才，本来还是可以有所作为的，但他酷信炼丹术，被一个号称能炼丹的骗子骗去了一大笔银子。

这个监生自然又气又恨，想到各地去漫游，能抓住那个炼丹的人。事有凑巧，忽然有一天，他在苏州的阊门碰上了那个炼丹的人。

不等他开口，炼丹的骗子就盛情邀请他去饮酒，并且诚恳地向他道歉，说是上次很对不起监生，请他原谅。

过了几天，那个炼丹的人又跟监生商量，说："我们这种人，银子一到手，马上就都花了，我当然也没有钱还给你。现在我有个办法，东山有一个大富户，和我已经说好了，等我的老师一来，就主持炼丹之事，可我老师一时半会儿又来不了，您要是肯屈尊，权且当一回我的老师，从那富户身上取来银子，作为我对您的抵偿，那就又快又容易，怎么样呢？"这个监生因为急着找回自己损失的银子，也顾不得许多，就答应了那个炼丹的人的要求。

于是炼丹人就让监生剪掉头发，扮成道士，自己装作学生，用对待教师的礼节对待监生。那个大户与扮成道士的监生交谈之后，深为信服，两人每天只管交谈，而把炼丹的事交给了监生的"徒弟"，觉得既然有师傅在，徒弟还能跑了？不想，那个炼丹的骗子看时机成熟，又携了大户的银子跑了。

那个大户家人抓住"老师"不放，要到官府去告他。倒霉的监生大哭，说明了情况才得以脱身。

人生感悟

为了收回自己被骗的钱而与骗子一同骗他人的钱，这是典型的错上加错。现实生活中一些人一边大骂用假币的人，一边把收到的假币再花出去，与此情况相似。

4.24 小不忍则乱大谋

宓子贱，是孔子的弟子，鲁国人。有一次齐国进攻鲁国，战火迅速向鲁国单父地区推进，而此时宓子贱正在做单父宰。

当时也正值麦收季节，大片的麦子已经成熟了，不久就能够收割入库了，可是战争一来，这眼看到手的粮食就会让齐国抢走。

于是当地的一些父老向宓子贱提出建议说："麦子马上就熟了，应该赶在齐军队到来之前，让咱们这里的老百姓去抢收，不管是谁种的，谁抢收了就归谁所有，肥水不流外人田。"

大家都认为："是啊，这样把粮食打下来，可以增加我们鲁国的粮食，而齐国的军队也抢不走麦子作军粮，他们没有粮食，自然也坚持不了多久。"尽管乡中父老再三请求，宓子贱坚决不同意这种做法。

过了一些日子，齐军一来，把单父地区的小麦一抢而空。为了这件事，许多父老埋怨宓子贱，鲁国的大贵族季孙氏也非常愤怒，派使臣向宓子贱兴师问罪。宓子贱说："今天没有麦子，明年我们可以再种。如果官府这次发布告令，让人们去抢收麦子，那么，那些不种麦子的人则可能不劳而获，得到不少好处。单父的百姓也许能抢回来一些麦子，但是那些趁火打劫的人以后便会年年期盼敌国的入侵，民风也会变得越来越坏。单父一年的小麦产量，对于鲁国强弱的影响微乎其微，鲁国不会因为得到单父的麦子就强大起来，也不会因为失去单父这一年的小麦而衰弱下去。但是如果让单父的老百姓，甚至鲁国的老百姓都存了这种借敌国入侵能获取意外财物的心理，这是危害我们鲁国的大敌，这种侥幸获利的心理难以整治，那才是我们几代人的大损失呀！"

人生感悟

让入侵鲁国的齐军抢走麦子，失掉的是有形的、有限的一点粮食，而让民众存有侥幸得财的心理才是无形的、长久的损失。所以要忍一时的失，才能有长久的得，要能忍小失，才能有大获。

4.25 不要被成功冲昏了头脑

美国五星上将麦克阿瑟，在他70岁之前可算得上是一位功勋卓著的"常胜将军"。他1930年便是美军历史上最年轻的陆军参谋长，二次大战期间，带兵横扫南太平洋。五角大楼警告他到菲律宾时不要太冒险，他毫不理会，以极小的代价一举拿下了多罗岛。战后，他以"盟军最高司令官"名义执行美国单独占领日本的任务。他又超越军事长官的权限，插手日本的社会和经济改革，可谓成绩辉煌。

美国总统罗斯福、杜鲁门对他的独行非常不满，但又无可奈何。

1950年麦克阿瑟出任"联合国军总司令"，指挥侵朝战争。仁川登陆一战，他暂时扭转了美军初期的败局，将朝鲜一截为二，然后他长驱直入，抵达鸭绿江边。一连串的胜利，让这位将军乐昏了头，"自我"膨胀起来，他自认为打遍天下无敌手，竟派兵轰炸中国东北城市，在公海炮击中国商船，直接威胁中国的安全。

中国政府一再提出警告，但麦克阿瑟目空一切，不可一世，认为中国人是不敢也无力参战的。狂妄自大使他完全无视中朝人民不屈的尊严和反侵略的巨大决心。

美国总统杜鲁门从驻外人员和台湾国民党那里不断收到中国可能出兵的情报，渐渐感到不安。于是他约定麦克阿瑟到太平洋上的威克岛做一次会晤，希望从麦克阿瑟那里得到中国出兵的"第一手材料和判断"。

10月15日，麦克阿瑟踌躇满志地在威克岛向杜鲁门保证"朝鲜战争是赢定了"，并说："中国共产党不会进攻；""在南北朝鲜，抵抗都会在感恩节（11月23日）前结束。这样，就能够在圣诞节前把第8集团军撤回日本。"

而事实给了麦克阿瑟最大的嘲讽。中国人民志愿军10月19日就到了朝鲜，从1950年10月25日起到1951年4月，经过四次战役的较量，麦克阿瑟损兵折将，从鸭绿江一路退到三八线一带，人员伤亡惨重。

人生感悟

一时一事的成功和胜利最容易引起自满自大，所带来的消极后果，轻则阻碍进步，重则导致失败。"胜易骄，骄必败"，是亘古不变、万古常新的真理。

4.26 没有磨难不能成功

有一个小男孩在草地上发现了一个蛹,他把蛹捡起来带回家,要看看蛹是怎样化为蝴蝶的。

过了几天,蛹上出现了一个小裂缝,里面的蝴蝶挣扎了好几个小时,身体似乎被卡住了,一直出不来。小男孩看着看着,于心不忍,便拿起剪刀把蛹剪开了,蝴蝶脱蛹而出,可是这只蝴蝶身躯臃肿,翅膀干瘪,根本飞不起来。

小男孩以为几小时之后,蝴蝶的翅膀会自动舒展开来;可是他的希望落空了,一切依旧,那只蝴蝶注定要拖着臃肿的身子与干瘪的翅膀,爬行一生,永远也无法展翅飞翔。

大自然的道理是非常奥妙的,每一个生命的成长都充满了神奇与庄严,瓜熟蒂落,水到渠成;蝴蝶一定得在蛹中经过痛苦的挣扎,一直到它的羽翅强壮了,才会破蛹而出。

小孩善意的一剪,反而害了它的一生。

人生感悟

日本的德川家康有一句名言:"人生必须背负重担,一步一步慢慢地走,总会有一天,你会发现自己是那走得最远的人。"是的,磨难、挫折,这些都是成长必经的过程,没有磨难是不会取得成功的。

4.27 任何情况下都不能放弃学习

汉宣帝下了一道诏书,要给汉武帝盖庙宇。朝中的文武大臣们都叫好。只有夏侯胜与黄霸两个人反对,夏侯胜还引经据典说了一大堆反对的理由。汉宣帝十分恼怒,把二人打入死牢,准备秋后问斩。

夏侯胜是治《尚书》的著名学者,好学的黄霸觉得,平时一直想跟夏侯胜学习《尚书》,但却苦于没有机会与时间。现在机会来了,与大学者夏侯胜朝夕相处,又加之狱中无事,岂不正是学习的大好时机吗?

当他把想法告诉夏侯胜时,夏侯胜不禁苦笑说:"我们两人都是死刑犯,不定什么时候就被拉出去把头砍了,哪有什么心思来探讨学问,再说,即便是你学会了,又有何用?"

　　黄霸诚恳地对夏侯胜说:"孔老夫子说过,'朝闻道夕死可矣',如果能在活着的时候多学一些东西,那么死的时候也就心满意足,没有什么可以遗憾的了。我们不能在这里把时间白白地浪费过去啊!"

　　夏侯胜一听,觉得黄霸讲得有道理。便给黄霸讲授起《尚书》来,黄霸经过刻苦钻研,终于把艰深难懂的《尚书》学会了;而夏侯胜在教学中温故知新,又取得了不少新的认识,对《尚书》的理解也更深刻了。

　　三年后,因事态发生变化,二人被释放出狱了。由于三年来二人没有放松学习,二人的学识都有了长足的进步。

人生感悟

　　越是艰难的时刻越是需要读书,哪怕真的随后就要死去,你也没有损失什么;相反,你的心灵反而会更加充实。当然读什么样的书是大有讲究的。

4.28 不要在甜言蜜语前丧失警惕

　　在美国,有一个已经65岁的矮老头,他看起来为人温和又谦虚,可谁知他竟是一个骇人听闻的罪犯。受骗者就是轻信了他的甜言蜜语而遭殃的。

　　居住在纽约的布德家,家境贫寒,布德在一家公司当门卫,他的妻子是家庭妇女,在家操持家务,家中三个孩子,大儿子爱德华,15岁;二女儿比阿屈丝,14岁;最小的女儿格蕾丝12岁,美得像个天使。

　　大儿子爱德华在报上登了一则求职启事,想在纽约附近哪个农场当个雇工。一个星期天,那个矮老头访问了布德家。他先是自我介绍说他叫弗兰克,在报上看到了爱德华在报上登的求职启事,想招爱德华去做工。

　　他在探知了布德家的境况后接着说:"我有很多产业,我要雇一个办事能干而又机灵的年轻人。我没有孩子,我会像父亲那样对待他……或许我死了以后,他可以接我的班。"

　　一席话说得布德夫妇心花怒放,以为遇到了大贵人。正在这时,小女儿格蕾丝从外面回来,老头对格蕾丝大加夸奖。

为报答弗兰克,布德一家邀请他用午餐。饭后,老头提出一个要求:他的姐姐住在纽约最豪华的住宅区,今天下午为孙儿孙女的小朋友组织一个联欢会,可不可以让他带格蕾丝前去参加?布德夫妇满怀感激之情,欣然让老头把格蕾丝带走了。

然而小格蕾丝再也没有回来,后来得知,她被老头残害了。

人生感悟

人们在甜言蜜语前的防御能力最弱,而骗子正是利用人们的这一弱点下手的。

4.29 不要放弃自己的梦想

他的英文名字叫布鲁斯·李,1940年11月,他出生在美国的旧金山市。因为父亲是演员,所以他小的时候就有了跑龙套的机会,从那时起,他便有了长大要当演员的梦想。

然而,他身体太弱,父亲便叫他拜师习武来强身健体。1961年,他考入华盛顿州立大学主修哲学,随后结婚生子,像正常人一样默默无闻地过着平淡的生活。但是在他的内心深处,要成为大演员的梦想从未放弃过。

一次,在与朋友们聊天时,他在一张纸上写道:"我,布鲁斯·李,将会成为全美国薪酬最高的超级巨星。我将有最激动人心、最具有震撼力的演出。三十岁开始,我将赢得世界声誉,四十岁时,我将拥有1000万美元的财富,到那时我将与家人过上幸福、美好的生活。"

在他写这张纸条时,他正处于他生活最艰难的时期,当时他正举债度日,穷困潦倒。

尽管没有人相信他这些穷疯了的话语,他却把这些话深深地铭刻在自己的心底。在实现梦想的途中,他克服了无数的常人难以想象的困难,比如有一次,他因脊椎骨受伤在床上躺了四个多月,在被医生宣判运动生命完结的时候,他又奇迹般地站了起来并投入训练。

1971年,命运女神终于向他露出了微笑。他主演的《猛龙过江》、《龙争虎斗》使他成为一代国际巨星。他就是"功夫之王"李小龙。

人生感悟

不管时空如何转换,不管条件多么艰难,只要你不放弃美好的梦想,你就永远是一个强者,就像那句歌词所唱的:"至少我们还有梦"。

4.30 人有远虑才无近忧

晋国四卿赶走晋国的国君,大权落到了势力最强的智伯手里。智伯有代晋之志,暗中与韩、魏两家联合,打算灭掉赵氏。三家相约,灭了赵氏后三分其地。韩虎、魏驹本来就惧怕智伯的强大,再加上贪图赵氏之地,便与智伯一起领兵杀奔赵国。赵襄子寡不敌众,打算逃跑,但慌乱中不知该逃向何处。

赵氏的谋臣张孟谈提醒他说:"先王曾说过,若赵氏有难,应躲避于晋阳。当年董安受先王赵简子之托,筑宫于城内,又经尹铎一番治理,足可坚守。何况晋阳的百姓受到了董安、尹铎几十年的恩惠,应该会拼死力帮助我们抗敌的。"

赵襄子于是听张孟谈的话逃到晋阳,等到了晋阳才发觉,晋阳城残破不堪,城郭崩坏,府无钱粮,缺少兵器,甚至连周围的村镇也缺少防御措施。

赵襄子责备张孟谈说:"你劝我逃来晋阳,可晋阳竟然一无所有,如何御敌?"

张孟谈胸有成竹地说:"高手治理的方法是藏财物于民间,而不在府库;致力于教化人民,而不在于营造城郭。如今,主公可下令百姓保留三个月的生活必需品,把多余的物资、粮食交出来,再征集青壮男丁修筑城池,只要百姓乐于服从命令,何愁城池不保呢?"

赵襄子下令之后,第二天百姓就送来了数不清的物资、粮食,几天内城郭便整修一新,所有的防御设备全都修缮完毕。

赵襄子又发愁说:"守城之器,莫利于弓箭,可我们现在的储备太少,这可怎么办?"

张孟谈说:"董安宫室旁边的大树,已经长到一丈多高了,可以砍下制成箭杆。宫室内的柱子是用精铜铸造的,可以制成箭头。"

赵襄子感叹说:"真想不到先王竟有如此的远见,真是有备而无患啊!治国需贤臣的道理,我今天才明白,用董安而器用备,得尹铎而民心归,这是赵氏之大幸啊!"

不久,智、韩、魏三家兵马到来,把晋阳城围了个水泄不通,但始终没有攻破晋阳城。赵襄子采用了张孟谈的离间计,使韩、魏与赵氏结盟,反将智氏一军。打算吞并别人的智伯终于落得个人死地分的下场。

人生感悟

人无远虑必有近忧,赵襄子正是凭了先人的远见卓识才逃过大难,如果不是先人早有准备,留下了退路,那后果真是不堪设想。

5月份

换个角度海阔天空
成功来源于积累
有所失才能有所得
现象背后有本质
失败没有任何借口
……

5.1 换个角度海阔天空

多年前,有一家已经营多年的酒店的电梯不够用了,打算增设一部新电梯。

于是酒店请来了建筑师和工程师研究怎样增设新电梯。这些专家们经过一阵激烈的商讨,最终决定,最好的办法是每层楼打个大洞,直接安装新电梯。

方案定下来之后,专家们坐在酒店前厅商谈施工计划。

他们的谈话被一个正在扫地的清洁工听到了。清洁工对他们说:"每层楼都打个大洞,肯定会尘土飞扬,弄得乱七八糟。"

工程师瞥了他一眼说:"那是难免的"。

清洁工又说:"我看,动工时最好把酒店关闭些日子。"

老板说:"那可不行,关门一段时间,别人还以为酒店倒闭了呢。再说,那也影响收益呀。"

"如果是那样的话,"清洁工不经意地说,"那还不如把电梯装在楼的外面。"

专家们听了这话,面面相觑,不约而同地为清洁工的这一想法叫绝。

于是,这部电梯就被装在楼外了。

人生感悟

很多时候,看似无法解决的问题换个角度后会豁然开朗。我们的思维方式太容易懒惰了,容易走老路,形成了一个个的思维定式,我们要开动脑筋,不断地打破阻碍我们发展的这些定式。

5.2 成功来源于积累

唐代著名诗人李贺,是我国文学史上一位杰出而短命的奇才。他虽然只活了27岁,却给后世留下了许多具有独特艺术风格的诗篇。

李贺作诗从来不先立题,每次外出总是骑一匹瘦弱的小马,带一名童仆,背一个古锦囊,一边走,一边思索。吟到一些好的句子时,马上用随身所带的笔砚,在马上写成纸卷,投入锦囊之中。

傍晚回到家中,有时是囊中充盈,满载而归;有时则是囊空如洗,终日苦苦思索,却是无一佳句。

的确,李贺把自己的全部心力都倾注在诗歌的创作中,像"天若有情天亦老"、"黑云压城城欲摧"、"雄鸡一唱天下白"、"石破天惊逗秋雨"等等,这些为历代传诵的名句,都是李贺精心锤炼得来的。

李贺在《长歌续短歌》一诗中为自己写道:"长歌破衣襟,短歌断白发。"这正说明他从事创作的辛勤,以及一生奔波、生活困苦的凄苍郁愤。

人生感悟

李贺写诗成功靠的是积累,事实上,世界上的哪一个成功靠的不是辛勤的积累呢?

5.3 有所失才能有所得

《天工开物》是由我国明代科学家宋应星著成的一部古代科技百科全书,现已译成了多种文字,在世界范围内广为流传。

宋应星年轻时一心想通过科举考试求取功名,无奈从二十多岁起参加会考,历经十多个春秋仍未能如愿。

经过一番深思熟虑,他决心放弃功名,转而研究关系国计民生的科学技术。他总结当时农民与手工业的生产技术,历经艰辛写成了《天工开物》。书中详尽记载了18个部门的生产技术,并附有上百幅珍贵插图,为后人留下了一份宝贵的著作遗产。

汉代的班超为人有远大的志向,不讲究一些小的细节;然而他内心孝顺勤谨,过日子常常干辛苦操劳的事,不以劳苦为耻辱。他能言善辩,广泛阅览了许多历史典籍。

公元62年(永平五年),哥哥班固被征召做校书郎,班超和母亲也随同班固到了洛阳。因为家境贫困,班超常被官府雇佣抄书挣钱来养家。

他因为长期抄写而劳苦不堪,曾经有一次,他停下了手中的活儿,扔了笔感叹道:"大丈夫如果没有其他的志向谋略,也应效仿傅介子、张骞在边疆立下大功,以得到封侯,怎么能长时间从事笔、砚间的工作呢?"

后来班超作为使者访问西域,把西域治理得井井有条,回来后最终被封为王侯。

人生感悟

没有放弃就没有获得,小放弃,小获得;大放弃,大获得。这已经成为越来越多人的共识。

5.4 现象背后有本质

北宋时有一个哑巴,每当新知府上任,都要来献上一根木棒,莫名其妙的招惹官府的责打。

这一年,包拯上任,哑巴又来献棒。包拯想,此人定有冤情,不然,每次都挨打,为何还来献棒。但是这个哑巴既不能说,又不识字,更不会书写,无法得知其中的缘由。

于是,包拯嘱咐手下,无论哑巴如何折腾都不许打他。这天,哑巴又来献棒,包拯让手下人把猪血涂在哑巴身上,做出一副打得很重的样子,然后把哑巴绑了拉去游街示众。随后吩咐手下人,若有人替哑巴喊冤,就带回来问话。

果然,在哑巴游街时有一老人大喊冤枉。于是老人被带到了知府大堂。

老人说:"这个哑巴是我们村的石哑子,他自幼不会说话,但可以听见。他哥哥石全吞并了他的万贯家产后把他赶出了家门。哑子每年都用献棒的办法到衙门告状,但每年都被杖责,今天又被打得浑身是血,我今天实在看不下去,故此替哑子喊冤。"

包拯马上传石全到衙内,但石全死活不认这个弟弟。包拯怎么劝说都无济于事,包拯便心生一计。他先放走石全,然后教给哑巴说:"以后你撞见哥哥就去打他。"哑巴吃惊地望着包拯,又是眨眼,又是摇头,一副很害怕的样子。包拯说:"不要怕,你只管打,有本官为你做主。"

几天后,被打得头破血流的石全前来告状,状告哑巴不尊礼法,殴打亲哥。

包拯问:"若是亲弟殴打亲哥当然不能轻饶,不过若不是亲弟弟则另当别论。"石全不知是计,一口咬定:"他真是我的亲弟弟。"

包拯听后,厉声高喝:"既然是你亲弟弟,为何你独吞家财,不分家产给他?"石全这才明白上了当,原来这一切都是包拯安排的。

人生感悟

不要被表面的现象所迷惑,任何事物都有它的来龙去脉,只要认真观察,精心思索,你就能把握问题的实质。

5.5 失败没有任何借口

世界著名的美国西点军校,不仅培养了一大批优秀的军事人才,同时也培养出了无数的商界精英。

这应该主要得益于这所学校里一个久远的传统,这所学校的学生遇到长官问话时,只能有四种回答:"报告长官,是!""报告长官,不是!""报告长官,不知道!""报告长官,没有借口!"除此之外,不能再多回答一个字。

例如,军官派一个士兵去完成一项任务,但由于种种原因,任务没能及时完成。当军官问他原因时,如果他为自己辩解,陈述他所遇到的困难,或说由于这样或那样的原因导致自己没有按时完成任务时,那他就大错特错了。他应该回答说:"报告长官,没有借口!"

因为军官看重的是结果,他根本没时间听你对过程的长篇大论的罗嗦。

西点军校之所以采取这种方式,就是为了使学生学会适应压力,培养他们不达目的决不罢休的毅力和精神,以尽量把事情做得更好。它也让学生更深刻地理解,失败没有任何借口。

人生感悟

为自己寻找借口,掩盖自己的过失,推卸自己的责任,久而久之,自己就会失去把事情做好的动力。

5.6 有多大风险就有多大利润

摩根从大学毕业后,来到邓肯商行任职。摩根特有的素质与生活的磨练,使得他在邓肯商行表现十分出色。然而,他过人的胆识与冒险精神,也经常害得总裁邓肯心惊肉跳。

有一次,在摩根从巴黎到纽约的商业旅行途中,一个陌生人敲开了他的舱门:"听说您是专搞商品批发的,是吗?"

"有何贵干?"摩根感觉到了对方焦急的心情。

"啊！先生,我想求你件事情,我手上有一船咖啡需要立即处理掉。这些咖啡原是一个咖啡商的,他现在破产了,无法偿还我的运费,便把这船咖啡作抵押,可我不懂这方面的业务,您是否可以买下这船咖啡呢?价格很便宜,只是别人价格的一半。"

"你很着急吗?"摩根盯住来人。

"是很急,不然的话,价格怎么会这么便宜。"边说便拿出了咖啡的样品。

"我买下了。"摩根看了样品后说。

"摩根先生,您太年轻了,谁能保证这一船咖啡的质量都是与样品一样的呢?"他的同伴见摩根轻率地买下这船还没亲眼见到质量的咖啡,在一旁提醒说。

"我知道了,但这次是不会上当的,我们应当践约付款,免得这批咖啡落入别人的手里。"摩根对自己的判断力充满了自信。

可当总裁邓肯听说这件事后,差点把魂吓飞了。

"这个混蛋,拿邓肯公司开玩笑吗? 去,去,把交易给我退掉,损失由你自己赔偿!"邓肯因害怕这笔大生意而激动地像一头发怒的狮子。

面对粗暴的邓肯,摩根决心赌一把,他向自己的父亲求援。在父亲的资助下,摩根偿还了邓肯公司的咖啡款,并由这个渠道又买了许多船咖啡。就在摩根大胆买下咖啡后不久,世界咖啡的产地巴西遭遇了霜灾,产量大幅下降,咖啡价格翻了几番。摩根彻底胜利了。

人生感悟

机会犹如白驹过隙,稍纵即逝。风险从来就是与高回报成正比的,高风险意味着高回报,在看准了机会的时候,不妨放手一搏。

5.7 保持对金钱的欲望

拉文刚刚踏上美国土地时,为自己定下了十年内赚到十亿美元的目标,而当时,他口袋里只有两万美元。除了他自己,没有人把这句话当真,谁都认为这是个不知天高地厚的毛头小伙子的梦话,但拉文按着这个设想去做了。

拉文白天在证券交易所做事,到了晚上,他靠在一个小型补习班讲授希伯来语赚钱。

一天晚上,拉文给补习班讲完课回家,在路上遇到一位叫伯森的学生家长。这个人正在做股票生意。两个人攀谈起来。他们从股票的价位，谈到希伯来语，最后，伯森谈起他投资的一家公司。这家公司是一家较大企业，它有最新的生产设备，有宽敞的现代化厂房。可是，它一直是个冷门公司，经营几年下来，还是没有多大的起色。这家公司也有股票上市，但是股票价位始终高不起来。不过，几年来，这家公司虽然没有多大的发展，但始终保持稳定的收益，大部分股东都把股票当做储蓄存款放在那里。

通过和伯森的谈话，他感到这是个机会，梦想中的财富就要出现了。于是，他伸手抓住了它。他认为伯森是公司的主要股东之一，如果利用伯森对该公司的厌倦心理，也许可以酿成一种对自己有益的"气候"。他充分发挥这次谈话的效力，使伯森甘愿让他帮忙把所持的股票尽早脱手。

拉文巧妙利用了一些微妙的关系，终于从伯森手中取得了价值百万美元的股票。随后，他又在股票已经下跌的形势下，用比当时议价低百分之五十的现款付清了伯森的其余股票款。

拉文以伯森的股份融资，收购了那些股东急于脱手的股票。当股票跃为热门股时，拉文已经拥有该公司百分之五十三的股权了。此刻，他马上发起召开临时股东大会，并顺利地当选为董事长。拉文走马上任之后，把公司的名称改为"美国速度公司"。他决定将美国速度公司作为自己发展的大本营。

拉文迈出了至关重要的一步，但这离他心目中的十亿美元还有很大的差距，他必须雄心勃勃地干下去。

他选中了MMG公司，这是一家拥有多种销售网络，多样化经营的公司。在进入MMG公司一年多的时间里，拉文充分发挥了他的经营才能，在他的努力下，该公司的营业额扩大了两倍多。

当时，MMG公司的另一个大股东是联合公司，这也是一家拥有几个连锁销售网的母公司。拉文把MMG公司的股权转卖给联合公司，而从另外的渠道获得了联合公司的控制权，尽而控制了联合公司。

在发出那个不朽的誓言十五年之后，拉文终于如愿以偿地将自己的资产升到了十亿美元。

人生感悟

对于有着强烈致富欲望的人来说，致富的过程是制造快乐的过程。在这个过程中，通过赚钱，他们实现了自身的抱负和志向，体现了自我价值。

5.8 消除自己的贫穷情结

惠勒受公司之聘担任推销顾问,他发现了一件十分有趣的事:有一位推销员,不管被公司派到什么地方去,也不管给他多少佣金,他平均所得总是每年挣五千美元,不多也不少。

因为这个推销员在一个比较小的推销区干得不错,公司就派他到一个更大的、更理想的地区。可是第二年他与在原先那个推销区干的时候完全一样,只挣了五千美元,不多也不少。第三年,公司提高了所有推销员的佣金比例,但是这位推销员还是只挣了五千美元。后来公司调配他到了一个最不理想的地方,但他照样还是挣了五千美元。

惠勒通过跟这个推销员谈话,发现问题的症结不在于推销的区域,而在于他的自我评价。他从内心认为自己是个"每年赚五千美元"的人。有了这个潜意识后,外在的环境似乎对他没有什么影响了。

当他被派到不理想的区域时,他会为五千美元而努力工作;当他被派到条件好的地区时,只要五千美元到手,他就有各种借口停步不前了。而且,他的目标很有趣,不是有病,就是出事故。

后来这个推销员看过心理医生后发现,操纵自己的,不是作为推销员的内在实力,而是自己的精神状态、工作态度、自我评价等心理态度。当他有意识地转变了自己的心态,他很快地刷新了过去的记录。

人生感悟

一个人的自我评价是对自我的定位,同时也是一种限定。在有实力的情况下,我们应当突破这种限定,以"超越自我"。

5.9 学会宽容人生更加快乐

古代有位老禅师,一天晚上在禅院里散步,看见墙角边有一张椅子。他一看便知有位出家人违犯寺规越墙出去蹓达了。

老禅师也不声张,走到墙边,移开椅子,就地而蹲。少顷,果真有一小和尚翻墙,黑暗中踩着老禅师的背脊跳进了院子。当他双脚着地时,才发觉刚才踏的不是椅子,而是自己的师父。小和尚顿时惊慌失措,张口结舌。

但出乎小和尚意料的是师傅并没有厉声责备他,只是以平静的语调说:"夜深天凉,快去多穿一件衣服。"

老禅师宽容了他的弟子。他知道,宽容是一种无声的教育。

法国19世纪的文学大师维克多·雨果曾说过这样的一句话:"世界上最宽阔的是海洋,比海洋宽阔的是天空,比天空更宽阔的是人的胸怀。"雨果的话虽然说得有些浪漫,但很实在。

人生感悟

有人说宽容是软弱的象征,其实不然,有软弱之嫌的宽容根本称不上真正的宽容。宽容是人生难得的佳境,是一种需要修行才能达到的境界。

5.10 积极的心态是成功的根本

一天早晨,牧师正在为自己的布道词伤脑筋。外面下着雨,他的太太出去了,而他的小儿子因为无事可做而烦躁不安。于是,他随手从杂志上撕下了一张世界地图,撕成碎片,扔给了儿子:"强尼,把它拼好,我就给你两毛五分钱。"

牧师想,他肯定会忙活一会儿了,可是,只过了十分钟,他的儿子就把拼好的东西送到了他的书房。牧师感到很惊讶,强尼居然用了这么短的时间就把所有的小纸片都拼到了一起,整张地图又恢复了原状。

"儿子,你怎么做得这么快?"

"很简单啊,"强尼说,"地图的背面就是一个人的画像,我先把一张纸垫在下面,然后拼好这个人的图画,再放一张纸盖上,翻过来就好了。我想,如果把人像拼对了,那么地图也应该是对的。"

牧师大笑起来,扔给了儿子一个硬币。"好了,现在我知道明天讲什么了,"他说,"如果一个人是对的,那么他的世界也是对的。"

人生感悟

如果你对自己的处境不满意,想做些改变,那么你首先应该改变你自己;如果你做事的方式是对的,那么你的世界也是对的。

5.11 坚定地相信自己能行

文·班·库柏是美国最受欢迎的法官之一，但是他小时候却很懦弱。

库柏的童年是在密苏里州圣约瑟夫城的一个贫民窟里度过的。他的父亲是一个裁缝，是移民过来的，收入很少。为了取暖，库柏不得不经常去附近的铁路上拾煤，他为自己必须这样做而感到羞愧，常常从后街走，避免被其他的孩子看见。

但是那些孩子还是看到他了，尤其是有一群孩子经常埋伏在库柏返回的路上，欺负他，并以此为乐。他们把他捡回来的煤渣扔得满街都是，库柏经常哭着回家，所以，他总是那么恐惧和自卑。

在那时，库柏读了荷拉修·阿尔杰写的《罗伯特的奋斗》。从这本书中，他读到一个少年奋斗的故事，这少年比他的遭遇还不幸，但是，他凭着自己道德和良心的力量战胜了那些不幸，库柏也想这样做。

于是，库柏把所有他能找到的荷拉修的书都读遍了。每次他拿起书来，就觉得自己成了书里的主人公。整个冬天他都在厨房里读这些勇敢的故事。

在库柏读到这些书几个月后，他又出去拣煤。他注意到有三个人影从一所房子后面飞快地跑过来，他的第一反应是转身就跑。但是，书中那个勇敢主人公的形象在这个时候进入了他的脑海，于是，他握紧煤桶，大踏步地向前走去，就像荷拉修书中的英雄所做的那样。

那可真是一场恶战，库柏和那三个男孩扭成一团，把这三个欺软怕硬的孩子都吓坏了。库柏右手一拳就打到了一个孩子的鼻子上，左手猛击他的胃部。这个孩子吓得停住手，回头就逃。库柏也因为他的逃走而吃惊，但同时，另外两个孩子开始拼命打他。库柏用力推开一个，然后把剩下的那个按倒在地上，用膝盖压他，还用力地踢他的腹部和下巴。现在就剩下最后一个了，他是这几个孩子的头儿，已经跳到了库柏的身上，库柏用力推开他，站了起来，他们就这样狠狠地相互对视了一分钟。

后来，这个小头目逐渐地后退，最后终于逃走了。库柏也许是因为一时气愤，又朝他扔了一块煤炭。库柏这时才发现自己的鼻子也受了伤，身上也青一块紫一块。这一架打得真好，而这一天也是他一生中最重要的一天，在这天，他克服了自己的恐惧。

人生感悟

相信自己能行，就没有不敢做的事，从而能克服恐惧，不怕危险，得到成功的人生。

5.12 成功要有超前意识

在香港华商中，霍英东的起点可能是最低的。他本是船民之子，当许多人已腰缠万贯时，他每天还在为吃饭问题苦苦挣扎。

他上中学时，日本侵华，时局动荡，他辍学加入了苦力行业，从事了各种不同的苦力工作。虽然他表现不错，但无奈收入太微薄，看着出头无望，他就自动辞职了。

日本投降后，第二次世界大战的战火渐渐平息，人们的生活趋于稳定，各行各业也渐次走上了发展轨道。霍母以其生意人的眼光，看准了运输业务急剧发展的前景，便放弃了杂货店经营，把股权卖了8000元，租下了海边的一块地皮，再次经营起驳运生意。

霍英东替母亲管账，代她去收佣金，工作十分勤奋。母亲虽然精明稳健，是一家之主，但妇道人家仅以小生意为满足。霍英东却不然，他不满足于现状，一心想做成一番大事业，在这方面正好弥补了母亲的不足。他领悟到这样下去很难有太大的发展，便开始留心观察，等待机会。

1948年，霍英东得知日本商人以高价收购可制胃药的海草，他知道这种海草生在海底，而且是在太平洋柏拉斯岛周围才有。于是他马上买来一艘61英尺长的摩托艇，并联络到十多个想赚钱的渔民，一同驶向柏拉斯岛。

他的判断没错，但海草全部卖完结算时，他们在海上6个月含辛茹苦工作的所得竟然只够开销，等于一无所获。

1950年，朝鲜战争爆发。从这年10月起，中国数十万志愿军从丹东、集安相继跨过鸭绿江奔赴朝鲜，打响了历时4年之久的抗美援朝战争。战争当然意味着破坏，也意味着巨大的伤亡，是拼储备、拼资源的重大武装冲突，但对于商家来说，却意味着商机。

朝鲜战争使当时的香港成了中国的对外物资中转港，大量的军用物资堆积在码头上，在这里处理的剩余物资也无法估计。出生于驳船世家的霍英东自知这个机会的宝贵，迅速紧紧抓住，在香港展开了驳运经营。

由于牢牢抓住了机会,生意搞得十分顺利,他的拖船也很快由一条、两条变成了十条、数十条,成倍增加。这次创业他终于取得了重大突破,抗美援朝历时4年,而在这4年当中,霍英东崛起的速度几乎可以说是一夜之间,他一举成为香港业界新贵。

1954年,霍英东创建了立信建筑置业有限公司,放手从事地产业的投资经营。当时香港从事房地产投资的人很多,因为这是一个赚钱又多又快的行当,但真正在地产生意中获得成功的人却是有限的。从买进第一宗房地产起,几年内,立信建筑置业有限公司所建的楼在香港已到处可见,到20世纪70年代末80年代初,他名下有了30多家公司,大部分经营房地产。

20世纪60年代初,他在经营房地产的同时开始兼做"淘沙生意"。因为在60年代初,香港房地产业有了很大的发展,楼宇、码头建设兴盛,对河沙的需求量猛增,霍英东本人也在经营房地产的过程中为建筑材料的紧缺伤透了脑筋。也许正是因为他出身于水上人家,有着与其他房地产商不一样的参考系,因此非常具有远见,想到了另一条财路:海底淘沙。

海底淘沙是一种费工多、收获少的行当,商人们不仅不愿轻易问津,甚至视之为畏途。但霍英东却有自己的如意算盘:从海底淘沙,不仅可以获得大量建筑用沙,而且可以挖深海床,治海造地,是一个很有前途的事业。只不过要想在海底淘沙中赚大钱,靠一般方式不行,需要加以改革,运用现代化的设备。

为了实现海底淘沙的设想,霍英东派人到欧洲订购了一批先进的淘沙机船,用现代化手段取代落后的人力方式。凭着为人所不敢为的果敢精神,霍英东从香港商界的视野盲点找到并挖到了宝,创出了奇迹。与此同时,霍英东奇招独出,又与港府有关部门订立了长期合同,专门由他负责供应各种建筑工程所用的海沙,这无疑是享有了淘沙生意的垄断权,成为香港淘沙业中的王者。此后,香港各区的大厦建筑、各处码头的建筑,以及填海工程,均由霍英东的"有荣公司"负责供应海沙。

人生感悟

要想成为富豪,必须具备超前的致富意识,这一点是必不可少的。远大的目光加上超前的行动,正是霍英东成功的秘诀。

5.13 样样通不如一门精

罗伯特读大学时,主修经济,毕业后到一家出版公司工作了几年后,又回到学校念了个企业管理硕士学位。

虽然他曾经想自己开公司,后来还是决定替别人的公司做咨询顾问。"我打出顾问的招牌",他笑着说,"并且找到了几家客户。"

他最早的客户是一家塑料容器公司,是在他拿到企管硕士学位后10个月找到的。"我一眼就看出来这家公司有生意可做。"至于什么生意,罗伯特没有说,因为他认为那样会限制他的服务范围。"我无所不通,"他开玩笑地说,"他们可随时来找我,并且得到他们所需要的服务。"

他很少拒绝客户提出的要求,似乎他能解决所有的问题。为了提供正确的指导,他工作得非常认真、辛苦。由于他非常聪明并且凡事都不屈不挠,因而总是能够比较从容地应付解决客户的问题。即使客户提出什么特殊的要求,他也总能想出办法。

罗伯特中学时,曾希望从事他最喜欢的体育运动——篮球,但这个愿望由于他长到1.75米后再也没长而告破灭。从那以后,他对运动就不再那么有兴趣了,而是把全部精力致力于使自己成为多面手。

罗伯特一直很喜欢用一句话来形容他自己的工作:"发现问题,解决问题。"他把自己比作救火员,"公司总会有什么地方发生问题,接着警铃响起,然后就来找我万能的罗伯特,由我去抢救。专业咨询顾问就应该是这种样子,要能应付所有的问题。"

我们不防听听这位"杂家"20年来工作的心得:"要解决任何事情,包在我身上。"他34岁时这样说,而在36岁时他说:"无论什么时候发生什么问题,我都会有办法解决——否则我也会有办法从外头找到解决之道。"39岁时他说:"我对各行业都很精通,这是我的职业,你该知道我的意思吧! 没有任何事情能逃过我的注意力的。"41岁时则说:"我很擅长站在整体的立场来看事情,从各个环节中找出事情的症结。"到了46岁时:"我告诉他们不要找其他什么人了,我有办法应付一切。"49岁时他说:"只有我才是他们惟一需要的人,如果连我都没办法解决,大概也就没有什么人能解决了。"

但实际上呢? 罗伯特的公司一直经营平平,向他进行咨询的客户,大都对他的服务表示满意,但却很少再次向他咨询。他不懂得以专业的态度达到圆满做事的法则,因此也就无法得到成功的人生。

人生感悟

法国化学家巴斯德说:"只要是学有专长,就不怕没有用武之地。"可见,你只要能够把自己锻炼成为一门重要行业的不可缺少的专家人物,你就能够有所作为。

5.14 远见预示你的将来

爱若和布若差不多同时受雇于一家超级市场,开始时大家都一样,从最底层干起。可不久爱若受到总经理青睐,一再被提升,从领班直到部门经理。布若却像被人遗忘了一般,还在最底层混。终于有一天布若忍无可忍,向总经理提出辞呈,并痛斥总经理狗眼看人低,辛勤工作的人不提拔,倒提升那些吹牛拍马的人。

总经理耐心地听着,他了解这个小伙子,工作肯吃苦,但似乎缺少了点什么,缺什么呢?三言两语说不清楚,说清楚了他也不服,看来……他忽然有了个主意。

"布若先生,"总经理说,"您马上到集市上去,看看今天有什么卖的。"布若很快从集市回来说,刚才集市上只有一个农民拉了车土豆卖。

"一车大约有多少袋,多少斤?"总经理问。

布若又跑去,回来说有10袋。

"价格多少?"

布若再次跑到集上。

总经理望着跑得气喘吁吁的他说:"请休息一会儿吧,看看爱若是怎么做的。"说完叫来爱若对他说:"爱若先生,你马上到集市上去,看看今天有什么卖的。"爱若很快从集市回来了,汇报说到现在为止只有一个农民在卖土豆,有10袋,价格适中,质量很好,他带回几个让经理看。这个农民过一会还将弄几筐西红柿上市,据他看价格还公道,可以进一些货。这种价格的西红柿总经理可能会要,所以他不仅带回了几个西红柿作样品,而且把那个农民也带来了,他现在正在外面等回话呢。

总经理看了一眼红了脸的布若,说:"请他进来。"

人生感悟

如果你有远见,又勤奋努力,你将来就有可能实现你的目标。当然,未来是无法保证的,任何人都一样。但这样做可以大大增加你成功的机率。

5.15 穷人缺乏的是赚钱的头脑

人太穷了,就会整天为生存而奔忙和劳碌。当头脑里没有了产生财富的渴望,也就失去了成为有钱人的条件。然而一旦一个穷人对财富产生了强烈的渴望,并具备了有钱人的思维方式,就能迅速地改变他的财务状况而变得富有。

犹太巨富比尔·萨尔诺夫小的时候生活在纽约的贫民窟里。他有6个兄弟姐妹,全家只依靠父亲做一个小职员所得的微薄收入过活,生活极为拮据,他们只有把钱省了又省,才可以勉强地度日。到了他15岁那年,他的父亲把他叫到身边,对他说:"我攒了一辈子也没有给你们攒下什么,我希望你能去经商,这样我们才有希望改变贫穷的命运,这也是我们犹太人的传统。"

比尔听了父亲的忠告,就去经商了。3年之后,他就改变了全家的贫穷状况。5年之后,他们全家搬离了贫民区。7年之后,他们竟然在寸土寸金的纽约买下了一套房子。

比尔的家庭世代都在经商,因为他们知道只有经商才能赚取更多的利润,才能彻底改变自己贫穷的命运。

在金钱法则中:钱是赚出来的,而不是靠克扣自己攒下来的。有钱人不赞成过分地节俭。在他们看来,钱是靠赚的,而不是靠攒的,过分地节俭、克扣自己是成不了有钱人的,那只会使自己在精神上越来越穷!

商人有白手起家的传统,现在世界上许多犹太大亨,其发迹时间也不过两三代人。但商人没有靠攒小钱积累的传统,而且,他们没有禁欲主义的束缚,中国厨子、美国工资、英国房子、日本妻子是他们理想生活的四大目标。再加上商人的投资大多集中于金融业等回收较快的项目上,所以他们崇尚的是"钱生钱",而不是"人省钱",他们热衷的是冒险而不是勤俭持家。

人生感悟

有时候,穷人的穷不仅仅是因为他们没有钱,而是他们根本就缺乏一个赚钱的头脑。有钱人的富有不仅仅是因为他们现在手里拥有大量的财富,而是他们从根本上就有一个赚取财富的头脑。

5.16 要有忍耐的本领

日本的矿山大王古河市兵卫小时候做豆腐店工人,后来又到一家高利贷公司当收款员。有一天晚上,他到客户那儿催讨钱款,对方毫不理睬,并且干脆熄灯就寝,就像古河并不存在一样。

古河无奈,只好忍饥受饿,一直等候到天亮。早晨,古河并没有显出一点愤怒,脸上仍然堆满笑容。对方被古河的耐性所感动,立即态度一变,恭恭敬敬地把钱付给了他。

发家后的古河买下了矿——足尾铜矿。这个足尾铜矿山是个早已被人遗弃的矿山。因此,他一开始进行开采,就有人嘲笑他,把他看做疯子。

但是,古河对此根本不在乎。就这样,一年过去了,两年过去了,却不见铜的影子,而资金却一天一天地在减少。但他一点都不气馁,面对困境,他咬紧牙关,抱定死也要与矿山一起死的决心,跟矿工们同甘共苦,惨淡经营,四年如一日。就在一万两金子的本钱几乎要化为乌有时,苦尽甘来,铜,终于挖出来了。

有人问古河成功的秘诀,他说:"我认为发财的秘方在于'忍耐'二字"。

人生感悟

孔子说:"小不忍则乱大谋"。能够忍耐,就没有什么力量能阻挡你前进。忍耐是成功之路,忍耐能转败为胜。

5.17 待人以诚方可成功

有一次,美国著名的固特异汽车轮胎公司的经理肯特在一家酒馆饮酒。无意中碰了一位喝得酩酊大醉的青年人,这位醉汉借酒撒疯,对肯特大打出手。

事后,肯特从店主人那里了解到,这位青年发明了一种能增加轮胎强度的方法,而且申请到了专利。但他找了好几家生产汽车轮胎的厂商,要求他们购买他的专利,都碰了壁,而且被他们视为异想天开,所以,他感到怀才不遇,整日闷闷不乐,来这里借酒消愁。

肯特得知这些情况后,对这位青年对他的不恭毫不介意,决定聘请他来自己公司做事。

一天早晨,他在工厂的门口等到了这位青年人,但青年人却心灰意冷,不愿向任何人谈起他发明的事,他不理肯特,径自进工厂干活去了。

但是,肯特却一直等在工厂的大门口。中午,工人下班了,但却不见那位青年的踪影。有人告诉肯特,那青年人干的是计件工作,上下班没有一定的时间。

这天,天气很冷,风也很大,但肯特一直不敢离去,因为他怕就在他离开的那一会儿,那位青年人下班走了。

就这样,肯特从早上8点一直等到下午6点。这时,那位青年人才走出厂门,没想到这回他一见肯特的面,便爽快地答应了与他合作的要求。

原来吃午饭时,那位青年人出来看到肯特等在门口,便转身回去了。但后来,他知道肯特一天不吃不喝,在寒风中等了近10个小时之久,最终动心了。

肯特正是求得了这位青年人才后,才推出了新的汽车轮胎产品,并使"固特异"这一品牌成为全球汽车轮胎名牌的代名词。

人生感悟

不计前嫌,待人以诚。这些话很容易说,但真的在现实生活中实现起来却殊为不易。

5.18 谎言重复千遍能成真理

在孔子的学生曾参的家乡费邑,有一个与他同名同姓也叫曾参的人。有一天他在外乡杀了人。时间不长,"曾参杀了人"的传闻便传到了曾子的家乡。

第一个向曾子的母亲报告情况的是曾家的一个邻人。他是在案发以后,从一个目击者那里得知凶手名叫曾参的。当那个邻人把"曾参杀了人"的消息告诉曾子的母亲时,并没有引起预想的那种反应。曾子的母亲一向引以为骄傲的正是这个儿子。他是儒家圣人孔子的好学生,怎么会干伤天害理的事呢?曾母听了邻人的话,不惊不忧。她一边安之若素、有条不紊地织着布,一边斩钉截铁地对那个邻人说:"我的儿子是绝不会去杀人的。"

没隔多久,又有一个人跑到曾子的母亲面前说:"曾参真的在外面杀了人。"曾子的母亲仍然不去理会这句话。她还是坐在那里不慌不忙地穿梭引线,照常织着自己的布。

又过了一会儿,第三个报信的人跑来对曾母说:"现在外面议论纷纷,大家都说曾参的确杀了人。"曾母听到这里,心里骤然紧张起来。她害怕这种人命关天的事情要株连亲眷,因此顾不得打听儿子的下落,便急忙扔掉手中的梭子,关紧院门,架起梯子,越墙逃走了。

以曾子良好的品德和慈母对儿子的了解、信任而论,"曾参杀了人"的说法在曾子的母亲面前是没有市场的。然而,即使是一些不确实的说法,如果说的人很多,也会动摇一个慈母对自己贤德的儿子的信任。由此可以看出,即使是缺乏事实根据的流言也是很可怕的。

人生感悟

人说谎言止于智者,遇事要冷静分析,不要偏听偏言。

5.19 要想富有必须向有钱人学习

有一个百万富翁和一个穷人在一起。那个穷人见有钱人生活得那么舒适、惬意,于是对有钱人说:"我愿意在您的家里给您干活3年,我不要一分钱,只要你让我吃饱饭,并且有地方让我睡觉就行。"有钱人觉得这真是少有的好事,立即答应了这个穷人的请求。3年后,服务期满,穷人离开了有钱人的家。

又过去了10年,昔日的那个穷人已经变得非常富有了,而以前的那个有钱人在相比之下,就显得很寒酸。于是有钱人向昔日的穷人请求:愿意出10万块钱买他富有的经验。昔日的那个穷人听了哈哈大笑:"过去我是用从你那学到的经验赚取了金钱,而今你又用金钱买我的经验呀。"

原来那个穷人用了3年时间学到了有钱人的经验,获取了很多财富,变得比那个有钱人还富有。那个有钱人也明白了这个穷人比他富有的原因是因为这个穷人的经验已经比他多了。为了使自己拥有更多的财富,他只好掏钱购买原来那个穷人的经验。

世界上大多数人是穷的,但穷可以改变,要想改变穷的状况,需要了解有钱人与穷人之间的区别。穷人和有钱人不是简单的钱和资产的悬殊,而是观念、思维方式和性格上的不同。很多时候穷人思想封闭、害怕风险、比较感性;有钱人则思想开放、勇敢而理性。

在这个世界上人人都想赚钱,但赚钱方式不同。穷人的钱放在银行里,而有钱人的钱放在投资和保险公司的账户上。穷人的钱在为政府和有钱人工作,有钱人则利用自己的钱和穷人放在银行里的钱为自己工作。

人生感悟

物以类聚,人以群分。有钱人永远属于有钱人的群体,穷人则常常脱离不了穷人的圈子。

5.20 对所用的人要充分信任

战国时,魏国的国君魏文侯打算发兵征伐中山国。

有人向他推荐一位名叫乐羊的人,说他文武双全,一定能攻下中山国。可是又有人说乐羊的儿子乐舒如今正在中山国作大官,怕乐羊不肯下手。

后来,魏文侯了解到乐羊曾经拒绝了儿子奉中山国君之命发出的邀请,还劝儿子不要跟荒淫无道的中山国君做事,于是文侯决定重用乐羊,派他带兵去征伐中山国。

乐羊带兵一直攻打到中山国的都城,然后就按兵不动,只围不攻。

几个月过去了,乐羊还是没有攻打,魏国的大臣们都议论纷纷,可是魏文侯不听他们的,只是不断地派人去慰劳乐羊。

可是乐羊照旧按兵不动,他的手下西门豹忍不住询问乐羊为什么还不动手,乐羊说:"我之所以只围不打,还宽限他们投降的日期,就是为了让中山国的百姓们看出谁是谁非,这样我们才能真正收服民心,我才不是为了区区乐舒那个小子呢。"

又过了一个多月,乐羊突然发动攻势,终于攻下了中山国的都城。乐羊留下西门豹,自己带兵回到魏国。

魏文侯亲自为乐羊接风洗尘,宴会完了之后,魏文侯送给乐羊一只箱子,让他拿回家再打开。

乐羊回家后打开箱子一看,原来里面全是自己攻打中山国时,大臣们告自己状的奏章。

人生感悟

我们常说:"用人不疑,疑人不用。"如果魏文侯听信了别人的话,起了疑心,中途对乐羊采取行动,那么后果可想而知。

5.21 只要功夫深，铁杵磨成针

李嘉诚是推销员出身，曾经有记者询问过李嘉诚的推销诀窍。李嘉诚不予正面回答，而是讲了一个故事。

日本"推销之神"原一平在69岁时的一次演讲会上，当有人问他推销成功的秘诀时，他当场脱掉鞋袜，将提问者请上台，说："请您摸摸我的脚板。"

提问者摸了摸，十分惊讶地说："您脚底的老茧好厚哇！"

原一平接过话头说："因为我走的路比别人多，跑得比别人勤，所以脚茧特别厚。"

提问者略一沉思，顿时彻悟。

李嘉诚讲完故事后，微笑着自谦地对记者说："我没有资格让你来摸我的脚底，但我可以告诉你，我脚底的老茧也很厚。"

当年，李嘉诚每天都要背一个装有样品的大包马不停蹄地走街穿巷，从西营盘到上环到中环，然后坐轮渡到九龙半岛的尖沙咀、油麻地。

李嘉诚说："别人做8个小时，我就做16个小时，最初别无他法，只能将勤补拙。"

李嘉诚早先在茶楼当跑堂，拎着大茶壶，一天10多个小时来回跑。后来当推销员，依然是背着大包一天走10多个小时的路。

人生感悟

天上从来不掉馅饼，有人说，如果掉的话那饼肯定有毒。世界上没有随随便便的成功者，每一个成功者的背后都有辛酸。

5.22 财富总是与知识相伴随

犹太人是世界上最富有的民族，同时犹太人又是世界上最重视教育的民族。

在犹太人中，家长常常会问他们的孩子："假如有一天，遇到了灾难，你会带着什么逃跑呢？"

如果孩子们的回答是"钱"或者是"钻石"之类的话,那家长就会进一步提示:"有没有一种东西比钻石更重要,它没有形状、没有颜色、没有气味,你们知道是什么东西吗?"

孩子回答不上来,母亲就会说:"孩子,你们要带走的东西,不应该是钱,不应该是钻石,而应该是知识。因为房子可以被火烧了,财产可以被抢光了,而知识是任何人也抢不走的。只要你还活着,它就永远跟着你,无论你逃到什么地方都不会失去它。"

不可否认,现在的人们靠其高素质的文化,在择业和创收方面胜人一筹,如果在经商中巧用谋略那就更妙了。以美国为例,据统计,一个高中毕业生一辈子靠打工的收入,比一个同样工种的初中毕业生多挣10万美元;一个大学毕业生又要比一个高中毕业一辈子多挣20万美元。而在美国总人口中,高中毕业只占35%,大学毕业占17%。这个文化水平的群体差异,使在美国的大学毕业生的收入就比美国全国平均收入高不少。

犹太人非常热爱知识,是因为在他们看来,知识是唯一的永远也夺不走的财富。在这个世界上,什么都是不重要的,世俗的权威不重要,金钱不重要,只有知识才是最重要的。权威失去了人们的拥戴和支持就不能形成,金钱也会随着时间发生变化,而知识是你生存和发展的可靠保证。因此,唯一可以带走的是知识,这是毫不夸张的。

人生感悟

一个人最重要的首先是在他的知识储备上能够建立起巨大的财富,有了这个资本,才能够建立金钱的财富。因为,金钱并不能使人真正的富有,一个人要想拥有真正的财富,必须要有内在的支撑金钱的东西。

5.23 能与自己不喜欢的人相处合作

哈蒙曾被誉为全世界最伟大的矿产工程师,他从著名的耶鲁大学毕业后,又在德国佛来堡攻读了3年。

毕业回国后他去找美国西部矿业主哈斯托。哈斯托是个脾气执拗、注重实践的人,他不太信任那些文质彬彬的专讲理论的矿务工程技术人员。

当哈蒙向哈斯托求职时,哈斯托说:"我不喜欢你的理由就是因为你在佛来堡做过研究,我想你的脑子里一定装满了一大堆傻子一样的理论。因此,我不打算聘用你。"

于是,哈蒙假装胆怯,对哈斯托说道:"如果你不告诉我的父亲,我将告诉你一句实话。"哈斯托表示他可以守约。

哈蒙便说道:"其实在佛来堡时,我一点学问也没有学回来,我尽顾着工作,多挣点钱,多积累点实际经验了。"

哈斯托立即哈哈大笑,连忙说:"好!这很好!我就需要你这样的人,那么,你明天就来上班吧!"

在有些情况下,别人所争论不休的论点,对自己来讲反而不那么重要。比如,哈蒙从哈斯托口中得来的偏见,这时,我们所需要的不是去斤斤计较,而是尊重他的意见,维护他的"自尊心"。

敏锐的人在对付反对意见时常常尽量使自己做些"小让步"。每当一个争执发生的时候,他们总是在心里盘算着:关于这一点能否作一些让步而不损害大局呢?因此,无论在什么时候,应付别人反对的唯一的好方法,就是在小的地方让步,以保证大的方面取胜。另外,在有些场合,应该将你的意见暂时完全收回一下。

学会和不喜欢的人相处合作做事,是一种技巧。人的某种本能趋势就是与自己喜欢、欣赏的人靠近,同样也就远远地躲开那些自己不喜欢、不愿意打交道的人。

人生感悟

生活中,由于各种各样的原因,我们经常要与自己不喜欢的人,甚至是与自己相敌对的人打交道,如何相处呢?正确的方法是:必要的退让,换一种方法争取自己想要的结果。

5.24 有一线希望也决不放弃

宋朝的赵普曾做过太祖、太宗两朝皇帝的宰相,他对朝廷的忠诚和政绩都是非常明显的。

赵普是一个勤恳的高级行政官员,同时也是一个性格坚韧的人。在辅佐朝政时只要是自己认定的事情,就是与皇帝意见相左,也敢于反复地坚持,皇帝拿他没有办法,最后只好答应他的请求。

有一次赵普向太祖推荐了一位官吏,太祖没有允诺。赵普没有灰心,第二天临朝又向太祖提出这项人事任命事项请太祖裁定,太祖还是没有答应。赵普仍不死心,第三天又提出来。连续三天接连三次反复地提,同僚们都很吃惊,为何赵普脸皮这样厚。太祖这次动了怒,将奏折当场撕碎扔在了地上。

但赵普自有其不同常人的做法,他默默无言地将那些撕碎的纸片一一捡起,回家后再仔细粘好。第四天上朝,话也不说,将粘好的奏折举过头顶立在太祖面前不动。太祖为其所动,长叹一声,只好准奏。

某位官吏按政绩已该晋升,身为宰相的赵普上奏提出此事,但因太祖平常就不喜欢这个人,所以对赵普的奏折又不予理睬。

但赵普出于公心,不计皇上的好恶,前番那种韧性的表现又重复起来。太祖拗他不过,勉强同意了。

太祖又问:"若我不同意,这次你会怎样?"

赵普面不改色:"有过必罚,有功必赏,这是一条古训,不能改变,皇帝不该以自己的好恶而无视这个原则。"

也就是说,你虽贵为天子,也不能用个人感情处理刑罚褒赏的问题。这话显然冲撞了宋太祖,太祖一怒之下拂袖而去。

赵普死跟在后面,到后宫皇帝入寝的门外站着,垂手低头,良久不动,下决心皇帝不出来他就不走了。太祖知道后很为此感动。

人生感悟

把同样的意思,反复说服,反复渲染,反复强调,不达目的,誓不罢休。

面对顽固的对手,这是一种有力的武器。

5.25 努力让金钱运动起来

《圣经》上有一则劝人善加理财的故事,讲的是一个大地主有一天将他的财产托付给三位仆人保管与使用。

他给了第一个仆人五个单位的金钱,第二个仆人两个单位的金钱,第三个仆人一个单位的金钱。地主告诉他们,要好好珍惜并善加管理自己的财富,等到一年后再看看他们是如何处理钱财的。

第一个仆人拿到这笔钱之后做了各种投资;第二个仆人则买下原料,制造商品出售;第三位仆人为了安全起见,将他的钱埋在了树下。

一年后，地主召回三个仆人，检视成果，第一个及第二个仆人所管理的财富皆增加了一倍，地主甚感欣慰。唯有第三个仆人的金钱丝毫未增加，他向主人解释说："害怕运用失当而遭到损失，所以将钱存在安全的地方，今天将它原封不动地奉还。"

地主听了大怒，并骂道："你这个懒惰的仆人，竟不好好利用你的财富。"

财富不善利用等于是浪费金钱，浪费了天赋资源。《圣经》故事里的第三个仆人受到责备，不是由于他乱用金钱，也不是因为投资失败遭受损失，而是因为他把钱存在安全的地方，根本未好好利用金钱。

从某种意义上说，金钱并非是真实的资产，我们要努力让金钱运动，使它成为真实的资产。如果你不果断地采取控制金钱的措施，那么反过来它就会影响你。金钱是一匹活跃的赛马，只有善于驾驭的骑手才能骑上它飞奔。

人生感悟

钱存银行是最危险的理财方式，因为利息在通货膨胀的侵蚀下，回报率接近于零。银行虽然能够提供方便，但无法提供高回报率。

5.26 冷静是对付无礼的利剑

曾有一位不速之客突然闯入洛克菲勒的办公室，直奔他的写字台，并以拳头猛击台面，大发雷霆："洛克菲勒，我恨你！我有绝对的理由恨你！"接着那人对洛克菲勒恣意谩骂达10分钟之久。

办公室所有职员都感到无比气愤，以为洛克菲勒一定会拾起墨水瓶向他掷去，或是盼咐保安员将他赶出去。然而，出乎意料的是，洛克菲勒并没有这样做。他停下手中的工作，用和善的神气注视着这位攻击者，那人越暴躁，他便显得越和善！

那无礼之徒被弄得莫名其妙，渐渐地平息下来。因为一个人发怒时，遭不到反击，他是坚持不了多久的。

于是，他彻底泄了气。他本来是想来此与洛克菲勒争吵的，并想好了洛克菲勒将要怎样回击他，他再用想好的话去反驳。但是，洛克菲勒就是不开口，所以他不知如何是好了。

最终，他又在洛克菲勒的桌子上敲了几下，仍然得不到回应，只得索然无味地离去了。

而洛克菲勒呢？就像根本没发生任何事一样，重新拿起笔，继续他的工作。

人生感悟

不理睬他人对自己的无礼攻击，便是给他最严厉的迎头痛击！成功者每战必胜的原因，就是当对手急不可耐时，他们却依然故我，冷静而沉着。

5.27 能伸能屈大丈夫

隋朝末年，李渊从太原起兵后不久，便打算以关中作为长远发展的基地。因此，以"前往长安，拥立代王"的名义，率军西行。

李渊西行入关，面临的困难和危险主要有三个：第一，长安的代王并不相信李渊会真心"尊隋"，于是派精兵予以坚决的阻击；第二，当时势力最大的瓦岗军半路杀出，纠缠不清；第三，瓦岗军还用一部分主力部队奔袭重镇晋阳，威胁到李渊的后方根据地的安全。

在这三大危险中，隋军的阻击虽已成为现实，但军队数量有限，且根据种种迹象判断，隋廷没有继续派遣大量迎击部队的征兆。但后两个危险却是主要的，瓦岗军的人数是李渊的10倍以上，第二种或者第三种危险中，任何一个危险的进一步演化，都将使李渊进军关中的行动夭折，甚至有可能由此一蹶不振，永无东山再起的机会。

李渊急忙写信给瓦岗军首领李密，详细通报了自己的起兵情况，并表示了希望与瓦岗军友好相处的强烈愿望。

不久，使臣带着李密的回信又来到了唐营。李渊看了回信后，口里说了声"狂妄之极"，心里却踏实多了。原来，李密自恃兵强，欲为各路反隋大军的盟主，大有称孤道寡的野心。他在信中实际上是在劝说李渊应同意并听从他的领导，并速去表态。

李密拥有洛口要隘，附近的仓中粮帛丰盈，控制着河南大部。向东可以阻击或奔袭在扬州的隋炀帝，向西则可以轻而易举地进取已被李渊视之为发家基地的关中。因此，李渊深知李密过于狂妄，但有他狂妄的资本。

为了解除西进途中的后两种危险，同时化敌为友，借李密的大军把隋炀帝企图夺回长安的精兵主力截杀在河南境内，李渊笑眯眯地对次子李世民说："李密妄自尊大，决非一纸书信便能招来为我效力的。我现在急于夺取关中，也不能立即与他断交，增加一个劲敌。"

于是,李渊回信道:"天生庶民,必有司牧,当今为牧,非子而谁?老夫年逾知命,愿不及此。欣戴大弟,攀鳞附翼,唯弟早膺图箓,以宁兆民。宗盟之长,属籍见容。复封于唐,斯荣足矣。擅商辛于牧野,所不忍言;执子婴于咸阳,未敢闻命。汾晋左右,尚须安缉,盟津之会,未有卜期。谨此致覆!"大意是当今能称皇为帝的只能是你李密,而我则年已50有余,无此愿望,只求到时能再封为唐公便心满意足,希望你能早登大位。因为附近尚须平定,所以暂时无法脱身前来会盟。这封信巧妙地掩藏了自己争夺天下的野心,使李密放了心。

李世民看了信说:"此书一去,李密必专意图隋,我可无东顾之忧了。"果然,李密得书之后,十分高兴,对将佐们说:"唐公见推,天下不足定矣!"

人生感悟

能屈才能伸,善于"装孙子",是"做爷"的前提。向对方示弱乞怜,在此前提下巧妙借助对方的力量,便可达成自己的目的。

5.28 做自己有兴趣的行业

孙正义出生在日本南部的一个小业主家庭里。因为父母都是韩国的移民,孙正义从小就受欺负,被人歧视。他上中学时就想:"我将来做什么事才能成功呢?谁能给我指点呢?"

孙正义想到了把麦当劳快餐引入日本的商人藤田。于是,他搭乘飞机来到东京,去拜见藤田。藤田是大老板,怎么有空见他一个中学生呢?孙正义就天天到他公司去等候。几天过去了,藤田终于有空接见他了。

"今后做什么事才最有意义?"孙正义问。

"可以搞计算机嘛。"藤田随口说。

"我爸爸开弹子房,是个小商人,我可不愿意像他那样。"孙正义用哲学家的口吻认真地说,"我想做些无愧于人生的事"。

"哦……"藤田开始对他刮目相看,亲切地拍了拍他的肩膀,"我不能指点你将来做什么。但我建议,你应该去美国留学,也许在那儿你会找到你的理想。"

"噢……"孙正义点了点头。

念高中一年级时,有一天,孙正义看到一个在美国加利福尼亚大学伯克利分校举办英语夏令营的广告。他马上报了名。十六岁的孙正义第一次到了美国,当他走出机场时,立刻被高速公路吸引住了,他暗暗地对自己说:"我要到美国来!"

孙正义回到日本,做出一个令人震惊的决定:退学去美国。

父亲不同意,说:"你要读的加利福尼亚大学附属高中可是名校啊。"

"不,我要去美国!"孙正义执拗地说。

1974年2月,孙正义飞往美国。他实现了人生的第一个重要转折。

在加利福尼亚大学伯克利分校留学期间,孙正义偶然翻阅《大众电子》杂志,一张照片吸引住了他的目光:英特尔生产的计算机芯片。他心中涌起一阵冲动,眼泪顿时流了出来。啊,他一直想做大事,可对做什么并不清楚,此刻才知道,他做的事应该是微型计算机。此后在美国的几年时间里,孙正义一方面勤工俭学,一方面搞小发明,他构想的"有声多国语言翻译机"研制出来后,他一次就获得约二百万美元的技术转让费。

二十一岁那年,孙正义携妻子从美国回到日本。孙正义以一千万日元注册创办软件库公司。公司成立那天早上,他跳上一个装苹果的箱子,热情地对两名雇员发表演讲:我们公司五年内销售规模要达到一百亿日元,十年达到五百亿日……两个雇员目瞪口呆,他们认为自己的老板发疯了。殊不知当一个人做自己喜欢并擅长的事时,其能量是不可估量的。

诚如孙正义演讲时说的那样,1982年春天,他的软件库成为日本最大的软件批发公司,各地的软件销售公司纷纷加盟,孙正义在代理界的领导地位已经牢牢确立。1994年,软件公司公开上市,很快,股价猛增加百分之二十,达到每股一百六十美元。孙正义个人便拥有了公司一半股份,至此,他所拥有的资产已达三十五亿美元。

人生感悟

成功的创业者,总是把眼光落在自己感兴趣的地方。选择一个自己擅长的、喜欢的而且有发展前途的事业对于一个创业者来说是至关重要的。

5.29 警惕自己的"冤家"同行

韩非是名传千古的集法家之大成的思想家。当初他的著作传到秦国,秦王见到《孤愤》、《五蠹》这些文章,深有感触地说:"我如果能见到这个人,并与他交往,就是死了也没什么遗憾的了。"

李斯说:"这是韩国的韩非所写的文章。"秦王为了得到韩非就立即攻打韩国。其实,韩非在韩国并没有受到重用,韩国国君是在亡国之际,才想起韩非的用场,派他出使秦国。

韩非入秦之后,眼见强秦之势,不但忘记了出使秦国的重任,反而上书秦王,直陈己见。秦王阅毕,正合胃口,更添对韩非的敬慕,便欲封官重用。

然而,韩非入秦,却引起了李斯的恐惧。他与韩非曾同时师从荀子学"帝王之术",李斯深知自己才华不及韩非,现在二人同事一主,日后定然韩非占尽风头,而自己则屈居其下。

于是,李斯向秦王进谏道:"韩非是韩国的公子,现在大王要兼并诸侯,韩非终究会帮助韩国,而不会帮助秦国,不如找个罪名杀了他。"秦王认为他讲得有道理,便下令将韩非囚禁。李斯既怕秦王反悔,又怕韩非上书自辩,便派人送毒药逼韩非自杀。

一代旷世奇才,只因可能与李斯同事秦王便遭毒害,因为韩非的到来威胁了李斯在秦国的地位,视名利为生命的李斯焉能等闲视之?哪管你我曾是同学,哪管你我同在异乡为异客,去死吧。因为"同行是冤家"。

人生感悟

俗话说"同行是冤家,同事是对手",因为站在同一条起跑线上的同资同辈,他们之间会存在竞争。当然这种说法并不完全正确,因为同事之间不但有竞争,还有合作。

5.30 投其所好是成功的不二法门

一天,菲德尔费电气公司的约瑟夫·韦普走到一家看来很富有的整洁的农舍前,他前去叫门。当时户主布朗肯·布拉德老太太只将门打开了一条小缝。当她得知是电气公司的推销员之后,便猛然把门关闭了。

韦普再次敲门,敲了很久,大门尽管又勉勉强强裂开了一条小缝,但未及开口,老太太却已毫不客气地破口大骂了。

经过一番调查,韦普又上门了,等门开了一条缝时,他赶紧声明:"布拉德太太,很对不起,打扰您了,我的访问并非为电气公司,只是要向您买一点鸡蛋。"

老太太的态度温和了许多,门也开得大多了。韦普接着说:"您家的鸡长得真好,看它们的羽毛长得多漂亮。这些鸡大概是某个名种吧!能不能卖一些鸡蛋呢?"

门开得更大了,并反问:您怎么知道是名种的鸡呢?韦普知道,投其所好之计已初见成效了,于是更加诚恳而恭敬地说:"我家也养了这种鸡,可像您所养的这么好的鸡,我还从来没见过呢!而且,我家的鸡,只会生白蛋。附近大家也都说只有您家的鸡蛋最好。夫人,您知道,做蛋糕得用好蛋。我太太今天要做蛋糕,我只能跑到您这里来……"

老太太顿时眉开眼笑,高兴起来,由屋里跑到门廊上来。

韦普利用这短暂的时间瞄了一下四周的环境,发现这里有整套的奶酪设备,断定男主人定是养乳牛的,于是继续说:"夫人,我敢打赌,您养鸡的钱一定比您先生养乳牛的钱赚得还多。"

老太太心花怒放,乐得几乎要跳起来,因为她丈夫长期不肯承认这件事,而她则总想把"真相"告诉大家,可是没人感兴趣。

布拉德太太马上把韦普当作知己,不厌其烦地带他参观鸡舍。韦普知道,他投其所好的计策已经渐入佳境了。但他在参观时还是不失时机地发出由衷的赞美。

赞美声中,老太太毫无保留地传授了养鸡方面的经验,韦普极其虔诚地当作学生。他们变得很亲近,几乎无话不谈。赞美声中,老太太也向韦普请教了用电的好处。韦普针对养鸡的需要详细地予以说明,老太太也听得很虔诚。

两星期后,韦普在公司收到了老太太的用电申请。不久,老太太的所在地申请用电者源源增加。老太太已成为韦普先生的热心帮手。

人生感悟

投其所好是推销术中战无不胜的法宝之一。前提是必须了解对方的情况,从而与之投"脾气"。

5.31 勇敢面对自己的失言

1976年10月6日,在美国福特总统和卡特共同参加的、为总统选举而举办的第二次电视辩论会上,福特对《纽约日报》记者马克斯·佛朗肯关于波兰问题的质问,作了"波兰并未受苏联控制"的回答,并说"苏联强权控制东欧的事实并不存在"。这一发言在辩论会上属明显的失误,当时立即遭到了佛朗肯的反驳。

反驳之初,佛朗肯的语气还是比较委婉的,意图给福特以改正的机会。他说:"问这一件事我觉得不好意思,但是您的意思难道是在肯定苏联没有把东欧化为其附庸国?也就是说,苏联没有凭军事力量压制东欧各国?"

福特如果当时明智,就应该承认自己失言并偃旗息鼓,然而他觉得身为一国总统,面对着全国的电视观众认输,决非善策,于是继续坚持,一错再错,结果为那次即将到手的选举付出了沉重的代价。

刊登这次电视辩论会的所有专栏、社论都纷纷对福特的失策作了报导,他们惊问:"他是真正的傻瓜呢?还是像只驴子一样顽固不化?"

卡特也乘机把这个问题再三提出,闹得天翻地覆。

高明的论辩家在被对方击中要害时决不强词夺理,他们或点头微笑,或轻轻鼓掌。如此一来,观众或听众就弄不清楚葫芦里究竟是藏的什么药。有的从某方面理解,认为这是他们服从真理的良好风范;有的从另一方面理解,又以为这是他们不予辩解的豁达胸怀。而究竟他们认输与否尚是个未知的谜。这样的辩论家即使要说也能说得很巧,他们会向对方笑道:"你讲得好极了!"

相比之下,里根就表现得高明许多。

一次,美国总统里根访问巴西,由于旅途疲乏年岁又大,在欢迎宴会上,他脱口说道:"女士们,先生们!今天,我为能访问玻利维亚而感到非常高兴。"

有人低声提醒他说溜了嘴,里根忙改口道:"很抱歉,我们不久前访问过玻利维亚。"

尽管他并未去过玻利维亚,当那些不明就里的人还来不及反应时,他的口误已经淹没在后来滔滔的大笑之中了。

人生感悟

有了过失,勇敢地承认并马上加以补救,会在一定程度上避免当面丢丑,这不失为一种有效的手段。

6月份

灵巧的奸诈不如笨拙的诚实
长期发展靠的是正直的品质
保住对方的面子
表面的不利因素往往是最佳因素
敏锐地抓住事情的先机
……

6.1 灵巧的奸诈不如笨拙的诚实

三国魏明帝时有个叫刘晔的大臣,当时魏明帝曹睿想进攻蜀汉,群臣都认为不可行。曹睿询问刘晔的意见,他就顺着曹睿的心意,说伐蜀可行,但私下又对其他人说不可行。

中领军杨暨也是曹睿的亲近大臣,他坚定反对伐蜀。刘晔每次遇到杨暨,都投其所好,大谈不可伐蜀的道理。有一次,杨暨又劝谏曹睿打消伐蜀的念头,曹睿一急,脱口而出说:"卿不过是一名书生,哪懂带兵打仗的道理!"

杨暨不服气,说:"臣也许不行,但刘晔是先帝的谋臣,他也说不可伐蜀。"曹睿一愣,马上召来刘晔当场对质,但刘晔坚持不肯表态。

后来,刘晔单独去见曹睿说:"伐国,大谋也,臣得与闻大谋,常恐睡梦中漏泄之,焉敢向人言之?夫兵,诡道也,军事未发,不厌其密也。陛下显然露之,臣恐敌国已闻之矣。"刘晔的解释是担心军情泄漏才不说出自己的心意,曹睿听说如此,赶忙向刘晔道谢。

刘晔又跟杨暨说:"夫钓者中大鱼,则纵而随之,须可制而后牵,则无不得也。人主之威,岂徒大鱼而已!子诚直臣,然计不足采,不可不精思也。"刘晔跟杨暨说的是"放长线钓大鱼"的道理,责备杨暨虽然正直却没有谋略,这番话也说得杨暨频频点头。

然而,尽管刘晔如此"巧言令色",但还是有讨厌他的人向曹睿报告:"刘晔不忠,每次都揣摩陛下的心意而曲意迎合。陛下如果故意透露与自己心意相反的讯息给他,他回答的与陛下不同,才表示他与陛下的想法一致。否则他就是趋合上意。"

曹睿就这样试了一下,刘晔果然露出马脚,从此曹睿就疏远了刘晔。

人生感悟

话说得很动听,脸色装得很讨人喜欢,态度过于恭敬,隐藏内心对朋友的怨恨,这种只注重表面形式而心里却不知在打什么算盘的人,是最令人讨厌的。

6.2 长期发展靠的是正直的品质

美国的"冰淇淋大王"卡维尔,经过50余年的苦心经营,他所属的卡维尔冰淇淋店已经有1000多家了,这些店分布在五大洲,年销售额超过10亿多美元。

然而有一天,卡维尔的一间分店将他推上了被告席,卡维尔被指控为暴君,因为他对所有的连锁店都制定了严格的质量标准,一旦有人违反了这些规定就会受到处罚。

但卡维尔站在被告席上却坚持己见,他认为自己没有错,他说:"我就是要严格管理他们,因为只要有一个孩子吃了我们的冰淇淋中毒,我们用50多年构筑的生意就会毁于一旦。一个蛋卷应该放上3.5盎司的冰淇淋,可是有的分店为了赚钱,只放3盎司,一旦买冰淇淋的孩子知道你给的分量不足,你就会失去一批顾客。"

最终,卡维尔干脆地说:"我如果屡屡欺骗顾客,我这一行就维持不了50年!"这场官司打了几年,最终法院将卡维尔无罪释放。

正直的商人不管在什么时候、任何情况下,与什么人在一起,都忠于自己、言行一致、坚守正确的信仰及价值观。在商界,正直是一个商人最好的品格,它与其事业的成功有着紧密的关系。一个商人如果不正直,就会失去一切。因为一个不正直的商人,就无法赢得别人的信任和合作,这样一来,事业往往就发展不起来。

对于一个经营者来说,正直的品质十分重要,因为顾客反对劣质产品,也反对无礼的服务,更不想与那些没有技能、愚昧无知以及不诚实的人来往。一个正直的商人,会在适当的时机做该做的事情,而且做得尽善尽美。

人生感悟

小胜靠智,大胜靠德。做点小生意可以靠小聪明加上点运气,如果要把生意做大做强,则非得要正直的人格和德行不可。

6.3 保住对方的面子

杰克·韦尔奇就任美国通用电气公司总裁的时候,通用电气公司正面临着一项需要慎重处理的工作:免除查尔斯·史坦恩梅兹担任的计算部门的主管职务。

史坦恩梅兹在电器方面是个天才,但担任计算部门主管却彻底得失败了。不过,公司却不敢冒犯他,因为公司当时还绝对少不了他这样的人才。

于是,杰克·韦尔奇亲自出马。一天,他把史坦恩梅兹叫到他的办公室,对他说:"史坦恩梅兹先生,现在有一个通用电气公司顾问工程师的职务,你看这项职务由你来担任如何?我暂时还找不到合适的人来担任这项职务。"

史坦恩梅兹一听,十分高兴:"没问题,只要是公司决定的,我就乐意接受。"

对这一调动,史坦恩梅兹十分高兴。他知道,换职务的原因是公司觉得他担任部门主管不称职。但他对杰克·韦尔奇处理这一问题的方式十分满意。

通用公司的高级人员也很高兴。杰克·韦尔奇巧妙地调动了这位最暴躁的大牌明星的工作,而且杰克·韦尔奇的做法并没有引起一场大风暴——因为他让史坦恩梅兹保住了面子。

人生感悟

堡垒从正面攻克不了的时候,就得从侧面进攻。完成自己的主要目标——撤掉对方的职务,给对方一个台阶下——给他一个不关痛痒的位子,既达到了自己的目的,又保全了对方的面子,何乐而不为呢?

6.4 表面的不利因素往往是最佳因素

英美盟军将向欧洲大陆挺进,开辟欧洲第二战场,这对于同盟国和轴心国来说都是确定无疑的了。令盟军颇费心思的是登陆时间的确定,因为登陆的时间受到诸多气象因素的限制。

经过对历次登陆战的气象因素和英吉利海峡的天气、地形以及敌情等情况的分析,盟军总部认为登陆行动开始后的三天必须具备这样的天气条件:海岸风速不能大于每小时24公里,海面风速不能大于每小时32公里;云高应在900米以上;要有下弦月,也就是说要选择月亮出得较晚的日子,因为轰炸机、伞兵、运载步兵的滑翔机等在出发直至接近目标时,需要黑夜的掩护。但在采取行动时又需要有月亮的照明,以便寻找和确认目标;黎明时分,当登陆部队接近海滩时,潮水要落,这样才可能发现德军设置在海滩的障碍物。而且,在同一天的黄昏,当第二批部队登陆时,也需要低潮。在这些气象条件中,最受限制的是月亮和潮水。一月之中,能满足潮水需求的只有六天,且分散在相间半月的两段时间里;能满足月亮要求的仅有三天。可见,登陆日期的选择范围是十分有限的。

1944年5月的大部分日子天气都非常好,盟军也已做好登陆的各项准备,于是,盟军最高司令官艾森豪威尔将军为诺曼底登陆选择了三个日子:6月5日、6日、7日。这三天都符合盟军对潮水和月亮的需求。盟军的气象总部通过对未来几天天气形势的分析,认为所确定的登陆日前后,天气不会有大的变动。据此,5月29日,盟军总部向各部队发出了"号笛演习加六"的指令代号,含义为登陆日定在6月5日。天公似乎有意为难盟军,就在这个指令代号刚刚发出不久,中午时分,盟军的一架气象飞机在纽芬兰上空发回来了一组令人忧虑的数据,表明在美国东海岸以外的气候正在发生变化。接着,盟军在大西洋上的一些气象观测点也测到了一个巨大的气旋正向英吉利海峡移来。这突然出现的不测风云,给刚刚定下的诺曼底登陆日期蒙上了阴影。

6月4日上午,就是在窗外正刮风下雨的时候,斯苔琪上校在气象图上突然发现了一个意想不到的情况,有一股冷气流正在向英吉利海峡移动,可能在下午或夜间通过朴茨茅斯;此外,一块刚刚离开纽芬兰的低气压云团在大西洋上已越来越沉重,降慢了向英格兰移动的速度。斯苔琪上校很快得出推论:从冷气流通过到低气压云团来临之前这段时间,英吉利海峡的天气将好转;这一天很可能是6月6日,这个发现令人既兴奋又担心,兴奋的是诺曼底登陆可望如期举行;担心的是万一预报失准,后果不堪设想,加之这一狭窄的好天气可以利用的时间还不到24小时,连登陆的最低时间需求也难以满足。

6日中午以后,天气又将转阴或雨。这个报告使在座的将军们脸上的乌云一扫而光,唯有艾森豪威尔将军不露声色,听着窗外一阵紧似一阵的风雨声,还不能下最后的决心。他要求气象总部进一步分析确定,做到预报万无一失。

6月5日凌晨,斯苔琪上校再次向盟军总部报告:6日的大部分时间有利于登陆,6日以后的天气虽将转阴或雨,但不会威胁登陆行动的完成。

马上,这个历史性的决定被取名为"翠鸟加五最后确认无疑"的代号,发往了各个部队。后来,英美盟军如期登上了诺曼底海滩,取得了人类有史以来规模最大的登陆战的胜利。

其实,当6月5日天气开始出现好转之时,德军也完全可以把握住这一变化,从而做出适当的反应。值得庆幸的是,德军由于没有发现这一天气转好的变化,结果做出了一些有利于盟军的决定。德军也深知一月之中有哪几天适合于登陆作战,但连日的风雨使他们放松了戒备。6月4日,德军在巴黎的空军气象站认为,由于气候恶劣,盟军在半月内不会有行动;德国的防空部队甚至接到了不必执勤的命令。德国海军因风浪太大撤回了巡逻的舰艇。6月5日,德国在巴黎的气象观测站预报几天内有暴风雨,决定全站职工放假一天。德军诺曼底地区的司令官隆美尔元帅认定这令人担心的几天因风雨不会发生进犯,于当天乘车赶回德国,回家为太太祝贺生日去了。同一天,驻诺曼底地区的德国第七军团司令杜尔曼将军下令解除戒备状态,召集高级将领去100多英里外进行沙盘演习,以至在盟军登陆时,他们不能马上赶回指挥战斗。6月6日凌晨,诺曼底的德国海军气象站还坚持认为,这样的天气,不要说登陆,就是空袭也不可能。

人生感悟

有利或不利因素对敌我双方往往是相同的,但如果谁在不利的条件下抓住了时机谁就扼住了命运的咽喉,因为在同等不利的因素下,对手往往放松了警惕。

6.5 敏锐地抓住事情的先机

第二次世界大战之后,是美国经济平稳、快速的发展时期。大多数美国人也开始利用这一段有利时机大力发展自己的事业。

在这种背景下,威尔逊从军队退役回家,正在家乡做着小商品零售业务。但由于经营不得法,生意很不好,在短短的一年中,他已赔掉了十几万美元。

有一天,心情极度沮丧的威尔逊正在孟斐斯市郊区散步。突然,他看到这里有一块荒废的土地,由于地势低洼,既不宜于耕种,也不宜于盖房子,所以无人问津。就在这时,一个绝佳的投资计划在他的头脑中形成了。于是,他连忙向当地土地管理部门打听,看看能否以低价收购这块土地。

得到有关部门的肯定答复之后,他立即结束了自己零售商的业务,以低廉的价格买进这块低洼的地皮。

可是,包括他母亲在内,所有的亲朋好友都对他买进这样的一块地皮表示怀疑。他们对威尔逊说:"我们不了解你这样做的用意究竟何在?"

"我不太会做零售生意。"威尔逊说,"我想再干我的老本行——盖房子。"

"做你老本行我不反对,"他母亲也在一旁插嘴说,"可是,像你这样乱投资,买这块地皮简直是毫无道理。虽说价钱的确很便宜,但买下这样的一块废弃而毫无价值的土地在手上,再便宜又有什么用呢?况且,那块地皮太大,整个算起来也要不少的钱,利息的负担也是一笔很大的损失。"

"亲爱的妈妈,这种事我无法向您解说,请您不要再操心了。我做了这么多年的生意,我的判断不会比您差,有一天,您就会了解我的做法。"

"我倒不是干涉你的决定。"母亲接着说,"我只是提醒你,你的资金不多,要做最有效的利用。"

"是啊,"威尔逊的太太也在一旁帮腔,"你已经赔掉了十几万了,不能再胡乱冒险,难道我们这么多人的智慧不如你一个人?"

"这不是人多少的问题,亲爱的。"威尔逊笑着说,"因为你们都太不懂这一行生意,所以说的大都是外行话。就像你常跟孩子们说的故事中那个所罗门王一样,他一个人的智慧大,还是大家的智慧大?"

"你又要讲歪理了。"他太太被他逗乐了,也笑着说,"可惜你不是所罗门王。"

"在你们当中,谈地皮造房子,我就是所罗门王。"

"反正你决定的事,别人想反对也是白搭。"他母亲接过话头,叹息着说,"你小时候就是这个样子,不知你哪一年才能改得缓和一点,听听你老婆的话?"

亲友们都起哄般笑了起来,年轻的威尔逊太太羞红了脸,低垂下头。

"我要是不听她的话,她怎么会跟我结婚?"威尔逊打趣地说。

亲友们被他逗得更乐了,在笑声中,一场争执云消雾散。而三年之后,事实证明了威尔逊这次的投资是何等正确。

战后美国经济的繁荣,使孟斐斯市的人口大增,市区也迅速扩大起来。威尔逊买的那块地皮成了城市主干线延伸后的黄金地带,这时候人们才看出此地的环境是如何优美。

人生感悟

要在形成事实以前就看到并抓住稍纵即逝的商机。很多事情就这样,一些商品在低谷阶段谁都想脱手,可只有少数人能看出这是不久之后的紧俏货而大肆囤积。

6.6 商机出现要果断出手

1875年春天的一天,美国实业家亚默尔像往常一样在办公室里看报纸,一条条的小标题从他的眼睛中溜过去。

突然,他的眼睛发出了亮光,他看到了一条几十字的时讯:墨西哥可能出现猪瘟。他立即想到:如果墨西哥出现猪瘟,就一定会从加利福尼亚、得克萨斯州传入美国,一旦这两个州出现猪瘟,肉价就会飞快上涨,因为这两个州是美国肉食生产的主要基地。

他的头正在运转,手已经抓起了桌子上的电话,问他的家庭医生是不是要去墨西哥旅行。家庭医生一时间弄不清什么意思,满脑子的雾水,不知怎么回答。

亚默尔只简单地说了几句,又对他的家庭医生说:"请你马上到野餐的地方来,我有要事与你商议。"

原来那天是周末,亚默尔已经与妻子约好,一起到郊外去野餐,所以,他把家庭医生约到了他们举行野餐的地方。

他、他的妻子和他的家庭医生很快聚集在一起了,他满脑子都是钱,对野餐已经失去了兴趣。他最后说服他的家庭医生,请他马上去一趟墨西哥,证实一下那里是不是真的出现了猪瘟。

医生很快证实了墨西哥发生猪瘟的消息,亚默尔立即动用自己的全部资金大量收购佛罗里达州和得克萨斯州的肉牛和生猪,很快把这些东西运到了美国西部的几个州。

不出亚默尔的预料,瘟疫很快蔓延到了美国西部的几个州,美国政府的有关部门下令一切食品都从东部的几个州运往西部,亚默尔的肉牛和生猪自然在运送之列。由于美国国内市场肉类产品奇缺,价格猛涨,亚默尔抓住这个时机狠狠地发了一笔大财。在短短的几个月时间内,就足足赚了上百万美元。

人生感悟

当千载难逢的机会来临时,要主动出击,抓住它,让它成就你的事业和人生。否则,犹豫不决,当断不断,最终只会一败涂地,甚至无立身之处。

6.7 抢在其他人的前面

佐佐木是日本神户的一个大学毕业生。他毕业后在一个酒吧打短工时,遇到一位中东来的游客,二人话说得很投机,于是游客慷慨地送给他一只很有特色的奇妙的打火机。

这只打火机妙就妙在：每当打火，机身便会发出亮光，并且随之出现美丽的图画；火一熄，画面也便消失。

佐佐木反复摆弄、玩味，觉得十分美妙、新奇。于是他向游客阿拉罕打听这种打火机是哪里生产的，阿拉罕回答他是在法国买的。

佐佐木灵机一动，心想要是能代理销售这种产品，一定会受很多人尤其是年轻人的欢迎，肯定还能赚一大笔钱。他一面想，一面就行动起来。他想办法找到法国打火机制造商的地址，写信给他，十分恳切地要求代理这种产品。最后他花1万美元获得了这种打火机的代理权。

当佐佐木"搞定"打火机代理权时，日本也有几个商人想获取法国打火机的代理权，结果让名不见经传的佐佐木捷足先登了。

在推销打火机的过程中，佐佐木不停地想想这，想想那，受这种神奇打火机的启迪，他的灵感再次触动，想到了成人玩具，于是下决心发展成人玩具事业。

他从探究法国打火机的诀窍入手，先掌握其窍门，再进行改造，并由打火机推及到水杯等，设计制造了能够显示漂亮画面的水杯产品，大受日本人欢迎。

奇妙的打火机引导着佐佐木走上了成功之路。

人生感悟

"先发制人"是指比对方抢先一步，也就是"快打慢"的手段。以快打慢就会像佐佐木一样抓住转瞬即逝的机会实现事业腾飞。

6.8 忍常人之所不能忍

汉初名将韩信年轻时家境贫穷，他本人既不会溜须拍马，做官从政，又不会投机取巧，买卖经商。整天只顾研读兵书，最后连一天两顿饭也没有着落，他只好背上家传宝剑，沿街乞讨。

有个财大气粗的屠夫看不起韩信这副寒酸迂腐的书生相，故意当众奚落他说："你虽然长得人高马大，又好佩刀带剑，但不过是个胆小鬼罢了。你要是不怕死，就一剑捅我；要是怕死，就从我裤裆底下钻过去。"说罢双腿架开，立了个马步。众人一哄围上，且看韩信如何动作。

韩信认真地打量着屠夫，想了一想，竟然弯腰趴地，从屠夫裤裆下面钻了过去。

街上的人顿时哄然大笑,都说韩信是个胆小鬼。

韩信忍气吞声,闭门苦读。几年后,各地爆发反抗秦王朝统治的大起义,韩信闻风而起,仗剑从军,争夺天下,威名四扬。

韩信忍胯下之辱而图盖世功业,成为千秋佳话。假如他当初争一时之气,一剑刺死羞辱他的屠夫,按法律处置,那就会用盖世将才的命去抵偿无知狂徒的命。韩信深明此理,宁愿忍辱负重,不愿争一时之短长而毁弃自己长远的前程。

这样的忍耐,不是屈服,而是退让中另谋进取;不是逆来顺受、甘为人奴,而是委屈求全以便我行我素。一旦时机到了,他就能如同水底潜龙腾空而起,施展才干,创建功业。

人生感悟

装聋作哑,扮痴卖傻,听而不闻,闻而不言,言而不动,也只有能忍"胯下之辱"的韩信一类的英才才能达到这种水平。

6.9 把对手当朋友对待

某工程师嫌房租太高了,要求减低一点,但是他晓得房东是一个极固执的人,他说:"我写给房东一封信说,等房子合同期满我就不继续住了,实际上我并不想搬家,假如房租能减低一点我就继续租下去,但恐怕很难,别的住户也曾经交涉过都没成功。许多人对我说房东是一位很难对付的人。可是我自己心中说:'我正在学习如何待人这一课,所以我将要在他身上试一下,看看有无效果。'"

"结果,房东接到我的信后,便带着他的租赁契约来找我,我在家亲切招待他。一开始并不说房租太贵,我先说如何喜欢他的房子,请相信我,我确是'真诚地赞美'。我表示佩服他管理这些房产的本领,并且说我真想再续住一年,但是我负担不起房租。"

"他可能从来不曾听见过房客对他这样说话。他简直不知道该怎样处置。随后他对我讲了他的难处,以前有一位房客给他写过40封信,有些话简直等于侮辱,又有一位房客恐吓他说,假如他不能让楼上住的一个房客在夜间停止打鼾,就要把房租契约撕碎。他对我说:'有一位像你这样的房客,心里是多么舒服。'继之不等我开口,他就替我减去一点房租。我想能多减点,我说出所能负担的房租数目来,他二话不说就答应了。

"临去的时候,他又转身问我房子有没有应该装修的地方。假如我也用别位房客的方法要求他减房租,我敢说肯定也会像别人一样遭到失败。我之所以胜利,全靠这种友好、同情、赞赏的方法。"

人生感悟

仁慈和友善永远比愤怒和暴力更为有力。人是感情动物,对他们以诚相待,以情相处,总会获得意想不到的结果。

6.10 做有意义的事情

美国富翁布洛克做出改变现有生活方式的决定前,是一家大公司的总经理,年薪60万美元。

后来他做出决定,辞去年薪60万的职位,到一所中学去任教。

"是教师的职位年薪高吗?"有些人问布洛克。

"正好相反,教师的年薪只有2万美元,相当于总经理职位的三十分之一。"布洛克回答。

"那不是给你带来很大损失了吗?"别人继续问。

"金钱这种财富我虽损失了,但是我却得到了另外一种财富:亲情。我拥有与亲人相聚的时间,我在学生中找到了爱。"布洛克一边说,一边拿出一张贺卡,问:"你猜猜看,这上面写着什么?"

"有什么?"那人满脸疑惑。

"上面写着送给天下最棒的老师。这是学生们送给我的最佳财富,我已经拥有了一些金钱,何况金钱是终身赚不完的,我只缺少亲情这种财富。"布洛克回答。

金钱虽然能代表财富,但有些人金钱过多时,就会将亲情抛置脑后,金钱是赚不完的,但亲情却是无论花多少钱都买不到的。

人生感悟

一个商人的价值和行为,并不在于你做了些什么,而在于你所做的是否有利于社会,是否为社会增加了财富。

6.11 韬光养晦，伺机而动

南北朝时北齐的高洋，早先沉默寡言，显得愚钝憨厚，退朝回家经常闭门静坐，对妻妾也说不上几句话。最激烈的举动也不过是有时脱了鞋，光着脊梁在院子里奔跳不停（其实也正借以掩盖心中的不平静），而这一切都与他的哥哥高澄形成了鲜明对比。高澄凶横暴烈，狂傲不羁，锋芒毕露，总揽朝纲，甚至还调戏高洋的美妾，总之根本不把弟弟放在眼里。

殊不料事有突变。一次，高澄对东魏皇帝元善不满，与几个心腹密谋废立之事，被家奴兰京聚众刺杀身亡。

高洋得报后，神色不变，率兵赶至，将兰京等凶手一一捕杀。对外则宣布大丞相只是在家奴造反时受了点伤。又向皇帝元善请求护送高澄回晋阳养伤。元善心中暗喜，立即准行，认为高澄既伤，而高洋难成大器，威权当复归帝室了。高洋回晋阳后，当即召集群臣布置政事，推行新法，革除弊政。不到一年，晋阳便治理得井井有条，欣欣向荣，百官惊叹不已。高洋见内外安定，这才宣布高澄去世，为其兄发丧。元善认为高洋毫无野心，便晋封他为大丞相，都督中外诸军，袭封齐王。

数月后，高洋率兵抵达国都，逼皇帝元善禅位。元善闻知后，惊得目瞪口呆，只好交出王位。高洋登台面南，改国号为齐。

高澄曾经说："我这个弟弟（指高洋）如得富贵，那么预言吉凶的相面书就无法解释了。"回头来看，高洋却比高澄高明得多。他正是借用韬晦，不仅瞒过了疑心满腹的元善皇帝，瞒过了文武百官，连亲哥哥也瞒了过去。如果高澄有幸当立，自然不屑加害于高洋。这只是最后的一步，而高洋最后竟成就了帝王的大业，虽然是缘于机遇，却也是韬略的成功。

人生感悟

锋芒毕露，咄咄逼人，固然能从气势上压倒对方，从而取得胜利。但韬光养晦，暂时隐藏实力，伺机待发，也能取得同样的效果。

6.12 避讳尊重很重要

清代的康熙皇帝,青年时励精图治,做过不少大事,到了晚年时,年纪大了,头发也花白了,牙齿已松动脱落。这本是人生的自然规律,但他人老心不服老,听到人说他"老"就不高兴,左右的臣子深知他的心理,特别忌讳说"老"一类的字眼,从不在皇上面前触这个霉头。

康熙皇帝为了显示自己还年轻有活力,常常率领皇后、妃子们去猎苑猎取野兽,在池上钓鱼取乐。

有一次,他率领一群皇妃们去湖上垂钓,不一会儿,鱼杆一动,康熙皇帝连忙举起钓杆,只见钩上钓着一只老鳖,心中好不喜欢。谁知刚刚拉出水面,只听"扑通"一声,鳖却脱钩掉到水里跑掉了,康熙长吁短叹连叫可惜。在康熙身旁陪同的皇后见状连忙安慰说:"看光景这只鳖是老得没有门牙了,所以衔不住钩子了。"

这时,在一旁观看的一个年轻妃子见状忍不住大笑起来,而且笑个不止,简直直不起腰来。康熙见了不由得龙颜大怒,他认为皇后说的是言者无心,而那妃子则是笑者有意,是含沙射影,笑他没有牙齿,老而无用了。回宫之后,康熙下了一道谕旨,将那妃子打入冷宫,终身不得复出。到了这个时候,那个年轻的妃子才深深感到后悔了。

人生感悟

避讳能够在交际中适应他人,理解别人,尊重别人,尽量避免给别人带来不愉快。

6.13 假痴不癫,突然出招

日本某公司与美国某公司要进行一次重大技术协作谈判。谈判伊始,美方首席代表便拿着各种技术数据、谈判项目、开销费用等一大堆材料,滔滔不绝地发表本公司的意见,完全没有顾及到日本公司代表的反应。而实际上,日本公司的代表也的确一言不发,只是在仔细地、认真地记。

美方讲了几个小时之后，终于开始想起要征询一下日本公司代表的意见。不料，日本公司的代表似乎已被美方咄咄逼人的气势慑服，显得迷迷糊糊，混沌无知。日方代表只会反反复复地说："我们不明白"，"我们没做好准备"，"我们事先也未搞技术数据"，"请给我们一些时间回去准备一下"。第一轮谈判就在这不明不白中结束了。

几个月以后，第二轮谈判开始。日本公司似乎因认为上次的谈判团不称职，所以予以全部更换。新的谈判团来到美国，美方只得重述第一轮谈判的内容。不料结果竟与第一轮谈判一模一样，由于日方对谈判项目"准备不足"，日本公司又以再研究为名，毫无成效地结束了谈判。

经过两轮谈判后，日本公司又如法炮制了第三轮谈判。在第三轮谈判不明不白地结束时，美国公司的老板不禁大为恼火，认为日本人在这个项目上没有诚意，轻视本公司的技术和基础，于是下了最后通牒：如果半年后日本公司依然如此，两公司间的协定将被迫取消。随后，美国公司解散了谈判团，封闭了所有资料，坐等半年以后的最终谈判。

万万没有料到的是，仅仅过了8天，日本公司即派出了由前几批谈判团的首要人物组成的庞大谈判团飞抵美国。美国公司在惊愕之中只好仓促上阵，匆忙将原来的谈判成员从各地找回来，再一次坐到谈判桌前。

这次谈判，日本人一反常态，他们带来了大量可靠的资料、数据，对技术、合作分配、人员、物品等一切有关事项甚至所有细节，都做了相当精细的策划，并将精美的协议书拟定稿交给美方代表签字。

美国人立马傻了眼，一时又找不出任何漏洞，最后只得勉强签字。不用说，这由日本人自己拟定的协议对日方公司是极为有利的。

人生感悟

在对方烦躁、麻痹之时突然亮出底牌，打对方一个措手不及，你所要求的目标就极有可能达到。

6.14 人的信誉胜过黄金

在一次大型出口商品交易会上，一位英国商人拿着一件长毛绒小狗的样品，要找厂家复制。他问中方一位外销员："什么时候可以交货？"外销员研究了样品，思索后回答:"最少一个月。"英国商人立即拿回样品,十分遗憾地说:"来不及了,我明天就要离开广州。"

这时,一直在旁边观察情况的上海锦华玩具厂的厂长走到英国人面前,向他做了简单介绍后说:"这笔生意就由我们锦华玩具厂来做吧,明天上午10点,我保证拿出复制样品来。"英商担心地问:"你们厂远在上海,明天中午交出复制样品,这怎么可能?"

厂长胸有成竹地说:"我以锦华玩具厂的信誉做保证,明天上午准时交货。"英商仍然十分疑惑,但由于没有更好的办法,也就答应了。

厂长回到住处,便和助手们忙了起来,设计员忙着剪图纸、剪绒,制作人员赶紧加工制作,厂长则进行成本核算。这样,经过一个通宵的紧张工作,第二天上午10点,厂长准时带着5件复制样品出现在外商面前。外商细看过样品后,高兴地说:"样品质量很好,更重要的是你们如此守信用,在这么短的时间里完成了这件工作。"

于是,这位英国商人当场就向锦华玩具厂订购了10万件玩具小狗。在以后的几年中,这位英商又向该厂购买了150万件玩具,成了该厂的一个大客户。

人生感悟

任何成功的经营都是以信誉做保障的,这一点绝不含糊。可以说,信誉是企业经营的源泉。失去信誉的企业不仅谈不上发展,而且很难生存下去。

6.15 委婉地表达自己的苦衷

1956年在苏联共产党第二十次代表大会上,赫鲁晓夫做了"秘密报告",揭露、批评了斯大林肃反扩大化等一系列错误,引起苏联人及全世界各国的强烈反响。大家议论纷纷。

由于赫鲁晓夫曾经是斯大林非常信任和器重的人,很多苏联人都怀有疑问:既然你早就认识到了斯大林的错误,那么你为什么早先从来没有提出过不同意见?你当时干什么去了?你有没有参与这些错误行动?

有一次,在党的代表大会上,赫鲁晓夫再次批判斯大林的错误,这时,有人从听众席上递过来一张条子。赫鲁晓夫打开一看,上面写着:"那时候你在哪里?"

这是一个非常尖锐的问题,赫鲁晓夫很难做出回答。但他又不能回避这个问题,更无法隐瞒这个条子,这样会使他失去威信,让人觉得他没有勇气面对现实。他也知道,许多人有着同样的疑问。更何况,这会儿台下成千双眼睛已盯着他手里的那张纸条,等着他念出来。

赫鲁晓夫沉思了片刻,拿起条子,通过扩音器大声念了一遍条子的内容。然后望着台下,大声喊到:"谁写的这张条子,请你马上从座位上站起来,走上台。"

没有人站起来,所有人的心都怦怦直跳,不知赫鲁晓夫要干什么。写条的人更是忐忑不安,心里后悔刚才的举动,想着一旦被查出来会有什么样的结局。

赫鲁晓夫又重复了一遍他的话,请写条的人站出来。全场仍死一般的沉寂,大家都等着赫鲁晓夫爆发。

几分钟过去了,赫鲁晓夫平静地说:"好吧,我告诉你,我当时就坐在你现在的那个地方。"

人生感悟

巧妙地即席表达能制造出一个场面,借这个众人皆知其含义的场景来婉转、含蓄地隐喻出自己的答案。这种回答既不失自己的威望,也不会让听众觉得是在文过饰非。这确实需要非同一般的机智。

6.16 童叟无欺是赚钱的根本

在胡庆余堂,有一块横匾,上面有胡雪岩亲手写的"戒欺"两个大字,横匾挂在店堂大厅内引人注目的地方。谈起这块"戒欺"横匾,还有一个生动的故事。

有一次,胡庆余堂的紧俏药虎骨追风膏缺货了,经理余修初便找专管药材的邹文昌问原因。邹文昌认为,虎骨追风膏的主要原料是虎骨,而虎骨现在缺货,所以他想用豹骨代替虎骨。余修初心想:这怎么能行呢?这不是砸胡庆余堂的招牌吗?余修初始终不答应。

"做生意要懂得灵活变通嘛,我们暂时用豹骨代替,先满足市场需求,等虎骨到货,马上就换用虎骨。不然,别人会小看咱们胡庆余堂的。"邹文昌用胡庆余堂的信誉来威胁余修初,余修初只好默默不言。

邹文昌见余修初的思想略有些动摇了,于是便趁机说:"豹骨的药效也不差,一般人看不出来,只有你、我知晓。"

听他这么一讲,余修初动摇了,于是邹文昌便生产出假的虎骨追风膏。胡雪岩得知此事后,认为邹文昌的所作所为严重影响了胡庆余堂的声誉,气愤不已。马上便将邹文昌辞退了,并当场写下"戒欺"堂训,还在横匾旁写下一块条幅:"药业关系到性命,尤为万不可欺"、"采办务真,炮制务精"等。

后来,胡雪岩还将自己在胡庆余堂的办公室取名为"耕心草堂",用意很明显,田要耕,地要耕,心田更要耕,只有常耕心田,邪念、欺骗等杂草才不会丛生,才能成为一个堂堂正正的商人。

因为有"戒欺"的堂训,胡庆余堂的伙计便丝毫不敢有一点欺骗行为了。经过几年的发展,胡庆余堂成为名扬天下的老字号药店。民间一直有"北有同仁堂,南有胡庆余堂"的说法,它与北京的百年老字号同仁堂相互映衬,得到广大顾客的信赖,胡雪岩本人因此获得了"江南药王"的美誉。

人生感悟

人们在生意场上爬摸滚打,起早贪黑地终日苦干,是为了赚钱,赚钱越多越好。但是,赚钱也有赚钱的"道儿"。那些靠"宰"客赚钱的人,经商之路只能越走越窄,直至走到尽头。

6.17 以退为进,终能成功

联合利华公司在非洲东海岸早就设有大规模的友那蒂特非洲公司,从业人员达到14万人。这里有丰富的肥皂原料,并适合于栽培食用油原料花生,是联合利华公司的一块宝地,也是公司财富的主要来源。

第二次世界大战结束后,非洲各地的独立运动如火如荼。结果,联合利华这些肥沃的落花生栽培地,一块块被非洲国家没收。公司的财富来源被切断,使联合利华面临着极大的危机。

这时,经验丰富的总经理柯尔亲自来到了非洲,找那些老朋友办理交涉。

针对当时非洲民族解放运动日益高涨的实际情况,柯尔对友那蒂特非洲公司发出了六条指令。

第一,非洲各地所有友那蒂特非洲子公司系统的首席经理人员,迅速启用非洲人。

第二,原来非洲人与白人在薪水上的差异,立即取消,采取同工同酬的办法。

第三,为了培养非洲人的干部,在尼日利亚设立经营干部培训所。

第四,应采取利益共享的政策。

第五,以寻找生存之道为主要目的。

第六,不可拘泥于体面问题,应以创造最大利益为要务。

上述六条,似乎是妥协退让,示弱于人的下策。但后来的事实证明,柯尔不仅没有受到任何损失,反而获得了极大的利益。

柯尔在与加纳政府交涉中,为了表示尊重对方的利益,主动把自己的栽培地提供给加纳政府。柯尔的主动退让,获得了加纳政府对他的好感。后来,加纳政府为了报答他,指定联合利华公司为加纳政府食用油原料的买卖代理人,这就使柯尔在加纳独占了食用油原料的买卖权利。

在与几内亚政府的交涉中,柯尔表示自行撤出公司,这种坦诚的态度反而使几内亚政府大受感动,因而愿意挽留柯尔的公司,希望它继续存在。

除此之外,柯尔在非洲各地都采用了退让策略,也获得了不同程度的利益。

这样一来,在非洲独立运动的高潮中,其他一些欧洲公司都受到过不同程度的影响,只有联合利华公司在实质上没有受到任何影响,不仅平安地渡过了这一难关,而且还获得了一定的发展。

人生感悟

在一定情况下,甘愿妥协退步,以赢得时机发展,而结果往往是退了一步,反而前进了十步,并最终获得了大利益。

6.18 自嘲能摆脱尴尬

英国首相丘吉尔有个颇为人称奇的习惯,这就是在一天中,总会趁着工作间隙,在热气腾腾的浴缸中去舒舒服服地泡上一次,而后赤身裸体地在浴室里踱着步子思考问题,有时因为问题深入而入迷。

丘吉尔带领着英国代表团前往美国进行国事访问时,受到了美国政府热情地接待。美国政府将丘吉尔安排在白宫以方面与美国总统罗斯福就近交流。

这一天,丘吉尔同往常一样悠闲地泡在浴缸里,之后光着身子在浴室里走来走去。此时正是反法西斯战争打得最为激烈的时候。丘吉尔一门心思分析起战场上的局势,以及如何与美国联手对付德国法西斯。想出了神,竟然忘了自己身处何方,连裸体的事也不记得了。

罗斯福并不知道丘吉尔在洗澡,他来找丘吉尔时发现屋里没人,他本想转身走,但听到浴室传来哗哗的水声,便走到浴室门前敲了起来。

丘吉尔正在思考问题,听见门响,本能地应了一句:"进来吧。"

随着浴室门开启,丘吉尔看见目瞪口呆的罗斯福站在自己的面前。表情十分地尴尬,而且一言不发。丘吉尔看到罗斯福这种情形恍然大悟。

他看看自己,又看看罗斯福,急中生智地说:"请进吧,总统先生,大不列颠的首相没有任何东西可对美国总统隐瞒。"

人生感悟

在有些尴尬的场合,运用自嘲能使自尊心通过自我排解的方式受到保护。而且还能体现出说话者宽广大度的胸怀。

6.19 谦让致富的卡内基

"钢铁大王"安德鲁·卡内基的发迹具有传奇性,他的生财之道是多种多样的,这里介绍一个他谦让制胜的故事。

卡内基起初随父母到美国定居,他没接受过良好的教育,13岁就当了学徒工。他既没有资本,又没有学历和技术,能攀上"钢铁大王"这个宝座,与他善于使用谦逊的策略有很大关系。

卡内基10岁的时候,无意中捡到一只母兔子。没过多久,母兔生下一窝小兔,他因为手头拮据,饲养不起这窝小兔子。最终,他想出一个好办法,将这窝小兔子托给邻居的小朋友饲养,他还用小朋友们的名字为不同的小兔起名。出于对小兔子的宠爱,小朋友们都不断提供饲料,使这窝兔子很好地成长。这件事给卡内基留下了深刻的印象:人们非常注重自己的名字。

卡内基长大后,步入了钢铁工业的大门。有一次,他为了竞标太平洋铁路公司的卧车合约,与竞争对手布尔门铁路公司争了起来。双方为了得到标的,来回不断削价,都到了无利可图的地步。

话说凑巧,卡内基有一次到太平洋铁路公司商议投标的事情,他与布尔门在一家旅馆门口相遇,竞争对手见面,按一般情况如同"仇敌"相遇,即使互不敌视,双方也会不理不睬。然而,卡内基却主动向布尔门打招呼,还说:"我们两家公司争来抢去,最终不是在作践自己吗?"

布尔门问:"那你觉得应该怎么办?"

卡内基向布尔门讲了恶性竞争对同行都不利的现实。接着,他提出彼此冰释前嫌,希望双方并肩合作的建议。布尔门看出卡内基的一番诚意,觉得很有道理,但他却不同意与卡内基合作。

卡内基向布尔门询问不愿合作的缘故,布尔门沉默了半响说:"假如我们相互合作,新公司该如何命名呢?"

卡内基马上明白了布尔门的意图,他想起了自己少年时养兔子的事情,谦让一点就能将一窝兔子养大。于是,卡内基回答得十分干脆:"当然用'布尔门卧车公司'了。"卡内基的回答使布尔门简直不敢相信自己的耳朵。这样一来,两人的合作协议便达成了,他们取得了太平洋铁路卧车的生意合约。在这笔业务中,布尔门和卡内基使无利可图变为有利可图。

创业伊始,卡内基在宾夕法尼亚州匹兹堡建起第一间钢铁厂,专门生产铁轨。当时,美国宾夕法尼亚铁路公司是铁轨的大买主,该公司的董事长名叫汤姆生。卡内基为了将这个大买主稳住,同样也采取了谦让的办法,将这家新盖的钢铁厂命名为"汤姆生钢铁厂"。果然,这位董事长很高兴,卡内基之后取得了稳定、持续的订单,他的事业从此蒸蒸日上地发展了起来。

人生感悟

谦让是一种传统美德,它能化戈干为玉帛,能化凶险为吉利。在经营过程中,谦恭有礼可使合作双方保护已有的利益,最终经营获胜。

6.20 要能忍受人才的傲慢

1923年,美国福特公司有一台大型发电机不能正常运转了,公司里的几位工程技术人员百般努力都无济于事,眼看要影响到整个生产计划。福特心里焦急万分,没办法,他只得到一个小厂里去请来一位很傲慢但据说对电机特别内行的德国籍科学家。

这位科学家名叫斯特曼斯,他来到福特公司后只要了一架梯子和一根粉笔,然后爬上爬下在电机的各个地方静听空转时的声音。不久,斯特曼斯用粉笔在电机的左边一个小长条地方划了两道杠杠,对福特说:"毛病出在这儿,多了16圈线圈,拆掉多余的线圈就行了。"

技工人员似信非信,但只能照他的话试试运气。不料电机果真奇迹般地正常运转了。大家都对斯特曼斯表示感谢。斯特曼斯却傲慢地说不要感谢,只要1万美元的酬金,并对目瞪口呆的众人说:"粉笔画一条线不值一美元,但知道该在哪里划线的技术超过9999美元。"

福特心里清楚,斯特曼斯尽管傲慢,会使自己失面子,但却是真正的人才,是企业走向发达的根本之所在。所以他不仅愉快地付了1万美元酬金,而且表示愿用高薪相聘。

谁知斯特曼斯毫不为所动。他说他现在的公司曾在他最困难的时候救过他,他不可能见利忘义背弃该公司。

福特一听,更觉得斯特曼斯讲信用、重情义,如此人才实为企业所必需。于是,福特毫不犹豫地花巨资把斯特曼斯所在的公司整个买了下来。

以福特之地位和财势,竟愿意"丢面子"忍受斯特曼斯的冷嘲热讽,是因为福特清楚成大事者必以人为本,斯特曼斯便是他赚取更多钱财的无价之"青山",所以他也敢于不惜工本留下斯特曼斯这块"青山"。

人生感悟

人的"身段"是一种"自我认同",并非坏事,但这种"自我认同"也是一种"自我限制"。在非常时刻,应该学会放下"身段",否则会让自己无路可走。

6.21 成功来源于自信

海伦·凯勒是著名的残障人士,她的一生就是"信心"的写照。她在导师安妮·莎莉文女士的悉心培养下,克服了多重残障,学会了阅读、写作与说话,在麻省的莱奇夫大学以优异成绩获得学位,并取得一系列的荣誉。她的毅力震撼了世上所有的人。

海伦19个月大的时候,得了一场疾病,变成了一个又瞎又聋的小哑巴。疾病使小海伦性情变得孤僻而暴躁,她的双亲绝望之余,聘请了一位教师照顾她。谁也没想到,这位安妮·莎莉文女士成了海伦的光明天使。

莎莉文仅用一个月的时间,就和完全生活在黑暗中、绝对沉默不语的海伦取得了沟通。她教给海伦的是：自我成功与重塑命运的工具——信心与爱心。关于这件事,在海伦·凯勒所著的《我的一生》中有感人肺腑的深刻描写：一个年轻的复明者(莎莉文曾在14岁时差一点失明,后被医院治好),没有什么"教学经验",全凭无比的爱心与惊人的信心,灌注到一个全聋全盲全哑的小女孩的身上——光靠着身体的接触,为心灵架上一道桥,可通过心灵互相沟通。

海伦在自传中描述一个既瞎又聋且哑的少女,初次领略到语言的喜悦时,她写道："在我初次领悟到语言存在的那天晚上,我躺在床上,兴奋不已。那是我第一次希望赶快天亮——我想有其他人可以感受到我的喜悦吧。"仍然是失聪、耳聋、瞎眼的海伦,凭着触觉学会了与外界沟通。她10岁多就名扬全美国,成为残障人士的模范。

海伦并没有因为引起国内的关注而自满,她继续孜孜不倦地接受教育。在20岁那年,终于进入大学就读,莎莉文教师和她同行。这时,她已经可以通过盲人触摸点字的方法"看"书,能够写字和说话,接着,她又学会了用打字机著书和写稿。

海伦克服了许多残障,她对生命充满信心,充满热忱,她喜欢游泳、划船、下棋、编织、用扑克牌算命以及在森林中骑马。大学毕业后,她的演讲、著书和公众活动频繁,推动了保障肢体残障者的福利工作前进。海伦虽然是位盲人,但她读过的书却比视力正常的人还多得多。而且,她还写了7本书。她的耳朵全聋,但她却比正常人更懂得鉴赏音乐。有9年时间,她完全不会说话,后来,她却能巡回全国各州发表演讲,甚至有4年时间致力于戏剧的演出。

海伦的一生,是成功者的一生。她用信心和毅力克服了肢体残障,创造了心灵的财富。

人生感悟

信心对做事成功者具有重要意义,这是一种相信自己能获得成功的信念。这种信念帮助人们释放出无穷的热情、智慧和精力,进而帮助人们获得财富与事业上的巨大成就。

6.22 一定要学会双赢

在美国,有许多高速公路都从荒无人烟的沙漠中穿过。如果发生汽车抛锚、油被耗尽等状况,司机只能在沙漠中苦苦等待其他车辆经过,载自己一程。

目睹这种状况,一个叫格林的人在一条高速公路旁投资修建了一家小型加油站,提供加油、修车等服务。由于沿途只有这一家,格林的生意十分兴隆。

邻居汉克看到这种情况,非常眼红,他跃跃欲试,准备在格林的加油站旁再开一家,希望也能大赚一笔。可是他父亲却极力劝阻,并建议他改开一家小旅馆,也许更能获利。

父亲解释说:"格林的加油站已经能满足过往车辆的需要了。你与其模仿他再开一个,不如提供他所未提供的服务。再开加油站,无疑是展开恶性竞争。而开家小旅馆,则是和他互利,会开发出另一个新市场。"汉克听后,觉得父亲说得对极了。

于是,在这条沙漠中的高速公路旁,司机们可以去格林的加油站为车加油,同时,也能到汉克的小旅馆吃饭、洗澡,甚至住上一晚,十分方便。

格林和汉克的生意越做越兴隆。

商场犹如战场,但商场又不同于战场。战场上一方不消灭另一方就会被另一方消灭,而商场不一定如此。为什么非得争个鱼死网破、两败俱伤呢?

千军万马过独木桥,常常会挤得人仰马翻。为什么我们一定要去挤那座狭窄的独木桥,为什么不能"你过你的独木桥,我撑我的小木船呢"?在商场上,如果我们与他人展开不必要的竞争,常会使双方都元气大伤,我们不如和对方来个优势互补,做到"双赢"。

人生感悟

在竞争激烈的商场上,竞争双方未必非要争个你死我活、各不相让。双方携起手来,坦诚合作,双方都能从中获利,何乐而不为呢!

6.23 坚信自己是最好的

美国哈佛大学的罗森塔尔博士曾经有一个很著名的试验。

在加州一所学校新学年开始时,罗森塔尔让校长随意指定三位教师,并对他们说:"你们是本校最优秀的老师。因此特意挑选了全校最聪明的100名学生组成三个班让你们教,希望你们能取得更好的成绩。"

之后,校长特意叮嘱他们:"不要让孩子和孩子的家长们知道他们是特意挑选出来的。"

一学年结束后,这三个班的学生的学习成绩果然排到了整个年级前面。这时,校长才揭开了事实真相:"其实这只是一个实验。你们所教的学生只不过是随机抽调的最普通的学生,而你们也不过是随机抽调的普通教师罢了。"

这个结果却与博士当初预料的完全相同:三位教师都认为自己是最优秀的,学生则都是高智商的,因此对教学工作充满了信心。也因此工作起来非常卖力,最终取得了教学事业上的大成功。

人生感悟

在很多情况下,只要坚信自己是最优秀的,就会做出惊天动地的事业。永远别忘记告诉自己:你是最棒的。

6.24 不要轻易放弃偶然的灵感

1947年的冬天,在密执安州的卡索波里斯,爱德华·洛厄正帮着他的父亲做木屑生意。

这时,有一位邻居跑进来,想向他们要一些木屑,因为她的猫房里的沙给冻住了,她想换一些木屑铺上去。当时,年轻的洛厄就从一只旧箱子里拿出一袋风干了的黏土颗粒,建议对方试试这玩意儿。因为这种材料的吸附能力特别强,当年他父亲卖木屑的时候,就是采用这种材料清除油渍的。这样一来,那位邻居的燃眉之急就给解除了。

几天以后,这位邻居又来了,她想再要一些这样的黏土颗粒。这时灵光闪动,洛厄突然意识到自己的机会来了。他马上又弄了一些黏土颗粒,分五磅一装,总共装了十袋。他把自己的新产品命名为"猫房铺",打算以每份65美分的价格卖出去。但是,大家都笑话他,因为一般铺猫房用的沙子才多少钱一磅呀?

但出人意料的是,洛厄的十份黏土很快就卖完了。而且,当这十个用户再次找上门来,指名道姓要买"猫房铺"的时候,这一下可该轮到洛厄发笑了。一笔生意,一种品牌,一种使命,就这样诞生了。

采用黏土颗粒作为猫房铺,反倒促使这种小动物变成更受人欢迎的宠物了,同时,洛厄也因此而变得富有了。仅仅在1995年洛厄去世前的两三年时间内,"猫房铺"的销售价值就达到了两亿美元。

也许可以说,正是洛厄的发明所带来的生存条件的改善,最终使猫取代狗成为在美国最受欢迎的宠物。

人生感悟

在有些时候办好一件事似乎很简单,只要你抓住一时的灵感,有些事情就会迎刃而解,与此同时还会给你带来很多的财富。

6.25 利润少也能赚大钱

有一对阿汗兄妹,在美国加州开设了一家兄妹餐馆。像阿汗兄妹这样的小餐馆在加州多不胜数,本小利薄,仅能维持生计。

但阿汗兄妹头脑灵活,他们除了在提高餐馆品质和改善服务方式上下功夫外,还采取了一项经营谋略:红利制度。即根据客人用餐的次数和消费金额,每年为客人发放一次红利。也就是说,只要到兄妹餐馆用餐的客人,都会被记载下他们的相关资料和消费档案。到年终结算时,从小餐馆盈利中提取10%,根据客人进餐的档案,分发给每一位客人。

为做到买卖公平、公正,阿汗兄妹还轮流请客人代表参加年度账目结算,进行监督。因此有许多人会坐在家中突然收到从小餐馆寄来的一笔红利。

阿汗兄妹这种做法,在当地引起不小的轰动,让客人产生了一种亲切感。许多人都会舍近求远来他们的店内用餐,小餐馆的生意也越做越旺。

阿汗兄妹凭着自己的勤劳和智慧,微本创业,进而跃上财富的巅峰,一时间被人们传为佳话。

由此可见,微本利小的生意,不一定就不能赚大钱。只要你开动智慧的大脑,灵活经营,同样能够成功。

人生感悟

利润虽小,但销售得很多,经营小本生意反而能赚大钱。相反,倘若一口想吃个"胖子",则会导致生意不景气。

6.26 把自己的事情做好

美国著名的电视新闻节目主持人沃尔特·克朗凯特在孩提时代就对新闻感兴趣。14岁那年他成了学校自办报纸《校园新闻》的小记者。

当时，休斯顿日报社的新闻编辑弗雷德·伯尼先生每周都会到克朗凯特所在的学校讲授一个小时的新闻课程，并且指导《校园新闻》的编辑工作。

有一次，克朗凯特负责为《校园新闻》采写一篇关于学校田径教练卡普·哈丁的文章。由于当天有同学聚会，克朗凯特便敷衍地写了篇稿子交了上去。

第二天，弗雷德把克朗凯特叫到办公室，指着那篇文章说："克朗凯特，这篇文章很糟糕。你既没有问他该问的问题，也没有对他做全面的报道，你甚至没有搞清楚他是干什么的。"接着，他又说了一句令克朗凯特终生难忘的话："克朗凯特，你要记住一点，如果有什么事情值得去做，就得把它做好。"

在此后70多年的新闻职业生涯中，克朗凯特始终牢记弗雷德先生的训导，对新闻事业始终坚持负责。

人生感悟

任何一个想成就大事业的人，都要记住一个前提：把自己的事情最好。只有这样，你才有成功的可能。

6.27 坦率承认并补救自己的错误

格里·克洛纳里斯现在北卡罗来纳州夏恪特当货物经纪人。在他给西尔公司做采购员时，发现自己犯下了一个很大的估计上的错误。有一条对零售采购商至关重要的规则是不可以超支你所开账户上的存款数额。如果你的账户上不再有钱，你就不能购进新的商品，直到你重新把账户填满——而这通常要等到下一次采购季节。

那次正常的采购完毕之后，一位日本商贩向格里展示了一款极其漂亮的新式手提包。可这时格里的账户已经告急。他知道他应该在早些时候就备下一笔应急款，好抓住这种叫人始料未及的机会。此时他知道自己只有两种选择：要么放弃这笔交易,然而这笔交易对西尔公司来说肯定会有利可图;要么向公司主管承认自己所犯的错误,并请求追加拨款。正当格里坐在办公室里苦思冥想时,公司主管碰巧顺路来访。格里当即对他说:"我遇到麻烦了,我犯了个大错。"他接着解释了所发生的一切。

尽管公司主管不是个喜欢大手大脚花钱的人,但他深为格里的坦诚所感动,便很快设法给格里拨来了所需款项。手提包一上市,果然深受顾客欢迎,卖得十分火爆。

而格里也从超支账户款一事上吸取了教训。更为重要的是,他意识到这样一点:当你一旦发现自己陷入了事业上的某种误区,怎样爬出来才更重要。

人生感悟

当你不小心犯了某个大错误,最好的办法是坦率地承认和检讨,并尽可能快地对事情进行补救。只要处理得当,你就可以立于不败之地。

6.28 从小处着眼一点一滴地做起

一位下岗女工几年前由于公司效益不好辞职下海了。刚下海时,她茫然不知所措,因为每一条创业的道路都充满了坎坷与艰难,在下海的人群中,不断传来失败的消息。

一次她正在街头行走,看见个体小摊上有许多人在用气枪打靶——用气球做靶子,一枪一个,好不惬意。于是,她便有了做打气球生意的打算。

说干就干,她跑到气球厂进购了一大批气球,然后到市场上去卖。用来给气枪做靶子的那种气球出厂价一个只要1分,她卖给个体枪摊是3分一个;孩子们玩的那种,批发价是3分一个,她卖出去是一毛钱一个;给结婚或其他喜庆日子做吉庆物的气球赚头就更大了。

她头一年自买自销赚到第一笔钱之后,第二年就改变了策略。她只做中介商,因为她联系到了一批气球厂,并与他们建立了良好的生意合作关系。因而生意越做越大,终于让自己富了起来。

人生感悟

"不积细流,江河不能成其大。"做生意不妨从小处着眼,从一点一滴做起,只有这样才能让一点一滴的财富汇聚成汪洋大海。

6.29 博士生过池塘

这一年,有一个博士分到一家研究所,成为所里学历最高的一个人。有一天他到单位后面的小池塘去钓鱼,正好正副所长在他的一左一右,也在钓鱼。他只是微微点了点头,心里想:这两个本科生,有啥好钓的呢?

过了不一会儿,正所长放下钓竿,伸伸懒腰,蹭蹭蹭,从水面上如飞地走到对面去上厕所了。博士眼睛睁得都快掉下来了。水上飘?不会吧?这可是一个池塘啊。过了一会儿,正所长上完厕所回来又蹭蹭蹭地从水上飘回来了。

怎么回事?博士生心存疑惑但又不好去问,自己是博士生哪!

过了一阵子,副所长也站了起来,蹭蹭蹭地飘过水面上厕所去了。这下子博士更是差点昏倒:不会吧,到了一个江湖高手云集的地方?

再过一会儿,博士生也内急了。这个池塘两边有围墙,要到对面厕所非得绕十分钟的路,而回单位上又太远,怎么办?

博士生也不去问两位所长,憋了半天后,也起身往水里跨,心想:我就不信本科生能过的水面,我博士生就不能过。

只听扑通的一声,博士生栽到了水里。

两位所长赶紧把他拉了出来,问他为什么要下水,他疑惑地问:"为什么你们都可以走过去呢?"

两位所长相视一笑:"这池塘里有两排木桩子,由于这两天下雨涨水,正好没在了水面下。但我们都知道这木桩的位置,所以可以踩着桩子过去。你怎么不问我们一声呢?"

人生感悟

学历只代表你曾经学得不错,而只有学习能力才能代表未来。只有那些善于学习,尊重经验的人,才能少走弯路。

6.30 稳中求胜不急功近利

米耶成为美国公民是在二战以后,原在法国的他再回到法国就相当于做客了。

自1950年以来,加拉尔的米耶公寓就成了法国政界要员的重要社交场地。财经官员们经常在他家聚会,关系好点儿的甚至在他家过夜。其中纽约金融家列文兄弟就是他家的常客,可见,在财经界米耶也是响当当的人物。

兰博特公司的当家人兰搏特是个爱好交际的人。这一天,他来拜访米耶,谈到他在德州有80万英亩的牧场需要卖掉。当时德州最大的牧场——王家牧场也不过90万英亩。如果能将这个叫作马达多的牧场收购下来,一定会有相当的价值。另外,德州有储量很大的石油等矿藏,顺便开采一下石油,也定会是一笔很大的买卖。于是米耶高兴地将这笔买卖应承了下来。他马上邀请另外两家公司共同购买这块地。这两家公司就是列文兄弟和罗兰公司。

1950年12月,双方开始了谈判计划。马达多公司股票在当时的伦敦股票市场上的市价是7元,米耶竟然以23.7元的价格将其全部收购。马达多牧场后来被分为16个牧场,1951年8月米耶完成了对其的全部收购。

八年后,米耶以1800万元的价格卖出这块牧场,共赚到1500万元。对金融投资者而言,用十年的时间才赚到这么一笔钱,似乎不是件令人满意的事。

但对于这笔交易米耶有自己的打算。他向来做风险大、速战速决的生意,如今他需要给自己留一条后路。

人生感悟

急功只能近小利,心急是吃不了热豆腐的。同样,有经验的钓鱼者也知道,放短线只能钓到小鱼,要想钓到大鱼,必须放长线,只有这样,才能实现愿望。

7月份

小本生意照样赚大钱
忍辱可以保住自己的"青山"
直行不成就绕个弯
赚钱的三个阶段
绝处求生
……

7.1 小本生意照样赚大钱

香港铜锣湾街头有一家规模很小的"阿二靓汤"店。这种汤,实际是用香妃鸡、香油鸭等清炖出来的汤汁。每碗汤的定价不过12块港币,纯属小本生意。

别看这种汤本小,对铜锣湾的人来说,却是每日必不可少的。由于汤汁非常讲究、制作精细,汤汁风味也是独具风格、清爽可口,非常符合市民的口味儿。因此,店铺刚开张,顾客就络绎不绝,财源接踵而至。

据"阿二靓汤"店的创始人唐先生介绍说,他们看中这行小本买卖,主要是看到一些商家都热衷于开大饭店、做大生意、赚取高利润,给市场留下了这块空白。然而香港有许多广东人,他们非常喜欢吃煲汤,如果占领这块空白领域做小本生意,只要料理得当,肯定能赚到大钱。于是,他便开办了这家"阿二靓汤"店。由于他的小本生意在管理上采取中西合璧的方法,经营中式食品,凸显出了汤汁的特色。还根据食客的不同要求推出了大锅煮的汤和小煲煨的炖汤。大锅煮的汤每碗12港元,小煲煨的汤每碗30~80港元。

因为"阿二靓汤"店的汤汁很符合顾客的口味,所以一时间声名远播。唐先生的经营开创出一片新天地,获得了不菲的利润。

人生感悟

小本生意由于投资少,因而是适合贴近生活的生意。只有从老百姓的需求出发,才能获得可观的利润。

7.2 忍辱可以保住自己的"青山"

西方中世纪的神权高于王权,最高权威是教皇,他凌驾于各国国王之上,具有无上的权力。在一系列的权力冲突中,教皇差不多总是当然的胜利者。

1076年,德意志神圣罗马帝国皇帝亨利与教皇格里高利争权夺利,发展到了势不两立的地步:亨利早想摆脱罗马教廷的控制,获得更多的独立性;教皇则想加强控制,把亨利所有的自主权都剥夺殆尽。

亨利首先发难,召集德国境内各教区的主教们开了一个宗教会议,宣布废除格里高利的教皇职位;而格里高利则针锋相对,在罗马的拉特兰诺宫召开了一个全基督教会的会议,宣布驱逐亨利出教。"开除出教"是最令人害怕的一种惩罚,它等于宣布剥夺了一个人的一切社会地位和社会关系,甚至生命。当时亨利四世在国内的基础并不稳固,教皇的号召力非常之大,一时间德国内外反亨利的力量声势震天。特别是德国境内大大小小的封建主都兴兵造反,向亨利的王位发起了挑战。

亨利面对危局,被迫妥协。1077年1月,亨利身穿破衣,只带着两个随从,骑着毛驴,冒着严寒,翻山越岭,千里迢迢前往罗马,向教皇请罪忏悔。格里高利故意不予理睬,在亨利到达之前躲到了远离罗马的卡诺莎行宫。亨利没有办法,只好又前往卡诺莎去拜见教皇。到了卡诺莎后,教皇紧闭城堡大门,不让亨利进入。为了保住皇帝宝座,亨利忍辱跪在城堡门前求饶。当时大雪纷纷,天寒地冻,身为帝王之尊的亨利屈膝脱帽,一直在雪地上跪了三天三夜,教皇才开门相迎,饶恕了他。这就是历史上著名的"卡诺莎之行"。

表面上看,是教皇格里高利赢得了胜利,但实际上,恰恰是他救了摇摇欲坠的亨利四世。他使得众多追随者大为失望,而亨利恢复教籍,保住帝位返回德国后,集中精力整治内部,然后派兵把封建主各个击破。并剥夺了他们的爵位和封邑,曾一度危及他王位的内部反抗势力遂逐一告灭。

在阵脚稳固之后,亨利立即发兵进攻罗马,以报跪求之辱。格里高利再施"杀手锏"——开除教籍,但这回却完全失策了。原来的支持者已被灭除,中间派在"卡诺莎之行"后已不敢信任教皇,纷纷投靠亨利四世。亨利四世强兵压迫,所向披靡,格里高利弃城而逃,最后客死他乡。

人生感悟

人们一般认为"留得青山在"、"卧薪尝胆"这一类的计策做起来很容易,只要决心一下,把自己"豁"出来就是了!实际上问题远非这样简单。

7.3 直行不成就绕个弯

汉武帝有个奶妈,他自小是由她带大的。因为皇帝是她的干儿子,这奶妈的权势自然很高,因此,她常常在外面做些犯法的事情。汉武帝后来也知道了,准备把她依法严办。这下奶妈害怕了,只好求救于东方朔。

东方朔在汉武帝面前,是有名的可以调皮耍赖的人。他经常在皇帝面前耍宝、说笑话,把汉武帝弄得啼笑皆非。

东方朔听了奶妈的话后,说道:"奶妈,注意啊!这件事情,只凭嘴巴来讲,是没有用的。你要我真救你就听我的,等皇帝下命令要办你的时候,会叫人把你拉下去。你被牵走的时候,什么都不要说,皇帝要你滚只好滚了,但你走两步,便回头看看皇帝。走两步,又回头看看皇帝。千万不可要求说:'皇帝!我是你的奶妈,请原谅我吧!'否则,你的头将会落地。"

东方朔对奶妈这样吩咐好了,等到汉武帝叫奶妈来问:"你在外面做了这么多坏事,太可恶了!"叫左右拉下去法办。奶妈听了,就照着东方朔的吩咐,走一两步,就回头看看皇帝,鼻涕眼泪直流。东方朔站在旁边说:"你这个老太婆干什么嘛!皇帝已经长大了,还要靠你喂奶吃吗?你就快滚吧!"东方朔这么一讲,汉武帝听了很难过,心想自己自小在她的手中长大,现在要把她绑去砍头,或者坐牢,心里也着实难过。又听到东方朔这样一骂,便说,算了,免了你这一次的罪吧!以后不可再犯错了。

人生感悟

曲则全,直则枉,只有拐个弯才能达到目的,并且达到得更快更好,那又何必不做呢?

7.4 赚钱的三个阶段

唐日荣是台湾著名的大富豪,那他究竟是如何发家的呢?

唐日荣是重庆人,后随父亲去到台湾。大学毕业后,他给人打过一段时间工,手头存了一些钱,便以此做资本,开始做小本生意了。

唐日荣做生意喜欢从小到大,积少成多。起初,他先去工厂批存货,外销至科威特、沙特阿拉伯等地区。那些国家靠石油发家,购买日用品很大方,都是成批购买,唐日荣的生意因此越做越大。

从此后,唐日荣便和中东地区结下了不解情缘。他与中东地区签订了长期合作合同,他保证长期为中东地区供货,中东地区也保证按时付予他货款。由于他恪守诚信,货物销量越来越大,他的财富如同滚雪球一般越积越多。因此,人们送他一个"存货大王"的绰号。

每当唐日荣回忆起这段小本赚大钱的经历时，都十分高兴。他说："对于每一位小本经营者来说，都应该将创业分成几个阶段，开始是'人赚钱'，是相当辛苦的原始积累阶段。这个阶段是打基础的阶段，因此特别费神。第二阶段就是用'钱赚钱'，用已经获得的第一桶金不断扩展领域。第三阶段是飞跃阶段，就是让别人替自己赚钱了。"

唐日荣就是按照这三个阶段的部署，一步步锁定经营胜局的。

商场上有句俗话叫"小本小利"，其实，对于善抓机遇和有头脑的人来说，这句话未必正确。因为很多时候，小本也能赚大钱，而大本也常有赚小利或不赚钱的时候。

人生感悟

事实上，事在人为，赚大钱、赚小钱全看经营者的本事和能耐。

7.5 绝处求生

在古希腊有个著名的大哲学家苏格拉底。哲学家当时是很崇高的职业，因此有很多年轻人来找苏格拉底学习。

有一天，一个年轻人来了，想要知道怎么才能成功。苏格拉底一言不发，带着他走到一条河边，然后突然用力把他推到了河里。年轻人起初以为苏格拉底是在跟他开玩笑，所以并没在意。但是后来苏格拉底也跳进水里，拼命地把他的头往水底按。这下子年轻人可真的慌了，求生的本能使他拼尽全力将苏格拉底掀开，迅速爬到了岸上。

年轻人迷惑不解地问苏格拉底："你为什么要这样做？"

苏格拉底回答说："我只想告诉你，做任何事业只有付出绝处求生那么大的努力，才能获得真正的成就。"

人生感悟

当你决定要做一项事业的时候，一定要切记：做任何事业都必须付出绝处求生那么大的努力，才能获得真正的成就。

7.6 侧面讽喻胜过正面直谏

三国时代,刘备在四川当皇帝。碰上天旱不下雨,为了求雨,就下令不准私人家里酿酒。因为酿酒也会浪费米粮和水,于是就下了这样的命令。

命令下达,执行命令的官吏,在执法上就出现了偏差。有的在老百姓家中搜出做酒的器具来,也要处罚。老百姓虽然没有酿酒,而且只搜出以前用过的一些做酒工具,怎么能算是犯法呢?

但是执行的坏官吏,一得机会便花样百出,因为这样不但可以邀功求赏,而且可以借故向老百姓敲诈、勒索。报上去说:某人家中搜到酿酒的工具,必须加以处罚,轻则罚金,重则坐牢。虽然刘备的命令并没有说搜到酿酒的工具要处罚,可是天高皇帝远,老百姓有苦无处诉,结果弄得民怨沸腾,经常酝酿出乱子来,刘备也知道这些情况。

简雍是刘备的妻舅。有一天,简雍与刘备一起出游,顺便视察,两人同坐在一辆车子上,正向前走。简雍一眼看到前面有个男人与一个女人在一起走路。

机会来了,他就对刘备说:"这两个人正准备奸淫,应该把他俩抓起来,按奸淫罪法办。"

刘备说:"你怎么知道他们两人欲行奸淫?又没有证据,怎可乱办呢!"

简雍说:"他们两人身上都有奸淫的工具啊!"

刘备听了哈哈大笑说:"我懂了,快把那些有酿酒器具的人放了吧。"

人生感悟

有时一个侧面的讽喻,比正面的直言规劝要好得多,因为大部分的领导是自以为是和讨厌听不同意见的。

7.7 薄利多销利润大

泰国首都曼谷有好几处商场专门销售象牙制品、木凫、鱼皮袋等商品。这些商场抓住了大多数顾客的心理,专门为他们准备了带有纪念意义且价廉物美的小礼品,所以深受顾客喜欢。因为这些小礼品比一般的商场便宜,而且质量也不错。

柯里郎先生发现了赚钱的良机,他决定在廉价商场旁边开设一家水果店,以更低廉的价格销售热带水果。

他认为与廉价商场卖同样的商品,就要与他们争货源,这样硬拼并不合算。他卖廉价的热带水果,同样可以通过薄利多销取胜。

于是,柯里郎便开始做廉价水果生意。他从帕塔雅等地运来新鲜芒果、菠萝、椰子等水果,按整箱100铢的价格销售。虽然利润很小,但是一天能够卖掉上千箱,他的价格也确实比廉价商场低得多。他的生意越做越大并且逐渐开始经营各种商品,比如经营红宝石、棕榈油等,还经营一些廉价香水,这些商品深受顾客喜欢。

柯里郎的廉价生意越做越红火,以致许多原来到廉价商场购物的顾客,都纷纷涌入他的商场。

人生感悟

"薄利"与"赚钱少"是两个不同的概念,有些人将"薄利"当作"赚钱少"。其实,这只是一种误会。从表面看,你从顾客身上赚的钱非常少。可是,正因为"少",才会招揽到更多的顾客,从而积少成多。

7.8 人有所长

纳斯瑞定偶然认识了一位擅长画虎的画家,画家热情地请他到家里做客。

推开房门,一头咆哮的猛虎迎面扑来,阴风乍起,顿感毛骨悚然。半晌,纳斯瑞定才回过神来,分辨出眼前只不过是一幅彩绘的国画。可它实在活灵活现,栩栩如生,那威严的气势从天花板直逼地板。

"您画虎炉火纯青,为什么不开拓一些画路,画画猫狗,画画山水草木呢?"纳斯瑞定感叹了半天之后,虔诚地向画家请教说,希望他能发表一番高论。

谁知画家摇了摇头,沉吟片刻,从床底下拉出了一只大木箱:"看看这里的画,你就明白了。"

哗啦一声打开箱盖,啊,全是山水、花鸟百兽的画稿啊,纳斯瑞定拿起来仔细揣摩着,不由得闭紧了善于恭维的嘴。

这时只听到画家说:"现在看到了我薄弱的一面,你就知道我为什么画虎了吧?"

人生感悟

人要探索自己的优势,做自己最擅长的事,这样才能够取得成功。

7.9 学会"曲则全"的谏劝艺术

春秋时代的齐景公是齐桓公之后的一位明主。历史上第一流的政治家晏婴是他的宰相。

一次,有一个人得罪了齐景公,齐景公大发脾气,将其抓来绑在殿下,要把这人一节节地砍掉。古代的"肢解",就是将手脚四肢、头颅身体,一节节地分开,非常残酷。同时齐景公还下命令,谁都不可以谏阻这件事,如果有人要谏阻,便要同样被肢解。

那时,国王所讲的话,就是法律,所以无人敢劝谏。

晏子听了以后,把袖子一卷,装得很凶的样子,拿起刀来,把那人的头发揪住,一边在鞋底下磨刀,做出一付要亲自动手杀掉此人为皇帝泄怒的样子。然后慢慢地仰起头来,向坐在上面发脾气的景公问道:"报告主公,我看了半天,很难下手,好像历史上尧、舜、禹、汤、文王等这些明王圣主,在肢解杀人时,并没有说明应该先砍哪一部分才对。请问皇上,对此人应该先从哪里砍起才能做到像尧舜一样呢?"

齐景公听了晏子的话,立刻警觉。自己如果要做一个明王圣主,又怎么可以用如此残酷的方法杀人呢!所以对晏子说:"好了!放掉他,我错了!"

人生感悟

晏子当时没有直谏,没有直话直说,因为那样景公就下不了台,更可能会火上加油,导致那人非死不可。

7.10 专注忘我才能成功

牛顿研究学问非常专心。有一次,参加一个朋友聚会,席间,牛顿想起家中有瓶好酒,于是对朋友说要回家取酒。朋友同意后,牛顿就出发了。可过了半天也不见牛顿回来,朋友左等右等之下,只好前去牛顿家看个究竟。原来牛顿在回家的路上,想起了一项实验的做法,到家后,就一头扎进实验室,做起了实验,把取酒招待朋友的事忘得一干二净。

然而,正是凭着这种忘我精神,牛顿最终成为全世界闻名的人。

人生感悟

任何成功都不是出自偶然,也不是出于侥幸,而是所有后天勤奋努力的结果。

7.11 在做事之前多进行感情投资

公元742年,唐玄宗连下三道诏书,征召大名鼎鼎的诗人李白入京。李白这一年43岁,他毕生都向往着建功立业,以为这一回总可以大展鸿图了,于是,意气风发地来到了长安。唐玄宗在大明宫召见了他。

封建时代,皇帝召见大臣,气派是十分威严的,他端坐御座之上,居高临下,而臣下则要一路小跑至他的膝下,行三跪九叩大礼,俯首称臣。而唐玄宗这一次召见李白,这一切森严的礼仪全都免除,他亲自坐着步辇(一种由人抬的代步工具)前来迎接。当李白到来时,他从步辇上下来,大步迎了上去。

迎入大殿之后,又以镶嵌着各种名贵宝石的食案盛了各种珍馐佳肴来招待李白。大概是怕所上的一道汤太热,会烫着李白,唐玄宗竟然御手亲自以汤匙调羹,赐给李白。并对他说:"卿是一个普通读书人,可你的大名居然传到我的耳中,若不是你有着超凡的诗才,怎么能做到这一点?"接着又赐他一匹天马驹,宫中的宴会,銮驾的巡游,都让李白陪侍左右。

一个普通的诗人,无官无职,能够得到皇帝的召见、赐宴,已是非常的礼遇了,而降辇步迎,御手调羹,更是旷古的隆恩。

虽然李白这一次来长安,在仕途上并没有多大发展,最后还被客客气气地赶出了长安。但唐玄宗的这一次接见,却在李白心中留下了永不磨灭的印象,使他终身引以自豪,至死都念念不忘。

人生感悟

管理者大都深知感情效应的奥妙,不失时机地付出感情投资,对于拉拢和控制部下往往能收到异乎寻常的效果。

7.12 盯住市场的缺口

日本新力公司是一个规模较小的公司，虽然在研制、开发新产品方面做出了很多努力，但是仍然无法和一些实力雄厚的大厂家相抗衡。倘若松下、三菱这些大厂商也步入相同的生产行列，新力这个小规模公司的市场就会被搅乱。

在一些大厂商的层层包围下，新力公司最终研制出一套"间隙理论"。在很多大圆圈之中，必然存在着一丝空隙，也就是说有一小部分市场没被占领。只要抓住这些空隙，马上行动，再与其他小空隙联合，必定能超过那些大圆圈（大厂商）的市场。

经过不断的寻找，新力公司最终找到了经营空隙，并迅速抢占了市场。在国内市场竞争异常激烈的情况下，新力公司通过这种"间隙理论"不断向国外谋求发展，在世界各地建立了一个个销售据点，构建了一个个销售网络。1961年的时候，全球登记销售新力公司商品的国家达到了100多个。

新力公司在夹缝中不断成长，瞄准了大公司的空隙，填补了市场空白。经过长时间的发展，最终成为世界一流的电器企业公司。

人生感悟

小本经营者要想走上发财的捷径，最好把目光盯在市场上。去了解缺什么，然后填补，这样才能获得一笔不菲的财富。

7.13 盯住各方需求的空档

美国商人图德拉，这个传奇式的人物，原来是加拉加斯一家玻璃制造公司的老板，凭着顽强的毅力，自学成才，将玻璃制造公司经营得红红火火。但他的目标不在这儿，而是一心渴望有一天能在石油生意上有所发展。

一天，他从一个朋友处获悉阿根廷即将在市场上购买两千万美元的液化天然气。他打算去努力一番，说不定会弄到这份合同呢？

图德拉来到了阿根廷，发现自己的竞争者竟然都是大名鼎鼎的石油界巨商。图德拉想到自己单枪匹马来到这儿，既无老关系，也无经验可言，如果与这些大实业家正面竞争，无疑是以卵击石，必然一败涂地。只有避开这些弱点，想出新的计谋，才能取得胜利。

他在当地四处搜寻信息，摸熟了一些情况。并且发现了另外一件事，阿根廷牛肉过剩，该国正想不顾一切地卖掉牛肉。图德拉知道这事后，喜上眉梢，心想，这一下我有办法同几家大石油公司抗衡了。

图德拉即刻告诉阿根廷政府："如果你们向我买2000万美元的液化天然气，我一定收购你们2000万美元的牛肉。"他这个条件对于阿根廷政府来说，正是求之不得，为阿根廷政府解除了后顾之忧。于是图德拉和阿根廷政府签订了这份合同。

图德拉得到合同后，马上飞往西班牙，因为他已经了解到那里有一家主要的造船厂因缺少订货而濒临于倒闭。这是西班牙政府政治上面临的一个棘手而敏感的问题。他告诉这家造船厂的老板："如果你们向我买2000万美元的牛肉，我就在你们造船厂订购一艘价值2000万美元的超级油轮。"造船厂老板听后欣然同意。图德拉随即通过西班牙驻阿根廷大使传话给阿根廷政府，将图德拉的2000万美元的牛肉直接运往西班牙。

这件事办完后，图德拉离开了西班牙，来到了美国费城的太阳石油公司，向公司提出了自己的建议和要求："如果你们租用我正在西班牙建造的2000万美元的超级油轮，我将向你们购买2000万美元的液化天然气。"太阳石油公司同意了图德拉提出的条件，签订了合同。

就这样，图德拉利用相互需求和彼此制约的关系使各方都接受了他的条件，闯入了石油界。

人生感悟

要善于"有孔钻孔、无孔打洞"，巧妙运用互相利用的关系，去构造一个"关系网"，这对成功有很大的帮助。

7.14 恩威并用，牢牢控制

民国年间，身为一代枭雄的"北洋之父"袁世凯在统御部下方面很有一套办法。早在小站练兵时期，他就从天津武备学堂物色了一批军事人才。其中最著名的有三个人：段祺瑞、冯国璋、王士珍，他们后来都成了北洋系统中叱咤风云的人物。袁世凯为了让他们对自己感恩戴德，供自己使用，可谓煞费苦心。

袁世凯在创办新军时,相继成立了三个协(旅)。在选任协统时,他宣布采用考试的办法,每次只取一人。第一次,王士珍考取。第二次,冯国璋考取。

从柏林深造回国的段祺瑞,自认为学问不凡,却连续两次没有考取。对段来说,只有最后一次机会了。第三次考试前,他十分紧张,担心再考不上,就要屈居人下,心中十分不快。

第三次考试前一天的晚上,正当段祺瑞闷闷不乐地坐着发呆时,忽然传令官来找他,说是袁大人叫他去。段祺瑞不敢怠慢,立即前往帅府,晋见袁世凯。袁世凯令他坐下,东拉西扯,说了些不着边际的话。临走,袁世凯塞给段祺瑞一张纸条,段祺瑞心中纳闷,这纸条是什么呢?又不敢当面拆开看。急忙回到家中,打开一看,不觉大喜,原来是这次考试的试题。

段祺瑞连夜准备,第二天考试时,胸有成竹。考试结果一出来,果然高中第一名,当了第三协的协统。

段祺瑞深感袁世凯是个伯乐,对于自己有知遇之恩,决心终身相报。

后来,段祺瑞、冯国璋、王士珍都成了北洋军阀政府的要人。段祺瑞谈起当年袁世凯帮他渡过难关的事,仍感恩不尽。谁知冯国璋、王士珍听了,不觉大笑,原来王、冯二人考试时也得到过袁世凯给的这样的纸条。

人生感悟

袁世凯这种办法,可谓妙不可言,既可以使提拔的将士报恩,又能使没升官的将士心服口服,便于统率,还给被提拔者创造出很高的声誉。

7.15 没有教训难成功

古时候,有个渔人有着一流的捕鱼技术,被人们尊称为"渔王"。然而"渔王"年老的时候非常苦恼,因为他的三个儿子的渔技都很平庸。

于是经常向人诉说他自己心中的苦恼:"我真不明白,我捕鱼的技术这么好,我的儿子们却这么差?我从他们懂事起就传授捕鱼技术给他们,从最基本的东西教起,告诉他们怎样织网最容易捕捉到鱼,怎样划船最不会惊动鱼,怎样下网最容易请鱼入瓮。他们长大了,我又教他们怎样识潮汐,辨鱼汛……凡是我长年辛辛苦苦总结出来的经验,我都毫无保留地传授给了他们,可他们的捕鱼技术竟然赶不上技术比我差的渔民们的儿子!"

一位路人很耐心地听了他的诉说后,问他:"你一直手把手地教他们吗?"

"是的,为了让他们得到一流的捕鱼技术,我教得很仔细,很耐心。"

"他们一直跟随着你吗?"

"是的,为了让他们少走弯路,我一直让他们跟着我学。"

路人说:"这样说来,你的错误就很明显了。你只传授给了他们技术,却没有让他们得到教训,对于才能来说,没有教训与没有经验一样,都是不能使人成大器的啊!"

人生感悟

没有失败和教训就不会有成功,对于才能来说也一样,没有教训与没有经验一样,都是不能使人成大器的!

7.16 开动脑筋善于巧借力

戴维·史华兹出身卑微,少年时代就辍学自谋生路。他的进取心很强,小小的年纪便立志要做大企业家,并默默地为自己的理想而努力。

史华兹18岁的时候,来到一家著名的时装公司——斯特拉根服装公司做业务员。他在这里工作,学到了很多知识,为以后开创事业打下了坚实的基础。

在斯特拉根时装公司干了一段时间后,史华兹与人合伙开办了一家服装公司。在他的苦心经营下,公司发展非常快,生意很不错。

过了一段时间,史华兹的脑海里又萌生出一个想法:总是做和别人一样的衣服是没有出息的,必须找一个好的设计师,借助他的智慧,设计出新产品,才能在服装业出人头地。

然而,这样的设计师该从何处找寻呢?

有一次,史华兹外出办事,他看到一位少妇身上穿着十分别致新颖的时装,于是,他便悄悄地跟在少妇背后。少妇认为他心怀不轨,便转过身来大声责骂他。史华兹终于醒悟了过来,觉得自己太唐突了,于是,他急忙向少妇解释、道歉。

少妇明白了史华兹的用意后,转怒为喜。她告诉史华兹,这套衣服是她丈夫杜敏夫设计的。于是,史华兹便想聘请杜敏夫。

史华兹经过一番调查了解到杜敏夫是很有才华的,他对服装设计很精通,曾先后在三家服装公司干过。他最近辞职是因为服装店的老板不珍惜人才,杜敏夫气愤不过,才决定离开的。

史华兹从小自谋生计,历尽磨难坎坷,对杜敏夫的遭遇非常同情,便决定聘用他。然而,当史华兹亲自登门拜访杜敏夫时,他却不予接见,这使得史华兹很难堪。史华兹毫不气馁,他接连几次来到杜敏夫家拜访。这种求贤若渴的精神,终于打动了杜敏夫,他欣然接受了邀请。

杜敏夫来到史华兹的公司,才华很好地发挥了出来。他精心制作的各款服装,受到顾客的普遍欢迎。

史华兹由于借助了杜敏夫的智力,得到了他的大力支持,公司的业务蒸蒸日上地发展起来,没过几年,史华兹便成为服装界的"佼佼者"。

人生感悟

巧借他人的智力,是发家致富的妙招。运用此招的关键要"巧",即机智快捷地运用高招儿,让对方非常爽快地将"智力"贡献给你。

7.17 言过其实的人不可大用

诸葛亮平定南中之后,到了祁山,决定派出一支人马去占领街亭(今甘肃庄浪东南),作为据点。让谁来带领这支人马呢?当时他身边还有几个身经百战的老将,可是他被马谡的言语迷惑最终看中了马谡。

马谡这个人确实读了不少兵书,平时很喜欢谈论军事。诸葛亮找他商量打仗的事,他就谈个没完,也出过一些好主意,因此诸葛亮很信任他。刘备在世的时候,却看出马谡不大踏实。他在生前特地叮嘱诸葛亮说:"马谡这个人言过其实,不能派他干大事,还得好好考察一下。"诸葛亮却没有把这番话放在心上。这一回,他就派马谡当先锋,王平做副将。

马谡没有打仗的经验,自以为熟读兵书,根本不听王平的劝告,坚持要在山上扎营。王平一再劝马谡都没有用,只好央求马谡拨给他一千人马,让他在山下临近的地方驻扎。

魏国的人马把马谡所在的山头团团围住后,马谡也曾几次命令兵士冲下山去。但是由于张郃坚守住营垒,蜀军始终无法攻破,反而被魏军乱箭射死了不少人。

最终街亭失守,蜀军失去了重要的据点,又丧失了不少人马。诸葛亮为了避免遭受更大损失,只好把人马全部撤退到汉中。

诸葛亮回到汉中,经过详细查问,知道街亭失守完全是由于马谡违反了他的作战部署。马谡也承认了他的过错。诸葛亮按照军法,把马谡下了监狱,定了死罪。

人生感悟

这个历史教训是非常深刻的,在战场上,一个人物的不良性格和习性,足以葬送一场关键的战争和无数士兵的生命,同时也会断送掉自己的前程和生命。因此,我们在自己的日常生活和工作中,要尽量避免言过其实的毛病,说话要严谨,不要夸大其词,要给自己留下充分的余地。

7.18 处在屋檐下学会先低头

1983年,美国通用汽车公司执行经理史密斯,经过深思熟虑后作出重大决策,将公司属下的一家汽车工厂拿出来,与日本丰田汽车公司合作,生产丰田牌小轿车。当时日本丰田汽车早已以其质优价廉进入美国市场,驰骋于美洲大陆。能将汽车工厂打入美国本土,自然是雄心勃勃的丰田公司求之不得的好事。因此美方建议一经提出,日方的人员、设备便跨洋过海来美国安家了。

美国人早就对日本汽车"侵入"美洲大陆、抢占美国汽车王国地位反感至极,史密斯竟公然把日本公司大摇大摆请到本土上生产汽车,这不是"丧权辱国"的屈节投降,也至少是"引狼入室"的高度让步。为此,美国上下,尤其是汽车界纷纷向史密斯提出谴责和非议。

史密斯自有他的打算和想法。他深切地了解到,美国汽车界之所以在日本汽车大举进攻之下束手无策,一个很重要的原因就是过去太轻敌了。当初日本车刚刚进入美洲之时,几乎所有的美国汽车商都认为日本车不过是初学者的小玩艺儿、低廉产品。对日本汽车售价低、性能好、省燃料的特点缺乏正确的认识和态度。等到日本汽车在美国越来越畅销时,美国同行便一筹莫展了。只有争取日本技术的帮助,增强自己产品的竞争实力,才是争回面子,争回利润的唯一正确的出路。

时至今日,没有一个厂商不明白,要想与日本汽车竞争,必须像日本汽车那样降低生产成本和提高汽车质量。只有两手抓,双管齐下,才能赢得这场竞争。

而通用汽车公司在上世纪80年代初便已开始巧用计策走出了这一步。也正因为这样,通用公司才能不断抗阻日本汽车的冲击,始终站立在了美国汽车界的前列。

人生感悟

在形势不利于自己时，低三下四，以求得别人的援助，而且一定要不为一切虚名所累，不在乎世人怎么看，不怕暂时被世人误会和唾弃，一切以长远的利益为目标。

7.19 没有工厂的制造商

英国的马狮公司是一家全球性的大集团，在它所辖的零售店中，所有的商品都用一种牌子"圣米高"。

马狮公司并没有开设工厂，那么，"圣米高"牌子的商品是如何来的呢？原来，那些商品都是按照市场需求，由马狮公司设计出商品的品种、规格与质量要求，然后借用别人的智力请订制商订做，并冠上"圣米高"的商标的。由于各地按照马狮公司的要求生产"圣米高"牌子产品的厂商很多，马狮公司便被称为"没有工厂的制造商"。

除马狮公司之外，耐克公司也是巧妙借助他人的设备技术，创造自己名牌皮鞋的成功企业。

耐克公司将全部精力都投放到产品设计与销售上，它自己却不设置工厂，不雇用工人，不购买仪器设备，不直接运营生产。在公司数千名职工中，从总裁到一般的工作人员，没有一个人会做鞋。

原来，耐克公司的经理跑遍了全世界，专门去寻找承包商。一项合作合同刚达成，耐克公司的经理又会飞往别的国家或城市，去寻找成本低、质量可靠、交货期有保证的厂家。

马狮公司与耐克公司的经营方式，对产销双方都有利。从公司本身来说，可以获取一些符合市场需求的高质量货品。至于设备、厂房、职工工资等都可以不管。从制造商来说，可以按可靠稳定的订单投入生产，至于产品积压等问题，则不必担心。

人生感悟

一个人的能力是有限的，如果只凭自己的能力，做的事会很少；如果懂得借助他人的智力，就能无所不能。

7.20 把握好做事的时机

林肯是一位勤勉好学的人,他通过自学,领得了律师营业执照。他在法庭上的机智是有口皆碑的,有一次,竟一言不发击败了原告律师。

在法庭上,原告律师先发言,把一个简单的论据翻来覆去讲了两个小时,讲得听众都不耐烦了。台下一片嗡嗡声,有人竟打起了瞌睡。

接着是林肯上台替被告辩护。只见他走上讲台,一言不发。台下嗡嗡声没了,大家感到很奇怪。林肯等了一会儿,先把外衣脱下,放在桌上,拿起玻璃杯喝一口水,再把玻璃杯放下,重新穿上外衣。然后又把外衣脱下,又喝水,这样重复了五六次。屋里的听众被林肯的哑剧逗笑了,有的竟笑得死去活来。

而林肯竟始终一言不发,在一片笑声中走下讲台,他的对手就这样被笑输了。

作为律师,一言不发打赢官司是十分罕见的。原告律师已经把听众搞得不耐烦了,林肯如果再长篇大论,效果是可想而知的。他的高明之处,即在于以哑剧的方式攻击对手的弱点。

人生感悟

"此时无声胜有声"。沉默也能战胜飞扬拔扈。

7.21 真正的智慧

古时候有一位老和尚,在他身边聚拢着一帮虔诚的徒弟。这一天,他嘱咐徒弟每人去南山打一担柴回来。

徒弟们匆匆行至离山不远的河边,人人目瞪口呆。只见洪水从山上奔泻而下,无论如何也不能渡河打柴了。他们只好无功而返,这使得徒弟们都有些垂头丧气。唯独其中的一个小和尚与师傅坦然相对。

师傅问他原因,小和尚从怀中掏出了一个苹果,递给师傅说:"过不了河,打不了柴,见河边有棵苹果树,我就顺手把树上唯一的一个苹果摘来了。"

后来,这位小和尚成了师傅的衣钵传人。

人生感悟

世上有走不完的路,也有过不了的河。过不了的河掉头而回,也是一种智慧。但真正的智慧还在于不无功而返,在河边树上摘下一个苹果。

7.22 让别人为自己赚钱

美国钢铁大王卡内基曾这样定义自己的墓志铭:睡在这里的是善于访求比他更聪明的人的人。

卡内基实事求是地告诉了人们他的发家经历。卡内基没有接受过高等教育,也没学习过专业的钢铁知识,如何能经营好年产量很大的钢铁厂呢?最主要的一个原因,就是请别人为他做管理工作,善于聘请比他有管理钢铁业才能的人为他服务。

1912年,卡内基以100万美元年薪聘请了查理·斯瓦伯为其钢铁公司首任总裁。当时,这一举措震惊了美国各界。因为,当时的100万美元和现在的1000万美元差不多,这不失为一种空前绝后的举动。

卡内基为何重金聘用斯瓦伯为总裁呢?因为他深知斯瓦伯有很高的企业管理才能,相信他为公司获取的利润会远远高于他的工薪。

事实果然不出卡内基预料,斯瓦伯头天上任,钢铁公司每班的产量就提高了15%左右,即从原来每班产6吨升为7吨。1个月过后,产量倍增。随着产量的大幅度增加,在同等的人才、设备、物力投入的情形下,大幅度降低了成本,盈利额大大增加了。

自从斯瓦伯当上总裁后,卡内基的钢铁公司便快速转亏为盈,促使卡内基成为钢铁大王。

借用他人的智力来达到自己的经营目的,这是一条成功的秘诀。智力人人有,人人的智力都有可借之处,"三人行必有我师焉"。只要善于择取他人的智慧为自己所用,经商成功就是指日可待的事情。

人生感悟

一个商人,倘若自己能经营赚钱,证明他有经商的本领。然而,不用自己经营,能请别人为自己赚钱的人,他的经营才华更是技高一筹。

7.23 不要被权威吓到

秦国的甘罗十二岁拜上卿,秦始皇对他的评价是"孺子之智,大于其身"。这些都源自一次他跟秦始皇关于"公鸡下蛋"的辩论。

秦始皇听信方士吃公鸡蛋能长生的话,便命令甘罗的爷爷前去寻找。

"爷爷,您有什么心事吗?"甘罗看到愁眉不展的爷爷在房间里走来走去,便上前问道。

"唉,皇上听信了方士的话,要吃公鸡蛋以求长生。现在命令我去找,要是三天之内找不到,就得受罚。"

甘罗一听,也着急起来。不过他灵机一动,有了主意。"爷爷,你不用再为此事操心,三天后我替你上朝去,我有办法应付皇上。"

听了甘罗的话,一向信任他的爷爷也就放下心来。

期限已到,甘罗不慌不忙地随着一班大人走进宫殿。

秦始皇认识他,暗想一个小孩跑进宫殿来简直无礼,便生气地问:"你来干什么?是不是你爷爷找不到鸡蛋不敢来了?"

"启禀陛下,我爷爷来不了。"甘罗冷静地说,"他在家生孩子呢,所以只好我替他来上朝了。"

"胡说!"一句话把秦始皇逗乐了,"你这孩子,男人怎么会生孩子?"

"既然公鸡能下蛋,为什么男人就不会生孩子呢?"甘罗反问道。

秦始皇一听,自然知道自己错了。同时也看出了甘罗不简单,便对他破格录用。

人生感悟

小甘罗利用归谬法使秦始皇发现自己的观点自相矛盾,秦始皇再狠也得讲道理,所以无法拒绝甘罗的"不"。

7.24 要学会借梯上楼

每当人们嚼着巧克力时,都会认为是瑞士生产的。其实,巧克力并不是瑞士发明创造的,而是瑞士的企业家瞄准了这种商品后,不断改进、不断提高,才使瑞士的巧克力名播四海的。

公元 1815 年,一名叫路斯·凯勒的瑞士青年发现市场上出售的一种糊状产品,香气怡人、味道可口,令人垂涎三尺。他经过一番打听,得知这种产品叫巧克力,是意大利生产的。他认为这种产品很有市场,便下决心模仿意大利人,自己生产这种产品。

为了学会制作巧克力的方法与技术,他特意到意大利去学习。"功夫不负有心人",他在意大利的一家巧克力制作工厂工作了 4 年多,最终掌握了巧克力的配方和生产技术。

技术学成后,他立刻回到家乡开设了瑞士第一家巧克力工厂,成功生产出一种固体型、入口后能迅速融化的巧克力糖,使它一举成为畅销产品。

这种巧克力能够获得成功,关键在于其创始人能够借鉴别人的创意,巧妙更新,成功研制选料、配方等。

人生感悟

借梯上楼是经商的一大诀窍,借助别人成功的经验使自己的能力发挥最大效果是成功的捷径。

7.25 坏人也有做好事的时候

秦桧当政时,有一个书生假冒他的书信,去见扬州太守。

太守发觉了他的伪造,将假信上缴并将此人押送回京。秦桧见到这个人,当即授予他官职。

有人向秦桧探问其中的缘故,秦桧说:"有胆量伪造我的信,这个人必定不是平常的人,如果不以一个官职束缚住他,那他不是去投奔北面的金国,就会逃往南方,为越人所用了。"

北宋与西夏作战时，有姓张和姓李的两个书生，颇有韬略，想让韩琦、范仲淹重用他们，不好意思自荐，就写诗刻在碑石上，让人为他俩宣传。

韩、范对张、李二生的人品才能有疑虑，没有起用他们。时间长了，这两个人就跑到西夏去了，化名为张元、李昊，到处题诗。元昊正是西夏首领的名讳，一般人是不敢叫的，所以，当元昊听说这件事后感到很奇怪，招他们来谈话，听后大喜，马上委任他们为参谋。

他们为西夏出谋划策，成为北宋很大的边患。

所以冯梦龙认为奸臣秦桧对这件事的处理，实在是远远胜过韩、范二公了。

人生感悟

世界上的事不可一概而论，既不能因言废人，也不可因人废言。有时就是最下等的人也会有最上等的智谋。

7.26 有些东西是模仿不来的

第一次世界大战结束后不久，罗斯·史密斯和凯恩·史密斯两兄弟刚刚驾机完成了伦敦至澳洲的首次飞行，并赢得了澳洲政府颁发的五万澳元奖金。这一创举在大英帝国上下引起了轰动，兄弟俩荣幸地赢得了英皇颁赐的爵位。

在他们这一飞行的壮举中，有一位知名的风景摄影家胡雷上尉，曾伴他们飞行过一段路程，并为他们拍摄了许多场景。为了扩大这一飞行的影响，英国政府专门安排他们在伦敦的"爱乐厅"进行专场演讲。摄影家则十分荣幸地协助他们通过画面来解说这次行程的经历，重点是训练他们如何表达。

他们俩在伦敦的"爱乐厅"每日演讲两场，早、晚每人各一场，这一活动共持续了四个月之久。令人不可思议的是，这兄弟俩尽管有着完全相同的经验，因为他俩曾并肩飞行绕过了半个世界，而且他们的演说词也几乎逐句逐字相同，可是听众听起来感觉到的差异却非常大！

要使讲话成功，除了表达语言精彩以外，还有其他的重要因素，那就是在语言表达时所采取的特有风格。也就是演说时的态度，说什么和怎么说是两码事，切不可混为一谈。

在一次公开演奏会上，一位年轻小姐听得很入神。当著名钢琴家潘德列夫斯基弹奏肖邦的一首马祖卡舞曲时,她也对着曲谱在看。从她的面部表情来看,她感到很困惑,因为她无法理解:她与这位钢琴家曾弹奏过同一首舞曲,而且所敲击的音符也完全一样,然而,他们俩的表现力却有天壤之别。她的表现极为普通,而这位钢琴家则表现得如此吸引人。

他能将这首曲子弹奏得引人入胜,其关键并不在于是否弹对了音符,而在于他所弹奏的方式!这位钢琴家之所以能将同一首曲子弹奏得如此感人,主要是因为在弹奏时加进了自己的感情,体现了自己的艺术才能和鲜明的个性。正是这一切,构成了凡人与天才之间的差别。

人生感悟

如果一个人做事时能把自己的独特才能发挥到极点,就会使自己既显得与众不同又有吸引人的魅力。而如果一味刻意模仿别人则会把事情弄糟。

7.27 发挥借名钓利的谋略

北京前门的那家茶馆可谓家喻户晓,这家茶馆历史悠久、知名度较高。原因是著名作家老舍先生曾以它为背景写下一部叫《茶馆》的话剧,这部话剧受到社会各界人士的广泛喜爱,同时也使得前门茶馆生意兴隆。

湖南省桃源县有个桃花源,里边每天游人如梭,海内外游客纷至沓来。

桃花源如此吸引游客的原因恐怕是得益于东晋文学家陶渊明的《桃花源记》。陶渊明在文中描写了一个神奇、迷人的世外桃源,反映了他不满社会现实和对未来社会的理想追求,桃花源因此得名。

后来的文人骚客,更是对桃花源大肆渲染,使得桃花源闻名遐迩。改革开放后,桃源县将一个徒有虚名的"桃花源"建成了一个美丽的桃花源公园。园内就按陶渊明文中的描绘布置:有桃花溪,钻进去走几步便会看到豁然开朗的农舍、亭楼,风景很迷人。

桃花源公园里游客熙熙攘攘,附近的农民也摆摊设点,为游客提供饮料、纪念品等……好一派繁华热闹的景象,经济效益十分好。

同样,某市糕点厂的产品开发研究人员,受到目前宫廷膳食走俏这一情况的启发:何不把古典名著《红楼梦》中描写过的糕点开发出来?宫廷食品虽然过于神秘,知之者甚少,而《红楼梦》可是老幼皆知,影响极其广泛的,借《红楼梦》的东风,不愁生产出来的糕点不飘香千家万户。

研究人员立即根据《红楼梦》中的描写,生产出了一系列"红楼梦糕点"。有形似通灵宝玉的蜜香果,还有刘姥姥初进大观园时吃过的油饼、小饺儿等。产品生产出来后,在中秋佳节前夕,糕点厂邀请了一批著名的红学专家和食品专家聚集在一起,开了一个"红楼梦糕点"品尝会。

琳琅满目的食品,顿时引起专家们的极大关注。产品上市后,前来购买的人络绎不绝。

人生感悟

名能生利,借名钓利,是成功商人懂得并巧妙施用的谋略,他们借用典故、故事、传说来为商品扬名,最终取得了惊人的效果。

7.28 不妨拉大旗作虎皮

宋朝时候,有人假造魏国公韩琦的信去见蔡襄。蔡襄虽然有所怀疑,但是看来人性情豪放,就送给他三千两银子,写了一封回信,派了四个亲兵护送他,并带了些果物赠送给韩琦。

这个人到京城后,拜见韩琦,承认了假冒的罪责。

韩琦缓缓地说:"君谟(蔡襄字)出手小,恐怕不能满足你的要求,夏太尉正在长安,你可以去见他。"当即为他写了封引荐信。

韩琦的子弟对此举表示疑惑不解,觉得不追究伪造书信的事就已经很宽容了,引荐的信实在不该写。韩琦却说:"这个书生能假冒我的字,又能触动蔡君谟,就不是一般的才器呀!"

果然如韩琦所说,这人到了长安后,夏太尉真的启用他做了官。

宋哲宗元祐年间,苏轼出任杭州太守,刚处理公事时,适逢税务官送来一名逃税的人。

这人叫吴味道,是南剑州的乡贡士。他将两大包东西冒充苏轼的名字,假说是运往京城给侍郎苏辙的。苏轼问他包内有些什么东西,吴味道很害怕,惶恐地说:"我被推荐参加今年秋天的礼部考试,临行时乡亲们送了些钱给我作为在京城的花费。我用这些钱买了两百端建阳纱,因为路上各个关卡都要抽税,如果那样,到京城纱布就剩下不到一半了。我心想当今天下大有名气而且又爱惜读书人的,惟有内翰大人(指苏轼)和侍郎大人(指苏辙),小人纵然败露,也必定能得到原谅。于是就冒充先生的名衔,将货物封好运来,不知先生已经光临此地,我的罪行实在是无法逃脱了。"

苏轼朝吴味道看了很久,随即笑着招呼属下将货物的旧封条去掉,换上真的名衔,上写"至东京竹竿巷"。又给他弟弟写了一封信,交给吴味道,说:"你这回就是上天去也没有关系了!"

第二年,吴味道考中了进士,特地来拜谢苏公。

人生感悟

"人微言轻",当英雄是白身时,没有什么人把你当回事。在这种时候把虎皮拉出来披在身上,有时候也可以吓退豺狼。

7.29 巧借媒体的力量

美国联合碳化钙公司,在华盛顿筹建了一幢50多层的总部大厦。大厦落成启用时,该如何借总部落成的机会将公司的知名度提高呢?董事会的成员们纷纷出谋献策。

此时,大楼管理部报告:有一大群鸽子飞进了大厦顶层的房间中,无论如何都赶不走,而且越停越多。没过几天,小小的屋子中便聚集了上千只鸽子。一时间,鸽粪、鸽毛将这座刚刚落成的总部搅得脏乱不堪。

在西方国家,城市中的鸽子是野生的,由于政府规定不得捕杀野生动物,因此鸽子肆意繁衍,逐渐增多。又因为鸽子不会受到伤害,所以它们随意降落。

美国联合碳化钙公司总部面对这严重的"鸽患",经过一番考虑后,决定"化患为福",借题发挥,使影响扩大。

于是,他们便将所有的门窗关闭,不放飞一只鸽子,并采取一系列行动:首先向动物保护委员会发出通知,请其派人负责处理这件事情;紧接着,通告电视台等新闻单位,公司大楼将开始进行富有情趣的捉鸽活动。

在西方看来,这是一件很重要的事情,所以消息一下子传遍了全国。前后用了3天时间才将鸽子捉完,然后将鸽子喂饱后再放飞。当时的电视、报纸陆续报道,联合碳化钙公司由此名声四起,业务突飞猛进地发展起来。

人生感悟

不做广告而胜做广告是借用了媒体的妙处。借用媒体不是件易事，但是制造出新闻，媒体就会争相报道，借用的目的就达到了。

7.30 勇敢地面对挑战

美国国务卿希拉里·克林顿在4岁的时候，曾经遇到过当时最大的挑战。

那时她家刚从外地搬到芝加哥郊区的帕克里奇住。来到新环境，活泼好动的希拉里非常想交新朋友，但很快她就发现这并不容易。

每当她到外面玩耍时，邻居的孩子们不是嘲笑她就是欺负她，有时还将她推来推去或将她打倒。每当遇到这种情况，她都会哭着跑回家，再也不出门了。

希拉里的母亲一直在旁边观察。有一次，当希拉里又哭着跑回家时，她站在门口挡住小希拉里的去路。大声对她说："回去勇敢地面对他们，我们家不允许有胆小鬼存在。"

希拉里无奈之下只好硬着头皮，强忍着走出家门。那些欺负她的孩子们见此都大吃一惊，因为他们没料到希拉里会这么快回来。后来，靠着这份勇气，希拉里最终赢得了新朋友。

人生感悟

在困难面前，不退缩，勇敢地面对挑战，这是战胜一切困难的法宝。

7.31 塞翁失马，焉知非福

美国亨利食品加工工业公司总经理亨利·霍金士先生突然从化验室的报告单上发现，他们生产食品的配方中，起保险作用的添加剂有毒，虽然毒性不大，但长期食用对身体有害。如果不用添加剂，则会影响食品的鲜度。

亨利·霍金士考虑了一下，他认为应以真诚对待顾客，把这一有损销量的事情告诉每位顾客。于是他当即向社会宣布，防腐剂有毒，对身体有害。

这一下,霍金士不得不面对很大的压力,食品销路锐减不说,所有从事食品加工的老板都联合了起来,用一切手段向他反扑,指责他别有用心,打击别人,抬高自己,他们一起抵制亨利公司的产品。亨利公司一下子跌到了濒临倒闭的边缘。

苦苦挣扎了4年之后,亨利·霍金士已经倾家荡产,但他的名声却家喻户晓。这时候,政府站出来支持霍金士了。亨利公司的产品又成了人们放心满意的热门货。

亨利公司在很短时间里便恢复了元气,规模扩大了两倍。亨利·霍金士一举登上了美国食品加工业的头把交椅。

人生感悟

即使是看起来很坏的"吃亏",也能为你带来想不到的好处。

8月份

善于借助已经成功的品牌
让谈判对象充当你的说客
忍得一时气,成得千秋业
利用对方最亲近的身边人
做事要分轻重缓急
……

8.1 善于借助已经成功的品牌

"佛雷"是美国的一家化妆品公司。佛雷化妆品公司是老牌企业,不管是从产品包装或产品品质上看,都有其与众不同之处。深受美国黑人的垂青,产品销售量很高,几乎将整个美国黑人化妆品市场垄断了。

强生化妆品公司那时则是一家刚刚开办的新公司,产品没有知名度,自然不能与佛雷化妆品公司竞争。不过,"强生"很聪明,虽然胳膊拧不过大腿。但是,如果能借对方的名牌,来提升自己公司的地位,那也是一件好事。于是,该公司便想出了一个绝招,在许多家媒体上做了一则一般人认为很愚蠢的广告。广告词是:当你用过佛雷公司的化妆品后,再擦抹一次强生公司的粉,将会取得意想不到的好效果。

在许多人看来,这就是强生化妆品公司出钱,为佛雷化妆品公司做免费广告,难道不是一件非常愚蠢的事情吗?然而"强生"有自己的打算,它是借佛雷化妆品公司的名声,将自己的产品与佛雷名牌产品摆放在一起,以引起社会各界的广泛注意,使自己产品的地位得到提高。使社会大众意识到:既然强生化妆品公司的产品能够与佛雷化妆品公司的产品相提并论,那么强生化妆品公司的产品,就会与佛雷化妆品公司的名牌产品质量上相差不大了。

实践证明,经过"强生"的炒作,其公司的粉底产品,很快便被大多数黑人接受,销量大增;同时,还使佛雷化妆品公司放松了戒备,让强生化妆品在竞争中很快获胜。

人生感悟

在特定情况下,巧妙借助别人的名牌来提高自己产品的知名度,自己最终也能成为品牌。

8.2 让谈判对象充当你的说客

美国某航空公司发觉乘客几乎都是在不得已的情况下,才肯搭乘飞机。起初,他们认为这是"怕死"的心理在作祟。因此,花了庞大的宣传费,强调飞机的安全可靠,可惜并未收到预期的效果。于是,这家航空公司决定进行调查,并聘请著名的心理学家狄希特博士主持这项工作。

狄希特博士先就经常搭乘飞机的旅客做了一项假想测验,请教他们:"如果获悉自己的座机即将撞山而毁时,首先闪入脑海的景象是什么?"调查的结果显示,这些旅客所关心的并非自己的生死问题,而是亲人将如何接受这个不幸的消息。即面临死亡的威胁,乘客想到的是亲人如何自处,如有的人脑海中浮现自己的太太声泪俱下地说:"就是这么傻,如果听我的话,搭火车去不就没事了"的情景。航空公司按照这个结论,对"家属"展开了宣传攻势。

宣传单上告诉为人妻者:"若让先生搭乘飞机,他会在最短的时间回到你的身边。"同时,还举办"全家同游"的活动,使一些家庭主妇也能享受搭乘飞机旅游的乐趣。航空公司利用宣传以说服乘客的背后权威人物——家属,而避免了直接游说乘客时可能遭受的困扰,公司的业务果然大为改观。

在商务谈判活动中,我们想说服对方公司接纳生意,也可采用让谈判对象扮演游说他背后集团的说服者的办法。如前所述,一般情况下,当个人做任何决定时,均会优先考虑集团的意向。因为,潜意识里他会存在着"遵循集团的意向,总是错不了"的念头,并认为跟着集团走,不必操心费神,能节省脑力。在这种情况下,游说对象心里或许认为你的说服理由充分,但是,却不愿意因个人的利益而影响背后集团的意志,从而不做任何的评论。如果我们能让他产生"为了集团的利益"的信息,亦即给他提供"这些完全是为了集团的利益才做的"、"对本公司的前途大有好处"等等"理由"时,他就会消除与游说者之间的心理隔阂,转而站在你这一边,成为有力的说服者去说服集团的有关成员。

人生感悟

让与对方有联系的第三者扮演说服者的精妙之处就在于"利用别人"和"以迂为直"。

8.3 忍得一时气,成得千秋业

我国历史上刘邦与项羽在称雄争霸、建立功业上,表现出了不同的态度,最终也产生了不同的结果。

苏东坡在评判楚汉之争时就说,项羽之所以会败,就因为他不能忍,不愿意吃亏,白白浪费自己百战百胜的勇猛;汉高祖刘邦之所以能胜就在于他能忍,懂得吃亏,养精蓄锐,等待时机,直攻项羽弊端,最后夺取胜利。

两王平日的为人处世之不同自不待说,楚汉战争中,刘邦的实力远不如项羽。当项羽听说刘邦已先入关,是怒火冲天,决心要将刘邦的兵力消灭。当时项羽40万兵马驻扎在鸿门,刘邦10万兵马驻扎在灞上,双方只隔40里,兵力悬殊,刘邦危在旦夕。

在这种情况下,刘邦先是请张良陪同去见项羽的叔叔项伯,再三表白自己没有反对项羽的意思,并与之结成儿女亲家,请项伯在项羽面前说句好话。然后,第二天一清早,又带着随从,拿着礼物到鸿门去拜见项羽,低声下气地赔礼道歉,化解了项羽的怨气,缓和了他们之间的关系。

表面上看,刘邦忍气吞声,项羽挣足了面子,实际上刘邦以小忍换来了自己和军队的安全,赢得了发展和壮大力量的时间。刘邦对不利条件的隐忍,对暂时失利的坚韧,反映了他对敌斗争的谋略,也体现了他巨大的心理承受能力。

刘邦正是靠着吃一些眼前小亏的技巧赢得了最后的胜利。有人说刘邦是一忍得天下,相信这种智慧不是有勇无谋的人可以修炼到的本领。对于今天的现实生活,我们不一定会遇到这种敌我关系,但无论在怎样的条件下,都要记得勇气不是一味的冲锋陷阵,而应有勇有谋。

人生感悟

要成就大业,就得分清轻重缓急,该舍的就得忍痛割爱,该忍的就得从长计议。

8.4 利用对方最亲近的身边人

秦昭王派白起为主将,在长平歼灭赵国40万大军以后,乘胜直逼国都,把邯郸团团围住。赵王几次写信给魏王和信陵君请求魏国出兵援救,魏王才不慌不忙地派将军晋鄙统率10万大军去救赵国。

秦王听到这个消息,立即派人去警告魏王说:"我攻打赵国,早晚准能攻下,有任何国家敢派兵救援,我打下赵国之后,接着一定移调军队去打它!"

魏王给吓住了,急忙命令晋鄙停止进军,驻扎在邺下这个地方。名义上是援救赵国,实际上是观望形势,采取模棱两可的两面态度。

平原君等得急了,便不断派人到魏国去,并责备信陵君。

信陵君心里很难过,屡次去请求魏王火速进兵。但魏王害怕秦国报复,始终不答应。信陵君知道魏王已没有救援赵国的决心,便奋不顾身,独自一人毅然去救赵国。他和门客们商议好,结集了百多辆战车,准备冲入秦军中与赵国共存亡!信陵君率领着这支小部队经过东门时,见到了守门的老头侯生,把自己要去跟秦军决一死战的消息告诉他。

分手的时候,侯生只冷冷地这么说:"你努力去干吧,我老了,不能跟你一道去!"

走了一段路程,信陵君心里想:"我平时没有得罪侯生的地方,现在我要去和人拼命,他怎么没有半句话劝阻我或激励我,这确实奇怪。"因此,便叫大家停下来,独自跑了回去。

这时侯生正站在门外,一见信陵君回来,便笑着说:"我早就料到你一定会回来找我的。"

"你怎么会知道呢?"信陵君问。

"那还不简单!"侯生说,"你一向对我很好,现在你要去送死,我偏不给你送行,你心里一定不愉快,所以我料定你必然回来问我个明白!"

信陵君说:"你猜得不错。我怕我有什么对不起先生的地方,才使你这么冷淡,所以想问个明白!"

侯生说:"我知道你一向器重人才,养了这么多门客,但现在遇到了为难的事情,却毫无办法,只好跟秦军拼命,这正如把肥肉丢进老虎口里,试问有什么益处呢?"

"我也知道没有什么益处,"信陵君说,"但平原君是我的姐夫,交情又深。眼下,他危在旦夕,我不能见死不救呀!虽然明知这样做无济于事,但也是万不得已之举。不知老先生有没有别的办法可想?"

侯生把旁人遣开,细声问信陵君:"我听说现在魏王最宠幸的一个美人叫做如姬,是不是?"

"是的!"

"又听说如姬的父亲被人杀害,她怀恨了三年,从国王以下,都想为她报仇,却总是没办法找到这个仇人。有一次,她为这件事向你哭诉,你立刻派门客去侦察,很快就把那人的人头弄到了手,献给了如姬,是否有这件事?"

"不错,确有此事。"

于是,侯生说出了他的计划:"你帮如姬报了杀父之仇,她感激不已,就是为你牺牲生命,也决不会推辞的,你正好可以利用这个机会,在她这里找突破口。"

后来如姬从魏王身边盗出了虎符,信陵君靠它解了赵国之围。

人生感悟

如果你要说服的对象对你无动于衷时,你就应该把重点放在与对方非常亲近而且在对方心中占有非常重要地位的人身上。

8.5 做事要分轻重缓急

有一位公司的经理去拜访美国的卡耐基,看到卡耐基干净整洁的办公桌感到很惊讶。他问卡耐基说:"卡耐基先生,你没处理的信件放在哪儿呢?"

卡耐基说:"我所有的信件都处理完了。"

"那你今天没干的事情又推给谁了呢?"老板紧接着问。

"我所有的事情都处理完了。"卡耐基微笑着回答。

看到这位公司老板困惑的神态,卡耐基解释说:"原因很简单,我知道我所需要处理的事情很多,但我的精力有限,一次只能处理一件事情。于是我就按照所要处理的事情的重要性,列一个顺序表,然后就一件一件地处理。结果,完了。"说到这儿,卡耐基双手一摊,耸了耸肩。

"噢,我明白了,谢谢你,卡耐基先生。"几周以后,这位公司的老板请卡耐基参观其宽敞的办公室,对卡耐基说:"卡耐基先生,感谢你教给了我处理事务的方法。过去,在我这宽大的办公室里,我要处理的文件、信件等等,都是堆得跟小山一样,一张桌子不够,就用三张桌子。自从用了你说的法子以后,情况好多了,瞧,再也没有处理不完的事情了。"

这位公司的老板,就这样找到了处理事务的方法,几年以后,成为美国社会成功人士中的佼佼者。

人生感悟

人的时间和精力都是有限的,不根据事情的轻重缓急制订一个顺序表,你就会对突然涌来的大量事务手足无措。

8.6 要不惜重金聘请人才

资产雄厚的约翰逊,已拥有了一批如旅馆、实验机构、自动洗衣店、电影院等不同类型的企业,但仍然热衷于兼并其他企业。

约翰逊决心跻身于杂志出版界,并计划创办一套在美国有影响的杂志丛刊,但问题是他自己对杂志业务一点也不熟悉,这就需要物色一个懂行的人才帮助他处理这项工作。但这种人才到什么地方才能找到呢?而这样一个人才,自然是他跻身出版界的前提条件,这成了摆在他面前的第一个难题。

不久,经朋友介绍,他认识了一位名叫罗宾逊的杂志发行人。

罗宾逊多年以来一直在从事编辑、发行工作,其内容涉及某项日趋发展的领域,但所致力发行的这份杂志未能得到畅销。

尽管杂志销量不大,罗宾逊的知识却很全面。在专业出版界里,是公认的优秀人才,办这份杂志,他自己承担了大部分的工作。加上成本低廉,所以,他的日子还算过得比较宽裕。

一些大的出版商曾多次找过罗宾逊,想把罗宾逊和他的杂志拉过去,但没有一位出版商达到目的。

约翰逊了解到这些情况之后,认为罗宾逊确实是自己所需要的人才,他接连两次找上罗宾逊的家门。可惜的是,他也和别人一样吃了"闭门羹"。

但约翰逊是一个不达目的决不善罢甘休的人。他打定了主意不管花多大力气也要获得罗宾逊的这份杂志,还要以罗宾逊为核心,办起一套更具影响的专业丛刊。尽管在罗宾逊面前碰了两次钉子,但他仔细分析后认为是自己对罗宾逊的心路还不明确,对他缺乏必要的了解所致。他认为,一个实业家物色自己需要的人才,就要用超乎寻常的耐心去等待、去争取。

经过一段时间的认真观察,约翰逊发现罗宾逊是一个恃才傲物的人。罗宾逊最瞧不起那些大出版商,他说那些大出版商是制造低级杂物的"工厂"。

此外,约翰逊还了解到,独立经营者所具有的那种高度冒险的乐趣,已渐渐失去对罗宾逊的吸引力。而且,罗宾逊不相信局外人,尤其是那些与他的创造性领域不相干的"生意人"。

约翰逊掌握了这些情况以后,第三次找到了罗宾逊谈话。一开始,约翰逊就坦率地承认,他对办杂志、出版业务不熟悉。但他需要一个行家里手主持开辟专业出版的新领域,并指出罗宾逊正是这样的一位杰出人才。

接着,约翰逊掏出一张3万美元的支票,说:"自然,在股票和长期利益方面,我们还会赚到更多的钱。但是,我觉得,任何一项协议,就像我希望和你达成的这项协议,都应当有直接的,看得见的好处。"

然后,约翰逊停顿了片刻,用期待的目光盯着罗宾逊。见罗宾逊还是没有反应,约翰逊又用强调的口气,向罗宾逊介绍了他的一些同事,特别是他的业务经理。指出这些人完全听从罗宾逊的调遣,并承担罗宾逊所希望摆脱的一切杂务。

听完这些,罗宾逊固执的脑子开始松动。最后终于同意了把自己的杂志转让给约翰逊。

人生感悟

一个单位如果有一帮能征善战、忠心效力的人才,就不愁效益上不去。对领导者而言,人才就是利润,人才就是效益。

8.7 爱心带来的回报

据说这是一个真实的故事。有位孤独的老人,无儿无女,又体弱多病。他决定搬到养老院去。老人宣布出售他那漂亮的住宅。购买者闻讯蜂拥而至。住宅的底价是8万英镑,但人们很快就将它炒到了10万英镑。价钱还在不断攀升。

老人深陷在沙发里,满目忧郁,是的,要不是身体不好,他是不会卖掉这栋陪他度过大半生的住宅的。

就在这时,一个衣着朴素的青年来到老人的面前,弯下腰,低声说道:"先生,我好想买这栋住宅,然而我只有1万英镑。可是,如果您把住宅卖给我,我保证会让您依旧生活在这里,和我一起喝茶、读报、散步,天天都快快乐乐的——相信我,我会用整颗心来照顾您的!"

老人颔首微笑,把住宅以1万英镑的价钱卖给了他。

人生感悟

完成梦想,不一定非得冷酷地厮杀和欺诈,有时,只要你拥有一颗博爱的心就足够了。

8.8 循规蹈矩做不成大事

美国杰出的发明家保尔·麦克里迪曾讲述过这样一个故事：

这是几年前的一件事。我告诉我儿子,水的表面张力能使针浮在水面上,他那时才十岁。我接着提出一个问题,要求他将一根很大的针投放到水面上,但不得沉下去。我自己年轻时做过这个试验,所以我提示他要利用一些方法,譬如采用小钩子或者磁铁等等。

他却不假思索地说:"先把水冻成冰,把针放在冰面上,再把冰慢慢化开不就得了吗?"

这个答案真是令人拍案叫绝! 它是否行得通倒无关紧要,关键一点是:我即使绞尽脑汁冥思苦想上几天也不会想到这个方法。经验把我限制住了,思维僵化了,这小伙子倒不落窠臼。

我设计的"轻灵信天翁号"飞机首次以人力驱动飞越英吉利海峡,并因此赢得了21.4万美元的亨利·克雷默大奖。但在投针一事之前,我并没有真正明白我的小组何以能在这场历时18年的竞赛中获胜。要知道其他小组无论从财力上还是从技术力量上来说,实力远比我们雄厚。但到头来,他们的进展甚微,我们却独占鳌头。

投针的事情使我豁然醒悟:尽管每一个对手技术水平都很高,但他们的设计都是常规的。而我的秘密武器是:虽然缺乏机翼结构的设计经验,但我很熟悉悬挂式滑翔以及那些小巧玲珑的飞机模型。我的"轻灵信天翁"号只有70磅重,却有90英尺宽的巨大机翼,用优质的绳子作张索。我们的对手们当然也知道悬挂式滑翔,他们的失败正在于懂得的标准技术太多了。

人生感悟

法国著名物理学家约里奥·居里说得好:"实验结果离理论越远,那就离诺贝尔奖金越近。"这句话好就好在他说出了打破思维定式的重要性。

8.9 利用客户的名气

近一个世纪来，罗尔斯—罗伊斯轿车一直是英国的骄傲。它象征着成功、财富、权力与地位，被视为英国的"国宝"。

出生于英国平民家庭的亨利·罗伊斯因为设计利物浦第一街道照明系统而小有名气。此后，凭借自己的电气、机械知识，他又制造出各方面都优于福特汽车的汽车。他的成功震动了具有贵族血统的驾驶员兼飞行员罗尔斯，富有的罗尔斯欣赏罗伊斯的才华。他们一个出资金，一个出技术，就这样，1906年罗尔斯—罗伊斯汽车公司成立了。

1907年，罗尔斯—罗伊斯公司制造出第一批汽车命名为"银色幽灵"。"幽灵"，顾名思义是没有声音，没有动静，取这样一个名字是形容这种车子的噪音之小，震动之微。

近一个世纪以来，罗尔斯—罗伊斯公司相继推出3种汽车品牌，即"银灵"、"银羽"和"银影"。"银灵"为黑蓝等深颜色，通常卖给国家元首、政府首脑和要员、王室成员以及英国有爵位的贵族人士。"银羽"则为中性颜色，一般卖给绅士名流。"银影"为白灰等浅色调，大多卖给公司集团和富豪。只有这些人才买得起外表雍容、性能超群、工艺精湛、价格昂贵的"轿车王"。

借助顾客的要求，同时也借助顾客庞大的人气，罗尔斯—罗伊斯公司发展非常迅速，并使他们的品牌永远留在了顾客的心中。

人生感悟

在商场上，要充分借助于顾客的人气，明白他们需要什么，然后满足这些人的需要。

8.10 在老人和孩子身上多下功夫

求人办事，并不总是在熟人之间进行，有时不得不闯入陌生人的领地。进入一个陌生的家庭环境里，想要迅速打开局面，人们首先总是寻求理想的"突破口"。有了"突破口",便可以点带面或由此及彼地铺展发挥开去,从而实现目的。老人和小孩儿就是一个理想的"突破口"。

老人因体力虚乏,在家休养,或因年岁高而退职在家,工作是没得做,家务是不让做,话是心里有而没处说,因此常常显得孤寂。如果有人主动接近老人,哪怕是暂时地解除老人的孤寂,老人都会非常乐意。而小孩天真纯朴,喜新好奇爱动:一句唐诗、一段故事、一个花脸、一声哄捧就能很快赢得小孩亲近。

香港首富李嘉诚早年推销过白铁桶。当时,有一家刚落成的旅馆正准备开张,这是推销铁桶的大好时机。李嘉诚的几个同事领功心切,抢先找到旅馆老板,不料皆碰了一鼻子灰,无功而退。原来老板有意与另一家五金厂交易。

知难而退的同事公推李嘉诚出马。李嘉诚也觉得,放跑这条大鱼,实在太可惜,也显得自己太无能。

但他并不急于去见老板,而是先与旅馆的一个职员交上朋友。然后假装漫不经心地从那个职员口中套知老板的有关情况,以选择突破口。那个职员谈到老板有一个儿子,整天缠着要去看赛马。老板很疼爱他,但旅馆开张在即,千头万绪,根本抽不出时间陪儿子。

职员是当作趣闻说起这件事的。可言者无意,听者有心。李嘉诚感觉他已经找到了打开老板闭门拒客心理的钥匙。于是李嘉诚让这个职员搭桥,自掏腰包带老板的儿子去跑马场看赛马,令老板的儿子喜出望外,兴高采烈。

李嘉诚的举动使老板十分感动,不知如何答谢才好,于是,同意从李嘉诚手中买下380只铁桶。

人生感悟

选好切入点更容易使推销成功,做其他事亦是如此。

8.11 把精力用在办大事上

里根是美国历史上一位卓越的领导人,精明干练。就算不喜欢他的人,也不得不承认他在执政期间显著的成绩。

里根保持着简单的做事风格,他最为突出的优点是精于决策,并善于配备人才去实施决策。他起到了为政府指明方向的良好作用,而不是将权力紧紧地把在手中,他放心将日常工作交给下属去办,自己则把注意力集中在那些重大问题上,这是里根取得成功的重要因素。

里根对事情的细节并不过多追问,但在重大问题上他绝不马虎,他特别注重吸取能够使他作出正确决策的一系列信息。在做重要决策前,他会让内阁秘书办公室为他准备一份三页左右的备忘录,在上面列明问题的概要和脉络,并详细记录那些内阁成员及高级助手们主要倡导的方案,而相关机关还要准备好内容颇为详实的文件。里根把这些文件进行详细的阅读,遇到问题随时召集相关人员进来开会讨论,直到得出令人满意的结果。

他有极大的耐心去听取各方面的意见以及他们之间的辩论。里根凭借着工作人员的努力,加上自己的判断力作出了各种行之有效的决策。在关键时刻他还能站出来向国会和选民发出呼吁,提出建设性意见,以获得多数人的支持。

里根将他的设想变成现实计划的第一步,就是物色出最恰当的人来辅助他。他对美国《幸福》杂志说过:"让那些你能够物色到的最出色的人在你身边工作,授予他们权力,只要你制定的政策在执行就不要去干涉。"他的权责意识很明确,但也会巧妙地做出一些妥协,避免一些不必要的纷争。

里根能成为卓越的领导人,在于他能把握领导办事的要义。就像尼克松所说的:"领导者不仅要正确决定什么是应该干的事,而且还要说服他人去干这件事"。可见,决策以及督促工作人员实施决策才是领导要着力去办的事,而不是事必躬亲。

人生感悟

领导办事不要在工作细节上耗费精力,对于具体细节问题,应放手让下属去做。领导大包大揽,不仅可能处置不当,而且会耽误对重大事情的解决。

8.12 借力于名人的名气

有一位出色的出版商,为脱手滞销的书想出了一个好主意,这就是把这本书拿给总统阅读,并且不厌其烦地去征询总统的意见。总统有一大堆政务要忙,哪里有时间读他的书,更别说意见了。为了搪塞他,总统只好说这本书不错。出版社如获大赦,急急忙忙做起广告来。

广告威力十足:现有总统喜欢的书出售。紧接着,这些书被抢购一空。过了不久,这个出版商再次积压了另一本书,他又拿到总统面前。感觉上了一次当的总统,这一次想不被利用便说:"这本书糟糕透了。"

出版商脑袋一转,又做起了广告:"现有总统不喜欢的书出售。"

人们在好奇心的驱动下又将出版商的书抢购一空。

到了第三次的时候,总统吸取前两次的教训,对出版商的书不置可否。这一次,他以为出版商没辙了,结果,出版商再一次热热闹闹地打起广告:"目前有连总统都不好下结论的书卖,欲购从速啊。"当然,结果可想而知。

出版商充分运用自己的智慧,恰到好处地借助名人的招牌售书,最终收到了自己想要的效果。

但利用名人效应时要特别注意:要尊重名人,不能招致名人的反感与厌恶,切忌与名人争权夺利;细致策划、认真组织、瞅准时机,力求产生预期的效应。当然,能与名人交往是最好的方式。

人生感悟

一位哲人说过:"名人,是一项重要的资产!"这种观念已经成为当今人们的共识。于是,招揽名人便成为各个公司和企业的主要竞争战略之一。

8.13 坚持自己的主张

英国温泽市政府大厅在修缮时发现了一个惊人的秘密:大厅里用来支撑天花板的四根柱子并没有与天花板连接。也就是说,这些柱子并没有起到支撑作用,只不过是用来装样子。

这是怎么回事?经过调查,大家才明白。原来,在三百多年前,建筑设计师克里斯托·莱伊恩受命设计英国温泽市政府大厅。他运用工程力学的知识,根据自己多年的实践,巧妙地设计出只用一根柱子支撑大厅天花板的局面。但一年以后,在进行工程验收时,市政府的权威人士却对这个构想的实用性表示怀疑,所以要求莱伊恩多加几根柱子。

莱伊恩虽然对自己的设计很自信,却又非常烦恼:坚持自己的主张吧,他们肯定会另找人修改设计;不坚持吧,又有违自己做人的原则。

最后,莱伊恩想出了一条妙计:他在大厅里增加了四根柱子,但它们没与天花板连接,只不过是装样子来迷惑那些自以为是的人。

人生感悟

在面对自以为是的人，不能实现自己主张的时候，可以巧妙地"遵从"他们的意见，坚持自己的主张。

8.14 利用他人资金谋发展

20世纪60年代，美国人阿克森还在纽约自己的律师事务所里工作。面对前来打官司的大富翁，阿克森倍觉辛酸：自己还挣扎在贫困第一线。之后，阿克森决定要出去闯荡，结束这种辛酸的生活。但从哪弄来资金呢？有什么好办法吗？阿克森考虑再三，终于想出一个好办法：借贷。

一天，他在律师事务所处理完几件事，便关上大门去了银行。阿克森找到银行的借贷部经理，说要借一笔钱来修缮律师事务所。当他走出银行的时候，手中已握着1万美元的现金支票。

出了这家银行，阿克森又去了另一家银行。在那里他把刚借来的1万块钱存了进去。完成这一切，花了不到一个小时的时间。之后，阿克森又去了两家银行，重复了刚才的做法。这样一来，他的存款利息就和借款利息相互抵消了，只几个月，阿克森就把存款取了出来，还了债。

这样一出一进，阿克森便在上述4家银行建立了初步信誉。此后，阿克森便在更多的银行重复自己之前的行为，而且数额越来越大。不到一年，阿克森的银行信用就已经十分可靠了。凭着他的一纸签条，已经能借出10万美元了。

不久，阿克森又借钱买下了费城一家濒临倒闭的公司。20世纪60年代的美国，做生意正是最好的时机，只要你用心经营，赚钱肯定没问题。几年之后，阿克森就成了拥有1亿资产的大老板。

想要成为富豪，在你为资金着急的时候，可以动一下脑筋，巧妙地利用银行的钱为己所用。借钱生钱，无疑是最好的致富技巧。

人生感悟

但凡成为富豪的人，都是很有头脑的人，他们懂得寻找一切为己所用的东西。没有原始资金，可以借别人的用。他们一生都在"用别人的钱赚钱"。

8.15 留个缺口给别人

有一位著名的企业家在作报告,突然,有一位听众问道:"你在事业上取得了巨大的成功,请问,对你来说,最重要的是什么?"

企业家没有直接回答,他拿起粉笔在黑板上画了一个圈,只是并没有画圆满,而是留下一个缺口。他反问道:"这是什么?"

"零!""圈!""未完成的事业!""成功!"台下的听众七嘴八舌地回答道。

他对这些回答未置可否:"其实,这只是一个未画完整的句号。你们不是问我为什么会取得辉煌的业绩吗?其实道理很简单:我不会把事情做得很圆满,就像画个句号,一定要留个缺口,让我的下属去填满它。"

人生感悟

留个缺口给他人,并不说明自己的能力不强。实际上,这是一种管理的智慧,是一种更高层次上带有全局性的圆满。

8.16 不可轻言放弃

28岁的布拉德·哈维尔和25岁的约翰·弗莱厄蒂工作的救援站坐落于佛罗里达州的德尔文。他们经常在休息时间谈论以前的工作经历。那是1987年,弗莱厄蒂那辆18个轮子的大卡车,载着司机与他的妻子及两个孩子,冲过铁道护栏翻着跟斗扎进了水渠。由于水面浮满了泥浆和汽油,要想用水压分割器,即俗称的"生命之钳",就得把驾驶室弄开。然而,因为无法在泥中用力,油泵锯不能在水下使用。等拖曳车把卡车从水渠中吊出来时,一切已经太迟了。

"一定有更好的方法。"弗莱厄蒂说。于是他开始构思更理想的工具,他想象这种工具可以穿过残骸切割,而不是像原来那样撬开残骸。工具很轻,但很结实,可以在狭小的空间里派上用场,而且不用汽油或电力。

"你觉得能实现这个梦想吗?"哈维尔问弗莱厄蒂。

"我可以自己做。"哈维尔见朋友很认真,就说:"我会帮助你的"。

这次谈话激起了他们寻梦的行动,之后他们和弗莱厄蒂的朋友弗雷德·汉普顿一起工作起来。弗雷德发明了一种有往复式刀身的手提式短锯,这种锯能在水下使用。而且,由于转身运动幅度小,能紧贴遇难者的身体切割。

然后他们开始打造样品,并为刀身的强度测试合金。每次打造出来的刀片看着都很有希望,实际操作起来却不行,因为刀身必须经得住每分钟2.2万次的震动。而且在切割挡风玻璃时,试验品不是被卡住就是胶着不动。

接连的失败耗光了他们所有的积蓄,但他们却都没有放弃。终于在1994年,他们找到了合适的混合钢锯。他们把超硬的锯齿固定在一根较软的减热刀身上,这样,在锯塑料和钢的时候就不会被卡住了。而且这种刀异常地锋利,所以它们将它命名为截钢剑,即亚瑟王的神剑。

这之后不久,哈维尔被叫到一个撞车现场。一个十几岁的女孩被困在一辆扭曲了的运输车中。哈维尔把一只戴着手套的拳头挤进了缠绕着的金属堆中,为他的救援工具探查路径。之后他说有足够的空间,于是准备使用截钢剑。

随着吱吱咕咕的叫声,刀身紧贴着女孩的脖子切入了扭曲的金属堆中。

几分钟后,女孩得救了。

这次救险之后,他们向救援站和军队出售了1000多套截钢剑,这一下子就使弗莱厄蒂的梦想成真了。

人生感悟

很多时候,成功就在放弃的后一秒,抓住这一秒的机会,你就扼住了成功的咽喉。

8.17 把"面子"留给他人

西汉时候,洛阳某人因为与人结怨而心烦,于是多次要求地方上有名望的人出来调解,但都没有结果。后来他找到郭解,请他来化解恩怨。

郭解之后就亲自上门拜访委托人的冤家,做了大量的说服工作后,对方终于同意和解。

按说此时的郭解大功告成,完全可以走人了。可郭解不这么认为,他觉得事情还没有完,因为事情一旦传出去,搞不好因为别人妒忌就会给他招来麻烦。之后他找到委托人的冤家,说:"听说之前很多地方上有名望的人都曾经调节过这件事,但都没有达成协议。我这次之所以成功,是因为你幸运地给了我面子。但我毕竟是外乡人,如果传出去是我解决了这件本地人一直没解决的事儿,未免会让本地那些有名望的人感到丢面子。"

对此郭解提了一个建议:让委托人的冤家表面上作出郭解没有最终解决问题的态度,等明天他离开此地,几位本地的绅士、侠客上门后,把面子留给他们。那人听完郭解的话,对郭解的为人更加佩服了。

人生感悟

低调做人是最成功的做人智慧,如果你在做事的时候,给别人留了面子,也就在无形中为自己拓宽了一条路。所谓送人玫瑰手有余香就是这个道理。

8.18 史泰龙的坚持

当年的美国好莱坞有这么一件真实的故事。有一位穷困潦倒的年轻人,身上全部的钱加起来也不够买一件像样的西服。但他仍全心全意地坚持着自己心中的梦想,他想做演员,当电影明星。

好莱坞当时总共有500多家电影公司,他根据自己仔细划定的路线与排列好的名单顺序,带着为自己量身订做的剧本前去一一拜访。但第一遍拜访下来,所有的500多家电影公司没有一家愿意聘用他。

面对无情的拒绝,他没有灰心,从最后一家被拒绝的电影公司出来之后不久,他就又从第一家开始了他的第二轮拜访与自我推荐。第二轮拜访也以失败而告终。

第三轮的拜访结果仍与第二轮相同。

但这位年轻人没有放弃,不久后又咬牙开始了他的第四轮拜访。当拜访第350家电影公司时,这里的老板竟破天荒地答应让他留下剧本先看一看。他欣喜若狂。

几天后,他获得通知,请他前去详细商谈。就在这次商谈中,这家公司决定投资开拍这部电影,并请他担任自己所写剧本中的男主角。

不久这部电影便问世了,它就是著名的《洛奇》。这位年轻人就是后来大名鼎鼎的国际巨星史泰龙。

人生感悟

很多成功人士都有当年做丑小鸭时的艰难奋斗过程,这些奋斗过程中有一个共同的显著特点,那就是做人做事要保持百折不弯的韧性。

8.19 别勉强自己做不愿做的事情

英国作家毛姆的小说《啼笑皆非》中有这么一个耐人寻味的故事——一个小人物一举成为名作家后,新朋老友纷纷向他道贺,成名前的门可罗雀同成名后的门庭若市形成了鲜明的对比。

中间有精彩的一段:一位早已疏远的老朋友找上门来,向他道贺,怎么办呢?是接待他还是不接待他?按照本意,自己实在无心见他,因为一无共同语言,二来浪费时间;可是人家好心好意来看你,闭门不见似乎说不过去。于是只好见他了。

见面后,对方又非得邀请他改日到他家去吃饭。尽管他内心一百个不乐意,但盛情难却,他不得不佯装愉悦地应允了。在饭桌上,尽管他没有叙旧情,可是又怕冷场,于是又得强迫自己无话找话:这种窘迫相可想而知……

来而不往非礼也,虽然他不再愿意同这位朋友打交道,但他还是不得不提出要回请朋友一顿。他还得苦心盘算:究竟请这位朋友到哪家饭店合适呢?去第一流的大酒店吧,他担心他的朋友会疑心自己是在他面前摆阔;找个二流的吧,他又担心朋友会觉得他过于吝啬……

这种情况实在是死要面子活受罪。

人生感悟

知道自己在什么情况下该拒绝别人,并且在拒绝的时候采取正确的方法,我们就能因此节省大量的时间。

8.20 借他人手传自己情

宋太宗年间,曹翰因罪被罚到汝州。曹翰苦思返京之策。一天,宫里派了个使者到汝州办事,曹翰哪里肯放过这个机会。他想办法见到了使者,流着泪对他说:"我的罪恶深重,就是死也赎不清,真不知怎样才能报答皇上的不杀之恩,现在只有在这里认真悔过,来日有机会一定誓死报效朝廷。只是我在这里伏罪,家里人口太多,缺少食物活不下去了,我这里有几件衣物,请你帮我抵押一万文钱,交给我家里换点粮食,好使家里大小暂且糊口。"

使者回到宫中如实向宋太宗做了汇报。太宗拿过包袱打开一看,里面除衣服外还有一幅画,画题为《下江南图》。画的是当年曹翰奉宋太祖旨意,任先锋攻打南唐的情景。太宗看到此图想起曹翰当年的功勋,心里很难过,怜悯之情油然而生,决定把曹翰召回京城。

宋仁宗时,丁谓被贬官到海南岛的崖州。他虽然十分不满,表面上却装作潜心思过。那时他本人贬到崖州,而家属还留在洛阳。有一次他写了一封信派人送往洛阳,交给洛阳太守刘烨,请求刘烨转交给自己家里的人。丁谓告诉送信的人,务必等到刘烨会见下属的时候再把信交给他。送信人依计而行。刘烨在公众场合接到丁谓的信,不敢隐瞒,害怕被人误认为是与丁谓有私情,只得马上派人把丁谓的信呈送给皇上。

皇上收到信拆开一看,里面全是悔过的话,措词十分尖锐。信中还对家里人说:"朝廷对我们恩泽深厚,我们全家就是肝脑涂地也报不尽浩荡的皇恩,不要因为朝廷对我的贬谪而产生怨恨之心。"仁宗被深深打动了,于是便下诏把丁谓调到了大陆上的雷州。

人生感悟

审时度势,抓住时机,借他人之手传达自己的心声,可以达到自己的目的。

8.21 细分市场找出新商机

1969年时候,万宝路在兼并了米勒啤酒公司后,通过分析市场,开发出了新型啤酒,因而一跃成为美国最大的啤酒公司之一。

在推出营销策略前,公司进行了认真的市场调查。他们发现,若按使用率分类,啤酒饮用者可细分为轻度使用者和重度使用者两类。轻度使用者数量虽多,但总饮用量却只占重度使用者的八分之一左右。

他们还发现,重度使用者多有下列特征:蓝领阶层;年龄在三十岁左右,每天看三个半小时以上的电视,爱好体育运动。

经过这番调查,他们决定将目标市场定位在重度使用者身上,并果断地决定将"海雷夫"啤酒重新定位。要知道"海雷夫"啤酒是米勒公司的"旗舰",素有"啤酒中的香槟"之称,在许多消费者心中是价高质优的"精品啤酒"。这种啤酒原来的受众多是妇女和社会高收入者,但这些人却往往是轻度使用者。

重新定位从广告开始,他们考虑到新顾客的心理、职业、年龄、习惯等特征,在广告信息、媒体选择、广告目标方面作了很大调整。他们首先在电视台预约了一档叫"米勒天地"的栏目,广告主题则变成了"你有多少时间,我们就有多少啤酒"来吸引那些"啤酒坛子"。

广告画面也做了很大的处理:由原来的变成了激动人心的:船员们神情专注地在迷雾中驾驶轮船,消防队员奋力灭火,年轻人激情澎湃地骑着摩托车冲下陡坡。他们甚至请来了当时美国最著名的篮球明星张伯伦来为啤酒客串助兴。

为了配合广告攻势,米勒又推出了小瓶装的"海雷夫",用来满足那部分轻度使用者,尤其是妇女和老人。他们喝完一杯,刚好够量。

"海雷夫"的重新定位战略非常成功。到1978年,"海雷夫"的年销量达到两千万箱,仅次于AB公司的百威啤酒,名列第二。

人生感悟

所谓没有调查就没有发言权,任何一个产品只有进行足够多的市场分析和调查,才能找准市场缺口,获得大的收益。而商机,往往就是在调查分析市场的时候捕捉到的。

8.22 确定自己做人处世的角色

卡内基曾经这样总结自己的教训:当我从密苏里州的乡下到纽约去的时候,我进了美国戏剧学院,希望做一名演员。我当时有一个自以为非常了不起的想法,想法非常简单,非常完美,并且惊讶为什么那些富有野心的人没发现这点。这个想法是这样的:我要向那些有名的演员学演戏,学他们身上的优点,把每一个人的长处都学下来,使自己成为一个集所有名演员优点于一身的优秀演员。

然而,很多年之后我才明白这是多么愚蠢和荒谬的想法。一个人只有保持自己的本色,不刻意模仿别人,才能成就自己的事业。

这次痛苦的经验,本来应该成为我的一个教训,遗憾的是没有。我并没有从这件事上吸取任何教训,我太笨了。

后来我写了一本关于公开演说的书。在写那本书的时候,以前的笨想法又回到我脑海里。我打算把其他作者的观念,"借"到自己的书中——使这本书能包罗万象。于是我买了十几本有关公开演说的书,花了一年时间将里面的理念写到自己的书里。可我再一次发现这样做的愚蠢后果:这本书因此显得非常做作,非常沉闷,没有一个人愿意一直看下去。

这就意味着我一年的心血被丢进了废纸篓,所有的事情还要重新开始。这一回我对自己说,"你一定得维持本色,不论你有多少错误,能力多有限,都不要模仿别人。"之后我卷起袖子,做了自己觉得最应该做的事情:写了一本关于公开演说的教科书。完全以自己的经验、观察,以一个演说家和一个演说教师的身份来写。

也正是这次,卡内基取得了极大的成功,因为他终于明确了自己的社会角色,而不是一再盲目地模仿别人了。

人生感悟

莎士比亚有一句名言:"世界是一个大舞台,每个人都扮演一个重要的角色。"任何一个想要成功的人都要找准自己的定位,不刻意模仿别人,保持自己的本色,做自己应该做的事,那成功就离你不远了。

8.23 真的高人一定是谦虚的

19世纪的时候,法国著名画家贝罗尼曾到瑞士去度假。

有一天,他正在日内瓦湖边专心画画。旁边来了三位英国女游客,看了他的画,便在一旁指手画脚地批评起来。一个说这儿不好,一个说那儿不对,贝罗尼听后都一一进行了修改,最后还郑重地向她们道谢。

第二天,贝罗尼有事要到另一个地方去,在车站又看到了昨天那三位妇人,她们正交头接耳不知在议论些什么。过了一会儿,那三个英国妇人看到他便朝他走过去问:"先生,我们听说大画家贝罗尼正在这儿度假,所以特地来拜访他。请问你知道他现在在哪吗?"

贝罗尼朝她们微微弯一下腰,回答说:"不敢当,在下正是贝罗尼。"

三位英国妇女听后大吃一惊，想起昨天的事，全都红着脸跑掉了。

人生感悟

真正有才识、有学问的人，都是谦卑的。因为他们知道，要想事业更上一层楼，最好的方式就是谦虚地接受别人的意见，也正因此，他们往往拥有过人的胸襟和风度。

8.24 善于发现隐藏的供需失衡

第一次世界大战结束后，美国社会经济发展日新月异。农业经济在整个国民经济结构中所占的比重已大大降低，而新兴工业正在迅速发展。特别是汽车工业的发展速度惊人，同时带动了玻璃、橡胶和钢铁等相关产业的腾飞。

高尔文敏锐地发现了战争之后市场上的供需失衡。退役之后他没有返回故里，而是来到芝加哥的一家蓄电池公司担任职务。这家公司专门生产汽车用的蓄电池。公司里的工作单调重复，但这一切都不能磨灭高尔文心中所蕴藏的创业的激情，他将眼下的职务作为过渡性的临时工作。他在等待时机。

1920年11月22日匹茨堡KDKA电台正式开始广播，这是无线电技术发展过程中的一次重要突破。它最初只播出音乐和棒球赛结果，但这种新的媒体的巨大潜力很快就显现出来了。工业和科技的发展，为高尔文事业的发展提供了难得的历史契机。

之后，高尔文创建了一家属于自己的公司，专门从事无线电器的电池生产。此时，交流电收音机已经走进家庭，高尔文认准时机，准备生产这种产品投放市场。但无线电市场并不确定，这就要求生产厂家一旦接到订货，就必须迅速投产，及时交货，不然的话许多竞争对手就可能钻了空子。高尔文以极大的热情投身到业务中去，在激烈的竞争中他时刻有一种强烈的危机意识。在整个无线电市场蓬勃发展的势头推动下，高尔文的公司一年多来得到了前所未有的发展。

1930年，美国在爆发了规模最大的经济危机之后，高尔文制造公司向市场投放了他们生产的第一种型号的汽车收音机。新产品的商标是"摩托罗拉"，这是高尔文一天早上刮脸时偶然得到的一种灵感。它兼有"开动"和"收音机"的双重含义，显得既醒目又充满生机。新产品受到了极大的关注，摩托罗拉也得到了"美国最好的汽车收音机"的盛誉。

八月份

1936年,战争的乌云笼罩了整个欧洲。高尔文一家人去了意大利、奥地利、法国、英国和德国。回国之后他坚信:除非出现奇迹,否则战争是不可回避的。在公司经历了1937年到1938年间的萧条之后,高尔文敏感地意识到公司必须从事战争时期对国家有益的生产活动才能迅速发展。于是,他开始让他的工程师研制军用收音机。

机会终于到来了。1940年的一天,某报社的编辑打电话告诉高尔文,在威斯康星州麦科伊营地进行军事演习的军队因缺少无线电通讯联络而行动不便。

高尔文立即派他的总工程师唐·米切尔和雷·约翰深入麦科伊营地实地考察。他们看到士兵们背着笨重的无线电通讯工具,用这种落后的器材去打仗,自然行动受阻。米切尔当即向美陆军通讯部队的斯坦福上校保证,很快可以开发出一种轻型的、便于携带的无线电话机。

在米切尔的带领下,样机很快被制造出来了。这是一部手持无线电话机,由一个话筒、头部天线和内装电池构成,重约5磅,能保证1英里内的通话效果,在某些条件下可扩大到3英里。

在战争中,这种手持无线电话机大显神威。有一次,摩托罗拉公司收到一个订单,要求它在两天内向转运站发送100台这种话机,以适应"特殊的、最紧急的需要"。高尔文准时将货物发送过去。几个月后,他才获悉订购这批货物的部队,就是著名的卡尔逊突击队。而突击队的将士们在有了这些无线电话机后,如鱼得水,在战场上无往不胜。

人生感悟

世界上所有的生意都是由供求关系决定的,善于发现供求之间的流向,把握住了供求之间的动态,也就把握了市场的命脉。

8.25 赞美别人成就自己

霍尔·凯因由于家境不好,只读了8年书就辍学找事做去了。不过,他非常喜欢十四行诗和民谣,最崇拜的人是英国诗人罗塞迪。

有次他一时兴起,就给罗塞迪写了封信,赞美他在艺术上的贡献。

罗塞迪看到信后非常高兴,觉得能如此夸赞自己成就的人一定也是满腹才华的人。于是就请霍尔·凯因来伦敦当自己的秘书。

这是霍尔·凯因一生的转折点。因为在这之后他和知名文学家的关系变得更加密切,在他们的支持和鼓励下,再加上他本人的不断努力,不久,就美名远播了。

现在,霍尔·凯因的私人宅邸已成了世界各地观光者必瞻的名胜之一。而他留下的财产则在 250 万美金以上。如果当初他没有写信给罗塞迪,也许他会一直贫穷下去。

人生感悟

威廉·詹姆斯说过:人性的根源有一股被人肯定、称赞的强烈愿望,这是人和动物的最大不同点。那些发自真诚的赞美,一定会赢得别人的好感,而成功的机遇也许就包裹在这样的赞美之后。

8.26 成功要趁早

古时候,有一个国家打胜仗后,大摆宴席庆功行赏。宴会上,国王对王子说:"孩子,我们胜利了可你没有立功。"

王子遗憾地说:"父王,你没有让我到前线去,叫我如何立功呢?"

有一位大臣连忙安慰他说:"王子,你才 18 岁,以后立功的机会还多着呢。"

王子对国王说:"请问父王,我还能再有一次 18 岁吗?"

国王很高兴地说:"很好,孩子,就凭你这句话,你已经立了大功了。"

人生感悟

光阴一去不复返,努力应该要趁早,既然投入了,就要赶紧努力。如不趁年轻时努力,等到年纪老大,成功还有机会吗?

8.27 行行都可出状元

普利策,1847 出生于匈牙利,在那里读完小学和中学后,17 岁那年和家人移居到了美国。美国南北战争期间到军队服役,复员后在 21 岁那年获得律师开业许可证,开始了他独自创业的历程。

普利策很有抱负,他知道律师不可能获得大的财富,应该找一个有广阔发展余地的行业作立足点。经过深思熟虑,他决定进军报业。

然而此时的普利策既无资本,又没有经验,怎么能办起一家报纸并使它盈利呢?对一般人来说,这是遥不可及的梦想啊。但普利策却一步一个脚印的坚定地走了下去。

由于普利策有扎实的法律知识和较好的文学修养,所以写出的新闻报道不但吸引了很多读者,还没有引起非议或攻击。老板见此决定提前吸收他为正式职工,第二年就提拔他做了编辑。随着文章数量的增加,普利策的影响力逐渐增大,1869年他被选为密苏里州议会议员。

随着地位和声望的增大,普利策的收入更是逐渐增多。1878年他用积蓄买下一间濒临倒闭的报馆,开始了独立办报的奋斗历程。

他先把报纸改名为《圣路易斯邮报快讯报》,以全新的名称引起读者的关注,以改变报社原有的形象。接着,他改革办报宗旨,确定了以经济和社会生活为主要导向,汇集大量美国人普遍关注的消息。此外,他还改革报馆内部管理制度,精简了一些可有可无的人,并增强了广告部的力量。

在普利策的改革和管理下,《圣路易斯邮报快讯报》短短几年就成了当时美国颇有影响和最成功的报纸,每年至少盈利十五万美元以上的纯利润。

后来普利策又收购了《纽约世界报》,经过普利策大刀阔斧的改革,这家惨淡经营的报纸一跃成为全美国最有影响和利润最丰的大报。普利策也因此成为美国的报业巨头和大富豪,实现了他创业之初的目标。

人生感悟

目标是成功的航标,只有确定了奋斗目标,并坚定地为之奋斗下去,战胜一切困难,才能最终到达成功的彼岸。

8.28 成全别人美好的记忆

在繁华都市的郊区,有一个美丽的果园。每到水果盛产的季节,果园中各式各样的水果便高悬在树上,五颜六色,争奇斗艳。

对住在附近的许多孩子来说,这有着难以抗拒的强烈吸引力。小朋友们喜欢趁着果园主人不注意的时候,三五成群地结伴壮胆,偷偷溜进果园里摘树上的水果。

而果园主人总是躲在果园的角落,当小朋友们正在庆幸偷采水果的冒险行动成功之际,突然冒出来,大吼一声,吓得那些小朋友连忙抱着手中的战利品,转身拔腿就跑。

果园主人并不就此罢休,他也会跟着追上去,非得把那些小朋友追过几条街,搞得自己上气不接下气的,才肯放弃这种追逐,缓步走回自己的果园。

果园主人的一位朋友见到这样的闹剧几乎天天上演,有些看不过去,便劝他道:"唉!孩子们偷摘几个水果,对你应该不会造成什么损失,更何况你的年纪也不小了,再这样跑下去,当心自己的身体承受不了。万一有个闪失,岂不是更划不来?我劝你还是不要再追他们了。"

果园主人听了之后,笑着对朋友道:"老兄,你是不是年纪真的大到忘了自己的童年生活啦?还记得咱们孩提的时候不是也这样子到处去偷摘人家的水果来吃?同样地也被那些大人拼命追赶啊!你想一想,那些偷摘来的水果滋味怎么样。还记得吗?"

朋友想了想,回答道:"嗯,那些甜美的水果,真是我一生中最好的回忆!"

果园主人点头道:"对!这正是我忙着追赶那些孩子的原因。"

人生感悟

具备同情心,能够随时记得设身处地为人着想,了解对方心灵深处的真正感受,这是一种真正无私豁达的境界。

8.29 充分认识细节的重要性

第二次大战期间,盟军刚把纳粹军队赶出北非,西西里岛就成为了盟军下一个攻击的目标。这个势头本来是傻瓜也看得出来的。可是要攻取西西里岛的话,就要使希特勒放松对这个地方的警惕,使他认为盟军不会来攻取西西里岛。

于是,英国海军的最高情报机构设计了滴水不漏的行动计划:

第一步:英国总参谋长阿奇博尔德将军给北非的第八军司令官亚历山大将军写了一封信,信中"透露"了盟军下一步打算突袭希腊阿拉科斯角。

蒙巴顿将军则写信给在北非的盟军最高司令艾森豪威尔和坎宁安海军元帅,开玩笑似地提到了"沙丁鱼",以便使德国人立刻联想到撒丁岛。同时还介绍说,给他们送去信件的这个信使是联合作战部中他最信任的参谋人员。

第二步:他们找到了一个肺炎死者的尸体,并开始对其身份进行设计。情报人员给他穿上飞行服和救生衣,把一些个人财物和文件放在公文包内,系在他的手腕上面。

这些物品包括:一个身份证,根据身份证显示,这是一位叫威廉·马丁的海军少校,出生于英国加的夫。由于证件看上去很新,为了不使德国人产生怀疑,上面写道:"补发。原证件号○九六○五○号,遗失。"钱包里还有一张五英镑和三张一英镑的钞票,裤袋里有五镑十便士。此外,他身上还有一包香烟、一盒火柴、一支铅笔、两张用过的汽车票、一串钥匙、一张在伦敦皮卡丹利大街军人俱乐部住宿的账单和两张音乐会入场券票根。

至于"马丁少校"的私生活是这样安排的,他随身带有未婚妻写给他的两封充满爱意的信、两人的合影,一张购买订婚戒指的收据,以及他父亲得知他们订婚后从北威尔士寄来的热情洋溢的信。

由此看来,为了使这个谎言真实,英国情报部门的确是下了一番功夫,所有的细节都想到了。

一切准备就绪之后,他们把"马丁"装入一个冷冻的容器里用车运往苏格兰,然后再由一艘潜艇将这位"海军少校"的尸体运到西班牙南部海域后,在他的救生衣里充满空气后投放在距西班牙韦尔瓦河口一英里的海水中。形成了一位信使在飞往北非途中,飞机坠毁,跳伞后被海水淹死的情形,他的尸体和携带的公文被冲到西班牙海边。

西班牙当时是中立国,但是实际上是与德国一个鼻孔出气的。西班牙渔民在当天上午就发现了尸体,并把他交给了西班牙海上巡逻队。"不幸"的消息很快送到英国驻马德里的大使馆。"马丁少校"的尸体和财物也转交给了使馆人员,但没有公文。经过伦敦方面的强烈要求,两个星期后公文和信件才送了回来。在此之前,有人在信上面做了手脚。通过科学检测结果表明,信件被打开过。

战后,在获得的纳粹文件中证实了这一点。当时那些信件都被德国领导集团研究过,希特勒对盟军将突袭希腊和撒丁岛确信无疑。德国最高司令部果真分散了他们的兵力,当盟军像风暴一样横扫西西里岛时,守军只有一个意大利师和一个德国师。

人生感悟

盟军设计的谎言是天衣无缝的,比如与未婚妻订戒指的收据,父母的祝贺信等等,让人看起来比真的还真。正是由于如此的滴水不漏,才使整个计划得以顺利进行。细节的重要性无论如何强调都不过分。

8.30 从科技发展中捕捉商机

创立于1802年的美国杜邦公司是目前全世界化工业界的巨擘。它之所以能在火药行业及以后的非火药化工行业中脱颖而出,而且历经200年而不衰,其中一个重要原因是它对技术开发和对新技术的及时利用。

杜邦家族中化学人才辈出。以至于在19世纪,杜邦公司基本上只凭经验和家族自身人才的知识和发明就能使它生产出最优质最新型的火药。

进入20世纪以后,由于科技的发展,公司业务的拓展,杜邦已不能只依靠家族内部的人才了。高瞻远瞩的皮埃尔为此制定了三方面的战略:第一、在威尔明顿附近建立杜邦实验研究中心——杜邦研究室,独立进行新技术、新产品的研究开发;第二、在美国国内与一些化学企业进行合作,吸引他们的经验与技术;第三、进行国际合作,主要是与德国化工公司合作,获取他们的技术和经验,力求使杜邦公司能后来居上。

正确的发展战略使杜邦公司如虎添翼,火药业以外的化工产品不断被投向市场,并在很短时间里得到更新。

杜邦公司的产品,在20世纪二三十年代可以说改变了人类的生活:1931年杜邦公司展示了它命名为"DUPRENE"的人造橡胶,它比天然橡胶"更有韧性和弹性";1920年新泽西州柏林镇的杜邦公司下属纤维工厂,推出了一种冠以杜邦(Dupont)之名的涂料"DuCo",使用这种干燥状、无裂痕的亮漆,使雪佛莱汽车最终超过了福特汽车;1920年,杜邦与一家法国公司共同推出了玻璃纸,改变了包装装潢业;1925年,杜邦公司推出了硝酸纤维素的塑胶新产品——"皮格林",不久推出了甲基系——树脂"鲁赛特"等系列产品。它们被应用于从牙刷、发卡到汽车部件等各个领域。

1930年,杜邦公司把哈佛大学的化学家华莱士·C·卡罗斯博士拉入公司,让他为杜邦开发被称为化学界最具革命性发明的尼龙。杜邦为此投入了2700万美元,这也花去了卡罗斯7年的时间。杜邦公司于1938年9月21日把它推向市场,尼龙日后成为杜邦公司赚钱最多的骨干产品。

人生感悟

"科学技术是第一生产力",有钱人懂得科技在创造财富的过程中所起的巨大作用,他们善于从科技发展中发现商机,把握时机,创造出一个个商业奇迹。

8.31 帮助他人就是帮助自己

有一位名叫勃姆的农夫经过不断研究改良玉米的新品种,最终获得了美国农业界的最高荣誉——蓝带奖。他研究出的玉米品种不但能增加产量,还能减少病虫害。

勃姆在领完奖之后回到家乡,马上就将自己的玉米新品种分给其他的农民,让他们一起分享新玉米品种的种植成效。

看到这样,有人觉得勃姆傻,纷纷建议他将新玉米新品种拿去申请专利,其他人买自己的专利,这样他多年的研究结晶就可以给他带来丰厚的回报了。

对于这个建议,勃姆耐心地给这些人解释,植物是靠蜜蜂、蝴蝶等昆虫传粉来衍生下一代的。如果紧邻他的农田使用的是品质不良的品种,那经过昆虫传粉,几代之后,他的新品种也会变成品种低劣的玉米。所以,最好的做法就是让附近几千公顷的玉米农田都使用玉米新品种。这样就可以保证新玉米品质维持在一个固定的水准上。

那些建议他的人听了勃姆的话,不得不佩服勃姆的智慧。

这种付出的智慧给予人们一个极大的思考空间。大家都知道人必须乐于付出并为他人提供服务,却往往不清楚这样的做法真正的意义究竟在哪,而勃姆的故事让我们了解了。

人生感悟

真正善意的付出,到了最后,正面力量最终会回馈到自己身上。所谓助人者自助就是这个道理。

9月份

帮助别人会有收获
从细微之处看趋势
机遇常常源于身边的一些小事
不为外物所牵挂
搞乱对手的思维
……

9.1 帮助别人会有收获

有两个钓鱼高手一起到鱼池钓鱼。

这两个人各凭本事,隔不了多久的功夫,都大有收获。

钓鱼期间,鱼池附近来了十多名游客。看到这两位高手轻轻松松就能把鱼钓上来,很是羡慕,于是都到附近商店去买了一些钓竿来试试自己的运气如何。

想不到的是,这些不擅此道的游客,怎么钓都毫无成果。

再说这两位钓鱼高手,两个人的个性有很大差异。其中一个孤僻而不爱搭理别人,单享独钓之乐;而另一位高手,却是个热心、豪放、爱交朋友的人。

爱交朋友的这位高手,看到游客钓不到鱼就说:"这样吧,我来教你们钓鱼,如果你们学会了我传授的诀窍,而钓到一大堆鱼时,每十尾就分给我一尾,不满十尾就不必给我。"

这个建议得到了游客的一致同意。于是爱交朋友的这位高手忙活了起来,教完这一个,又教那一个,对后来的游客也依法炮制,同样也传授钓鱼术,依然要求每钓十尾回馈给他一尾。

这样一天下来,这位热心助人的钓鱼高手,把所有时间都用于指导垂钓者,获得的竟是满满一大箩鱼,还认识了一大群新朋友。同时,还被左一声"老师"右一声"老师"的尊崇。而同来的沉默的那位钓鱼高手,却没有享受到这种服务人们的乐趣。当大家围绕着其同伴学钓鱼时,那人更显得孤单落寞。闷钓了一整天,检视自己竹篓里的鱼,收获也远没有爱交朋友的同伴的多。

人生感悟

当你帮助别人获得成功时,自己也在助人为乐之余得到了回馈。其实,任何成功的事业,不都是这样一种既帮助了别人又帮助了自己的快乐事业吗?

9.2 从细微之处看趋势

李威·施特劳斯是犹太人,1850年在德国出生。由于家境不好,李威没有上大学。当美国西部出现淘金热潮的时候,二十岁的李威抱着发财的希望,随着一群人到矿场里淘金去了。

在矿场工作了两个月后,李威基于在家时候的思考习惯就对自己和别人的工作和收入情况进行了反复思考,最后得出结论:淘金不如经营日用品赚的钱多。因为数以万计的淘金者都需要日用品,而当地却连一家日用品商店都没有。之后,李威决定改变初衷,放弃淘金,改开日用品店。

对于李威的决定,他的朋友们一致反对:"我们不远万里来这里就是为了淘金赚钱,现在你却要做小生意,恐怕到时候连回家的旅费都赚不出来。"而有的人则嘲笑他没有眼光。

不管别人怎么说,李威都没有改变自己的想法。他知道,如果有一万人每月买一支牙膏、一块肥皂、一条毛巾、一盒火柴、一包饼干,即使每一美元钱只赚二十美分,那也能每月从淘金的几万人中赚到几万美元。而且他有自知之明,他知道自己资金不足,于是从少量品种和数量做起。就这样,没多久他的小店已经初具规模,资本也随之多了起来。

后来有一次,李威购买了很多帆布,但销量并没有预期那么好。就在李威发愁的时候,一位淘金者对他说:"你销售的帆布如果能做成裤子就好了,因为这种布料的裤子比现在我们穿的棉布裤子结实而且耐磨。"

淘金者的一番话点醒了李威。他很快找到裁缝,用帆布做了几条裤子,结果果真大受欢迎。

这条裤子也就是世界上第一条牛仔裤的原型。之后李威又进了大批帆布,进行了大批量生产。不但满足了矿工需求,他也因此发了大财。1873年,他成立了李威·施特劳斯公司,在旧金山专门生产这种帆布裤子。

经过几年的发展,牛仔裤成为世界上"最好的打扮"。李威的公司为此闻名于天下,他的公司生产的LEVIS牛仔裤畅销美国和世界各地。

人生感悟

灵感往往在不经意的时候碰撞你的头脑,这个时候你就要勇敢地抓住灵感,这样,成功就会来敲你的门了。

9.3 机遇常常源于身边的一些小事

松下电器公司的创始人松下幸之助的发迹是得益于女性议论的启发。

年轻的松下幸之助最初是某电器公司的一名见习生。一次,他在市场上闲逛,听到几个买东西的家庭主妇在议论,现在的电源插座都是单用的,很不方便,如果一个插座能供几件电器使用就方便多了。

松下先生从妇女的议论中抓住了市场需求,经过思考,革新了灯泡接头,并制造出了多用插座样品。当他向老板建议时,却被老板训了一顿。

老板的无理,促使他下决心自立门户。1917年,二十二岁的松下幸之助和妻子及几位好友租了一间小房子,成立了"松下电器具制作所"。首批产品是"三通"电源插座,投放市场后很受欢迎,他们获得了成功。

如果当时松下的老板采纳了他的设想,或许以后就没有松下电器这一响亮的品牌了。自那以后,虽然松下电器还经历了多次商海沉浮,但松下注意听取那些不同的大胆想法,并注重女性特别是家庭主妇的需求,为企业发展创造出一个又一个的机遇。

以往,大多数家用电器厂的研究人员都是男性居多,他们对年轻女性、职业妇女以及家庭主妇们需求的了解往往有偏差。1985年10月,松下电器公司聘用五名女职员组成一个开发小组,由她们提出的新产品设想,令男同事们大为惊讶的是:他们从未想到过,新产品要解决的问题居然一直存在着。

五人小组经过相当规模的市场研究后发现,内衣的晾干问题一直是妇女们共同的难题。据她们的调查显示,三分之二的年轻女性每晚都要洗自己的内衣,而又大多不喜欢把自己的内衣晾在屋外。一方面是怕男性看到,另一方面是担心招蜂引蝶。可是她们又花不起七万日元去买一部烘衣机而且公寓的狭小空间也难以容纳庞大的烘衣机。

在五人开发小组的建议下,松下电器公司设计了一种不伤内衣的小型廉价烘干机,售价为一点五万日元。产品推出,一炮走红。

在松下电器公司的熨斗部门,由五位女性组成的研究小组发现:许多女性都希望马上除去衣服上的食物气味,因为下了厨房或是在烧烤店吃了一餐后,气味要一天以上才能完全消失。如果在此时把衣服收进衣橱,还会发生"串味"现象,"感染"其他的衣服。

通过研究,该小组发现,蒸汽能有效地祛除异味,就开发出了一种售价六千六百日元的蒸汽刷子,经推销介绍后大受欢迎。

特定的人群、性别都有其特定的消费需求。不同性别的消费者,由于其生理特点和生活实践的不同,在消费心理上的特点也会有所差别。而特定的人群、性别观察事物的着眼点和方法也不一样,所有的这一切孕育产生着同样的一个道理:机遇就是从一些小事的观察中发现的。

人生感悟

机遇的产生，首先在于人们对现实生活中一些身边小事的留心观察。经营高手总是能把一些看起来不重要，容易被人们忽略的信息转化为人们的需求。

9.4 不为外物所牵挂

一位四处云游的隐士信步走在山路上，看见路旁草丛中发出闪烁不定的光芒。他走近一看，是一块鹅蛋大小的宝石。隐士看着有趣，顺手将宝石捡了起来，放在自己的行囊中，继续他的旅程。

几天之后，隐士在森林中迎面遇上一个疲惫的旅人。隐士看那人风尘仆仆，脚步蹒跚，便好心地打开行囊，拿出一些干粮来分给他吃。

旅人用余光一瞥，望见隐士行囊中的那颗宝石。在吃完干粮之后，他便开口要求隐士，是否能将那块宝石借给他看一看。

隐士毫不迟疑地从行囊中掏出宝石，微笑着说："不要说看一看，你要是喜欢就送给你好了！"

旅人大喜过望，连忙伸手接过宝石，道谢之后，便和隐士分道扬镳，继续赶路。旅人边走边想着，有了这一块价值连城的宝石，自己的下半辈子就再也不用发愁了，脸上不由露出了心满意足的笑容。

过了几个小时之后，隐士听到身后远处有人不停地呼喊，便停下脚步，原来是刚才的那个旅人。隐士摊了摊手，笑道："如果你还要宝石，我可是没有了！"

旅人气喘吁吁地赶到隐士面前，把那块宝石还给他，说道："大师，我可不可以斗胆地再向您要求一些更宝贵的东西？是什么样的力量驱使你愿意将这块价值连城的宝石送给我的？我想要的是你的那种力量，能不能送给我？"

人生感悟

得之不喜，失之不忧，全不为外物所挂碍。这种境界的练成决非一朝一夕的功夫。究其实，还需要放得下。

9.5 搞乱对手的思维

当初楚怀王与刘邦和项羽约定,分路进攻秦国都城咸阳,并当众宣谕"先入关者为王"。刘邦先入,但权力尽归项羽,反受其控制,改封刘为汉中王,驻节南郑。项羽的谋士范增深忌刘邦,打算把他杀掉,没有成功就想把他软禁在咸阳。

刘邦为了脱离虎口,问计于张良,张良说:"我有办法。"

第二天,张良先以调虎离山之计向项羽奏请,派范增往彭城催怀王迁居郴州。范增临行的时候,跟项羽约法三章:一是不可离开咸阳;二是重用韩信,若不用则杀之;三是不可让刘邦归汉中。

事隔不久,张良再次让刘邦上表说,国家经济拮据,要改变这种状况,首先就要节约开支。目前驻咸阳有几十万军队,坐吃山空,不如将诸侯遣回驻地,减少开支。项羽准奏,即令新封诸王限五天内起程返国,可是由于与范增有言在先,于是就单独不准刘邦成行。

刘邦大惊,急与张良计议。张良眉头一皱,计上心来,叫刘邦上表,向项羽请假回故乡沛地省亲。项羽看过刘邦的表章,沉思了好一会儿,对刘邦说:"你要回乡接取父母,亦是人子孝亲之意,但怕不是出自本心,是不是我要你留在咸阳,才有此举呢?"

刘邦装出悲戚的样子回答:"我父亲年老,无人侍奉,我日夜怀念,无时或已。往日因见陛下初即位,事务繁忙,故不敢启齿。今见各诸侯已返回驻地,能享天伦之乐,独我留在此地,又不知何年何月得见父亲之面了!"说到这里,哭了起来。

这时,张良故意唱起了双簧,他悄悄地对项羽说:"不可以放刘邦回乡取家眷,宁可遣他驻汉中去,使人去沛地把他的家眷带到这里来当人质,这样就可以好好控制刘邦了。"

项羽认为张良的计策非常有道理,但是仍然不想放刘邦到汉中去。于是,陈平又乘机启奏说:"陛下既封刘邦为汉中王,已布告天下,臣民共知,不使他上任,恐不足取信于天下。大家会说陛下登位便说假话,那对以后的法令,他们不是也会阳奉阴违吗?"

这样也有道理,那样也有道理,本来就有勇无谋的项羽开始糊涂起来。他想了很久,无可奈何地对刘邦说:"既然大家都这样说了,也是合情合理,现只可准你去汉中上任,不可回沛地,明天就起程吧。"

人生感悟

把对手的思维搞乱,浑水摸鱼。本故事正是这样,从不同的方面向项羽提建议,把项羽弄糊涂,最后刘邦得以脱离虎口。

9.6 社会关系是重要的资源

印尼华人林绍良在二次世界大战后的印尼独立战争中与印尼高级将领苏哈托(后成为印尼总统)结下非同一般的的私人友谊。他后来利用这种关系在印尼军界、政界建立了牢固的联盟。所以,许多商人不敢经营军火,唯独林绍良敢做这一本万利的大买卖。

在贩卖军火的同时,林绍良又敏锐地发现了另一宗可获厚利的买卖,这就是丁香。当时中爪哇生产的一种丁香烟,闻名遐迩,销路很畅,中爪哇大大小小的烟厂上百家赖此为生。但丁香产于马鲁古群岛,要将丁香运到中爪哇,须经过荷兰军队的重重封锁线。一些商人虽看中了这一诱人的发财机会,但害怕无情的战火,不得不忍痛割爱。一些铤而走险的人,也多数砸了锅。

经过周密的谋划,林绍良决定干这桩买卖。他设计了一条比较保险的运输路线:从马鲁古群岛以北苏拉维装货,绕道新加坡,避开印尼国内的战区,从三宝拢登岸,运到古突土镇,再发往各烟草厂家。这样,从马鲁古到古突土,林绍良一次次频繁往来。言而有信的苏哈托为他提供了一次又一次特殊的军事保护。于是林绍良终告别了走街串巷的小贩生涯,成为印尼商界小有名气的商人。

印荷之战结束后,印尼领土得到了统一。此时的林绍良已积累起相当丰厚的资本。事业上的成功,经济实力的增长,使他萌生了一种扩大领域、大展宏图的强烈愿望。

上世纪六十年代中期苏哈托就任印尼总统,林绍良的事业更得到了空前发展。1968年,鉴于印尼长期遭受殖民主义掠夺,粮食缺口很大,每年须拿出大量外汇进口粮食,林绍良向政府提议,在国内自行加工面粉。印尼政府很快采纳了他的建议,并把全国生产面粉三分之二的专营权交给了他。林绍良为此成立了波戈沙里有限公司,并获得印尼国家银行二十八亿盾(约合二百八十万美元)的贷款。国家总统苏哈托亲自主持了公司第一座面粉厂的落成典礼。经过十年的努力,波戈沙里公司属下的几座面粉厂已能生产国内面粉需要量的百分之八十,成为亚太地区最大的面粉公司。

同年，林绍良又获得了经营丁香的专利权，并与苏哈托家族共同创办了拥有三十多家银行、建筑、水泥、钢铁等行业的"根扎那企业集团"。该企业集团后成为印尼华人实力最雄厚的五大财团之一。

随着外资、合资企业在印尼的出现，被多年冷落的建筑业渐渐复苏。林绍良机敏地抓住了这一时机，投资一亿美元巨款，建成狄斯丁水泥厂，使水泥的生产能力由每年的五十万吨猛增到一百万吨，同时着手另建两座水泥厂。仅用三年时间，一个占全国水泥年产量百分之三十八的"印尼士敏土集团"就形成了。年销售额达二亿多美元，成为印尼最大的水泥生产集团。

人生感悟

社会关系是一种资源，也是整合各种资源并转换为财富的催化剂。

9.7 不因外界影响而放弃内心的追求

世界第一名女性打击乐独奏家伊芙琳·格兰妮说："从一开始我就决定：一定不要让其他人的观点影响了我成为一名音乐家的热情。"

她成长在苏格兰东北部的一个农场，从8岁时她就开始学习钢琴。随着年龄的增长，她对音乐的热情与日俱增。但不幸的是，她的听力却在渐渐地下降。医生们断定这是由于难以康复的神经损伤造成的，而且断定她到12岁将会彻底耳聋。

可是，她对音乐的热爱却从未停止过。她的目标是成为打击乐独奏家，虽然当时并没有这么一类音乐家。为了演奏，她学会了用不同的方法"聆听"其他人演奏的音乐。她只穿着长袜演奏，这样她就能通过她的身体和想象感觉到每个音符的振动，她几乎用她所有的感官来感受着她的整个音乐世界。

她决心成为一名音乐家，于是她向伦敦著名的皇家音乐学院提出了申请。因为以前从来没有一个聋学生提出过申请，所以一些老师反对接收她入学。但是她的演奏征服了所有的老师，她顺利地入了学，并在毕业时荣获了学院的最高荣誉奖。

从那以后，她的目标就致力于成为第一位专职的打击乐独奏家，并且为打击乐独奏谱写和改编了很多乐曲，因为那时几乎没有专为打击乐而谱写的乐曲。

她用自己的不懈追求向世人展现了一个奇迹！

人生感悟

她的成功秘诀是：不仅仅因为医生诊断她完全变聋而放弃追求，因为医生的诊断并不意味着她的热情和信心会没有结果。

9.8 谨防对手笑里藏刀

郑袖是楚怀王的妃子，长得漂亮，深得楚王宠爱，但为人非常狡猾阴险。

一次，魏王赠送楚王一位美人，既年轻又热情，一下子就把楚王迷住了。

但是，郑袖却在表面上装出若无其事的样子，不但不发半句牢骚，并且对那位新夫人表示特别有好感。新夫人爱好什么衣服，喜欢什么玩物，郑袖一定给她办到；她要把房子怎样布置，郑袖也很快满足她的要求。可以说，郑袖对新夫人的关怀，比楚王更加周到，还在楚王面前，大赞新夫人的长处。

楚王见这对如花似玉的夫人相处得这么好，也十分高兴，说："女人大多凭美貌去博取丈夫欢心，且天生一副醋劲，但我的第一位夫人不会这样，她真能体贴我，晓得我喜欢新夫人，她竟比我更喜欢，简直比忠臣侍君更加好！"

郑袖知道楚王绝不怀疑自己吃醋了，暗自高兴，她的第一步目的达到了。于是开始下一步计划，在有一次和新夫人闲谈的时候，郑袖有意无意地告诉新夫人："大王在我面前说你可爱极了，既漂亮聪明，又温柔体贴，只是大王嫌你的鼻子略尖了点儿！"

"那怎么办呢？姐姐！"新夫人问道。

"这也没有什么了不起的，"郑袖笑着说，"你以后见到大王时，轻轻把鼻尖掩一掩不就行了吗？"

新夫人认为这办法好得很，以后每次见到楚王时就把鼻子掩起来。楚王觉得很奇怪，又不便当面问，便问郑袖："为什么新夫人近来每次见到我时，就把鼻子掩起来？"

郑袖诚恳地答："我也听她说过，可是……"她装出欲言又止的样子，楚王更加好奇，就追问，"难道夫妻间还有什么不可以直说的话？就算说错了，我也不怪你。"

郑袖装出害怕的样子，低声说："她说讨厌你身上有一种恶心的臭味！"这位楚王本来就是一个喜怒无常的人，听到这里，他猛力把桌子一拍，咆哮着说："来人哪！快去把那贱人的鼻子给我割下来！"

人生感悟

所谓"哭声不会淹没英雄,笑声可以埋葬豪杰"。笑里藏刀,可以谋人之财,害人之命。千万要警惕笑里藏刀的人。

9.9 要有敏感的财富神经

贾尼尼1870年生于美国加利福尼亚州圣罗莎。贾尼尼并没有上多少学,十二岁时,就跟着继父做中间商了。

贾尼尼经商不落俗套,常常显出自己独特的商业头脑。十七岁那年,一天,他向继父斯卡蒂纳建议:"爸爸,最近市场上不是柳橙和葡萄柚的行情看好吗,我们去圣安娜进货怎么样?"

斯卡蒂纳当然知道旧金山市民近来对柳橙和葡萄柚的偏好,但这两种水果旧金山附近就出产,何必舍近求远呢?所以他问:"阿马迪,圣安娜远在洛杉矶的南面,离旧金山一千多里地呢,即使用四匹马拉的运货车,也至少要走两天两夜,你怎么想到那儿去啦?"

"爸爸,正因为圣安娜在千里之外的南方,柳橙和葡萄柚才长得又大又好吃呢。运到旧金山后一定能卖高价钱,扣除运费我们还大有赚头的。"

"这倒不错,人家想不到的咱想到了,人家做不到的咱来做。阿马迪,真要赚了大钱,让爸爸给你买块金表!"贾尼尼精明的母亲维吉妮娅在父子对话中插了一言。况且,家中大小事由她说了算,她给父子俩拍了板。不久,贾尼尼手腕上多了一块金光闪闪的表。

转眼又是十年。贾尼尼与克罗琳达已结婚生子,两人的长子马利奥已经八岁了,次子巴基尔四岁,又有了女儿克蕾姬。1902年,岳父的去世改变了贾尼尼的命运。

凭借岳父的股份和生前威望,贾尼尼进入哥伦布储蓄暨贷款银行的董事会并任常务董事。

贾尼尼心地善良,体恤下层,很快赢得了部属的爱戴和尊敬。但是,他与银行的主要创建人、董事长夫坎西却是矛盾重重,相争不下。

两人相争的焦点在贷款的对象上。夫坎西沿用银行老规矩,把客户局限在大商人、大农场主、牧场主和建筑公司等大额存贷上。对贾尼尼贷款给农民的建议,根本不理会。

九月份

贾尼尼向夫坎西力争:"农民贷了款维持和发展生产,收成之后再还贷,为什么不可以?我认为是可行的。银行不贷,那些'贷款鲨'就用高利息无情地吸他们的血。我们应当修改银行的经营方针。"

大概很少有"一把手"能容得下处处与自己意见相左的人呆在身边。趁贾尼尼势力还不稳,夫坎西将他挤出了哥伦布储蓄暨贷款银行。

永远地跨出哥伦布储贷银行大门之时,贾尼尼并没有被夫坎西挤出来而灰溜溜的感觉,相反,他倒有一种大有可为的感觉。

贾尼尼辞职时,有五位"哥伦布"银行的高级职员也辞了职,表示要与贾尼尼共闯天下。贾尼尼与这五位同道,又邀上做中间商时结交的四位朋友,共创"加州意大利银行"。在集资三十万元做底本时,贾尼尼和其他四位持有现金的发起人每人凑它五六万,轻轻松松地就能凑齐。但是贾尼尼却只许每人承担一百九十五股,每股五十元,合计不到一万元。他之所以这样做,是为了避免银行中有持股超过半数的人,他要把更多的股权留给身处社会下层的公众。

贾尼尼吸收旧金山的鱼贩、菜商、理发店、油漆店、小食品店、面包店等小店的店主和伙计,以及乡下的农民一千多人,每人认购了一到三股。

贾尼尼的做法在当时的美国是一个创举。1904年10月17日上午9时,"加利福尼亚州意大利银行"在旧金山的华盛顿街正式开业。

贾尼尼为争取大众储户,白天骑马走乡下,夜晚徒步市区劝说普通市民。真心打动了民众,他们把可存的三元、五元、十元钱储入意大利银行。额度虽小,但民众是存款的基础,集腋可以成裘。到1904年年底,意大利银行的存款额突破了十万元。

从此,意大利银行开始一点点壮大起来。

人生感悟

那些天才商人总是以自己敏感的财富神经为骄傲,几乎所有成功的富豪都有一根很特别的赚钱神经,一触即动荡不安,一动则财源滚滚。培养和保持财富意识对人们很主要。

9.10 商品和服务质量是无声的广告

英国著名的马克斯·斯宾塞百货公司的创始人马克斯是犹太人。他出生在一个贫穷的家庭,由姐姐抚养成人。19岁那年,他决定自立自强,于是离开家乡,只身去英国闯荡。

当他到达英国达里兹城时,已是身无分文,而且语言不通。值得庆幸的是这里有很多犹太人。有个叫杜赫斯特的专做批发百货生意的犹太富商,觉得马克斯为人忠厚,又因为他没有工作于是主动借钱给他,要他做小买卖维持生活。

由于马克斯不懂英语,不好讨价还价,所有货物清一色一便士出售。并打出招牌"不要问价钱,每件一便士",以此招揽顾客。由于服务态度好,价格公道,很快就赢得了很多用户。

两年后,马克斯将事业拓展到了约克郡和兰开夏郡。后来又联合斯宾塞合股经营,打出"马克斯·斯宾塞"的招牌,在伦敦闹市开了一家百货店。

尽管后来马克斯去世了,他的后辈们却依然延续了"薄利多销,物美价廉"的传统。

人生感悟

在广告日趋泛滥的时候,最好的广告其实是自己的产品。在任何时候,确保产品的质量和品质都是最重要的事儿。

9.11 世上没有白吃的饭

古时候,有一位爱民如子的国王,在他的领导下人民丰衣足食,安居乐业。然而随着年龄越来越大,深谋远虑的国王担心他死后,人民不能继续过幸福的日子。

于是他召集了国内的所有学者,命令他们找出一些能确保人民幸福生活的准则以作保证。

学者们把国家的所有藏书都找了出来,经过三个月的筛选整理后,他们把三大本整理好的样书呈献给了国王,告诉国王说:"尊敬的国王陛下,天下所有精美的准则都汇集在这三本书里了,只要人民读完并施行它,就能确保他们的生活幸福了。"

国王担心自己的人民不会花那么多时间看这么厚的书。于是他命令学者们减少书的厚度。

两个月后,学者们把三本书简化成了一本。但国王还是不满意。

一个月后,学者们把一本书简化成了十多页的小册子。

……

最后,所有的内容只剩下了一句话。这句话是:"世上没有白吃的饭。"

人生感悟

大多数人都想快速发达,但是却不明白做一切事情都必须老老实实地努力才能有所成就。只要能真正放弃投机取巧的心态,实实在在地去奋斗,成功必定离你不远了。

9.12 保持对信息的敏感性

美国著名的犹太实业家,同时又被誉为政治家和哲人的伯纳德·巴鲁克于30岁之前已经通过经营实业成了百万富翁。他在1916年时被威尔逊总统任命为"国防委员会"顾问,兼"原材料、矿物和金属管理委员会"主席,以后又担任"军火工业委员会主席"。1946年,巴鲁克担任了美国驻联合国原子能委员会的代表,并提出过一个著名的"巴鲁克计划"。即建立一个国际权威机构,以控制原子能的使用和检查所有的原子能设施。无论生前死后,巴鲁克都受到普遍的尊重。

创业伊始,巴鲁克也是很不容易的,但就是犹太人所具有的那种对信息的敏感,使他一夜之间发了大财。

1898年7月3日晚,28岁的巴鲁克正和父母一起呆在家里。忽然,广播里传来消息说,西班牙舰队在圣地亚哥被美国海军消灭。这意味着美西战争即将结束。

这天正好是星期天,第二天是星期一。按照惯例,美国的证券交易所在星期一都是关门的,但伦敦的交易所则照常营业。巴鲁克立刻意识到,如果他能在黎明前赶回自己的办公室,那么就能发一笔大财。

在那个小汽车尚未问世的年代,火车在夜间也停止运行。在这种似乎束手无策的情况下,巴鲁克却想出了一个绝妙的主意:他赶到火车站,租了一列专车,费尽周折的巴鲁克终于在黎明前赶回了自己的办公室。

在其他投资者尚未"醒"来之前,他已经做成了几笔大交易,他成功了。

巴鲁克对信息十分地敏感与灵通,从信息中推断出对自己有用的结论,据此作出决策,并采取相应的行动,使巴鲁克确确实实地占据了先机。巴鲁克在不无得意地回忆自己多次使用类似手法都大获成功时,将这种金融技巧的创制权归之于罗斯柴尔德家族。但显然,在对信息的"理性算计"中,他是青出于蓝而胜于蓝的。

人生感悟

信息到处都是,你不必走远,只需要多看、多听、多思,你就会在自己的身边找到她。

9.13 赞美可以改变一个人

伊斯·卡勃特斯是一位超级桥牌大师。他写的关于桥牌方面的书曾被译成各种文字,并畅销了很久。然而,令人惊奇的是,要不是一个青年女子,也许他不会走上桥牌运动这条路。

1923年末他在美国时,只身孤影,身上的钱也不多了,他想在美国找个工作,可是找来找去都没找到。后来终于经好心人介绍,他有了个勉强能谋生的工作。

卡勃特斯会打一点桥牌,可技术差劲得很。他根本就记不住牌,常常把打出去的牌拿来翻看,所以没有人愿意跟他玩。

后来一件事改变了他的命运。

他遇到了一位叫约瑟芬·狄丝的漂亮的桥牌女教师。这位女教师教卡勃特斯打桥牌时发现他虽然牌技平平,但是分析能力很强,对自己手里的牌总能做出比较准确的分析。狄丝认为这点素质很重要。

于是狄丝就试图说服他,她说:"卡勃特斯,告诉你吧,你是桥牌天才。"卡勃特斯说什么也不敢相信:"你说的是我吗?"

狄丝就把她的发现告诉了卡勃特斯。在以后的时间里,狄丝总是千方百计地想办法鼓励他,他的一点点进步都被她称赞一番。

到后来,卡勃特斯也逐渐地相信自己是个天才了,他的牌越打越好,后来果真成为了桥牌界的顶尖高手。

经过长期的接触,卡勃特斯最后爱上了狄丝,并与她结了婚。

人生感悟

鼓励与其说是一种与人相处的方法,不如说是一种心理上的暗示手段。

9.14 利用对手之间的罅隙

春秋中叶,晋文公在城濮之战中打败楚国,成为了中原的新霸主。当年,一些国家在他流亡过程中表现得非常无礼,如今晋文公打算向他们报仇。于是,在周襄王二十二年,他邀请秦穆公一道围攻地处中原战略要冲、势力又不很强大的郑国。

就这样,秦、晋两国的军队,从东西两个方向夹击郑国,把郑国的都城新郑包围起来,切断了其与外界的联系。郑文公吓得手足无措,忙召集大臣们商讨对策。

卿大夫叔詹说:"秦、晋两国联合攻郑,来势汹汹。以我国的实力,不宜与他们正面交锋,最好是派一位能言善辩的人,前去劝说秦穆公退兵。秦国若退了兵,我们就不会腹背受敌,而晋军也变得孤立无援。然后,我们再设法对付晋军。"

于是,在大臣佚之狐的推荐下,老臣烛之武奉命前去游说秦国。

在一天夜里,烛之武命人用绳子把自己从城墙上放了下去,直奔秦军军营。秦军巡更的士兵挡住他不让进去,烛之武便在秦军营外放声大哭起来。哭声引起秦穆公的注意,派人将烛之武带到营中查问。秦穆公问:"你是何人?为什么在我军营外放声大哭?"

烛之武答道:"我是郑国的老臣烛之武,因大军压境,郑国将亡,心里难受,所以大哭。"

秦穆公很奇怪地问:"那你为什么要跑到我的军营外面来哭呢?"

烛之武见时机成熟,就说:"国君有所不知,郑国灭亡不足为惜,可惜的是郑国灭亡还将损及你的秦国哩!"

这句话果然吊起了秦穆公的胃口,他迫不及待地问:"此话怎讲?"

于是烛之武开始把先前准备的一套说辞拿了出来,他说:"秦晋两个大国联手攻郑,郑国灭亡是无疑的。但这对秦国来说,不仅没有任何好处,反而有许多危害。"

烛之武看了看秦穆公,接着说:"这危害之一是:秦、郑两国相距千里之遥,从秦国到郑国,东边隔着晋,南面隔着周。难道秦国能超越这些国家来占领千里之外的郑国吗?既然这样,国君这次行动,完全是劳民伤财,为他人做嫁衣裳。最后只有消耗,没有收益。这危害之二是:秦、晋联合灭郑后,郑国的土地和人口自然是被邻近的晋国占有。秦、晋两国原是毗邻并立、势均力敌的两个大国,现在晋国若得到郑国的土地和人口,势力自然就超过秦国。国君这次行动,正是辛辛苦苦为别人兼并土地,而自己也就等于随之受到削弱,这难道不是显而易见的吗?"

秦穆公听了烛之武的这番话,不停地点头说:"大夫所言极是!"

于是秦穆公对晋国连个招呼都不打,就与郑国私自结盟,还把秦将杞子、逢孙、杨孙等人及二千士卒,留下来帮助郑国戍守。秦国撤兵,使晋军陷于被动,最后也不得不撤兵。

人生感悟

敌人之间再团结也不会是铁板一块,利用敌人的缝隙,有拉有打,很快就会离间敌人,从而达到自己的目的。

9.15 对市场要有前瞻性

叶松根，祖籍台湾台中市，是台湾羽田机械集团负责人。

叶松根的发迹是在台湾经济开始迅速发展的20世纪60年代后期开始的。他先从打工开始，在熟悉了工业生产管理和销售环节等情况后，他筹借了一点资金，开始创办摩托车维修行。

随着经济水平的提高，台湾的进口摩托车迅速增多，叶松根的摩托车修理业务从开业那天起，一直十分兴旺，使他赚了一些钱。

叶松根是位善于观察和分析的企业家，在羽田摩托车维修行的生意兴隆之时，他预测以后市场将会被汽车所代替。据此，他决定在摩托车维修业务基础上增加汽车维修业务，并自行设厂生产摩托车及汽车零件。果然市场按如其所料的走势发展，使其又增多了盈利，资本积累增多了。

到20世纪70年代后期，他又进一步创立羽田汽车工业公司，成为台湾最年轻的汽车工业行业的先导。在汽车工业起步之初，他以组装为主，将国外的汽车主要部件如车壳、发动机、底盘等进口，组装为成车出售。后来自己逐步生产一些零部件，把组装业深化，使羽田机械业务范围进一步扩大，成为集团公司。

叶松根在汽车业绩正好之时，又觉察到该行业竞争激烈。于是，他将积累的资本向高科技业和服务行业发展。他投资了数千万美元发展航空工业，他认为该行业是高技术高投入的项目，是一般企业无法参与竞争的。

与此同时，他又投资竞争激烈的一般服务行业，投入数千万美元办起高岛屋百货。对于这项投资，似乎与投入科技业的想法是矛盾的，但他却认为是文武之道，有张有弛，多样化经营，有回旋余地才能使发展空间广阔。

人生感悟

决策成败的前提是信息、情报的及时、全面和准确。然而，要及时、全面、准确地获取信息，不仅要建立灵敏的信息网络，而且还要有超前的前瞻意识。只有如此，信息才会为自己创造无限的财富。

9.16 暗示的力量是惊人的

有一位美国心理学家做过这样一个实验:他在某一所中学里找了一个班,她向班主任说明了这个实验会让他看到一个奇迹。因为他在许多学校,许多人中间都做过此类实验,结果被证明很成功。

他在暗中观察了很长的时间,他发现了班上有一个相貌平平,很不起眼的姑娘。于是他找了一个机会,把全班除那位女生以外所有的学生都召集到了一块,向他们说了他的打算。

这位心理学家告诉学生们,从今往后,他们所有的学生都要把那位未到场的女生当作全班最漂亮、最迷人、最美的姑娘。三个月后,同学们将会看到人们意想不到的效果,到那时,这个实验就结束了。

于是,从那天起,学生们对那位姑娘的态度变了,再也不是以前冷冰冰的态度了。

那位女生简直受宠若惊,她惊奇地看到男生们把别的相貌姣好的女生撇在一边不理而向她争着大献殷勤,而女生们带着钦羡的目光经常向她这边望。老师们上课时对她的态度也变了,每次提问时,总是叫她的名字,当她答对了的时候,便会表扬和夸奖她。

这位姑娘就像坠入梦境中一样,她不明白自己这几天何以由一个灰姑娘一下子变成了众人心目中的白雪公主。

一个星期过去了,人们仍像众星捧月一样地对待她。于是她开始注意自己的形象了,她的眉头舒展了,她的胸脯挺起来了。由于笑声经常陪伴着她,她的心情也渐渐地开朗,愉快了起来,经常与同学们在一起尽情地玩乐。

两个月过去了,全班同学都惊奇地发现她与以前大不相同了。虽然容貌上不能算美丽绝伦,但也楚楚动人,并且微笑常挂在嘴边,有的同学说那很像蒙娜丽莎的微笑。

后来,班上选班花,大家一致投票选那个姑娘,也许开始实验时,大家是在逢场作戏,可是到了后来,人们是心悦诚服地认为她是班花了。

人生感悟

从心理学上来说,人们是通过周围人们对待自己的态度等因素来给自己定位和调整自己的行动的。所以说一个人成为一个什么样的人,周围人际环境的暗示作用是起了不可小瞧的力量的。

9.17 空谈无用

有一天,有一位教授要乘小船到对面的大学讲课。途中他忽然兴致勃勃地指着空中问渡船的人:"船家,你对天文学认识多少?"

船家很羞愧地回答:"教授,我受的教育不多,所以对天文学一无所知。"

教授得意洋洋地说:"天文学你不懂?那你已经失去25%的生命了。"

过了一会儿,教授又问:"船家,你对生物学的知识又知道多少呢?"

船家更羞愧地回答:"对不起,教授,我也不懂什么是生物学。"

教授惊诧地感慨说:"连生物学你都不懂?那可以说你已经失去了50%的生命了。"

又过了不久,教授指着水中的芦苇问:"那你知不知道什么是植物学呢?"

船家羞愧得连头也不敢抬了,小声地嘟囔说:"我……我不知道。"

教授忍不住大笑了起来,说:"你可以说已经失去了75%的生命了!"

就在这时,忽然刮起了大风,天色大变,暴雨骤来。小船在风浪中撞到大石,船底破了一个大洞,河水马上涌了进来,眼看小船就要沉没了。船家连忙准备跳水逃生,于是他关心地问教授:"尊敬的教授,请问你会不会游泳?"

教授已经吓得面无人色,惊恐地回答说:"我不会游泳!"

船家很同情地说:"那看来你马上就要失去100%的生命了。"说完他就跳水逃生去了。

人生感悟

一个人即使了解再多的知识,懂得再多的道理,若没有实践的能力也只会失败。

9.18 充分利用身边的信息

雅各布和奥利尔兄弟俩老家在埃森城。当时母亲开设了一家小铺,维持一家人的生计,很显然,日子过得很清苦。1948年即德国货币改革那一年,母亲逝世,留给他们的,只有一个零售小铺。生活和经营的全部重担落在了两兄弟的肩上。这一年,雅各布27岁,奥利尔25岁。

凭借年轻力壮,血气方刚,二人拼命挣扎,将小店加以扩展,还增设了几家小分店,起名叫"迪尔迈"。可是因为资金有限,他们的小店简陋陈旧,每天点着无罩白炽电灯,出售一些罐头、汽水饮料、点心之类。一年下来,所剩无几。

雅各布问弟弟:"你说,同样开商店,为什么有的赚钱,有的赔钱;有的赚大钱,有的赚小钱?"

奥利尔回答说:"原因很简单,经营策略不同,其结果也不相同。"

雅各布连连点头,然后又深有所悟地说:"也就是说,只要经营得当,本小也可以利大,是不是?"

"那还用说,别小瞧咱们本钱小,如能得法,也可能赚大钱。"

"奥利尔,你有什么想法吗?"

奥利尔顿时语塞,摇了摇头。

雅各布像是自言自语,又似说给弟弟听:"哎,现在缺少的就是一个高招儿!有了高招儿,就好了。"兄弟俩相对无语,他们谁也拿不出这个"高招儿"。

过了一会儿,奥利尔冒出了一句话:"光凭空想像是出不来高招儿的,我想,不妨做市场调查,也许……"

一只有力的大手拍在奥利尔的肩上:"兄弟!你说的有理,咱们明天就试试看。"

于是,兄弟二人安排好店里的事情。第二天骑上自行车,周游大街小巷。

一天下午,兄弟俩来到一家"消费商店"。他们二人注意到这里顾客盈门,许多顾客大包小包买东西,仿佛商店白送似的。

他们停下来,向店门口走去。兄弟二人见店门外贴有一张告示,上面写道:

凡来本店购物的顾客,请您把发货票保存下来,到年末,可凭发货票免费购买发票款额3%的商品……欢迎您惠顾敝店!

消费商店

兄弟俩将那"告示"研究了一遍又一遍。奥利尔把雅各布拉到一旁,悄声道:"雅各布,'高招儿'就在这里。"雅各布问道:"怎么讲?"奥利尔解释说:"消费商店之所以顾客盈门,就是靠这张'告示'。因为顾客贪图年终可以免费购买全年货款商店的3%,一下子就使消费商店兴隆起来。雅各布,我们也用此法,保管灵验。"

两个人很高兴,回到店铺,接着草拟了一份"告示"。

尊敬的各位顾客:

本店从即日起,开始实行降价让利销售,降价幅度为3%。如果哪位顾客发现本店出售商品并非全市最低价,可到本店找回差价,并有奖励。

顾客是本店的上帝。我们竭诚欢迎上帝惠顾敝店!

致以崇高的敬意!

迪尔迈商店
元月 15 日

奇迹在几天内就出现了。几乎全市所有的"迪尔迈商店"都是门庭若市,生意红火,顾客增加了好几倍。自然,营业额也水涨船高。兄弟俩暗自高兴。很快,他们发现来"迪尔迈"购货的,一般是附近的居民,这说明自己的生意有局限性。于是,为扩大影响,他们在报纸、电台刊登广告。

不久,他们在本市又增开了十几家连锁"迪尔迈商店"。"迪尔迈商店"在全市家喻户晓、人人皆知。一般中下收入的市民、失业工人等,都成了"迪尔迈"的常客。

他们迅速地扩大经营——把触角伸向外地,多特蒙特、科隆、杜塞尔多夫等地,相继出现了"迪尔迈商店",使之成为"西德零售业之王"。

人生感悟

要想获得财富,就必须掌握信息、提炼信息,并好好地利用信息。

9.19 要对你的观众充满兴趣

哲斯顿是公认的魔术师中的魔术师。在 20 年的时间内,他在世界各地创造了无数的幻象来"迷惑"观众,使大家吃惊得喘不过气来。曾有 6 千多万人看过他的表演,他也因此赚了大约两百万美元。

而哲斯顿成功的秘诀却不是学校教育。因为他很小的时候就离家出走,变成了流浪者。在这期间他搭货车,睡在谷堆里,沿街乞讨,坐在车里看外面的标帜,因而学会了识字。

而他的魔术之所以有名,是因为他有两样别人没有的东西。第一,他能在舞台上把他个性显现出来。因为他了解人的天性。他所有的表演,包括每一个手势,每一个语气,甚至连眉毛上扬的动作,都在事先很仔细地预演过。

第二,他对人真诚地感兴趣。很多魔术师可能会认为坐在底下的观众是一群傻子、笨蛋,能把他们骗得团团转是没错的。

但哲斯顿不这样认为。他每次上台,都会对自己说:"我很感激,因为他们来看自己的表演。是他们使我过上了舒适的生活。我要把我最高明的手法表演给他们看。"

正是这种对观众的爱,使他走上了成功的道路。

人生感悟

只有真正热爱自己事业的人,才能最终成功。

9.20 掌握他人心理可化险为夷

在美国一家电视台上,曾经出现过这样一则广告:"某某啤酒,能够滋补到其他啤酒滋补不到的地方。"它没有明说是补什么地方。过了些日子,中国向美国的动物园送去了一只名叫欢欢的雄性熊猫,它将同在那里的一只名叫"兰兰"的雌性熊猫交配。

于是,这家啤酒厂又在电视上发布了一则广告:"某某啤酒祝欢欢、兰兰好梦成真!"于是,人们恍然大悟。

原来,这种啤酒里含有性激素,有点类似中国的壮阳药酒和春药。而这种啤酒是否真有奇效只有天知道。

可是,由于该啤酒再三地在传播媒体上使用同样的把戏,后来被全美消费者协会抓住了把柄,称他们以暗示性广告用语向消费者推荐壮阳药酒,而这种酒却压根儿就没有什么壮阳药成分,按美国的广告管理案例,他们将受到严重的处罚。

该啤酒的广告代理商的确有一套,当面临假话被揭穿的局面时,他们一面紧急聘请最出色的律师为他们在法庭辩护,一面在用户和客商中加紧活动,通过活动,请他们对啤酒质量进行客观的评价。

与此同时,他们委托全美最有名的民意调查机构,向绝大多数该啤酒的用户发放问卷,进行民意测验。他们在设计问卷时,有意使用了大量诱导性语言,让人觉得如果把该广告看成是壮阳药酒,就说明自己生理上不够健全,床上功夫不行。这样一来,回收的问卷里,公开承认自己将该啤酒广告理解成壮阳药广告的比例极低。

客户的反应和民意调查的结果使全美广告管理协会拿不出客观充分的证据证明该广告使用了欺骗性语言,发布虚假广告。

人生感悟

巧妙地运用他人的心理,可反败为胜。

9.21 知识和智慧创造财富

瑞希·巴特，1985年出生在美国一个印度裔IT业工程师家庭。在父亲的耐心教育和精心指点下，瑞希·巴特从小就对电脑、软件、互联网产生了浓厚兴趣。他6岁的时候就开始鼓捣电脑软件程序设计，迈出了编写电脑软件程序的第一步。后来，经过不断的学习，他掌握的电脑知识越来越多了。

受好奇心的驱使，瑞希·巴特专心致志地埋头于互联网个人隐私保护软件的编写，发誓要最大限度地解决互联网安全保密性能不堪一击的重大隐患，为每一位网民的个人隐私提供安全"防火墙"。经过一个多月时间的辛勤编写，他精心创造出保护网民个人隐私信息不会被所登陆访问的网站不劳而获、随意窃取的"隐身冲浪软件"，从而开创出"互联网个性化"的新时代。

产品问世后，该如何使自己精心编写的"互联网个人隐私保护软件"早日变成众多网上冲浪高手的"隐身衣"呢？

一个新难题摆在瑞希·巴特面前，他认为只有尽快创建个人网站，才能公开推销自己的电脑软件。于是，瑞希·巴特在父亲的全力支持下，创办了专门经营互联网保密软件的"围城软件网"。这一网站亮相后，迅速赢得了网民的垂青，他们不惜巨资购买其下载使用权。仅几个月时间，瑞希·巴特的"围城软件网站"就先后有100多名网民先后登陆，使瑞希·巴特不费吹灰之力，就赚得了5000美元。

后来，他的网站被加拿大一家大型探矿集团公司收购了，他摇身一变成为享誉美国和加拿大两国IT业界的"百万富童"。

人生感悟

知识是人一生取之不尽、用之不竭的财富，一个创业者，将知识转变为智慧，就好比找到了一把叩开致富大门的金钥匙。

9.22 使用部下要"对症下药"

《三国演义》中有这样一个故事：马超率兵攻打葭萌关的时候，诸葛亮对刘备说:"只有张飞、赵云二位将军,方可对敌马超。"

当张飞听说马超前来攻关,主动请求出战时,诸葛亮佯装没有听见,对刘备说:"马超智勇双全,无人可敌,除非往荆州唤云长回来,方能对敌。"

张飞说:"军师为什么小瞧我!我曾单独抗拒曹操百万大军,难道还怕马超这个匹夫!"

诸葛亮说:"你在当阳桥吓退曹军百万,是因为曹操不知道你的虚实,若知虚实,你怎能安然无事?马超英勇无比,天下的人都知道,他渭桥六战,把曹操杀得割须弃袍,差点丧命,绝非等闲之辈,就是云长来也未必能战胜他。"

张飞发怒说:"我今天就去,如战胜不了马超,甘当军令!"

诸葛亮看"激将"法起了作用,便顺水推舟地说:"既然你肯立军令状,便可以为先锋!"

在《三国演义》中,诸葛亮针对张飞脾气暴躁的性格,常常采用"激将法"来激发他。每当遇到重要战事,先说他担当不了此任,或说怕他贪杯酒后误事,激他立下军令状,增强他的责任感和紧迫感,激发他的斗志和勇气,清除轻敌的思想。

人生感悟

根据对方的兴趣、爱好、长处、弱点、情绪、思想观点等"对症下药",是调兵遣将的主要依据。

9.23 为成就大事业果断出手

春秋时期,晋国的公子重耳,流落到齐国,娶了齐国的公主齐姜做老婆,生活过得很好。跟随他的臣子共有九人,个个都有安邦定国之才,念念不忘回国复位。他们之所以抛妻别子,就是因为把希望寄托在了这位公子身上。

可是,这对夫妻日夜相伴,卿卿我我,小日子过得越来越舒服,时间久了,重耳就把复国大事渐渐淡忘了。

在齐国混过了七个年头,臣子赵衰就对大家说:"我们跟公子出亡,目的是想借助外国力量复兴祖国,但是看今天齐国的情势,非常混乱,自顾不暇,哪有力量帮助我们呢?不如及早离开此地,到别的国家去想办法吧!"

他们向重耳请示,等了十天还没有见到面。一个姓魏的大臣沉不住气,说:"大家当初以为公子是个有作为的人,所以才不惜离乡背井,不辞辛苦地跟着他逃亡。

但他却天天伴着新夫人,把我们撇在脑后,对国事置若罔闻。想见他一面,等了十天连影子都见不到,这又怎么能做大事呢?"

狐偃带领大家走到东门外一个叫桑阴的地方秘密商量对策,他说:"公子愿不愿意离开齐国,那是他自己的事,但要不要走,那是我们的事。只要大家想好办法,时刻准备好行装,等公子一出来,就邀往郊外去打猎,拥出城门,便劫他上路。到那时,他想不走也不行了,大家以为如何?"

此计甚妙,全体赞成,于是大家分头回去准备。他们都以为在这幽静偏僻的地方密谋,决不会有人知道的。可是,他们没想到,树上的采桑女,听到了他们密谋,回去一五一十地报告了齐姜。

眼看计划就要落空,一旦重耳知道了他们的企图,他们的计划就不会再起作用。可是,天无绝人之路,齐姜虽然没有参加密谋,但是她也不希望自己的夫君一事无成。而且这位齐姜听了采桑女的话后,申斥她们说:"不得胡说八道!"随后,把她们统统关进一个密室里,半夜又悄悄地派人把她们杀掉灭口。然后想办法把重耳用酒灌醉,随后帮着九位臣子把重耳带出了齐国。

人生感悟

想成就一番事业,做事就一定要果决,否则贻误战机后果不堪设想。

9.24 创意可以带来巨额财富

上世纪五六十年代,美国有一个广告制作人玛丽·威尔斯善于用广告创意来宣传造势,以扩大商品的销售量。

玛丽才华超群、脑筋灵活,她创意的"打烂野马"汽车广告、"趣事100"香烟广告、"性象征"的化妆品广告,都是受人瞩目的佳作。不过,其中以"空中脱衣"为创意的布拉尼夫航空公司广告,最为赏心悦目,是航空公司广告中的精品。

布拉尼夫是一家在美国中南部与墨西哥、南美合资的航空公司,当时经营效果很好,但知名度却不高。玛丽在1965年接下了这家航空公司的广告,她心想:每一家航空公司都会购买相同的喷气机,并且起飞、降落都在相同的机场上;航空公司是受政府干涉最多的行业,既不能更改航道,又不能更改航速,更不能在空中表演飞行特技;搭乘飞机,飞行长达3小时以上,人人都觉得无聊、枯燥;所有航空公司的广告,都重视"安全"。其实越强调安全系数,越容易引起旅客的担心。所以,我们的广告就应该舍弃"安全",强调空中旅行的"乐趣"。于是,一个"空中脱衣"的广告创意便诞生了,玛丽并不是要空中小姐脱光衣服,而是让旅客们拥有这种幻想罢了。

她为布拉尼夫的空中小姐们设计了一系列能够逐件脱去的套装。在机场,她们穿着大衣走进机舱,然后将大衣脱下,露出洋装;用餐时,她们将洋装脱下,换上便服。从起飞到降落,随着飞行时间的延长,空中小姐将衣服逐件换掉。

为了配合这种"空中脱衣"活动,不仅空中小姐的服装要不断更改,而且机舱内的座位也要来回变动,汤匙、餐具等都要重新设计。除此之外,飞机的机体上还涂抹了7种颜色的漆,以方便旅客辨认。

广告活动推出后,"空中脱衣"便成为了热门话题,各大媒体纷纷采访。后来,游客们都向布拉尼夫航空公司涌去,结果飞机旅客增加了很多,营业额也不断地飙升。

人生感悟

创意就是创新的策划,它是知识的结晶,是智慧的主要表现形式之一。创意能够制造出巨额财富,是现代经济中智者常用的招术。

9.25 不要对下级言而无信

某机关的田处长是出了名的空头支票机,只会许诺,不会兑现。

前不久,单位新分来一个小伙子,计算机专业毕业的。田处长一大早就把他叫到了办公室,笑眯眯地说:"小陈啊!我看了你的履历,不错不错,以后咱们单位的计算机就交给你负责了,出了什么故障你就给看看,需要升级什么的你就看着办!有前途啊,我最喜欢有专长的人才了!"

小伙子一阵激动:"田处长,您放心,我一定好好干!"

几天之内,小伙子天天加班,把单位的几台电脑都整修了一遍。

田处长高兴地说:"小陈啊,我不会委屈人才,忙过了这一段,我就一定要提拔你!"

小伙子乐得天天"溜"着处长,甚至还跑到处长家里教处长儿子学电脑。

单位里的同事看到小伙子这么卖力,却都暗暗摇头。一个月、两个月、三个月……田处长的"提拔"还是没消息。

实在忍不住了,小伙子跑去问田处长,他支吾以对:"这个嘛,我们还得再研究一下!"小伙子心里真是又急又气。

同事老张拍着小伙子肩膀说:"认了吧!田处长的话不能信,四年前他就说过要提拔我当科长,可我现在还只是个小科员!"

不久后,处里的工作出了个大纰漏,田处长急得跳脚,可没有人愿意帮他,最后他被降职外调了,大家乐得直鼓掌:"空头支票机总算走人了!"

人生感悟

人需要言而有信、言行一致,如果只会说大话,开空头支票,说了不算,定了不办,不履行自己的承诺,这样的人早晚要受到人们的唾弃和鄙视。

9.26 急中生智渡难关

明朝时,永乐皇帝要大才子解缙在他的一把外国进贡的扇子上题字。解缙写下了王之涣的《凉州词》:"黄河远上白云间,一片孤城万仞山,羌笛何须怨杨柳,春风不度玉门关。"可是他一时疏忽,把诗中的"间"字漏了。

他的对头发现后,向皇帝奏道:"解缙自恃其才,目无君主,竟敢乘写题之机,有意弃字欺主,如此狂妄之徒,今不杀之,后必酿成大患!"

皇帝一看,果然如此,便要杀解缙。这时,解缙接过扇子一看,说:"圣上请息怒,听为臣慢慢讲来。这是我作的一首《凉州词》,虽和唐代诗人王之涣的《凉州词》仅有一字之别,但却并不一样。"

皇帝认为他是在狡辩,但也想给他一个机会,就说:"既然如此,你就当着文武百官的面读读你的《凉州词》,只要大家听了,都认为是你的作品,朕不但不问罪,而且还重重有赏。如其不然,立即斩首!"

解缙当众念道:"黄河远上,白云一片,孤城万仞山。羌笛何须怨,杨柳春风,不度玉门关。"

古时候写诗文皆不加标点符号,解缙巧用停顿,将一首诗改成了一首词,而且读得有声有色,使大家耳目为之一新,君臣赞不绝口。

人生感悟

为改变被动局面,有时采用一些诸如断章取义、语意双关等的文字游戏,可以翻转出新的妙用。

9.27 找到问题的关键和核心

近些年来,由于全球航空市场竞争十分激烈,法国航空公司的业务量屡屡下降,出现了高达 30 多亿法郎的亏损,公司信誉大大降低,陷入困境之中。

如何改变这种现状呢?一个艰难的问题摆在新上任的总裁布朗面前,有着独特的见地和丰富的知识头脑的他认为:一个企业有些亏损并不可怕,人心涣散才是最可怕的,这样始终摆脱不掉笼罩在企业头顶的阴云。他决定从重塑"法航"的形象入手,树立员工的自信心,找回过去、面对未来,使"法航"摆脱阴影的束缚,重见天日。

布朗的改革计划得到了员工们的认可,但如何将这一计划告诉民众,使广大民众看到"法航"这个词语后,重新激起励精图治的信心呢?布朗决定反其道而行之,独具匠心地设计出一幅巨大的商业广告,画面上陈列着"法航"公司员工的半身彩照,并加了一句响亮的广告语:我们每一位员工都决心让你喜欢"法航"!

这幅广告在法国著名的《世界报》上刊登后,在社会上引起了强烈的反响。大家都被"法航"人振兴"法航"的气势和决心所折服,激起了重搭"法航"飞机,体验"法航"变化的欲望。因此,"法航"业务量迅速回升,创造了最佳业绩,"法航"的形象也得到提升。

人生感悟

透过纷繁的乱象看到并抓住问题的实质和核心是一个高明的管理者必备的素质。

9.28 别忘了给自己找台阶下

一位德高望重的法官说:"现在的年轻人太差劲了!你们看过他们怎么打猎吗?天啊!一枪接着一枪,子弹用了不少,野鸭子却一只也没打到。明天,我要去打猎,我从来都是一枪一个准,年轻人真应该多学学!"

第二天,一大群人簇拥着法官去郊外打猎,刚选好位置,一只野鸭就从草丛中飞了出来,法官连忙举起枪"砰"的一声响,但野鸭却大叫着飞跑了!

只听法官自言自语地大声说:"真他娘的怪!我还是第一次见到被打死的野鸭还飞得这么快。"

大家听了一起哈哈大笑。一个窘迫难堪的场面就这样在笑语中消失得无影无踪了。

社交中的急智,是一种高超的能力。一般说来,知识越渊博、阅历越丰富的人,应变能力就越强。因为他们反应敏捷,在社交中遇到紧急情况时,能够调动长期积累的生活经验和各种知识来思考、解决,从而使"山重水复疑无路",转化为"柳暗花明又一村"。

人生感悟

当发生意想不到的尴尬时,别死要面子活受罪,适当地幽自己一默,不失为一个下台阶的好办法。

9.29 要重视文章的字斟句酌

古时候,有一个公子哥儿因马术不精而伤人致死,于是被控下狱。他的父亲在讼师的怂恿下,贿赂了县署代书诉状的小吏,将状词中的"驰马伤人"改为"马驰伤人"。驰马伤人,是指人乘马飞驰伤人,罪在人;马驰伤人则是指马脱缰而伤人,这属意外事故,并不构成犯罪。

曾国藩镇压太平军,连连失败。他打算请求皇上增援军队,于是就草拟了奏章,作为面奏时的"草稿",在讲到战绩时,不得不承认"屡战屡败"。一位师爷看了这个提法后,马上提醒他。前段时间,一员大将面奏时,也曾讲到"屡战屡败",因触怒龙颜而被贬谪。

曾国藩不禁吓出了一身冷汗。但是,对皇上又不能谎报军情。于是他苦思良久,突然灵机一动,将"战"与"败"两字调换一下位置,这样"屡战屡败"变成"屡败屡战",从而使这句话的意思起了质的变化。

"屡战屡败"是一种无能的表现,而"屡败屡战"却是一种英勇无畏的表现。皇上接到曾国藩的上奏,读到"臣屡败屡战"一句后,果然龙颜大悦。认为他在失败面前斗志不灭、百折不挠,从此曾国藩开始官运亨通。

苏东坡幼年时,天资非常聪明,由于读书特别多,书上的字他没有不认识的。

再加上文章写得好,因而受到人们的尊敬和赞扬。于是,他有点飘飘然了,竟然在自己书房门前书上一联:"读尽人间书,识遍天下字。"

有一位长者专程来到苏家,向苏东坡"求教",请苏东坡认一认他拿来的书上的字。书上写的全是周朝史籀创制的字体,苏东坡一个也不认识,羞得面红耳赤。长者也没有说什么就走了。

苏东坡这才感到自己门前的对联名不副实,马上将对联各填一字,上联是:读尽人间书好,下联是:识遍天下字难。这样一改,先前的尴尬就一扫而光了!

人生感悟

作为一个成功人士,一定要重视文章的炼字造句,因为,有时一字之差会造成文章的意思差之万里。

9.30 把"挫折"转化为"机会"

美国人约瑟夫·卡伯的成功在此点上为我们做出了很好的榜样。

卡伯先前创办了一家公司,虽然工作勤奋、兢兢业业,但仍然入不敷出,还欠了许多外债。当时他只有两条路可走:其一是宣布破产,其二是勤奋工作,设法赚钱还债。

虽然宣告破产能合理、有效地解决负债问题,但卡伯却认为,别人信任他,才借钱给他。倘若宣告破产就是背信弃义,那会让人很失望,所以他选择了第二条路。

卡伯找来所有的债主,并对他们说:"我已经没有开办公司的能力了,如果你们相信我,请给我一次努力的机会,我保证在8年内将全部债务还清。"

债主们无可奈何之下,只得同意卡伯逾期还债。

后来,卡伯发现许多人同他一样,都有难于处理的债务问题。于是,他萌动灵机,将自己处理债务、说服债主的经验,写成了一本《如何在90分钟内不用借钱解决负债》的书。这本书的成本只有12美分,售价0.95美元,一共卖掉10万本,卡伯仅只用了3年时间就将债务还清了,还赚了几十万美元。

卡伯身处绝境时,将"挫折"转变为"机会",写成了一本书。这种绝佳的想法,是知识和智慧的最佳体现,不仅使他摆脱了困境,还改变了他的一生,使他成为受人羡慕的富翁。

人生感悟

点铁成金,是当今商战普遍使用的高招。这需要经营者有广博的知识做后盾,根据商战实践创编新招式,只有这样才能很好地把握致富良机。

10月份

勤奋的鸟才有食吃
情形不对时走为上
敢于走出自己的新路
从客户的角度思考问题
宝剑锋从磨砺出
……

10.1 勤奋的鸟才有食吃

伽利略17岁那年,考进了比萨大学医科专业。他非常喜欢提问题,凡事不问个水落石出决不罢休。

有一次在课堂上比罗教授讲解胚胎学。他说:"母亲生男孩还是生女孩,是由父亲身体的强弱决定的。如果父亲身体强壮,就会生男孩;身体衰弱则会生女孩。"

比罗教授话音刚落,伽利略就举手说自己有疑问。

比罗教授不高兴地说:"你提的问题太多了!你是个学生,上课时应该认真听讲,多记笔记,而不是胡思乱想,随便提问题,打扰别的同学学习!""这不是胡思乱想。我的邻居,男的身体非常强壮,可他的妻子一连生了5个女儿。这与老师讲的正好相反,所以我想知道为什么?"

"我是根据古希腊著名学者亚里士多德的观点讲的,不可能错!"比罗教授搬出了理论根据,想压服伽利略。

伽利略继续说:"难道亚里士多德说的不符合事实,也要硬说吗?科学一定要与事实相符,否则就不是真正的科学。"比罗教授被伽利略问倒了,非常下不了台。

事后,伽利略果然受到了校方批评。但他勇于坚持、好学善问、追求真理的精神却丝毫没被改变。也正因此,他才最终成为一代名人。

人生感悟

真理往往掌握在少数人手里,是因为这少数人能坚持真理。即使面对再大的困难,也压不倒他们的坚持。也正因此,成功往往成为他们的囊中之物。

10.2 情形不对时走为上

一个做政治家的父亲对他准备从政的儿子传授当官的经验:"如果有人指责你行贿、行为不端、说谎时,你该怎么办呢?"

儿子想了想说:"首先利用各种媒体公开辟谣,有必要时不妨开一个记者招待会,在电视上竭力装出一副清白无辜的样子,然后痛骂那些造谣中伤你的人,说他们都是你的政敌,并且把手按在《圣经》上赌咒发誓说自己是纯洁无瑕的,上帝可以作证。"

父亲接过儿子的话说:"如果这一招不灵,就赶快找一个得力的律师,让他替你去收拾局面。你拒绝见任何人,万不得已时,可在适当的时机说:我的清白已经得到公众的证明,各位若还有问题就请去问我的律师吧!"

儿子问:"这一招要再失败了呢?"

父亲说:"这一招要再失败,你就赶快揣上钱包开溜吧!"

人生感悟

这是一个在西方流传很广的笑话,但他所讲的:情况不妙,赶紧开溜的计策却是可以广泛利用的。这也就是中国人的"三十六计,走为上"。

10.3 敢于走出自己的新路

古时候,在一望无垠的沙漠深处,有一座埋藏着无数宝藏的古城。要想获得宝藏,需要穿越整个沙漠,还要战胜沿途数不清的陷阱和机关。沙漠里缺水,而且没有旅店,很多人尽管对宝藏垂涎三尺,但面对这样的境况,都望而却步了。也正因此,这些珍宝在沙漠古城中被埋藏了许多年。

有一年,一个勇敢的人听说了这件事,便独自踏上了艰辛又漫长的寻宝之旅。为了不至于返程时迷路,他每走完一段路,都要做一个明显的标记。就这样一边行走,一边摸索。就在他依稀看到古城的时候,却不小心掉进了陷阱,眨眼间这个年轻人就被毒蛇猛兽咬成了白骨。

又过了许多年,另一个勇敢的寻宝人踏上了沙漠。当他看到前人留下的标记时,心想:这条路之前一定有人走过,只要沿着别人指引的道路前进,就会达到终点。之后他便沿着标记走了一段路,果然没遇上危险。这下他就大胆地向前进了,然而不久他就掉进了陷阱里,落得了第一人的下场。

时间又过了不知多少年,又一个勇敢的人走进了沙漠。他选择了走前两人的道路,结果命运同样悲惨。

最终,走进沙漠寻宝的是一位智者。当他看到前人留下的醒目标记后,心想:这些标记不一定就可靠。因为前面去过的人没听说有回来的。于是他在险象丛生的沙漠中自己开辟了一条新路。他每迈一步都十分小心,最终,他克服了重重困难,抵达了古城,获得了埋藏多年的无价之宝。

人生感悟

被众人走过的平坦大道,很少会再有无价之宝等待人们去挖掘。勇敢地开辟新路,也许才可以收获真的惊喜。

10.4 从客户的角度思考问题

日本著名的女企业家寺田千代是从一个个体运输户成长为一位具有影响力的企业家的。

在上世纪70年代爆发世界性石油危机,运输行业日渐衰落的时候,她勇敢地决定要"帮人搬家"。但她有一个宗旨:不局限于"搬家公司只管搬家"的传统,而是"啥时想到什么就做什么",或"现在有条件干什么就干什么"。将"为用户提供以搬家为中心的综合性服务"作为目标,尽力扩大服务范围。

之后她开始进行改革,她首先将公司名字改成一个便于在电话簿上查找的名字。按照日本同一行业内,企业排名按日语名称的第一个字母顺序排列的传统,她将自己的公司命名为"阿托搬家中心"。这样,她的公司便位于同行业之首了。

再次,按照以往搬家公司的做法,搬家时,客户必须在新居和旧居同时安排照看。特别是新居,必须早早就有人在那边守候,以恭候"搬家专车"的光临。

基于此,寺田千代就试图将这"令人劳累头痛的搬家"变为"令人轻松愉快的旅行",所以她委托德国的巴尔国际公司专门设计制造了一种新型的搬家专用车。车全长12米,高3.8米;前半部为上下两层,第一层是驾驶厅,第二层是大客厅,里面有软沙发,有供婴儿睡觉的摇篮,还有电视机、录音机等娱乐设施。汽车的后半部是装运家具、行李的车厢,载重量高达7吨,所以一般家庭的所有器物都能一次性运完。

由于汽车车厢大,所有东西都可以放进去,行人什么都看不见,这就充分照顾了客户担心财物遗失和不愿让别人发觉的心理。既可靠,又安全。寺田千代为此给自己的搬家专用车起了一个神秘的名字——"新世纪之梦"。

之后不久,她还专门设计了与这种汽车相匹配的集装箱和吊车。这样居住楼房的客户搬家的时候,用吊车将集装箱送到窗前就可以操作了。

另外，寺田千代考虑到顾客在搬家时需要处理许多杂事。比如，新居的室内设计和装修，室外环境的清扫、处理废旧物品等，以及迁移户籍、变换电话、更改水电供应等。这些杂七杂八的事情，她的搬家中心全都可以代办。

据不完全统计，寺田千代由搬家衍生出的相关服务就有10多项。因此，在公司成立后，很快就由一个地区性的小企业成长为在全国都享有名气的中型企业。

人生感悟

在经营过程中，死守经验不如没经验，墨守成规的人，往往得不到成功的青睐。

10.5 宝剑锋从磨砺出

《战国策》中记载了一个历史人物苏秦，他主张连横，想帮助秦国兼并六国。但秦惠王没有采纳他的意见，并说"毛羽不丰满者，不可以高飞；文章不成者，不可以诛罚；道德不厚者，不可以使民；政教不顺者，不可以烦大臣。"苏秦向秦惠王上书十次，而连横的主张却始终没有被采纳。经费耗尽之后，苏秦只好无奈地离开秦国回家。

回到家里，苏秦有言："妻不以我为夫，嫂不以我为叔，父母不以我为子，是皆秦之罪也。"可见其处境之悲哀。于是有了"头悬梁，锥刺骨"之传说，即苏秦连夜翻出书籍，打开十个箱箧把书摆出来，找到一部太公阴符的兵法书，伏案诵读。读书疲倦想睡的时候，就拿个锥子刺自己的大腿，鲜血直流到脚上。

一年以后，苏秦将兵法揣摩透了，他说："此真可以说当世之君矣。"

于是，苏秦走到燕乌集阙，推行"合纵"，即合众弱以攻一强，联合各诸侯的力量，以遏制秦国的对外扩张，在政治上获得成功。苏秦被封为武安君，授六国相印，游历各国，名声显赫。

苏秦没得志时不被家人所理解，遭到家人的蔑视。然而，苏秦没有被挫折吓倒，而是激发起了自己不成功便成仁的决心。

凡成大事者，都不会一帆风顺，不经历风雨怎能见彩虹？人总要经历大风大浪才能成就大事业。成就事业仅能承受挫败还不够，还需要意志坚强、胸怀博大、目光长远、百折不挠。

人生感悟

有道是:"吃得苦中苦,方为人上人。"每个成功者,不仅仅是勤奋的人,更是能个克服困难和挫折的志士。

10.6 借尸还魂以图日后东山再起

据说八仙中的铁拐李,本来是一个翩翩少年,名叫李玄。因醉心于神仙术,于是拜太上老君为师,学得了一套长生不老术。

一天,他嘱咐徒弟说:"我要灵魂出窍,跟师父魂游太虚去,你好好守住,不要离开半步。守到第七天,如果我魂还未返回的话,那是我已成仙去了,才可以将肉体焚化!"说完就静坐神游而去。

徒弟守护着他的尸体,加意防护,生怕出了什么闪失。可是到了第六天,忽然徒弟的家人匆匆赶来,催促他回家。说他的母亲病得很重,危在旦夕,一定要他赶回家,见最后一面。

徒弟听见后,大哭起来,说:"母亲危急,师魂未还,如我回去,谁守师尸;不回家,母难瞑目。"来的人就劝他说,师徒之义怎及父母之情,况且人已经死了六天,脏腑都会腐烂,哪里还有还魂的道理?徒弟一听也有道理,于是大家一起,把李玄的尸骸焚化了。

第七天,李玄的魂归来了,却没有尸首可投,变成了一个无主孤魂,只得到处游荡。忽然看见路边有一具乞丐的尸体,猛然想起太上老君临别时说过的话:"辟谷不辞谷,车劝路亦熟,欲得旧形骸,正逢新面目。"便长叹一声:"罢了,既然劫数难逃,大限已定,也不能强求了。慌不择路,魂正无依,不如将错就错吧。"

于是就附丐尸而起,变成了一个蓬头垢面,露肚跛脚,要靠拐杖走路的人。

人生感悟

在自己面临失败之时,不得已就只好借尸还魂了,正像俗话所说的:"留得青山在,不怕没柴烧"。只要自己还有本钱在,不怕日后没有出头的日子。

10.7 让你的投资组合多样化

众所周知，传媒大亨默多克一直关注于文字传播，对于报刊、杂志情有独钟。但从 1980 年开始，默多克把注意力集中于图像而不是文字上，因为他已经敏锐地感觉到过去的投资方向太过于单一了。

1985 年，他买下了威廉·福克斯的 20 世纪福克斯电影公司。当时公司附属的福克斯电视台还只不过是个名不见经传的小型独立电视台。可一年以后，默多克就将它改造成了结构合理的电视网，变成了一座可开采的宝藏。

不久，他又购买了即将破产的英国收费电视台——英国天宇电视台，然后用他的魔力使之起死回生。

他从内部的市场信息中得出结论，在全球的信息社会中，世界范围的卫星电视将来会获得丰厚的利润，必要时他会很快地把报纸卖掉。

比如，1993 年，为了进军中国市场，默多克不顾资金紧张，囊中羞涩，果断地卖掉了《南华早报》，毅然买下了卫星电视网，同时发行了 5000 万新股。结果在股票上市 8 个月后，上涨的股市完全弥补了默多克的资金短缺。这件事具有深刻的象征意义，非常清楚地表明了默多克把经营重点从报纸转向电视和电子媒体的决心。

2001 年 6 月，为了适应香港政府关于有线电视特许权的新政策，他更是斥资把自己在香港有线电视有限公司的股份额从 48% 提高到了 100%。

他在随后发表的声明中说："我们很高兴能成为全部股份的所有者，这是一个重要的保证，它将保证我们在香港进一步大规模投资。要知道香港是我们经营的大本营之一。"

诚如其言，这几笔交易实际上构成了"默多克新闻帝国"的主要支柱。

人生感悟

不要把鸡蛋放在同一个篮子里。一般而言，年轻人可能都想在高科技类股或是新兴市场上多下点注，而上了年纪的人则倾向于将钱投到蓝筹股，但更理智的做法是让你的投资组合多样化。

10.8 做事情要有主有次

秦国在攻打完韩国、赵国、魏国之后，李信与蒙武被派遣进攻楚国。

开始两人连战连捷，秦军往来驰骋，如入无人之境。连灭三国、削弱一国，使秦王及众将都有些飘飘然。楚国不堪一击的表象，使秦王及众将产生了轻敌的思想。

但是，他们忽略了燕国和楚国在国力和面积上都完全不同的事实。李信拿出了在燕国追歼燕太子丹的劲头，根本未将楚军放在眼里。楚军抓住了李信之军长驱千里，缺乏后援这个弱点，乘势对秦国发起反击，李信连败两阵。秦军损失惨重，几乎全军覆没，残军向秦境败退，后面楚军紧追不舍，威胁秦国的安危。这是秦国在统一六国的战争中失败最严重的一次。

当秦王获知李信惨败的消息后，又惊又怒。他立即前往王翦家中请王翦重新"出山"，并同意给王翦60万兵马。在秦王的软硬兼施之下，王翦终于答应领兵灭楚。于是，在李信攻楚失败的同一年，秦国把几乎全国的兵力都交给王翦率领，二次攻楚。

击败20万秦军的楚国人信心倍增，见到王翦又率大军来攻，于是也征发全国之兵力拒敌。

王翦虽远道而来灭楚，但并不急于进攻，而是在合适的地方筑起坚固的营垒，死守不战。秦军不战，可又驻扎在楚国土地上，楚军不能不管。急于要将秦军赶走的楚军，多次向秦军挑战，可就是不见秦军有任何出动的迹象，令楚军气恼万分。

在坚守的这段时间里，王翦命令士卒养精蓄锐，忘记战事，吃得饱饱的，洗得干干净净的，终日游戏玩耍。王翦还与士卒同玩同乐，一同进餐，一起做游戏。秦军逐渐斗志高昂，士气日盛。

楚军见秦军总是不进攻，无计可施，只好引军向东撤退。在楚军退回腹地后，王翦见时机成熟，立即命令秦军追击，并组织起一支最强悍的突击队，猛攻楚军。疲惫已极、疏于防范的楚军猝不及防，完全失去了有效的抵抗，被打得落花流水。

楚军主帅项燕率残军逃走，秦军紧追不舍，杀死项燕，将楚军主力全部消灭了。最难对付的楚国就这样灭亡了，随后秦国又歼灭了燕国和齐国，秦国的统一大业就这样成功了。

人生感悟

能成就大事的人在重要关头，必定要清晰地辨识事务的轻重缓急，力求做到缓急有度，轻重有序，使事件的发展完全掌握在自己的手里。

10.9　从对方的内部下手

刘邦自即帝位后,用计谋诛杀了功臣韩信、英布、彭越、陈豨等异姓王,并把自己的儿子分封为王。在临危时还召集列侯群臣于病榻前宣誓:"此后非姓刘的不得封王,非有功不得封侯,如违此约,天下共击之。"

可是等到刘邦驾崩,大权落到了皇后吕雉手中。吕后一旦大权在握,就想杀尽刘邦的旧臣以及各刘姓王,变刘家天下为吕家天下。于是,诸王逐渐被她杀害,未遭毒手的也都被削了兵权。

齐王刘章眼见各兄弟被姓吕的迫害到这般地步,禁不住在院子里仰面大哭起来。忽然背后有人说:"大王!有什么事值得这般悲伤?"

刘章回头一看,原来是田子春,便对他说:"为什么不伤心?我虽封王,却一点权力也没有。原先父王给我的二十万兵,又被吕后追回去了。"

田子春马上表示,自己有办法去长安把兵权讨回来,并向刘章要了一笔活动费和黑白两匹良马。田子春还带了七岁大的儿子奉郎一齐上路,在长安的旅店住下。他打听到吕后最信任的心腹是张石庆,便决定在他身上打主意。

田子春知道张石庆每天上朝必经过这家旅店门前,便故意把白马拴在店门口。张石庆见到后,对这匹良马赞不绝口。第二天早晨,田子春又将黑马拴出来,张石庆又看见了,更加欣羡不已。经过打听知道是个卖马的住客。

田子春又在暗里跟踪,见衙门前有所大宅,门上写着:"此房出租。"并了解到这个大宅是张石庆的,便灵机一动,计上心来上,上前问门公:"这房子要多少钱出租?"

那门公向他看一眼,反问道:"这是张大人的房子,不是什么人都能租的。你是什么人?"

"我是街上那个卖马的,你回报张大人就知道了。"

果然,很快田子春就被唤进去。张石庆首先就问:"你那两匹马卖不卖,要多少钱?"

田子春恭敬地说:"我那两匹马是一对良驹,特地从齐鲁一带贩来的,大人喜欢的话,哪敢说卖,送给大人便是了。反正我卖马的目的,不外想卖点钱去求点事情做,光耀一下门楣罢了!"

张石庆听说后,对他非常有好感,就问:"你贵姓!"

"敝姓田。"

"那更好，恰好和敝眷同姓。既然你要做官，就索性做我的小舅子吧，好不好？"

田子春巴不得这样，马上拱手拜见姐夫，再叫儿子过来叩见姑丈姑母。然后，便搬入衙门居住，俨然成了一家人。

田子春是个善于逢迎的人，每天和张石庆高谈阔论，很得"姐夫"欢喜。一天闲谈间，张石庆谈起吕后的事，田子春乘机说："如果姐夫能向太后奏请封吕氏三人为王的话，她一定很喜欢，很可能将来升姐夫做上大夫呢！"

第二天入朝，张石庆奏请封三吕为王。太后果然大喜，除分别封吕起、吕禄、吕平为王外，又封张石庆为丞相，赏帛金三万。

张石庆喜不自胜地回来，告诉了田子春。田子春马上假装非常后悔，说："我真该死，不应酒后胡言，如此一来，坏了太后的大事。您想，刘氏还有三个王在外，自然不喜欢啦，万一起疑心，造起反来，事情不是糟了吗？"

张石庆本来就是一个没有主意的人，听他这么一说，也非常着急，连忙问："那怎么好呢？"

"现在只有想办法也给姓刘的一点好处，缓解一下。"接着，田子春说出了办法。

当晚，张石庆入宫见太后，奏说："外间已传开了，说关外三王刘章、刘号、刘长，知道封三吕为王，心中不服，想造反了。"

太后问："有什么方法可以制止他们呢？"

"可不可以这样？"张石庆说，"将三王中的有官者赐赏，无官者付给兵权，他们有了甜头就不会造反了！"

太后认为非常有道理，立即叫陈平入宫，商议这件事。表面上对吕后非常忠心而实际上一直在盘算着如何铲除吕氏的陈平，心想这一定是齐鲁那边有人打进来替刘章取兵权了，心里非常高兴。当太后问他，刘氏三王中谁无兵权时，陈平答："只有山东刘章久在赋闲，既无职位又无兵权。"

"好，叫刘章入朝。"太后当即派使者到齐鲁，告诉刘章。刘章大喜，即刻起程上长安。太后便把兵印让张石庆转交刘章，给了他二十万军马。

第二天一早，刘章往兵部交割兵马，率领二十万大军驻扎郊外。田子春看到大事已成，天未亮就和儿子奉郎骑了带来的两匹黑白马，借口去打猎，带领五十个随从赶到刘章营中，随后拔寨起程回山东去了。

没过多久，刘章凭借着这二十万兵马在齐鲁造反，消灭了吕氏。

人生感悟

堡垒是最容易从内部攻破的。

10.10 大海也是由水滴聚集成的

两个年轻人一同寻找工作,一个是英国人,一个是日本人。一枚硬币躺在地上,英国青年看也不看地走了过去,日本青年却激动地将它捡起来。英国青年对日本青年的举动露出鄙夷之色:一枚硬币也捡,真没出息!日本青年望着远去的英国青年心生感慨:让钱白白地从身边溜走,真没出息!

两个人同时走进一家公司。公司很小,工作很累,工资也低,英国青年不屑一顾地走了,而日本青年却高兴地留了下来。

两年后,两人在街上相遇。日本青年已经成为了老板,而英国青年还在寻找工作。英国青年对此迷惑不解,说:"你这么没出息的人怎么能这么快就'发'了?"

日本青年说:"因为我没有像你那样绅士般地从一枚硬币上迈过去。你连一枚硬币都不要,怎么会发大财呢?"

也许这个英国青年并非不要钱,可他眼睛盯着的是大钱而不是小钱,所以他的钱总在明天。但是,没有小钱就不会有大钱,你不懂得从小钱积起,那么财富就永远不会降临到你的头上。

我们应该明白:财富的积累离不开金钱的积累。而要积累金钱,还得掌握金钱的特性,因为钱是喜欢群居的东西,当它们处于分散的状态时,也许没有什么威力,但当它们由少成多地聚集起来时,成千上万的金币就会发挥巨大的力量。

人生感悟

金钱有一个特性,就是你越尊重它,它便越拥护你;你越藐视它,它便越避开你。要想积累财富,首先就得不放过身边的每一个小钱。

10.11 诚实能产生人格魅力

宋太祖赵匡胤在澶州跟随周世宗,当时曹彬为世宗的侍从官,负责茶酒事宜。赵匡胤曾向曹彬索要美酒喝,曹彬很坚持原则,说:"这是皇帝的酒,不能给。"而他自己掏钱买酒和太祖对饮。

赵匡胤当上了皇帝以后，曾对群臣说："世宗的侍从官员不欺骗主子的，只有曹彬一人。"因此将其用为心腹。

英国有一个名叫哈尔顿的作家，为了编写一本《英国科学家的性格和修养》的书，采访了达尔文。

达尔文的坦率是尽人皆知的，为此，哈尔顿毫不客气地直接问达尔文："您的主要缺点是什么？"

达尔文回答："不懂数学和新的语言，缺乏观察力，不善于逻辑思维。"

哈尔顿又问："您的治学态度是什么？"

达尔文回答说："很用功，但没有掌握学习方法。"

我国著名的翻译家傅雷先生说："一个人只要真诚，总能打动人的，即使人家一时不了解，日后便会了解的。"

以诚待人，会在可以信赖的人们之间架起心灵之桥，通过这座桥，打开对方心灵的大门，并在此基础上并肩携手，合作共事。自己真诚实在，敞开心扉，对方会感到你信任他，从而消除猜疑、戒备的心理，把你作为知心朋友，愿意向你诉说一切。这就是用真诚换来真诚，如果人们在发展人际关系，与人打交道时，能用诚信取代防备、猜疑，就能获得出乎意料的好结局。

人生感悟

> 人格魅力来自于完善的人格。真诚待人，是赢得人心、产生吸引力的必要前提。待人心诚一点，守信一点，能更多地获得他人的信赖、支持与合作，因此能获得更多的成功机遇。

10.12 说话要注意把握"火候"

《三国演义》第七十二回中记述：诸葛亮智取汉中，曹操收兵于斜谷界口扎驻，曹操屯兵日久，欲要进兵，又被马超拒守；欲要收兵，又恐被蜀兵耻笑，心中正犹豫不决。刚好这时厨师送进鸡汤，操见碗中有鸡肋，因而有感于怀。正沉吟间，夏侯惇入帐，禀请夜间口令。操随口说："鸡肋！鸡肋！"传令众官，都称"鸡肋"。

行军主簿杨修，见传"鸡肋"二字，便教随行军士，各收拾行装，准备归程。有人报知，夏侯惇大惊，遂请杨修至帐中问道："请问为什么收拾行装？"

杨修回答说："以今夜号令，便知魏王不日将退兵归也：鸡肋者，食之无肉，弃之可惜。今进不能胜,退恐人笑,在此无益,不如早归,来日魏王必班师矣,故先收拾行装,免得临行慌乱。"

夏侯惇感慨地说:"公真知魏王肺腑也!"遂亦收拾行装。于是寨中诸将,无不准备归计。

当夜曹操心烦,不能稳睡,遂手提钢斧,绕寨私行。只见夏侯惇寨内军士,俱各准备行装。操大惊,急回帐召惇问其故。

回说:"主簿杨德祖先知大王欲归之意。"

操唤杨修问之,修以鸡肋之意对。

操大怒曰:"汝怎敢造言乱我军心!"喝刀斧手推出斩之,将首级号令于辕门外。

杨修被杀,一方面是因为杨修"恃才放旷"屡屡冒犯曹操之忌,有卖弄手段和奴高压主之嫌。另一方面也是正当曹操进退无计,有气无处放的时候,杨修出风头耍小聪明,这不是往枪口上碰吗?因此,说话时要一定要看"火候",这里所说的火候是指时机,是指双方在能谈得开、说得拢的时候,也就是对方愿意接受的时候。

人生感悟

一个人在车祸丧子的悲痛中还没解脱出来的时候,你却上门托他给你的儿子保媒说媳妇,这还能不碰壁吗。说话一定要看"火候"。

10.13 发大财也要从积小钱开始

亚凯德是巴比伦的一位巨富,他曾向人们传授他致富的经验。在一次讲课时,亚凯德向一位自称卖蛋的节俭人说:"假使你每天早上收进 10 个蛋放到蛋篮里,每天晚上你从蛋篮里取出 9 个蛋,其结果将会如何呢?"

"时间久了,蛋篮就要满溢啦。"

"这是为什么呢?"

"因为我每天放进去的蛋数比取出的蛋数多一个呀。"

"好啦",亚凯德继续说,"现在我向你介绍发财的一个秘诀,你们要照我说的去做。当你把 10 块钱收进钱包里时,只取出 9 块钱作为费用,这样你的钱包将逐渐膨胀。当你觉得手中钱包重量增加时,你的心中一定有满足感。"

"不要以为我说得太简单而嘲笑我,发财的秘诀往往就是这么简单。开始,我的钱包也是空的,无法满足我的发财欲望,不过,当我开始向钱包放进 10 块钱而只取出9块钱用的时候,我的空钱包便开始膨胀。我想,如果如法炮制,各位的空钱包自然也会膨胀了。"

现在来告诉大家一个奇妙的发财秘诀,它的道理很简单,事实是这样的:当你的支出不超过全部收入90%时,你就会觉得生活过得很不错,不像以前那样穷困。不久,觉得赚钱也比往日容易。能保守而且只花费全部收入的一部分的人,就很容易赚得金钱;反过来说,花尽钱包里的钱的人,他的存款账户上永远都是空空的。

人生感悟

凡事要从小做起,从零开始,慢慢进行,不要小看那些不起眼的事物,天长日久就会成功。这一道理从古至今一直有效。

10.14 谨防祸从口出

在我国历史上,结局最出人意料的就是东晋武帝司马曜了。一个皇帝只是因为酒后的一句戏言竟然被爱妃的婢女活活闷死。

公元396年的一天,司马曜跟平日一样,与自己最为宠爱的妃子张贵人饮酒取乐。他狂饮不止,并硬要张贵人再陪他对饮。张贵人已经酒足,难以再饮,极力辞谢。司马曜面露愠色,开玩笑地说:"你今天如敢违抗君命,拒不陪饮,我可要定你的罪!"

张贵人一时火起,恃宠起身顶撞说:"妾偏偏不饮,看陛下定我什么罪!"

司马曜醉眼朦胧,起身冷笑一声说:"用不着你嘴硬。你已经年近三十,应该废黜了。我有的是年轻貌美的佳人,难道少了你一人就不成?"说到这里,又大口呕吐,喷得张贵人满头满身都是。

当晚,张贵人思来想去,一直想着司马曜的这句话。她想到:司马曜的前两个宠妃都因失宠而被打入冷宫,自己失宠是不是也要在冷宫里渡过余生?她越想越感到害怕,越想越心不甘。不知从哪里来的胆量和决心,张贵人让侍女拿来一条厚厚的被子,将司马曜紧紧地蒙在了下面。几个侍女重重地压在上面,任凭司马曜拼命挣扎也无济于事,就这样,司马曜竟被活活憋死了。

人生感悟

病从口入,祸从口出。一个口不择言的人,往往会引来灾祸。对此,古人早就有过先见之明,对后人也是一再警示。

10.15 切忌出言不慎惹祸端

唐朝时的孟浩然，早年就显示出超人的才华，而且名闻京师，他本人也很想进入政坛一展身手。

孟浩然与王维是好朋友，王维利用自己的关系巧妙安排，在自己值班内署的时候约孟浩然入内闲谈。恰遇玄宗驾临，玄宗久闻孟浩然的大名，当下便让他朗诵几首他的诗作。孟浩然诵了一首《岁暮归南山》："北阙休上书，南山归敝庐，不才明主弃，多病故人疏。白发催年老，青阳逐岁除，永怀愁不寐，松月上窗虚。"

当唐明皇听到"不才明主弃"一句后，非常不满，就说："你不是'不才'我也不是什么'明主'，是你自己不来见我，我什么地方嫌弃了你呢？"

第二天当有人向皇帝推荐孟浩然时，皇帝竟念念不忘"不才""明主"的说法，说："还是成全他的志向，让他'归南山'去吧！"

因为这一句不当的话惹怒了唐玄宗，唐玄宗以为孟浩然是在讽刺他不分贤愚，埋没人才，就这样，孟浩然不但没得到什么官做，还惹怒了龙颜。

孟浩然是个明白人，他知道这一下仕途更加无望了。"当路谁想假，知音世所稀，只应守寂寞，还掩故园扉。"于是告别友人，离开长安回到故乡过起了隐居生活。

此后，孟浩然由儒而道，在山水田园诗作中倾诉痛苦，消磨时光，抒发"且乐杯中物，谁论世上名"的感叹去了。

人生感悟

因一言而致使终生不幸的人物，历史上太多了，如柳永、刘禹锡等人皆是例子，所以说话一定要谨慎。

10.16 做事不一曝十寒要有恒心

有个叫哈罗德的青年，开始只是一个经营一家小型餐饮店的商人。他看到麦当劳里面每天人潮如涌的场面，就感叹那里面所隐藏的巨大的商业利润。

他想，如果自己可以代理经营麦当劳，那利润一定是极可观的。他马上行动，找到麦当劳总部的负责人,说明自己想代理麦当劳的意图。但是负责人的话却给哈罗德出了一个难题——麦当劳的代理需要200万美元的资金才可以。但哈罗德并没有足够的金钱去代理,而且相差甚远。

哈罗德并没有因此而放弃,他决定每个月都给自己存1000美元。于是每到月初的1号,他都把自己赚取的钱存入银行。为了防止自己花掉手里的钱,他总是先把1000美元存入银行,再考虑自己的经营费用和日常生活的开销。无论发生什么样的事情,都一直坚持这样做。

哈罗德为了自己当初的计划,整整坚持不懈存了6年。由于他总是在同一个时间——每个月的1号去存钱,连银行里面的服务小姐都认识了他,并为他的坚韧所感动!

后来的哈罗德手中积攒到了7.2万美元,是他长期努力的结果。但是与200万美元来讲仍然是远远不够的。

麦当劳负责人知道了这些,终于被哈罗德的不懈精神感动了,当即决定把麦当劳的代理权全部交给哈罗德。

就这样,哈罗德开始迈向成功之路,而且在以后的日子里不断向新的领域发展,成为一代巨富。

人生感悟

为了让自己心中的种子发芽,哈罗德从1000美元开始慢慢充实自己的口袋,而且长达6年之久,终于感动了负责人,也开始了他自己的富裕人生。

10.17 要把道理讲得入情入理

贞观二年(公元628年),魏徵被授秘书监,并参掌朝政。不久,长孙皇后听说一位姓郑的官员有一位年仅十六七岁的女儿,才貌出众,京城之内,绝无仅有。便告诉了太宗,请求将其纳入宫中,备为嫔妃。太宗便下诏将这一女子纳为妃子。

魏徵听说这个女子已经许配陆家,便立即入宫进谏:"陛下为人父母,抚爱百姓,当忧其所忧,乐其所乐。居住在宫室台榭之中,要想到百姓都有屋宇之安;吃着山珍海味,要想到百姓无饥寒之患;嫔妃满院,要想到百姓有家庭之欢。现在郑民之女,早已许配陆家,陛下未加详细查问,便将她纳入宫中。如果传闻出去,恐怕要被世上指责啊!"

太宗听后大惊,当即深表内疚,并决定收回成命。

但房玄龄等人却认为郑氏许人之事,子虚乌有,坚持诏令有效。陆家也派人递上表章,声明以前虽有资财往来,并无订亲之事。这时,唐太宗半信半疑,又召来魏徵询问。

魏徵直截了当地说:"陆家之所以否认此事,是害怕陛下以后借此加害于他,其中缘故十分清楚,不足为怪。"太宗这才恍然大悟,便坚决地收回了诏令。

贞观七年,魏徵为侍中。同年底,中牟县丞皇甫德参向太宗上书说:"修建洛阳宫,劳弊百姓;收取地租,数量太多;妇女喜梳高髻,宫中所化。"

太宗接书大怒,对宰相们说:"德参想让国家不役一人,不收地租,才符合他的心意。"想治皇甫德参诽谤之罪。

魏徵谏道:"自古上书不偏激,不能触动人主之心。所谓狂夫之言,圣人择善而从。请陛下想想这个道理。"最后还强调说:"陛下最近不爱听直言,虽勉强包涵,已不像从前那样豁达自然。"

唐太宗觉得魏徵说得入情入理,便转怒为喜,不但没有对皇甫德参治罪,还把他提升为监察御史。

人生感悟

把道理讲得入情入理,才能让他人接受。

10.18 苏格拉底的心境

古希腊的大师苏格拉底在单身的时候,与几个朋友一起住在一间只有七八平方米的小屋里,生活非常清苦,但是,他却一天到晚都是乐呵呵的。

有人问他:"生活这么清苦,有什么可乐的?"

苏格拉底说:"朋友们在一起,随时都可以交换思想,交流感情,这难道不是很值得高兴的事吗?"

过了一段时间,朋友们一个个相继成家搬走了。屋子里只剩下苏格拉底一个人了,可他仍然每天都快活。

那人觉得奇怪:"你一个人孤孤单单的,有什么好高兴的?"

苏格拉底快乐地回答说:"我有很多书啊!一本书就是一个老师。和这么多老师在一起，时时刻刻都可以向它们请教，这怎能不令人高兴呢？"

几年以后，苏格拉底也成了家，搬进了一幢楼里。这楼共有七层，他的家在最底层。底层是这座楼里环境最差的，因为上面老是往下泼污水，丢死老鼠、破鞋子、臭袜子和杂七杂八的脏东西。但那人见他还是一副自得其乐的样子，好奇地问："你住这样的房间，也感到高兴吗？"

"是呀！你不知道住一楼有多少好处啊！比如，进门不用爬很高的楼梯；搬东西方便，不必花很大的劲；朋友来访容易，用不着一层楼一层楼地去叩门询问……特别让我满意的是，可以在空地上养一丛一丛的花，种一畦一畦的菜，这些乐趣数之不尽啊！"苏格拉底兴奋地说。

又过了几年，苏格拉底把一层的房间让给了一位父亲偏瘫的朋友。他自己搬到了楼房的第七层，可是他每天照样快快乐乐的。

那人讥讽他说："先生，住七层楼是不是也有许多好处呀？"

苏格拉底说："是啊，好处可真不少呢！好比说吧：每天上下楼，这是很好的锻炼机会，有利于身体健康；光线好，看书写文章不伤眼睛；又没有人在头顶干扰，白天黑夜都非常安静。"

那人问苏格拉底的学生柏拉图："你的老师为什么总是那么快乐，可我却觉得他每次所处的环境并不怎么好呀。"

柏拉图说："决定一个人心情的，不是环境，而是心境。"

人生感悟

任何对客观环境的不满和怨天尤人都是无济于事的，只有以积极向上的精神去面对工作，才能最终解决问题。

10.19 别对表面的口号过于认真

春秋时期，宋国是一个小国，实力不强，可国君宋襄公却一心想称霸诸侯，当上盟主。但他有一个致命的弱点，就是爱虚名、好伪饰。

有一年，宋襄公主持召集会盟，郑国没有到会，宋襄公就以郑国轻视宋国的罪名前去兴师问罪。楚国是郑国的保护国，听说宋襄公派兵讨伐郑国，便派兵援救。

宋襄公亲自率领军队来到泓水岸边，这时正巧遇上楚国军队渡河。宋国司马子鱼高兴地报告宋襄公说："大王，现在正是攻打楚国的好机会，他们正在渡河，趁这个时候攻击他们，必定获胜。"

不料，宋襄公却说："不能这样，对方还没有准备好，怎能突然袭击呢？那太不仁义了。"

没过多久，对岸的楚军全部渡过了泓水，正忙着整理战车、兵戈。司马子鱼又建议说："国君呀，现在攻击楚军还来得及，趁他们现在还没有布开阵势。"

宋襄公皱着眉头对子鱼说："急什么，对方没摆阵势就打，那是不符合礼仪的。"

战机错过了，楚军布好了阵势，喂饱了战马，士兵穿戴好了兵戈，一阵响鼓敲过，楚军如潮水一般冲杀过来，宋国军队招架不住，溃不成军。司马子鱼保护着宋襄公退却，楚军追赶上来，一戈刺在宋襄公左腿上，多亏司马子鱼左右掩护才逃回军帐。宋国的军队大败而归，宋襄公再也不敢穷兵黩武了，他静心地在宫里养起了伤。

一天，司马子鱼进宫探望他，宋襄公反省说："我听古人说君子不伤害伤员，战争中不抓获白头发的老兵，不攻击没有准备好的敌人。"

司马子鱼闻听哭笑不得，说道："既然与别人作战，双方就互为敌人，你不杀死对方，对方就要杀死你，这是妇孺皆知的事情。假如怜悯对方，可怜白头发的老兵，那就投降好了，何必打仗？打仗就是你死我活，怎样对自己有利就怎样打，还讲究什么仁义、礼仪？我看国君根本不懂得作战，可偏要兴师动众。"

"你不知道啊，我是最讲仁德的呀。"宋襄公解释道。

司马子鱼无奈地笑了。

此后，宋襄公的伤势日益加重，在第二年夏天就死去了。

人生感悟

只有真正理解理论的深意，并将其用在正确的地方，这样才能产生好的效果。

10.20 非常之事需采用非常之法

一天晚上，A市的一个出租车司机王某在某火车站"等活儿"，两个四十岁左右的中年男人坐上他的出租车，告诉他要赶往B城。上车后乘客一直没说话，过了一段时间王某就觉得有点不对劲。就在这时，两个劫匪在B城最繁华的大街上就对王某动手了。

形势变得异常危急，现在他已经把钱全部交给劫匪了，再没有什么可以给他们了。王某无奈，只好一边开车一边想办法。几分钟之后，一辆迎面驶来的警车让王某眼前一亮。但这时候匕首就在王某的肩上搭着，报警已经来不及了。王某急中生智，趁着两个劫匪不注意，迎着警车就撞了过去。

最终，跳车逃跑的那个劫匪被警方抓获，另一名虽然开始的时候假装昏迷，之后趁机逃跑，最终也被成功抓获。

人生感悟

人在遭遇危险的时候，最应该做的就是在可能的情况下保全自己的生命。这时候就要采用非常办法，虽然会有损失，但生命可能会被保全。

10.21 待人以诚是相互的

东汉末年，刘备在中原无法立足，南逃到荆州，投奔刘表。

刘表是汉皇室的后裔，但目光短浅，胸无大志，满足于自保荆州，他知道刘备雄心勃勃。因此，表面上他待刘备如上宾，但始终心怀猜忌，不敢重用。

刘备在荆州几年，事业上毫无建树，心中闷闷不乐。不久，名士徐庶投奔刘备，很快受到刘备的器重。他也极力向刘备推荐他的好友诸葛亮。于是，刘备"三顾茅庐"，终于得以与诸葛亮在草堂中恳谈。

刘备坦率地说："如今汉朝衰败，群雄混战，权臣专制朝政，我不揣浅陋，想伸张正义于天下，挽救汉朝的命运。只是志大才疏，又拙于智谋，所以屡遭失败，到今一事无成，特来此请先生为我出谋划策，愿先生以开下苍生为念，不赐教。"

刘备的诚心与虚心让诸葛亮深受感动。于是他便推心置腹地对刘备谈了自己对天下形势的看法，并为刘备策划建立基业、复兴汉朝的战略。

首先，诸葛亮分析道："自从董卓之乱以来，四方豪杰并起，割据一方，争夺天下。起初，曹操与袁绍相比，名望低微，兵力单薄，但他最后由弱变强，打败了袁绍。这不仅是时势发展对他有利，更在于他自己的努力。现在曹操已拥有百万之众，又有'挟天子以令诸侯'的有利地位，将军不能凭借一已之武力与他争锋。孙坚和孙策，孙权父子两代占据江东，借助险要的地形为屏障，不但得到百姓的拥戴，而且有一批俊杰之士为他效力。所以，我们只能与他联合，不能支谋取他。

"荆州北有江水、沔水，往南可直达南海郡，往东南则连接吴郡、会稽郡，往西则通巴、蜀，这是一个用武的战略要地，但刘表却没有能力保住他。对将对来说，这是一个很好的机会,不知将军意下如何?益州地势险要,沃野千里,号称天府之国,汉高祖就是凭借它支一统天下。现在的益州牧刘璋,昏庸无能,又面临北边张鲁的威胁。他虽然拥有富饶的资源,却不会利用它。益州的官吏与贤能的读书人,都盼望得到一个贤明的君主。"

这番话把刘备说得振奋不已,站起身来,拱手连连道谢,说:"先生之言,使我茅塞顿开,如同拨云见日!恳请先生不要嫌弃刘备鄙贱,鼎力相助,刘备愿日夜恭听教诲!"

诸葛亮见刘备有仁德的胸怀,又对自己有十二分的诚意,也就慨然允诺,跟着刘备打天下去了。

人生感悟

礼贤下士,真诚待人才能建立良好的社交关系。

10.22 银行是生意人的朋友

加州的威尔·杰克是百万富翁,但起初他却身无分文,直到外出工作,才有了一些积蓄。每个周末威尔会定期到银行存款,其中一位柜员注意到他,觉得这个人天生聪慧,了解金钱的价值。

威尔决定创业,从事棉花买卖,那位银行工作人员向他放款。这是威尔第一次使用别人的钱。一年半之后,他改为买卖马和骡子,过了几年,累积了许多的经验。

有一次,两个保险公司的业务员来找他。两个人都是优秀的保险业务员,业绩非常好,他们用推销保险的收入,自己开公司,却经营不善,只好把公司转卖给别人。

他们专门找到威尔,说出自己失败的经验:"我们的公司没有了,推销保险至今所赚取的佣金,都缴了学费。如今连养家糊口都有困难。但是我们对于推销工作非常在行,应该尽量发挥。你具有专业的知识和经验,我们需要你,大家共同合作,一定会成功。"

几年之后,威尔买下他和那两位推销员共同创立的公司全部股份,他怎么有的钱?当然是向银行借钱,因为从小他就知道银行是他的朋友。

威尔向加州银行贷款,银行非常乐于把钱贷给像威尔这样有诚信的人。威尔的贷款额度不受限制,他的寿险公司,原来的资本只有 40 万。通过基本客户群制度,在短短 10 年之内,获得 4000 万。其后,他更运用别人的钱投资旅馆、办公大楼、制造厂和其他企业。

人生感悟

银行的主要业务是放款,把钱借给诚信的人,赚取利息;借出愈多,获利愈大。银行是你的朋友,它想要帮助你,比任何人更急于见到你成功。

10.23 大智若愚潜藏深

《三国演义》中有一段"曹操煮酒论英雄"的故事。当时刘备落难投靠曹操,曹操很真诚地接待了刘备。刘备住在许都,在衣带诏签名后,为防曹操谋害,就在后园种菜,亲自浇灌,以此迷惑曹操,放松他对自己的警惕。

一天,曹操约刘备入府饮酒,谈起以龙状人,议起谁为当世之英雄。刘备点遍袁术、袁绍、刘表、孙策、刘璋、张绣、张鲁、韩遂,均被曹操一一贬低。

曹操指出英雄的标准:"胸怀大志,腹有良谋,有包藏宇宙之机,吞吐天地之志。"

刘备问:"谁人当之?"

曹操说:"当今世上只有你刘备与我曹操才是。"

曹操独具慧眼正好说到刘备的志向,刘备被曹操点破是英雄后,竟然吓得把匙箸都丢落在地上。恰好当时大雨将到,雷声大作。刘备从容俯拾匙箸,并说:"一震之感,乃至于此。"巧妙地将自己的惶乱掩饰过去,从而也避免了一场劫难。

刘备在煮酒论英雄的对答中是非常聪明的。他藏而不露,人前不夸张显耀、不吹牛自大,装聋作哑,不把自己算进"英雄"之列,这种方法是很让人放心的。他的种菜、他的数英雄,至少在表面上收敛了自己的行为。

一个人活在世上,气焰是不能过于张扬的。

人生感悟

自古成大事者都谨小慎微,"心机"胜人一筹,善于隐藏自己,能以静伏动,看似没有,实则充满。

10.24 人有危难时拉一把

曹操的父亲被徐州陶谦的部下所杀，曹操一心要报杀父之仇，东征徐州，部下陈宫叛变，吕布趁机占了兖州。可是，曹操却未能打下徐州，只得急忙赶回，和吕布在濮阳打了几仗，又屡战屡败。

于是，袁绍趁机派人来对曹操说，想跟他联合，让他把家属安顿到邺城去。虽说是"联合"，实际上是让曹操投降他，做他袁绍的部下，家属迁到那里去了，也就等于是作了人质。曹操当时刚失了兖州，军粮也没了，加上蝗虫又来凑热闹。待蝗虫一过，曹军连野菜都难得。一向英雄豪气的曹操，这时也不免沮丧，打算接受袁绍的建议，以渡过难关。

正好程昱出使回来，听说了这件事，马上求见曹操，冷静地说："我听说，将军打算让家人作人质，与袁绍联合，真有这回事儿吗？"

"是的。"曹操答道，曹操心里已经打算答应袁绍，只是甘居人下还是权宜之计，他还没有想清楚。

程昱说："我想您是对目前的困难感到惧怕了，要不然，怎么会不往深里想呢！袁绍占据了相当于古代燕国、赵国的地盘，有兼并天下的野心，然而他的智谋不足以成大事。您自己想想看，能甘居他之下吗？您以蛟龙猛虎般的威势，能够去做韩信、彭越那样的蠢事吗？秦朝末年的田横，是齐国的贵族，兄弟三人轮着称王，占据方圆千里的地方，拥有上百万人口，与其他诸侯一样，面南而坐，受人礼拜。后来汉高祖享有天下，而田横反要被俘当奴隶了，这个时候，田横怎能忍受得了呢？"

程昱的话在曹操心里引起巨大的反响，他不禁打断程昱的话说："是的，这的确是大丈夫莫大的耻辱。"

程昱见他的话产生效果，就接着说："我程昱很蠢，不识大体，以为您的志向，不如田横。田横，不过是齐国的一位勇士，尚且羞于做高祖的臣子。现在听说您要派家属到邺城去，您反而不羞于做袁绍的臣子。可是，我都从内心里替您感到害臊啦……"

曹操本就是一个有血性的人，经程昱这么一激，心里便已转了念头，只是目前的处境，该怎么办？程昱看透了曹操心思，就说："现在兖州虽然残破，还有三座城镇，能上战场的，也不下万人。以您的神明英武，与众人的努力，一起重整旗鼓，霸王事业仍然可以成就，希望您再仔细考虑。"

名人成功启示录——每天一个小故事

人生感悟

曹操基本统一了北方后,曾深深地感激程昱说:"当年兵败兖州的时候,如果没有您那番话,我怎么会有今天!"

10.25 别把手里的钱存死在银行里

富商凯尔,资产上亿美元,然而他却很少把钱存进银行,而是将大部分现金放进自己的保险库。

一次,一位在银行有几百万存款的日本商人向他请教这一令他疑惑不解的问题:"凯尔先生,对我来说,如果没有储蓄,生活等于失去了保障。你有那么多钱,却不存进银行,为什么呢?"

凯尔不慌不忙地答道:"储蓄是生活上的安全保障,储蓄的钱越多,在心理上的安全保障程度就越高,如此积累下去永远没有满足的一天。这样,岂不是把有用的钱全部束之高阁,把自己赚大钱的机会减少,并且自己的经商才能也无从发挥了吗?你再想想,哪有省吃俭用一辈子,光靠利息而成为世界上知名富翁的?"

日本商人虽然无法反驳,但心里总觉得有点不服气,便反问道:"你的意思是反对储蓄了?"

"当然不是彻头彻尾地反对,"凯尔解释道,"我反对的是,把储蓄当成嗜好,而忘记了等钱储蓄到一定时候把它提出来,再活用这些钱,使它能赚到远比银行利息多得多的钱。我还反对银行里的钱越存越多时,便靠利息来补贴生活费。这就养成了依赖性而失去了商人必有的冒险精神。"

有钱人认为:要想捕捉金钱,收获财富,使钱生钱,就得学会让死钱变成活钱。千万不可把钱闲置起来,当作古董一样收藏。而要让死钱变活,就得学会用积蓄去投资,使钱像羊群一样,不断地繁殖和增多。

人生感悟

凯尔的话很有道理,金钱只有进入流通领域,才能发挥它的作用。因为,躺在银行里的钱,几乎和废纸没什么区别。

10.26 宽恕别人就是宽恕自己

战国时魏国与楚国交界,两国在边境上各设界亭,亭卒们也都在各自的地界里种了西瓜。魏亭的亭卒勤劳,锄草浇水,瓜秧长势极好,而楚亭的亭卒懒惰,不事瓜事,瓜秧又瘦又弱,与对面瓜田的长势简直不能相比。

楚亭的人觉得失了面子,有一天乘夜无月色,偷跑过去把魏亭的瓜秧全给扯断了。魏亭的人第二天发现后,气愤难平,报告给边境的县令宋就,说我们也过去把他们的瓜秧扯断好了!宋就说:"这样做显然是很卑鄙的!可是我们明明不愿他们扯断我们的瓜秧,那么为什么还过去扯断人家的瓜秧?别人不对,我们再跟着学,那就太狭隘了。你们听我的话,从今天起,每天晚上去给他们的瓜秧浇水,让他们的瓜秧长得好,你们这样做的时候,一定不可以让他们知道。"

魏亭的人听了宋就的话后觉得有道理,于是就照办了。楚亭的人发现自己的瓜秧长势一天好似一天,仔细观察,发现每天早上地都被人浇过了,而且是魏亭的人在黑夜里悄悄为他们浇的。

楚国边界的县令听到士卒们的报告,感到十分惭愧又十分敬佩,于是把这件事报告了楚王。楚王听说后,也有感于魏国人修睦边邻的诚心,特备重礼送给魏王,既以示自责,也以示酬谢,结果这一对敌国最终成了友好的邻邦。

人生感悟

"己所不欲,勿施于人",可以造成一种重大局、尚信义、不计前嫌、不报私仇的氛围,以及成就双方宽广而又仁爱的胸怀。

10.27 暂时的忍让是为了笑到最后

1805年奥斯特利茨战役中,俄军被法军打得大败,实力大为减弱。刚登基的亚历山大一世,为重整旗鼓,在与拿破仑新的较量中,使用了新的斗争策略。以卑微的言辞讨好对方,处处表现出退让的姿态,以屈求伸。

与此同时,为了对付英国,拿破仑也在极力拉拢俄国,所以也非常愿意与亚历山大一世和解。亚历山大一世抓住机会,第一次见到拿破仑时就投其所好地说:"我和你一样痛恨英国人,你对他采取多种措施时,我是你的一名助手。"这极大地满足了拿破仑的虚荣心,也使他对亚历山大一世产生了好感。

1808年秋,拿破仑决定邀请亚历山大在埃尔富特举行第二次会晤。这次会晤,是拿破仑为了避免两线作战,以法俄两国的伟大友谊来威慑奥地利。消息传到俄国宫廷,激起一片抗议声。皇太后在给亚历山大的信中说:"亚历山大,切切不可前往,你若去就是断送帝国和家族,悬崖勒马,为时未晚,不要拒绝你母亲出于荣誉感对你的要求。我的孩子,我的朋友,及时回头吧。"

来到埃尔富特后,亚历山大更加恭言卑词,在两个星期的会晤中,与拿破仑形影不离。有一次看戏,当女演员念出剧中的一句台词,"和大人物结交,真是上帝恩赐的幸福"时,亚历山大居然说出了"我在此每天都深深感到这一点"这种有失身份的话来。

还有一次,他们在见面时,亚历山大发现自己忘了佩带宝剑,拿破仑于是把自己刚刚解下的宝剑,赠给亚历山大。亚历山大装作很感动,热泪盈眶地说:"我把它视作您的友好表示予以接受,陛下可以相信,我将永不举剑反对您。"

这一切表演达到了应有的效果,拿破仑完全相信了亚历山大一世。可是到了1812年,亚历山大认为俄国已做好准备,于是借故挑起战争,一举击败了拿破仑。

事后亚历山大总结经验教训时说:"波拿巴认为我不过是个傻瓜,可是谁笑到最后,谁就笑得最好。"

人生感悟

蹲下是为了跳得更高,时机未到时,不要怕自己丢"面子"。既然人人都好"面子",你就一定要给人"面子",等到时机成熟时,你就会收回所有的"面子"。

10.28 重要的是结果而不是过程

公元616年,李渊被诏封为太原留守,北边的突厥用数万兵马多次冲击太原城池。李渊遣部将王康达率千余人出战,几乎全军覆灭。后来巧使疑兵之计,才勉强吓跑了突厥兵。更可恶的是,在突厥的支持和庇护下,郭子和等人纷纷起兵闹事,让李渊防不胜防,李渊随时都有被隋炀帝以失职的罪名砍头的危险。

在当时的人们看来,李渊是内外交困,必然会奋起反击,与突厥决一死战。不料李渊竟派遣谋士刘文静为特使,向突厥屈节称臣,并愿把金银珠宝统统送给始毕可汗!

李渊为什么这么做呢?原来李渊根据天下大势,已决定要起兵反隋。要起兵成大气候,太原虽是一个军事重镇,但不是理想的发家基地,必须西入关中,方能号令天下。西入关中,太原又是李唐大军万万不可丢失的根据地。那么用什么办法才能保住太原、顺利西进呢?

当时李渊手下兵将不过三四万人马,即使全部屯驻太原,应付突厥的随时出没和追剿,已是捉襟见肘。况且现在要进伐关中,显然不能留下重兵把守。唯一的办法是采取和亲政策,让突厥"坐受宝货",所以李渊不惜俯首称臣。

李渊的退步策略获得了大丰收,始毕可汗果然与李渊修好。后来,李渊派李世民出马,不费多大力气便收复了太原。

而且,由于李渊甘于让步,还得到了突厥的不少资助。始毕可汗一路上送给李渊不少马匹及士兵,李渊又乘机购来许多马匹。这不仅为李渊拥有一支战斗力极强的骑兵奠定了基础,而且汉人向来畏惧突厥兵英勇善战,李渊军中有突厥骑兵在,自然凭空增加了声势。

李渊的让步行为,不管是从名誉还是从物质上,虽然有很大牺牲,但在当时的情况下,不失为一种明智的策略。它使弱小的李家军既平安地保住了后方根据地,又顺利地西行打进了关中。

如果再把眼光放远一点看,突厥在后来又不得不向唐求和称臣,突厥可汗还在李渊的使唤下顺从地翩翩起舞哩!当初的这点让步真可谓九牛一毛了。

人生感悟

暂时的让步不是吃亏,而是为了更好地选择,为下一个目标做准备,这就是做人的道理:赢在结果,不在于过程。

10.29 对钱保持平常心

一位无神论者来看犹太教的拉比。

"您好!拉比。"无神论者说。

"您好。"拉比回礼。

无神论者拿出一个金币给他,拉比二话没说装进了口袋里。"毫无疑问你想让我帮你做一些事情,"他说,"也许你的妻子不孕,你想让我帮她祈祷。"

"不是,拉比,我还没结婚。"无神论者回答。于是他又给了拉比一个金币,拉比二话没说又装进了口袋。"但是你一定有些事情想问我,"他说,"也许你犯下了罪行,希望上帝能开脱你。"

"不是,拉比,我没有犯过任何罪行。"无神论者回答。他又一次给拉比一个金币。

拉比二话没说又一次装进了口袋。"也许你的生意不好,希望我为你祈福?"拉比期待地问。

"不是,拉比,我今年是个丰收年。"无神论者回答。他又给了拉比一个金币。

"那你到底想让我干什么?"拉比迷惑地问。

"什么都不干,真的什么都不干,"无神论者回答,"我只是想看看一个人什么都不干,光拿钱能坚持多长时间!"

"钱就是钱,不是别的。"拉比回答说,"我拿着钱就像拿着一张纸,一块石头一样,没有什么特别的感觉。"

由于对钱保持一种平常的心,甚至把它视为一块石头、一张纸,犹太人才不会把它视若鬼神,也不把它分为干净或肮脏。在他们心中钱就是钱,一件平常的物件。因此他们孜孜以求地去获取它,当失去它的时候,也不痛不欲生。正是靠这种平常心,犹太人才能在惊涛骇浪的商海中驰骋自如,取得骄人战绩。

人生感悟

对于钱,犹太人既没有敬之如神,也没有恶之如鬼,更没有既想要钱又羞于碰钱的尴尬心理。以钱为生,这只是犹太人朴素而又自然的生活方式。

10.30 入乡一定要随俗

很久很久以前,有弟兄二人,各自置办了一些货物,出门去做买卖。

他们来到南方的一个国家,这个国家的人都不穿衣服,称作"裸人国"。

弟弟说:"这儿与我国的风俗习惯完全不同,要想在这儿做好买卖,实在不容易啊!不过俗话说入乡随俗。只要我们小心谨慎,说话谦和,照着他们的风俗习惯办事,想来问题不大。"

哥哥却说:"无论到什么地方,礼义不可不讲,德行不可不求。难道我们也光着身子与他们往来吗?这可太伤风败俗了。"

弟弟说:"古代不少贤人,虽然形体上有变化,但行为却十分正直。所谓'陨身不陨行',这也是法律所允许的。"

于是弟弟先进入了裸人国。过了十来天,弟弟派人来告诉哥哥,一定得按当地风俗习惯,才能办得成事。哥哥生气了,不做人,却要照着畜生的样子行事,这难道是君子应该做的吗?我绝不能像弟弟那样做。

裸人国的风俗,每月初一、十五的晚上,大家用麻油擦头,用白土在身上画上各种图案,戴上各种装饰品,敲击着石头,男男女女手拉着手,唱歌跳舞。弟弟也学着他们的样子,与他们一起欢歌曼舞。裸人国的人们无论是国王,还是普通百姓都十分喜欢弟弟,相互关系非常融洽。国王把他带去的货物全都买下来了,付给他十倍的价钱。

而他的哥哥来了之后,满口仁义道德,指责裸人国的人这也不对,那也不好。引起国王及人民的愤怒,大家抓住了他,狠揍了一顿,全部财物都被抢走了。多亏了弟弟说情,才把他救了出来。

老实巴交的哥哥,本来是好心好意地"教诲"别人,没想到却挨了顿暴打,差点丢掉了身家性命。看上去他的遭遇让人同情,可再一想,他简直就是自讨苦吃,别人有别人的活法,又何必非要显示自己的"高尚"和"与众不同"而强行改变别人呢?

人生感悟

人是社会的人,每个人都在特定的社会环境中生活。人对环境有一定的需要,而环境对人也有一定的要求,要懂得适应眼前的环境,否则必然是要吃大亏的。

10.31 虚虚实实方可达到目的

春秋时期,晋国司寇屠岸贾率兵攻杀执政的赵氏,杀掉了赵朔、赵同、赵拓、赵婴齐等,并且将赵氏全族夷灭。只有赵朔的妻子是晋景公的姑母,不好杀掉。

赵朔夫人逃到宫中,屠岸贾也不好前去追杀。但是,当屠岸贾听说赵朔夫人生下一个男婴时,就下决心一定要杀此男婴,否则他长大后,定会报仇。

　　这时,赵氏手下有一门客叫公孙杵臼,也得到了赵氏有了孤儿的消息。便去找赵朔的朋友程婴商议,决定救这个孤儿,议定由公孙杵臼用偷梁换柱术瞒过屠岸贾,由程婴抚养这个孤儿。

　　于是,公孙杵臼假扮医生入宫看病,用药箱把孤儿从宫中偷运出来,交给程婴。程婴把男婴抱走,藏到家中。

　　屠岸贾得知宫中孤儿已被偷出,大怒,派人四处搜查,并悬赏千金,让人举报。

　　程婴便报告屠岸贾,说他本来与公孙杵臼合谋保这个孤儿,但为千金所动,愿带路去抓孤儿。屠岸贾大喜,亲自带兵至深山中。

　　公孙杵臼一见程婴便大骂,骂他不仁不义,出卖朋友。屠岸贾把公孙杵臼和他身边的一个假冒的婴儿一并杀死。程婴把孤儿抚养成人。

　　后来有一年,晋景公大病,大臣韩厥说是赵家冤死,在阴曹地府中索命所致。

　　晋景公便想立赵氏后人为君主,但苦于找不到。程婴便把赵氏孤儿献出来,并与韩厥一起谋划,杀掉屠岸贾全族,为赵氏报了仇。

　　程婴见自己的任务已经完成,便自杀,到地府中寻老友公孙杵臼去了。

人生感悟

　　程婴告密,是虚,暗中保护孤儿是实;公孙杵臼大骂程婴,是虚,引屠岸贾上当是实。亦虚亦实,虚实结合,最终达到了救孤的目的。

11月份

是狮子还是狐狸要看他自己的需要
提拔下属不能一次到位
心态决定人生
自然形成的是最美的
绕着弯子达到自己的目的
……

11.1 是狮子还是狐狸要看他自己的需要

拿破仑说过,一个人有时候应该像狮子一样勇猛,有时候则应该像狐狸一样狡猾,这正是他给自己的性格所作的自画像。狮子相和狐狸相是他的两个侧面,合起来是他的全貌,是狮子还是狐狸完全看他自己的需要。

1805年拿破仑在他的军队打垮了奥地利军队的时候,奥国派代表求和,还想要拿破仑有所让步。拿破仑暴跳如雷,打碎了谈判桌上的花瓶,怒吼起来:"我是叫你们来签字的,不是叫你们来提条件的!要知道,我是胜利者,你们是战败者。要么,你们就快签字;要么,我就命令军队前进!"

两年后,拿破仑的军队打垮了沙皇亚历山大一世的军队的时候,拿破仑却摆出了另外一副面孔。他为了彻底拆散英俄同盟,同亚历山大一世进行了亲切的交谈,说是他们两英雄相聚,可以共同决定欧洲的命运。他要沙皇和他共同瓜分欧洲,沙皇也就答应一同对英作战。

人生感悟

世界上的任何事物都有其两面性,甚至多面性,究竟我们用自己的哪一面示人,要根据当时的实际需要来定。

11.2 提拔下属不能一次到位

太平天国后期在湘军与淮军的夹击下,太平军处境日益艰难,为了挽回败局和鼓舞士气,天王洪秀全采取了"封王"的招术。

据统计,洪秀全先后分封了两千七百多个王,大小文臣武将,亲朋故友,甚至一个并不怎么起眼儿的人,都如愿以偿戴上了"王帽子"。然而时间一长,这一招也就不灵了。

因为人都有这样一个通病,这就是太容易得到的东西不珍惜,只有自己千辛万苦挣来的才格外看重。"封王"不但没有达到齐心协力挽回败局的目的,反而导致了太平天国内部秩序的严重混乱。大家都是"王",谁也不服谁,彼此离心离德,谭绍光被"八王"出卖就是最明显的例证,客观上加速了太平天国的覆亡。有经验的猎人每当猎鹰抓住一只兔子,便喂一只老鼠,抓住一只狐狸,就喂它一只家禽,但始终不让他吃饱。因为猎鹰吃饱后就不会那么卖力地去捕食猎物了。猎人的这种做法,可以为领导下属提供很好的参考:

一是"封官"的过程,不宜一步到位。封官如同商品交换一样,立小功封小官,立大功封大官。要有意识地把封官的过程拉得特别长,使臣下的官欲永远处于饥饿状态,永远不会有满足感,这样他才会总有立功的原动力。

二是"封官"不仅不能一步到位,而且最好永远也不要到位。一个人官做大了,立功进取的意志便懈怠了。一旦官做到了头,不但立功进取的意志消失,甚至还可能滋生野心。从历史上看,那些官职到了极限的人,如王莽、曹操、司马昭等人,最后不是都变成了篡权者吗?

杂技团里的猴子为了获得吃的,通常都是非常听话地表演各种绝活儿,以赢得阵阵掌声。有经验的训猴师都知道,猴子吃饱了就不听话了,所以他们什么时候都不给猴子吃饱。

人生感悟

管理是一门大学问,成功的管理者要善于授官。

11.3 心态决定人生

有这样一个故事,说有一位爸爸有两个儿子,大儿子积极乐观,小儿子则消极自卑。

有一次,爸爸做了一个测试,他将小儿子放在一间装满了玩具的房间里,将大儿子放在一间堆满牛粪的屋子里。

过了一会儿,他去查看,发现悲观的小儿子正坐在玩具堆上哭个不停,就问他为什么?

孩子说:"爸爸,你给我拿了这么多的玩具,我不知道该从哪一个开始玩,真是气死我了。"

爸爸将他哄好之后便去看大儿子,他发现大儿子正在非常开心地翻着一坨坨牛粪。当看到爸爸来了时,兴奋地说:"爸爸,你快告诉我,你究竟把玩具藏在哪堆牛粪下面了?"

人生感悟

心态决定人生,决定命运。无论我们所处什么样的环境,只要我们抱有积极的、乐观的心态,就一定能找到欢乐、找到希望。

11.4 自然形成的是最美的

世界建筑大师格罗塔斯在设计建造迪斯尼乐园的时候,到了面临对外开放的最后期限,还没有想好连接各景点之间的路线,格罗塔斯心里十分焦躁。

巴黎的庆典一结束,他就让司机驾车带他去地中海海滨去散散心。汽车在法国南部的乡间公路上奔驰,这里漫山遍野都是当地农民的葡萄园。

当他们的车子拐入一个小山谷时,发现那儿停着许多车子。原来这是一个无人看守的葡萄园,你只要在路边的箱子里投入5法郎,就可以摘一篮葡萄上路。据说,这是当地一位老太太的葡萄园,她因无力料理而想出这个办法。在这绵延上百里的葡萄产区,总是她的葡萄最先卖完。

这种给人自由,任其选择的做法使大师深受启发。回到驻地,他给施工部拍了一份电报:"撒上草种,提前开放。"

迪斯尼乐园提前开放的半年里,草地被踩出了许多条小道,这些踩出来的小道有宽有窄,优雅自然。第二年,格罗塔斯让人按这些踩出来的痕迹铺设了人行道。

1971年,在伦敦国际园林建筑艺术研讨会上,迪斯尼乐园的路径设计被评为世界最佳设计。

人生感悟

在选择做一件事之前,尽可能地去了解周围的一切,并适当地换位思考,在此基础之上开展工作,才会得心应手。

11.5 绕着弯子达到自己的目的

战国时期,中山国王同时宠爱着两个妃子阴姬和江姬。两人都想作王后,所以明里暗里经常争斗。

纵横策士司马熹见有利可图,便暗中派人游说阴姬说:"做王后的事可要重视。争到手,一人之下,万人之上;争不到手,性命不保,早晚被对方收拾掉,还会祸延九族。然而要想争到手,非得找司马熹不可。"

于是阴姬便请司马熹出主意,并许以重金谢礼。司马熹答应了下来。

司马熹先找中山王,说要外出到邻国走走,刺探对方消息,以便回来谋划强国之策。

中山王自然高兴,给他备上礼物,让他先去赵国。司马熹见到赵王,闲谈中说:"原听说贵国出产美人,可我转了几天,没见过一位超过我国那位阴姬的。"

赵王一听,来了兴趣,忙问长得怎样?司马熹绘声绘色地描述说:"眉清目秀,明眸皓齿,眼似秋波戏潭水,腰如杨柳舞轻风,真乃倾国倾城之貌!"

赵王一听,恨不得马上弄到手,忙问司马熹:"可不可以把她弄到这里来?"

司马熹故意顿了一下,悄声说:"她是我们大王的宠妃,我怎敢添言?请千万别声张出去是我讲了这些,否则,我的脑袋就保不住了!"

赵王冷笑一声,咬了咬牙,下定了非把阴姬弄到手不可的决心。

司马熹一见目的达到,忙离开赵国跑回中山国,向国王报告:"赵王昏庸至极,又残暴无比,只知道杀杀、攻攻,道德极差;沉湎于酒色,沉迷于音乐,只知道玩女人。我已得到了可靠消息,说赵王看中了阴姬,正想方设法把她搞去!"

"岂有此理?"中山王一听,勃然大怒,骂道,"竟敢到我的碗里抢饭吃!"

司马熹故作焦急地说:"大王,冷静点!你想,目前赵国强大,我们弱小,若赵王硬来索取,不给吧,就会亡国,给吧,大王您就会被天下人耻笑,连自己的妃子都保护不了——"

"那怎么办吧?"

中山王是又气又急,便不耐烦地打断司马熹的话,向他求教。司马熹故意顿了一下,凑进前说:"我有一个办法可以打消赵王的这个念头。大王立刻把阴姬册封为王后,让赵王死了心。当今,还没有哪个人敢索要别人的王后做妻子的。若有此举动,必然会引起列国的公愤,列国也会出兵帮助我们的。"

"好,就这么定了!"中山王如释重负地笑了,马上传令封阴姬为王后。赵王听后,果然也死了索要阴姬之心。阴姬对司马熹自然是千恩万谢,给了他不少的好处。

人生感悟

有些事情,直接办理根本就办不好,或者干脆就没法办。这个时候就要想办法通过"曲线"来办理了。

11.6 不要与别人正面冲突

第二次世界大战刚结束时,卡尔就在伦敦得到了一个极有价值的教训。有一天晚上,卡尔参加了一个宴会。宴席中,坐在卡尔右边的先生讲了一段笑话,并引用了一句话,要表达的是"谋事在人,成事在天"的意思。他说那句话出自《圣经》,事实上,他记错了。而卡尔知道它的正确出处。

为了表现自己的才能,卡尔纠正了他。那人听完卡尔的话立刻反唇相讥:"不可能!绝对不可能出自莎士比亚!那句话肯定出自《圣经》,这不会错。"他自信地说。

当时坐在卡尔左边的是他的老朋友弗兰克·格蒙,他研究莎士比亚的著作已有多年。于是,二人都同意向格蒙请教。格蒙听后,在桌下踢了卡尔一脚,然后说:"卡尔,这位先生说得没错,这句话确实出自《圣经》。"

在回家的路上,卡尔生气地对格蒙说:"弗兰克,你明知那句话是出自莎士比亚啊。"

"是的,当然,"格蒙回答说,"出自《哈姆雷特》第五幕第二场。可是卡尔,我们是宴会上的客人,如果我们证明对方错了,他会高兴吗?而且他并没有征求我们的意见啊。我们为什么一定要和他抬杠呢?记住,应该永远避免跟别人发生正面冲突。"

人生感悟

天底下只有一种能在争论中永远获胜的方式,那就是避免争论。

11.7 尽量不得罪小人

在平定"安史之乱"中立下赫赫战功的唐朝名将郭子仪,不仅在战场上攻城拔寨,得心应手,而且在待人处世中,也战无不胜、攻无不取。是一个特别善于对付小人的处世高手。

"安史之乱"平定后,立下大功并且身居高位的郭子仪并不居功自傲。为防止小人嫉妒，他反而比原来更加小心。有一次，郭子仪正在生病，有个叫卢杞的官员前来拜访，此人乃是中国历史上声名狼藉的奸诈小人。

卢杞相貌奇丑，生就一副铁青脸，脸形宽短，鼻子扁平，两个鼻孔朝天，眼睛小得出奇，时人都把他看成是个活鬼。正因为如此，一般妇女看到他这副尊容都不免掩口失笑。

郭子仪听到门人的报告，马上下令左右姬妾都退到后堂去，不要露面，他独自凭几等待。卢杞走后，姬妾们又回到病榻前问郭子仪："许多官员都来探望您的病，你从来不让我们躲避，为什么此人前来就让我们都躲起来呢？"

郭子仪微笑着说："你们有所不知，这个人相貌极为丑陋而内心又十分阴险。你们看到他万一忍不住失声发笑，那他一定会忌恨在心。如果此人将来掌权，我们的家族就要遭殃了。"

郭子仪对这个官员太了解了，在与他打交道时做到小心谨慎。后来，这个卢杞果真当了宰相，他极尽报复之能事，把所有以前得罪过他的人统统陷害掉。唯独对郭子仪比较尊重，没有动他一根毫毛。

这件事充分反映了郭子仪为人处世的周密和老练。

人生感悟

小人是琢磨别人的专家，因此，如果你既不想把自己降低到与小人同等的地步，也不想与小人两败俱伤的话，那就尽量别得罪小人。

11.8 敢于进行惊人的投资

19世纪末，铁路运输是支撑美国产业界运输体系的台柱，但各个分散的铁路就像一盘散沙似的并不能完成这项重任。要想把分散的铁路联成一体，组成一个铁路网络，就要在铁路方面投入高额资金。这样，铁路依赖投资银行的程度就表现得相当突出。

随着生产力的发展，企业社会化程度越来越高，各公司的拆散、合并越加频繁，借贷的资金额也越来越大。这就要求投资银行不仅有雄厚的财产做后盾，更要有很高的信誉。在这种青黄不接的形势下，摩根创立的银行辛迪加成为新时期银行投资业的榜样。众多破产的公司企业面对美国的经济危机，都把希望寄托在摩根身上，希望他能够收购他们的公司，成为他们的救世主，助他们的公司以新生。

在此等危难之时，摩根向铁路业大动手术了。他这次采取的是"高价买下"战略。无论是西部铁路，还是那些早已不符合当今发展要求的铁路，他都要统统买下，以便能迅速整合美国铁路。

摩根的高价购买铁路策略，有人称之为"托拉斯计划"，而这正是反映摩根策略的威力之处。摩根此次的大量投资，不是投机，而是为了促进铁路发展。这次之所以开出了打败所有竞争对手的价格，也是因为他并不想靠这次投资获利。另外，如果铁路产业经济的支柱被别人占领，那么他在金融界刚刚夺得的霸主地位，就会变成空谈。只为此，他就值得一搏。

摩根这次对铁路的大整顿，标志着美国经济从开发的初始阶段，转入现代的重视经营管理阶段，从根本上改变了美国传统的经营战略与思想。他的成功，给美国经济的发展方向带来了重大影响。在华尔街更是如此，他的经营思想与管理方式被华尔街纷纷仿效，至今还影响广泛。

从"海盗式"经营到形成辛迪加，进而到托拉斯，华尔街已从过去投机商的天地，转变成为美国的经济中心。华尔街后来成为美国经济的发展标志，并问鼎世界金融霸主的地位，摩根的贡献当然首屈一指。

人生感悟

甘愿在风险中赚钱，绝不轻易地陷入风险。这种"胆大心细，迅速出手"的投资策略，是成为大商人的基本素质。

11.9 用人如器，各取所长

战国时代齐国的孟尝君，是"战国四公子"之一，他养了食客3000多人，这些人都有各自的才能。一旦孟尝君遭遇困难，食客们往往全力相助，帮他解决困难。

秦昭襄王一向仰慕孟尝君的才能，因此就派人请他到秦国作客。孟尝君为了报答秦王的赏识，就送上一件名贵的纯白狐裘，作为见面礼。孟尝君与秦昭襄王二人一见如故，秦王因此就想拜他为宰相。但是秦王对孟尝君的宠幸，引起了秦国大臣们的嫉妒，于是有许多大臣在秦王面前说孟尝君的坏话。

秦王起初并不理会，但是三人成虎，在大臣们一而再，再而三地向秦王进谗言的情况下，最后孟尝君被软禁起来了。

孟尝君遭到软禁后，就派人去求秦王的宠妾燕妃帮忙。但是燕妃却说："如果孟尝君送我一件与国王那件一样的白狐裘,我就替他想办法。"

孟尝君听了燕妃的话,不禁暗暗叫苦:"白狐裘就这么一件,现在到哪里再去找另外一件白狐裘呢?"

就在这时候,有一位食客自告奋勇地对孟尝君说:"我有办法,天明以前我一定可以弄一件白狐裘回来。"

这天晚上,这位食客就偷偷进入皇宫,学着狗叫把卫士引开,顺利地偷回了当初献给秦王的那件白狐裘。

孟尝君利用偷回来的白狐裘收买了燕妃,燕妃在秦王面前替孟尝君说了不少好话,过了没多久,秦王果然就释放了孟尝君。

孟尝君害怕秦王反悔,因此一被释放马上就乔装改扮,趁着月黑风高的夜晚往回逃,不久就来到了秦国的边界——函谷关。只要通过了这道关口,秦王就奈何不了他了。

可是当时是深夜,城门紧闭,根本没有办法出关。孟尝君一行人真是心急如焚,城门必须等到鸡叫才会开放。但是如果等到天亮,就怕秦王发现他们逃走了而派人追赶,这可怎么办呢?

就在这时候,忽然有位食客扯开嗓子,学起了鸡叫"喔——喔喔"。他这一叫,全城的鸡都跟着一起叫了起来。守城门的兵将一听到这么多公鸡叫,以为是到了天亮开门的时间了,于是就按照规定把城门打开了。

孟尝君一行人就这样平安地通过了函谷门,离开了秦国,回到了齐国。

人生感悟

物无废物,人无废人,人就像不同的器物,各有各的用处。在高明的管理者手里,每个人都会发挥出他们的用途。

11.10 根据需要化整为零

1963年,米耶发现了一家很有价值的公司。这家公司在美国有多处油田、天然气田和牧场,公司的总部设在巴黎。它的市价每股在40至50美元之间,而实际上这个公司仅石油和天然气就已经达到那个股价了。也就是说,这个股票是一个超值的股票。

米耶马上派威尔去进行调查分析,米耶指示:"如果不达到200%的纯利,就不必考虑。"

威尔调查后发现,利润至少达到197%,而且有可能赚到300%。

于是,米耶邀请巴黎拉察特公司和高达利公司一起合作收购这家公司2/3的股权。收购价每股55元,比市价高出6.5美元。

米耶调查得十分清楚,这家公司的董事会成员持有的股票并不多,大部分股票都被法国人和比利时人所持有。所以,米耶就直接写信给这些股票持有人进行收购。

公开收购后的一个月,也就是1963年5月7日,米耶正式宣布已购买了过半数的公司的股权,约值4500万美元。这样,在股东大会上入主新董事会就是必然的了。在开股东大会时,一个公司的代表在主席台发言指出,这家公司的资产过于分散,油田、地产、牧场等等在各地的管理机构太多,行政开支太大。

随后,在纽约的米耶已经在进行"拆散"的工作了。他们取得公司,不是为了经营它,而是要拆散它。米耶把各地的油田、天然气、地产、牧场公开出售,变成现款。把原有公司的人员解散,支付一笔补偿费。结果赚得的纯利润达到了投资的3倍。

人生感悟

是使用化零为整的整合战术还是使用化整为零的拆散战术,是根据是否赢利来确定的。在商言商,只要有钱赚,就要什么方法有利就采用什么方法。

11.11 敢于在突发事件中挺身而出

在一家酒店里,有一个叫桑克的服务员。一天中午他上班时,有几个人消费完离开酒店不久后又返了回来。说他们感到身体不适,怀疑饭菜有问题,要求赔偿,而且非要见老板。

吧台的值班人员让他们拿出证据来,对方却拿不出来。于是,几个人就争执起来,眼看着就要动起手来。

正在这时,老板从楼上走下来,看到这边有情况就走过去,问是怎么一回事。吧台人员看看老板,又看看那几个凶神恶煞的顾客,一时之间不知该怎么办才好。

这时,桑克就冷冷地对老板说:"这里不关你的事,请走远一点为好。"

接下来那几个人就嚷道:"让你们老板出来,不赔偿的话我们就砸酒店。"

聪明的老板马上就明白了是怎么一回事,立即转身离开了。

桑克装作去找他的老板并打电话报了警,因为他看出那几个人是来敲诈的。警察介入后把事情给解决了。

通过这件事,桑克给老板留下了良好的印象,不久以后,老板就提拔桑克做了酒店的办公室主任。

人生感悟

在突发事件面前,如果你能挺身而出,老板避免了丢丑,甚至是免遭了皮肉之苦,那么,老板自然会对你另眼相看。

11.12 势不可以使尽

商鞅是战国时卫国人,姓公孙氏,所以也叫卫鞅或公孙鞅。

他原本在魏国宰相公叔痤手下任中庶子,帮助公叔痤掌管公族事务。公叔痤很欣赏商鞅,曾推荐商鞅做魏惠王的宰相,但魏惠王瞧不起商鞅,便没有答应。公叔痤死后,没了靠山的商鞅便投奔到了秦国。经过举荐,秦孝公发现商鞅是个难得的治国奇才,便"以卫鞅为左庶长,卒定变法之令"。

秦孝公之所以如此看重商鞅,是因为商鞅提出的富国强兵的办法正好符合他振兴国家的愿望。

商鞅变法的基本内容在于促进社会发展,但这也触犯了守旧大臣的利益,于是遭到他们的强烈反对。在变法之初,专程赶到国都来"言初令之不便者以千数"。甚至太子都带头犯法。为了使变法顺利实施,商鞅毫不留情,真正做到了"王子犯法与庶民同罪"。结果,十年的功夫,秦国便实现了国富兵强,乡邑大治,秦孝公也因此成为当时的霸主。

然而,就在飞黄腾达的时候,商鞅的心情却失落到了极点。为什么会这样?商鞅并不知道。于是,他便去请教一个名叫赵良的隐士。他对赵良说,秦国原本和戎狄相似,经过自己移风易俗才变成了现在父子有序,男女有别的景象。都城咸阳经过我一手建造,变成了今天宫阙高耸,宫室成区的样子。我的功劳难道还不能赶上从前的百里奚?

赵良直率地说:"百里奚一得到信任,就劝秦穆公请蹇叔出来做国相,自己则做副手。而你却大权独揽,从来没有推荐过贤人。百里奚在位六七年,三次平定晋国内乱,又帮他们立了新君,天下人无不折服,老百姓安居乐业。而你轻罪却要重罚,

307

简直把人民当成了奴隶。百里奚出门从不乘车,热天连伞盖都不打,对人随和,根本不需要大队警卫保护;而你出则车马几十辆,卫兵一大群,前呼后拥,老百姓吓得躲闪唯恐不及。所以我劝你不如早点交出商、於之地,退隐山野,这样说不定还能终老林泉。否则,后果不堪设想。"

最终结果真的不幸被赵良言中。秦孝公死后,秦惠王即位,公子虔等人立即诬告"商君欲反",并派人逮捕商鞅。商鞅走投无路,只好回到自己的封地商邑。秦发兵攻打,逮捕商鞅,将其五马分尸,还诛灭了他整个家族。

人生感悟

商鞅和百里奚都握有大权,一个高高在上,不可一世;另一个则谦卑清廉,小心翼翼。最终高高在上的不得善终,谦卑有礼的则受人钟爱。权利是把双刃剑,使用不好,是很容易割伤自己的。

11.13 有智慧的人才有钱赚

有个犹太富翁病入膏肓,眼看自己不久于人世,便口述遗书,让人执笔代录:"我将全部财产留给送遗书给你的忠实奴仆;我亲爱的儿子尤第雅,你可以从我所有的财产中选择一个自己拥有。"

之后不久犹太富翁与世长辞,奴隶获得了财产继承权,兴冲冲地将遗书送到拉比手里,然后同拉比一起去找富翁的儿子。

拉比对富翁的儿子尤第雅说:"你父亲已将全部财产留给了他的奴隶,你只能从你父亲的财产中选择一项拥有。"

尤第雅不假思索地说:"我选择父亲的这个奴隶作我的奴隶。"

就这样尤第雅既拥有了奴隶,又拥有了全部财产的继承权。

这个富翁聪明过人,临死的时候儿子不在身边,所以想出了这个妙计。因为如果不这样,奴隶就有可能非法占有财产而不去通知儿子。尤第雅呢,则更不简单,他马上看出了父亲的本意,做出了非常正确的选择。

人生感悟

聪明人之所以最终财源滚滚,是因为他们能够看出别人看不出的事情本质。

11.14 居心于有意无意之间

有一次，庄子去山里游玩，看到一棵枝叶茂盛的大树，但是伐木者站在树下乘凉却不砍伐它。庄子就问是什么原因，伐木者回答说："别看这棵树长得挺大的，可是砍下来也没什么用处啊。"

庄子感慨说："原来这棵树是因为没有用处才得以存活了这么久啊。"

从山里出来后，庄子到老朋友家去借宿，朋友很久没见面，非常高兴。于是朋友让童仆杀一只鹅来招待客人，童仆说："家里有两只鹅，一只会叫，一只不会叫，杀哪一只？"

朋友说："杀那只不会叫的。"

第二天，庄子的弟子问他说："昨天我们在山上看到的大树，因为没用而得以存活，后来主人家的鹅却是因为没用而被杀了。先生，这该怎么说呢？"

庄子笑道："我将处于成材与不成材之间。处于成材与不成材之间，好像合于大道却并非真正与大道相合，所以这样不能免于拘束与劳累。假如能顺应自然而自由自在地游乐也就不是这样。没有赞誉没有诋毁，时而像龙一样腾飞，时而像蛇一样蛰伏，跟随时间的推移而变化，而不偏滞于某一方面；时而进取时而退缩，一切以顺和作为度量，悠游自得地生活在万物的初始状态，役使外物，却不被外物所役使，那么，怎么会受到外物的拘束和劳累呢？这就是神农、黄帝的处世原则。至于说到万物的真情，人类的传习，就不是这样的。有聚合也就有离析，有成功也就有毁败；棱角锐利就会受到挫折，尊显就会受到倾覆，有为就会受到亏损，贤能就会受到谋算，而无能也会受到欺侮，怎么可以一定要偏滞于某一方面呢？可悲啊！你们要记住，只有归向于自然才是正道啊！"

人生感悟

在有用与无用之间遵循中道，顺应自然。役使外物而不被外物所役使，随着所处环境的不同而调整自己的外在表现。

11.15 巧借时势创品牌

第二次世界大战期间,为了节约粮食,美国某政府禁止酿酒。极具经营头脑的哈默预计到:禁止粮食酿酒后,以葡萄为原料的威士忌酒必定会成为抢手货。

行情看准后,他急忙买下了美国某酿酒厂的股票六千股,此时每股的价格为几十美元。他向酒厂提出,自己的股息要酒厂用酒充抵。酒厂老板自然应允,这等于是给酒厂扩大了业务,哪有不答应的道理?

两个月后,股票的价格已经跳升到每股 150 元,威士忌酒价格猛涨。按股息,哈默得到了 6000 桶威士忌酒。他把这些酒统统装进特制的酒瓶里,贴上商标,抛向市场。

这时市场上已经很难买到威士忌,所以哈默把这些酒一送上柜台,立即就被一抢而空,而且店铺门口还常常看到人们为买酒而排的长队。很快,作为股息付给他的酒销出去了一半。

酒厂的老板们看到哈默用他们酒厂生产的酒发财,心中很不情愿,于是联合起来对付哈默。他们想通过倾销低价的混合威士忌酒把哈默挤出酒市场。他们先把每瓶酒降到 8 美元,哈默跟着把每瓶酒降到 7.49 美元。这个价格虽然赚不了钱,但也不会亏本,哈默利用薄利多销的办法,还是有利可图的。可是酒厂老板们见这个价格压不倒哈默时,他们就在酒里掺了 35% 的谷物酒精,以此来降低成本,每瓶酒标价只有 4.49 美元。哈默得知讯息后,立即将所有的威士忌降价成每瓶 4.45 美元出售。

有人不解地说:"酒厂卖的是混合酒,成本本来就不高,现在你将真的威士忌卖得这么便宜,这不是在做无利的买卖吗,这样做值得吗?"

哈默很有把握地说:"诀窍就在这里。顾客自然会对两种酒作比较的,用 4.49 美元买的是假酒,用 4.45 美元买的却是真正的威士忌酒,那人们当然都愿意买我们的酒,这样我们的酒的品牌就打响了。今天我们虽然少赚了一点钱,但是创出来的品牌却是超值的。从长远看,我们这个品牌的威士忌酒就赢得了潜在的大市场。"

果然如哈默预料的一样,他的企业出售的丹特牌威士忌酒不久便成为了威士忌酒中的世界名牌,销量一直不衰,每年销售达 100 多万箱。

人生感悟

不争眼下一城一池的得失,把眼光放远,紧紧盯着潜在的大市场,这种做法,没有点胸襟和气魄是玩不来的。

11.16 不要成为老板落魄的见证人

小东被公司炒了鱿鱼。很多人不理解是怎么回事,因为他的销售业绩始终都很不错。他其中的一个好朋友问他怎么回事,他才道出了事情的原因。

有一次,小东陪同老板参加一个高新技术产品洽谈会。正在就餐的时候,有一个人阴沉着脸冲他们走过来。这个人曾经是公司的竞争对手,由于他在前一次商战中被打败了,而且败得非常惨,结果就使他所在的公司蒙受了巨大的损失,他也因此被炒了鱿鱼。他从此对小东的老板怀恨在心,从对手变成了敌人。

这时的小东就情不自禁地看了老板一眼,老板紧张地对小东说:"小心他。"话刚说完,那个人就来到了老板的面前,端起一杯葡萄酒,冲着老板阴险地一笑,然后将葡萄酒向老板的脸上泼去。老板还没来得及做出反应,就被泼了一个正着,红色的葡萄酒顺着老板阴沉的脸向下淌,仿佛满脸鲜血。当老板摸起餐桌上的纸巾擦拭的时候,那个人已经潇洒地走了。而小东却还傻傻地愣在那儿,当他醒过神来的时候,老板已经转身离开了餐桌。

从那时起,小东就再也见不到老板的好脸色了。小东明白老板已经恨死他了。他想老板肯定是这样想的:我已经提醒了你了,你应该挡住那杯酒。或者在对方还没泼出酒的时候,先把酒泼到对方脸上,最起码不能让对方那么潇洒地离开,怎么也该冲上去揍对方一顿。

既然事情已经过去了,以后小东就想通过自己的努力工作,为公司多创造效益来弥补对老板的深深歉意,然而老板根本就不领情。在年底的裁员中,他就理所当然地被裁掉了。

人事部在他的解聘通知书上写的辞退理由是:"缺乏处理问题的灵活性。"

小东明白这只是老板制造的借口,然而也只好走人。

人生感悟

在职场中,当老板一旦处于丢丑的边缘的时候,一定要积极应对,而不是做一个冷漠的看客。如果不能避免老板丢面子,你就应该赶快躲开,而不是目击老板受辱。

11.17 惹不起的小人要懂得躲

杨炎与卢杞在唐德宗时一度同任宰相。卢杞的爷爷是唐玄宗时的宰相卢怀慎,以忠正廉洁著称,从不以权谋私,清廉方正,是位颇受时人敬重的贤相。

他的父亲卢奕也是一位忠烈之士。卢杞在平日里不注意衣着吃用,穿得很朴素,吃得也很一般,所以人们都以为他有祖风。其实卢杞本人是一个善于揣摩上意,很有心计,貌似忠厚实则奸诈的人。

卢杞除了巧言善辩,别无所长,他嫉贤妒能,脸厚心黑。但大奸似忠,卢杞靠着左右逢源的溜须拍马之道,很快就由一名普通的官员爬上了宰相的宝座。

与卢杞同为宰相的杨炎,是中国历史上著名的理财能手,他倡导的"两税法"对缓解当时中央政府的财政危机立下了汗马功劳。后来的史学家评论他说:"后来言财利者,皆莫能及之。"杨炎确实是个干练之才,受到时人的尊重和推崇。

此外,杨炎与卢杞在外表上也有很大不同,杨炎是个美髯公,仪表堂堂。卢杞脸上却有大片的蓝色痣斑,相貌奇丑,形象猥琐。

然而,博学多闻,精通时政,具有卓越政治才能的杨炎,虽然有宰相之能,却没有宰相之度。尤其是在处理与同僚的关系上,他恃才傲物,目中无人,特别是对卢杞这样的小人,他压根儿就没放在眼里。两人同处一朝,共事一主,但杨炎几乎不与卢杞有丝毫往来。按当时制度,宰相们一同在政事堂办公,一同吃饭:杨炎因为不愿与卢杞同桌而食,便经常找个借口在别处单独吃饭。

相貌丑陋内心自卑的卢杞怀恨在心,便先找杨炎手下亲信官员的过错,并上奏皇帝。杨炎因而愤愤不平,专门找卢杞质问道:"我的手下人有什么过错,自有我来处理,如果我不处理,可以一起商量,你为什么瞒着我暗中向皇上打小报告!"弄得卢杞很下不来台。于是,两个人的隔阂越来越深。

卢杞千方百计地要报复杨炎。他深知自己不是进士出身,又面貌奇丑,才干更是无法与杨炎相比,所以明着来肯定不行,于是他决定寻找机会下绊子。

不久,机会终于来了。节度使梁崇义背叛朝廷,发动叛乱,德宗皇帝命淮西节度使李希烈前去讨伐。杨炎不同意重用李希烈,认为此人反复无常,对德宗说:"李希烈这个人,杀害了对他十分信任的养父而夺其职位,为人凶狠无情,他没有功劳都傲视朝廷，不守法度。若是在平定梁崇义时立了功，以后就更不可控制了。"

然而，德宗已经下定了决心，对杨炎说："这件事你就不要管了。"哪知，不会察颜观色的杨炎并不把德宗的不快放在眼里，还是一再表示反对用李希烈，这使本来就对他有点不满的德宗更加生气了。

凑巧的是，诏命下达之后，赶上连日阴雨，李希烈进军迟缓，德宗又是个急性子，就找卢杞商量。卢杞知道这是扳倒杨炎的绝好时机，便对德宗皇帝说："李希烈之所以拖延徘徊，正是因为听说杨炎反对他的缘故，陛下何必为了保全杨炎的面子而影响平定叛军的大事呢？不如暂时免去杨炎宰相的职位，让李希烈放心。等到叛军平定以后，再重新起用，也没有什么大关系！"

这番话听上去完全是为朝廷考虑，也没有一句伤害杨炎的地方。德宗皇帝果然信以为真，就听信了卢杞的话，免去了杨炎的宰相职务。就这样，杨炎莫名其妙地丢掉了相位。

从此卢杞独掌大权，杨炎可就在他的掌握之中了，他自然不会让杨炎东山再起的，于是常找茬儿整治杨炎。

人生感悟

本来"惹不起躲得起"，可杨炎明知道卢杞是个得罪不起的小人，"惹不起"偏不"躲"，为了芝麻粒儿大的小事，犯了卢杞内心自卑的忌讳，最后遭到了卢杞的暗算。

11.18 用不留下把柄的暗示引导对方

售货员费尔南多是一个犹太人。在一个礼拜五他去了一个小镇，由于身无分文无法住宿，只好去找犹太教堂的执事。执事对他说："礼拜五到这里的穷人很多，每家都住满了。现在只有金银店老板西梅尔家例外，可他从不接纳客人。"

费尔南多听后肯定地说："他肯定会接纳我的。"

之后，他就去了西梅尔家。等门开后，他神秘兮兮地把西梅尔拉到一旁，从大衣兜里取出一个砖头大小的沉甸甸的小包，小声说："请问，砖头大小的黄金值多少钱？"

金银店老板听后只觉眼睛一亮。可已到了安息日，根据犹太教的教规不能继续谈生意。为了做成这笔生意,他便挽留费尔南多在自家住宿,到明天日落后再谈。

于是,整个安息日费尔南多都受到热情的款待。当周六晚上可以做生意时,西梅尔满面笑容地催促费尔南多把"货"拿出来给自己看看。

费尔南多故作惊讶地说:"我没有金子,只不过是想问一下砖头大小的黄金值多少钱而已。"

西梅尔听后顿时呆在了那里。

人生感悟

费尔南多的机智在于巧妙地利用了西梅尔求财心切的心理,以错误的暗示让他上当而又不留下把柄。

11.19 以弱示敌迷惑对方

魏明帝曹睿临终前让司马懿与大臣曹爽共同辅佐太子曹芳。曹芳即位后,便是魏少帝,曹爽当了大将军,司马懿当了太尉,两人各领兵3000人,轮流护卫皇宫。

曹爽虽说是皇族,但能力和资历都比司马懿差得远。刚开始的时候曹爽不得不尊重司马懿,事事听他的意见,但曹爽心里对司马懿并不服气。

后来,曹爽用魏少帝的名义提升司马懿为太傅,实际上是夺去他的兵权。接着,曹爽又把自己的心腹都安排在了重要的职位上。司马懿看在眼里,却一点也不干涉,为了去掉曹爽的疑心,他就推说生病,不上朝了。

曹爽听说司马懿生病,觉得正合自己心意,但又担心司马懿是装病。于是曹爽便让自己的亲信李胜以就要去担任荆州刺史为借口,去探望司马懿,看他是否真的生病。

李胜到了司马懿的卧室的时候,看到司马懿躺在床上,旁边的两个使唤丫头伺候他吃粥。他没用手去接碗,只是把嘴凑到碗边喝。没喝上几口,粥就顺着嘴角流了下来,流得胸前的衣襟上到处都是。李胜在一边看了,觉得司马懿病得实在是太严重了。

李胜对司马懿说:"这次蒙皇上恩典,派我去担任荆州刺史,特地来向太傅告辞。"

司马懿喘着气说:"哦,这真委屈你啦,并州在北方,接近胡人,你去了以后要好好防备啊。我病得这样,只怕以后见不到你啦!"

李胜忙说:"太傅听错了,我是去荆州,不是到并州。"

司马懿还是听不清,李胜又大声说了一遍,司马懿总算有点搞清楚了,说:"我年纪实在老,耳朵聋,听不清你的话。你做荆州刺史,这太好啦。"

李胜告辞出来,向曹爽一五一十地汇报了一遍,说:"太傅病得只剩下一口气了,您就不用担心了。"

曹爽听了非常高兴,于是放松了对司马懿这个"无用之人"的警惕,在手握大权的情况下开始肆意妄为起来。

公元249年新年,魏少帝曹芳到城外去祭扫祖先的陵墓,曹爽和他的兄弟、亲信大臣全都跟了去。司马懿既然病得厉害,当然也就没有人请他去。

哪知道等他们一出皇城,司马懿立刻披戴起盔甲,抖擞精神,带着他的两个儿子司马师和司马昭,率领兵马占领了城门和兵库,并且假传皇太后的诏令,把曹爽的大将军职务给撤了。

曹爽和他的兄弟在城外得知消息,急得乱成一团。有人给他献计,要他挟持少帝退到许都,收集人马,对抗司马懿。但是曹爽和他的兄弟都是只知道吃喝玩乐的人,哪儿有这个胆量。

司马懿派人去劝他投降,说只要交出兵权,决不为难他们。曹爽只好乖乖地投降了。过了几天,司马懿就安排人告发曹爽一伙谋反,把曹爽一伙人全下了监狱处死。

人生感悟

能而示之不能,强而示之弱,达到让对方放松警惕的目的。然后等待时机,一举歼灭敌人。

11.20 坚守自己的成功品牌

闻名东南亚的白花油企业的创业者颜玉莹原先是做糖果、面包等小生意的。

结婚后妻子刘氏从娘家带来一个祖传秘方——白花油。这种药油由薄荷脑、冬季绿油、桉叶油、薰衣草和樟脑等天然草药配制而成,主治肚痛、感冒鼻塞,防治蚊虫叮咬等病。

原本这自制药只是家用,因药效特好,亲朋好友纷纷来讨用。

有鉴于此,颜玉莹突发灵感,决定试销白花油。为了打开白花油的销路,使白花油家喻户晓,颜玉莹用出奇制胜的手法大力进行宣传。他亲自和伙伴们一起,到港九新界的每个角落张贴街头广告,或钉上铸有白花油字样的铁皮商标以广招顾客。

后来他又想办法把铁皮商标钉在流动的过往船只上,以吸引市民们的注意。由于在他之前还没有人在船上做过广告,所以费用低廉,他只要每月付给船主们一元或几角钱就够了。

他最成功的一次宣传,是1953年在香港的那次义卖救灾运动中。他因捐钱最多而摘取了慈善桂冠,由此,白花油销路直线上升。

为了能长期吸引人们使用白花油,他还在香港开设了白花油慈善会有限公司。凡报名成为会员的,只要每月购买一瓶白花油,此人去世后,其遗产继承人便可以领取一笔可观的抚恤金。这种做法很吸引人,该慈善会吸收会员最多时达到一万多人。白花油的声誉也随之兴起,变得家喻户晓。

白花油所以能够长销不衰,除效果好、宣传有力外,以不变应万变的策略也是一个很重要的原因。该企业从开创至今60年来,它的配方成分始终没有变,就连它的玻璃瓶子的设计和外壳包装也一成不变。颜玉莹认为,一种为消费者欢迎的商品形象,是经过长年累月的经营才建立起来的,它的包装形象已深入用户的头脑中,不能轻易改动。

人生感悟

一种药能够风行几十年,是经过了用户的考验的,既然它已被用户广泛接受,那么贸然更改成分和包装肯定是不明智的。

11.21 要给别人留出必要的面子

光劳利是英国一家木材公司的推销员,多年来他与那些冷酷无情的木材审查员打交道,经常会发生口角。虽然最终能赢,公司却总是赔钱。

有一天早上,光劳利办公室的电话铃响了。一个人很急躁地在电话里通知说,光劳利给他们工厂运去的一车木材都是不合格的,他们现在已经停止卸货。并要求光劳利立即把货从他们的货场运回去。原来在木材卸到四分之一时,木材审查员说这批木材低于标准的50%,因此他们拒绝接受这批木材。

之后光劳利立刻动身前往那家工厂,一路上思考该如何妥善应对这种局面。在一般情况下,他一定会找来判别木材档次的标准规格据理力争。因为根据他的经验,这批木材是肯定没有问题的。

不过这次他决定改变做法,打算用全新的方法去处理这个问题。等光劳利赶到场地时,看见对方的采购员和审查员们都一副揶揄的神态,完全是一副等待他吵架的架势。光劳利没理会他们的态度,而是陪他们一起走到卸了一部分木材的货车旁,询问他们是否可以继续卸货,这样他好看一下具体情况。光劳利还让审查员把要退的木材堆在一边,好的堆在另一边。

过了一会儿光劳利就明白了,之所以说木材不过关是因为对方审察得过分严格,判错了标准。这种木材是白松,审查员并不知道这是种软木材才判错的。而这恰恰是光劳利的专长。不过光劳利没像以往一样据理力争,而是让他们以刚才的方式据需分类,还一边观察,一边提问题。光劳利提问时显得非常友好、合作,并告诉他们完全有权把不合格的木材挑出来。这样一来审查员就变得热情起来,他们之间的紧张也逐渐消除。最后审查员整个态度都变了,他们承认自己对白松毫无经验,并且要重新审查木材并虚心征求光劳利的看法。

事情的结果当然很明显,他们接受了全部木材,光劳利则拿到了全价的支票。

人生感悟

俗语有云:"人活脸,树活皮。"在与人交往的过程中,不要忘了给别人留点尊严。这样做,也就给自己争到了面子。

11.22 要善于运用自身的弱点来施展计谋

《三国演义》中,张飞与酒结下了不解之缘。他逢酒必饮,每饮必醉,每醉必出事端,不是打人,就是误事。

应该说这是张飞自身的一大弱点,这个弱点,多次给对手留下可利用的空档。例如第十四回,当张飞守徐州时,刘备曾一再叮嘱张飞不饮酒或少饮酒。但刘备刚走,张飞就大饮特饮起来,酒后又痛打曹豹。结果吕布乘机杀进城来,他的酒还没醒,就把徐州给丢了。

然而,随着张飞在战争中锻炼得比较成熟之后,他的弱点却变成了麻痹迷惑对方的一种招数。张飞宕渠山战张郃,就充分表现了这一点。

演义第七十回中写道,张飞在战败张郃之后,挥军乘胜追袭,一直赶到宕渠山下。张郃利用有利的地势据川守寨,坚持不出,一连"相拒五十余日"。张飞无计可施,于是就在山前扎住大寨,每日饮酒,而且饮至大醉,坐于山前辱骂。

刘备得知后,大惊失色,急忙找孔明商议。诸葛亮不但没有惊慌,反而立即派魏延送去三车好酒,还在车上插着"军前专用美酒"的大旗。张飞得到美酒之后,不但自己更加嗜酒无度,还把美酒摆在帐前,令军士开怀畅饮。那张郃在山上见到此情景,再也按捺不住杀敌的心情,带兵乘夜下山,直袭蜀营。当张郃冲进张飞的大寨时,见到帐中端坐着一位大汉,举枪便刺。哪成想,刺倒的竟是一个"假张飞"——草人。

结果,曹军误中了张飞的埋伏,张郃被打得大败,曹军的宕渠寨、蒙头寨、荡石寨全被张飞夺得。

人生感悟

张飞素以饮酒误事闻名,这次作战他却利用"喝酒误事"把骁勇善战的张郃诱出了宕渠山。可见,一个人若能够正确地认识自身的弱点,并顺势加以利用的话,弱点也可以转化优势。

11.23 开动脑筋白手起家

纵观所有白手起家的大亨,其经历中的前半段无一不是一点一滴地持续累加式的努力,而其后半段的成果则以倍数相乘回报着他们所付出的努力。

罗斯柴尔德·迈耶就是这样持续不断地一分一分地积累着在旁人眼里微不足道的小果实。虽然他顺利地卖掉了一些古钱币,却并没有赚得多少利润,生活仍然相当贫困。然而他依然毫无怨言地拼命节衣缩食,设法四处收购各式各样稀奇古怪的古钱币。

为了能够卖掉他收集来的的古钱币,迈耶挖空心思地寻找独特的窍门。针对他的顾客都是属于上流社会这样一个特点,他决定以邮递的方式有计划地推销古币给各地的皇亲贵族们。

他把各种非常珍贵或来历不凡的古币编印成精美的目录,并一一附上亲笔书信,寄给那些有希望购买的顾客。虽然邮购业务在今天来说已经是一种十分普通、常见的推销手段,但在仍推行封建制度的当时的社会,确实是一种创举。

况且,当时的教育还未普及,一般只有家境富裕和颇具教养的人才懂得阅读与书写。迈耶对于制作目录力求做到尽善尽美。他独具匠心地采用颇具古风的文体来遣词组句,以突出他的商品的古风雅气。他不但反复斟酌每一个句子,对印刷也十分讲究,达不到效果的一概作废,重新印制。到后来,连那些编印犹太教经典《塔木德》的人们都不得不为他的精益求精的精神所感动。

凭着卓越的专业知识和这种独特的邮购方式,迈耶的生意逐渐打出了知名度,由此慢慢地步入了佳境。

人生感悟

没有经历过孜孜不倦的点滴积累,不可能得到最后的成功。

11.24 扶助那些落难的英才

宋孝杰是一个被伪满政府遗弃的算盘先生。1945年日本投降后,也同时宣告了伪满政府的彻底垮台。宋孝杰作为伪满政府财政部一等理财(会计)的饭碗也被彻底砸烂。

1946年宋孝杰离开了长春,来到五站(四平)自谋生计。所谓"秀才家族"的脸面已全然丢失,只得到人生地陌处混饭吃。在四平期间,宋孝杰结识了当地的首富赵老汉。

当时赵老汉正为孔祥熙收购黄豆。因为数额巨大,而且账目混乱、零散,赵手下的三位算盘先生用了三天时间也没有把账目算清。宋孝杰靠一手"袖内吞金"的绝技,在一刻钟之内把全部账目算清,得到了赵老汉的赞赏。

为了交朋友,宋孝杰将自己的绝技传给了赵老汉的女婿陆焕章。不久,陆焕章调到孔祥熙身边供职。由于战局紧张,宋孝杰辗转到长沙,因车马劳累,一病不起,所有积蓄全部花完。店老板命人把他抬到路边等死。

恰巧,赵老汉的侄子(陈明仁的护卫官)路过,认出了宋孝杰,赶忙打电话通知了陆焕章。陆在南京,亲自派人将宋接到府上养病。宋痊愈后,陆举荐宋到孔祥熙手下做事,不久就去了美国。

陆焕章撤退台湾时,遭人暗算,只身一人逃到美国,求到了宋孝杰门下。宋毫不犹豫地慷慨解囊,帮助陆重建胶鞋厂。十几年过去后,陆焕章重振昔日雄风,而宋孝杰的华商银行也生意兴隆。两人遂成生死之交。

人生感悟

眼光不只是用来看脚下的路,还要看身边的路;同样,眼光不能死盯一人的某一处,而要观察一人的多处,或者是几个人的共同点,这才叫看问题的高手。

11.25 学着做一位好听众

在美国,有一位很有名的汽车推销大王乔·吉拉德。有一次,某个名人去买他的车,他推荐了一种最好的车型给他。那人对车很满意,并掏出了10000美元的现钞,这桩生意眼看着就要成交了,没料到的是对方却突然变卦离去。

为此,吉拉德懊恼了一个下午,百思不得其解。到了晚上11点钟,他终于忍不住给那人打了电话:"您好!我是乔·吉拉德,我曾经向您介绍了一部新车,眼看您就要买下,可为什么突然间却走了呢?我不太理解你的做法?"

"喂,你知道现在是什么时候吗?"

"非常抱歉,我知道现在的确已经很晚了,但为了这件事我检讨了一个下午,我实在是想不出自己到底错在哪里了。因此,我想打电话向您讨教一下。"

"真的吗?"

"确实是真的。"

"很好!现在你在用心听我所讲的话吗?"

"当然非常用心了。"

"但是今天下午我所讲的你根本没有用心听。就在签字之前,我提到我的吉米即将进入密执安大学念医科,我还提到关于他的学科成绩、运动能力以及他将来的抱负,我以他为荣,而你却毫无反应。"

吉拉德根本记不住对方曾经说过这些事,因为当时他根本没有注意到。乔当时认为那笔生意已经谈妥了,他不仅无心听对方在说什么,而且还在听办公室内另一位推销员所讲的笑话。

人生感悟

人是感情动物,人除了物质的需要以外,还有精神上的需求。那人除了买车之外,还需要得到对方对自己优秀儿子的称赞。

11.26 坦率承认自己的错误

三木武吉曾经是日本很有名的政治家。二次大战后第一次竞选时,他曾到备川县的高松市去讲演。当他讲到"战后的日本怎样才能马上恢复建设"时,突然,听众席中传来一个妇女的喊声:"喂,三木武吉,你不是娶了六个老婆吗?像你这样的人怎么能搞好日本呢?"

三木武吉听后并没有惊慌,他镇静自如地回答:"这位女士,确实如此,我年轻时是个享乐主义者,娶了好几房妻子,而且战争中也常带着她们东躲西藏地避难,这可以说是男人的劣根性。但是现在,她们都已经人老珠黄,不中用了。如果我把她们抛弃了,今后谁来养活她们呢?还有一点,你说的不正确,是七个,不是六个。"

听了他的回答,全场立即响起了热烈的掌声。选举的结果是三木武吉以高票当选。这里,三木武吉就是诚实地承认了自己的错误,赢得了他人的同情,从而获得了成功。

人生感悟

一个人的不足或者性格上的弱点,会成为对方利用或突破的重点。但如果巧加利用,一个人的弱点,也可能被巧妙地变为优势。

11.27 敢想才敢做敢拼才会赢

彼得·维克多·尤伯罗斯是一位杰出的犹太商人,他在大学毕业后,去了一家航空公司工作,由于工作出色,在短短的一年时间内,就被提升为副总经理。后来他在好莱坞开设了一家国际运输咨询公司,这时只有一间办公室。由于他讲求诚信,经商有方,到了1967年,他已拥有36万美元的资金,并开始发售股票。

1972年,他转向经营旅游服务业,公司得到了迅猛的发展,将原有的在世界各地的38个办事处发展到100多个。一年后,他创立了800家旅游公司,不久发展到拥有4000多套房间、上千个豪华游艺场的规模。1974年,他成立了第广旅游公司,用了不到半年时间,他的旅游公司发展成为在全世界拥有200个办事处、1500名工作人员的北美第七大旅游公司,年总收入约2亿美元,纯利润达到几百万美元。

这些还只是尤伯罗斯白手起家以来取得成就的开始,他计划以1060万美元的价格出售他的第一旅游公司,准备"私人"筹办奥运会,开始另一项具有风险的"空白"事业。作为犹太商人,他首先意识到的是举办奥运会所带来的经济效益,而绝非只是体育或政治意义。

"任何东西到了商人手里,都会变成商品",对于这一点,尤伯罗斯感受最深,杰出的企业家最关注的是企业的信誉,产品的品牌效应。尤伯罗斯决心利用举办奥运会的机会,提高赞助费用,并计划只接受30家赞助单位。从每一个不同的行业中选出一家,赞助费用至少400万美元以上。获得赞助权的单位可取得奥运会某项产品的专卖权。规定一出台,各大公司为了获得赞助权,竞相抬高赞助费的价格。

可口可乐和百事可乐两大公司长期处于激烈的竞争状态,这次也参加了本届奥运会赞助单位的角逐,尤伯罗斯向两大公司抛出了400万美元底价。当百事可乐公司还处于犹豫状态时,可口可乐公司已把赞助费抬高到了1300万美元,并一举夺得饮料行业独家赞助商的权利。

尤伯罗斯在获得1300万美元的赞助后,把下一个目标定准在柯达公司和富士公司的竞争上。柯达公司提出赞助100万美元的要求,被尤伯罗斯拒绝了。富士公司希望能将产品销往美国市场,经过讨价还价后,终于以700万美元获得在胶卷行业的独家赞助权。

此外,还有美国的通用汽车公司和日本的丰田公司等也加入了这场激烈的竞争。

最后,尤伯罗斯举办的"私人"奥运会,获得了3.85亿美元的赞助。他还通过将运动会的电视实况转播权作为专利拍卖,获得了2.5亿美元的高价拍卖额。

在美国广播公司(ABC)和全国广播公司(NBC)的激烈竞争中,奥运会转播权最终被美国广播公司赢得。后来,美国广播公司又以7000万美元的价格将奥运会的广播转播权分别卖给了美国、澳大利亚等国家。因而尤伯罗斯在此项目上筹集到的赞助费达到2.8亿美元。

不仅如此,就是对于参加美国境内奥运火炬接力跑的人每人次也征收了3000

美元,他获得了 3000 万美元的现金。据统计,通过此次"私人"举办奥运会,尤伯罗斯至少获得了 2.5 亿美元的净利润。

人生感悟

　　追求目标的大前提,是无论如何也不能放弃。如果情况许可,也应具备适时扩大战果的行动力。要做到这一点,必须具备冷静判断状况的能力。

11.28 看透生与死才能更好地享受人生

　　玛丽是一名公务员,被医生诊断患上了恶性肿瘤,只能活三个月了,于是她开始准备自己的后事。她请来了牧师,告诉牧师自己希望在葬礼上吟咏什么韵文,愿意穿什么衣服下葬。她还要求把自己特别喜爱的《圣经》也葬在身边。一切安排妥当后牧师便准备离开。

　　"还有一件事,"玛丽像突然记起了什么重要的事,兴奋地说,"这很重要,我希望埋葬时右手拿着一支餐叉。"

　　牧师站在那儿盯着玛丽,有点懵了。

　　"很奇怪,是吧?"玛丽问。

　　"是的,夫人,说实话你的要求把我弄糊涂了!"牧师回答。

　　玛丽解释道:"每次我去单位的餐厅吃饭的时候,总记得每当菜盘收走时服务员必然会俯过身说,'请把餐叉留着。'我很喜欢这一时刻,知道将要吃到更好的东西了,比如巧克力蛋糕或苹果馅饼。"

　　牧师和玛丽的眼里都涌出欢乐的泪水。他知道这是玛丽临终前他们之间的最后一面。不过他也知道玛丽比他更能理解天堂的涵义,玛丽明白更加美好的东西即将来临。这是一个女人面临死亡的态度,玛丽把死亡看做是等待她的"一件更好的事"。

　　于是,玛丽欣然地接受了死亡。

　　生老病死是生命进程中的必然规律。既然死亡无法避免,那么就让我们把死亡当做伴侣,永远不要害怕而去面对它。很多人惧怕死亡,事实上他们也从来没有真正痛快地生活过。我们只能对这样的人表示同情,这些人无法了解死亡的真正意义。

人生感悟

世上万事万物都有始有终,出生是我们的开始,死亡是我们的结束。死亡是生命最后一个过程,正因为有它的存在,生命才得以完整。

11.29 合情入理,歪打正着

雄州(今河北雄县)地处宋辽边界,宋辽讲和之后,宋国派李允则来任刺史。李允则见城北门外朝向辽境的瓮城(城门外保护城门的小城)低矮,不利于防守,就想扩建加高,但宋辽双方已经议和,不便于大张旗鼓地公开修筑。

一天,李允则又到这里巡视,见瓮城中有座东岳庙,便命人打造了一只银香炉,派人吹吹打打地送去,并故意不加防守措施。没过几天,那只银香炉便被人窃去。李允则于是大张旗鼓地访贼查盗,又告谕对面的辽国守官,说要加高瓮城以防小偷。不几天,城池便加固起来了。

城北原先有座瞭望台,两国讲和之后,按照规定拆除了,但这十分不利于防备辽军骑兵的突然袭击。

李允则又派人将城中寺院建在城北高地上,并建了比瞭望台还高的佛塔。每日登塔礼佛的人络绎不绝,成了义务瞭望员。

他又让老百姓在城外种菜,每户一片菜园地,菜园与菜园间植荆棘隔开,成了防守辽方骑兵的天然屏障。经过这三招,便把雄州建成了能坚固把守的边防重镇。

这三招的真正用意,恐怕只有施术者李允则自己知道。由于出招合乎情理,既达到了防守的目的,又没有引起辽方的不满与追究。

人生感悟

有时候指东打西的怪招式反而更能达到自己追求的效果。只要合情入理,对方就抓不到什么把柄。

11.30 要站在顾客的立场上

一个具有商业性的座谈会其成功的秘密是什么呢?按照那位和蔼的学者查尔斯·伊里特的说法:"成功的商业性会谈,并没有什么特别神秘的地方,只要你专心地注意那个对你说话的人,再也没有比这个更有效的了。"

很明显,你根本没必要上四年的哈佛大学才发现这一点。但是大家都了解到有些商人会租借昂贵的地方,干练地购进他们的货品,把商店装潢得漂漂亮亮的。花了大量的广告费,却用了一些不懂得听别人说话的店员——那些店员打断客人的说话,与人争执,给人难堪,这样的话只会把客人从你身边赶走。

让我们来看看墨顿叙述的自己的一段经历:他在新泽西州纽瓦克市的一家百货公司买了一套西装,结果这套西装令他很不满意,上衣褪色,弄脏了他的衬衫领子。他把西装送回店里,找到了当初卖给他的那位店员,他试着把情形说出来,然而却被店员打断。那位店员说:"这种西装我们卖了好几件,你是第一个抱怨的人。"

这是他所说的话,他那咄咄逼人的语调也在说:"你在骗人,哼!我可要给你一点颜色瞧瞧哟。"

在这场激烈的争吵中,紧接着第二位店员进来插嘴,他这样说道:"所有深色的西装,由于颜色方面的问题,开始的时候自然会褪点颜色,这也是没有办法的,其实这种价钱的西装都是这样的。"

"在这时我已经怒火中烧了,"墨顿先生在叙述这件事时说,"第一个店员对我的诚实感到有点怀疑,第二个暗示我买的是低级货。我当时就火大了,我正想叫他们滚到地狱去的时候,突然间,服装部的经理走过来了。

他很有一手,他把我的态度整个改变了过来。他使一个愤怒的人很快变成了一个很满意的顾客,下面就是他所做的:

一是,他从头到尾地听我把事情叙述一遍,听的期间根本没发表一句话。二是,当我把话说完时,那两个店员又提出他们所想的,他却以我的观点不停地与他们争辩。他不仅指出我的领子显然是被那套西装弄脏了,还始终坚持说该店所卖出的东西必须令顾客感到百分之百的满意。三是,他承认自己不晓得毛病出在哪里。他对我非常干脆地说:"你要我如何去处理这套西装呢?我完全会依照你的意思去做的。"

其实就在短短的几分钟前,我还准备叫他们收回这套该死的西装的,然而这时我却回答道:"我只要你的忠告,我要了解这种情形是不是暂时的,以及是不是有什么补救的办法呢?"

他的建议是让我再穿一个星期看看如何:"假如那时候你还不满意的话,再带来让我看看,到时我们再换一套你满意的。真的很抱歉,给你带来这么多的麻烦。"

我非常满意地走出那家商店。那套西装穿了一周后,根本没有什么问题,于是我对那家百货店充满了信心。

怪不得那位经理是服务部的主管,至于他的两名手下,他们将永远——我本来要说他们将永远只能当个店员而已,现在改口了,也许他们会被降到包装部去,因为他们在那儿永远都不可能接触到顾客的。

人生感悟

对于一个销售人员来说需要做好的一件事情就是:要做一位好听众,懂得沉默是"金"的道理。其实,学会倾听,对每个人都是非常重要的。

12月份

满足顾客的猎奇心理
能不能赚钱和体力无关
急流能勇退者是真正的智者
留下自己最美好的形象
要敢于经营不起眼的大生意
……

12.1 满足顾客的猎奇心理

在美丽的菲律宾首都马尼拉市,有一家远近闻名的"小矮人餐馆",餐馆里的工作人员身高都不过1.3米,最矮的只有0.67米。他们用奇特的服务方式吸引着来自各个国家和地区的游客。

当客人来到餐馆门口时,马上既有大脑袋小身子的矮人走上前来欢迎,他们笑盈盈地给客人递过擦脸的毛巾。待客人在座位上坐定以后,又有矮人服务员捧着差不多与自己身高等长的精致菜谱为客人点菜。因为他们的动作诙谐幽默,加之身材与菜谱的不协调,客人们拿到菜谱时往往都笑得前仰后合。矮人们热情而周到的服务,往往使人们胃口大开,吃喝自然就多了起来。

餐馆的老板同样是个身材矮小的人,身高只有1.1米。他叫吉姆·特纳,在从美国来到马尼拉时,他还是一个名不见经传的小人物。他经营餐馆也没什么特色,同样是年轻的姑娘、小伙,同样的菜品和质量,所以生意并不红火。

雄心勃勃的吉姆下定决心将餐馆进行一番彻底的改革。他说:"在竞争中,经营者如果没有惊人的绝招,只好和失败为伍了。"

吉姆经过一番冥思苦想,意识到餐馆的吸引点在于使客人惊奇,不如在服务员身上下功夫。那么,找什么样的服务员好呢?这一天,他在街上闲走,忽然有个大头颅,小身子的矮人映入眼帘。这矮人看上去只有一米高,长得很有趣,这样的人很少见。如果聘用这样的人做餐馆服务员,客人一定会感兴趣。吉姆·特纳灵光一现,一套完整的计划出现在了眼前。

他走上前去拉住这个人,问道:"你叫什么名字"?

"比鲁"。

"你愿意帮我开餐馆吗?我可以让你当经理。"

"当然愿意,先生。"比鲁爽快地答应了。

次日,吉姆·特纳让比鲁在报上刊登了一则招聘矮人的广告,待遇优厚。结果,几天的功夫,一支以比鲁为首的"矮人队伍"就成立了。这些矮人有的当会计,有的当厨师、有的当服务员。

人们对"矮人餐馆"感到好奇,就餐中感到温暖、好奇。就餐后,感到心满意足。这种世界上绝无仅有的餐厅轰动了行业者。不久,各国旅行者慕名而来。

吉姆也赚得钵满盆满。

人生感悟

"矮人餐馆"为适应一些顾客追求"新、奇、特"的心理,出奇制胜,让"矮"变"长",从而取得了巨大的成功。

12.2 能不能赚钱和体力无关

在美国当代商界中,查尔斯·威尔逊是一位极富传奇色彩的犹太人。一个尚未读完中学就辍学的贫穷孩子,在几十年间,登上世界旅馆业大王的宝座,这不能不算一个奇迹。他在美国50个州和另外22个国家的土地上,共开设了1405家旅馆,拥有208939个房间,双人床30多万张。每年接待旅客的总数在7200万人左右。

威尔逊自幼丧父,家境非常不好,他母亲在孟斐斯市一家牙科医院当助理,以周薪仅有10美元的待遇来养家,生活非常困苦。因此,威尔逊在读小学时,就开始替人家做些零星工作来补贴家用。

后来他母亲失业了,生活的担子完全落在了威尔逊的肩上,当时他才15岁。以他这样小的年纪,要维持母子二人的生活,是非常吃力的。但这个记不清楚父亲面貌的独生子,对母亲非常孝顺,他从不让母亲为家庭生活烦心。

"妈,您不用愁。"威尔逊对为失业而伤心的母亲说,"我可以想办法去赚钱。"

"你?"他母亲苦笑着说,"别说傻话了,孩子,现在正是经济不景气的时候,别说你还是个孩子,就是体壮力强的男人,要赚钱维持一家人的生活也不容易。就拿我来说吧,要不是国家经济上发生了变动,他们也不会把我辞掉的。"

"我们只有两个人。"威尔逊很乐观地说,"随便找个工作就够吃的了。再说,赚钱多少和体力并没有多大关系啊。"

"可是,你还在读书呵,孩子!"

"我可以暂时辍学,等将来有办法时再读也不迟。"

"不,孩子。"他母亲摇着头说,"你的学业要紧,还是我想法去找工作吧。"

威尔逊眨动着大眼睛,提出一个折衷的办法来:"妈,这样好了,我们两个都去找工作,谁先找到,谁就先做,好不好?"

他母亲想,她一定会比她儿子先找到工作,所以就欣然接受了他的提议。因此,当第三天威尔逊来告诉她"妈,我的工作找好了"时,她不禁大感意外。

"什么工作?"她不相信地问。

"卖玉米花。"威尔逊说,"我已经跟一家戏院老板谈好了,可以摆在他戏院里边卖。这种场合进进出出的人多,生意一定会很好。"

"这个主意倒是不错。"他母亲说,"可是卖玉米花需要一部爆花机,我们哪里有钱买机器?"

"不要紧,机器我也谈妥了。"威尔逊说,"每部是50元。"

"你到哪里去拿这么多钱?"

"不用现款,老板答应我可以分期付款,每周付2元就可以了。"威尔逊很高兴地说,"只要生意好,这个钱我一定付得起的。"

这时候,他母亲也不由得暗自高兴,这个才15岁的孩子,在3天之内,竟然把一件事情办得如此妥帖,实在是太难得了。

"孩子,"他母亲无限慈祥地拉着他的手说,"你是怎么想到卖玉米花的?"

"我觉得所有的人都喜欢吃玉米花,做这种生意一定很好赚钱。"

"也许你对做生意有一种特殊的才能。"他母亲的神色转为严肃了,"但是,我要提醒你。孩子,有空时要多看点书,不要把书本全部丢掉,不管做任何事,多吸收点书本上的知识,会得到意想不到的效果的。"

对母亲的这番教训,威尔逊一生都未忘怀过。

"她老人家说得一点也不错,"威尔逊在他母亲去世之后的一周年纪念会上,曾对他的亲友说,"书本上的知识,能帮助人们作正确的判断。"

在戏院里卖玉米花的生意非常好,后来,戏院的经理派人暗地里一调查,发觉威尔逊卖玉米花赚的钱,比他当经理的薪水还多。戏院经理当时虽然慷慨地答应他来卖玉米花,但是,当他发觉生意这样好时,禁不住起了私心,决心把威尔逊赶走,由自己来经营这个生意。

威尔逊来的时候,并没有任何手续,只凭经理一句话,现在经理要赶他走,他当然也无可奈何,他只提出一个条件:

"这部爆玉米花机,我买来的时候花了50元美金,你要照原价收买我的,不能算折旧费。"

戏院经理做这件事,本来就觉得于心有愧,当然不好意思再计较,如数把钱付给他。

这部爆玉米花机,威尔逊是用分期付款买来的,这笔钱无异于是他的储蓄存款。于是,他利用这笔资金开始筹划其他生意,最后创造了美国商界的一个神话。

人生感悟

成功的秘诀在于智慧而不是体力的辛苦,能不能赚钱与体力无关。

12.3 急流能勇退者是真正的智者

金熙宗天眷二年（公元1139年），石琚考中进士，任邢台县令。

当时官场腐败，贪污成风，邢台守吏更是贪婪残暴，欺男霸女，强夺民财。在这样污浊的环境下，石琚却不贪不占，而且还多次告诫别人不要贪取不义之财。他常对人说："君子求财，取之有道，怎么能利令智昏，干下不仁不义的事呢？人们都知道钱财的好处，却不理会不义之财所带来的隐患，这是许多人最后遭祸的根源啊。"

可是别人往往对他的劝告一笑置之，并且说："大家都是这样，你一个人又能改变什么？你这些高论说来动听，实际上却不合时宜，你何苦自守清贫，不识时务呢？要知道没有钱才是真正的大祸，你身在祸中尚且不知，岂不遭人耻笑？可不要再对别人说这些话了。"

石琚非常生气，又规劝说："一个人到了只见其利不见其害的程度，就要大祸临头了。你敛财无度，不计利害，虽然是自以为高明，在我看来却是愚蠢之极。你还是回头是岸吧，我实在不忍心见你东窗事发的那一天。"

后来，邢台的官吏们见石琚不肯与他们同流合污，就向朝廷上书诬陷他贪赃枉法，结果他们自己却因贪污受到严惩，并牵连出很多违法的官吏。石琚因为清廉无私，虽然受到诬陷却平安无事。

金世宗时，朝廷任命石琚为参知政事，石琚拒不肯受。金世宗十分惊异，私下里对他说："这样的高位，人人都朝思暮想，你却不想接受，这是为什么呢？"

石琚只推说自己的才德不堪当此重任，但金世宗仍然不改初衷。石琚的亲朋好友都劝他接受，并且怕他惹恼了皇上给家族带来灾祸。石琚无可奈何，只好接受了朝廷的任命。但他私下里却对妻子说："树大了招风，位高多难，我担心会有无妄之灾。"

妻子不以为然，说："你不贪不占，正义清廉，皇上又宠信于你，你还怕什么呢？"

石琚苦笑道："身处高位，就是众矢之的，无端被害者比比皆是，岂是有罪与无罪那么简单？再说皇上的宠信也是多变的，看不透这一点，就是不智啊。"

大定十八年，石琚升任右丞相，位极人臣，前来贺喜的人络绎不绝。石琚表面上殷勤应对，私下却决心辞官归居。他开导家人说："我一生勤勉，所幸得此高位，这都是皇上的恩典，心愿已足。人生在世，祸在当止不止，贪心恋栈。"

他一次又一次地上书辞官，金世宗见挽留不住，只好答应了他的请求。世人对此事议论纷纷，金世宗却感叹道："石琚大智若愚，这样的大才天下再无第二人了，凡夫俗子又哪里会懂得他的心意呢?"

人生感悟

事实上,真正有智慧的人是不会恋栈名利和权位的,因为他们知道那后面往往隐藏着真正的危险。

12.4 留下自己最美好的形象

汉武帝宫中有一位宠妃李夫人,得了重病,卧床不起。汉武帝亲自到她床前探病,李夫人蒙被致歉道:"臣妾久病在床,样子难看,不能见皇上,看我现在的病情,恐怕不久于人世了。我想把我的儿子和兄弟托付给陛下,请陛下多加关照。"

汉武帝说:"你的嘱托我一定照办,你放心吧!但你病到这个地步,还是让我看一看吧。"

李夫人说:"女人不把容貌修饰好,不能见君王、父亲,臣妾不敢破这个先例。"

汉武帝说:"爱妃只要见我一面,我会赐给你千金,而且封你的兄弟做高官。"李夫人却说:"封不封官,那是陛下您的事,不在于见不见我一面。"

汉武帝又请求李夫人让他见上一面,李夫人索性转向内侧,抽泣着不再说话。没有办法,汉武帝只好无奈地站起身离开了。

汉武帝走后,众嫔妃都责怪李夫人,她们说:"既然你托付兄弟、儿子给皇上,为什么不见皇上一面呢?难道你怨恨皇上么?"

李夫人解释说:"我们女人是用容貌去侍奉人的,我们的长处是长得漂亮。一旦容貌衰退,就不招人喜欢了。皇上不喜欢你,自然就恩断义绝。皇上之所以还挂念着我,那是因为我过去容貌好看。如今,我久病貌衰,一旦被皇上看见,必然遭到皇上的厌恶和唾弃,他怎么还能思念我而厚待我的兄弟、儿子呢?考虑到这些,我以为还是不见皇上的好,并且郑重其事地把兄弟、儿子托付给他。"

不久,李夫人病故。

想起往日的缠绵,武帝对她思念不已,因此对李夫人的兄弟也很关照。

人生感悟

古希腊有一句格言:"认识你自己。"虽然每个人都有自己的优势和劣势,长处与短处,但并不是每个人都对自己的长短优劣有清楚的认识和了解。

12.5 要敢于经营不起眼的大生意

即使是在大家看来根本不值钱的东西也有人能靠它成为富翁。弗雷德里克·图德便是有这种本事的人。

1783年,图德在波士顿出生,家境算得上富有,他的三个哥哥都很有出息,升入美国著名学府——哈佛大学,家里人都希望图德也按照这样的模式走。但是图德并不喜欢这种生活,他13岁时,便放弃了学业做起了香料生意。

1805年图德在参加其内兄德纳举办的酒会时,聊到了将冰从弗雷什庞德附近运往南部港口的可能性。在这类的港口,冰可以卖到高价格。酒会后,他们还几度谈论这一问题,最后进行了一番技术研究和市场调查,据此拟定了相关计划。

但冰的保存是个问题,在没有找到合适的隔热材料的前提下,冰运到港口就要及时卖掉,否则前功尽弃。图德从市场中发现,在从未使用过冰的人中,自动推广冰是不可能的事。图德不断地寻求改进取冰的方法,这是关键的一环。

之后得人资助,图德投资1万美元,把130吨冰运往马丁尼克岛,波士顿一家报纸专门提及此事:"这不是儿戏,一艘装载冰块的货船已办好出港手续驶向马丁尼克岛。我们希望这不会是一宗不可靠的投机买卖。"

跟着,图德来到此地,他想向那些或许未曾见过冰的潜在顾客们介绍如何使用冰,而出售冰才是最为重要的事儿。这些外籍居民在看到冰后很吃惊。经营蒂沃利公园的人坚决认为,这个国家无法做成冰淇淋,不等人们把它拿回家,他便会融化掉!为了劝服这个人,图德留下40磅冰,答应第二天早上就到那个人家制作冰淇淋,果然冰淇淋被制成了。这位经营蒂沃利公园的男人第一个晚上就卖掉了300美元的冰淇淋。之后,他的冰开始被人接受。

图德取得了一点微薄的利润。一个半月后,他的存货慢慢地融化了,图德所有的努力换来了4000美元的损失。图德并未因此而气馁,转向古巴……然而图德并不走运。1807年,欧战正在进行,杰斐逊总统想要保持美国中立,于是下令禁运,图德的计划遭遇失败,他只好返回波士顿,却得知父亲破产了。

图德无力偿还债务,差点被送进监狱。他暂且留在自家的农庄,直至禁运结束。战后,他又去寻找市场。这一次他不仅在加勒比海,而且还在南部各州寻找市场。他向医生们介绍如何用冰袋去减轻病人的痛苦;他让人们接受并习惯喝冷饮。

19世纪20年代中期,图德的生意有了起色,但他仍坚持奋斗。在此期间,每年约有3000吨冰用船从波士顿运出,其中有2/3的冰是他运的。

到了19世纪中期,图德"冰王"的地位渐渐稳固。1856年,图德用船运了14.6万吨冰到下列地方:菲律宾、中国、澳大利亚、西印度群岛和南部各州,图德就这样依靠谁也不重视的东西发了大财。

人生感悟

看到这个故事,我们是否也应该想一想,既然图德能够利用冰来致富,那我们为什么不找出一种被称做"冷门"的东西来经营致富呢?

12.6 警惕利益背后的危险

春秋末年,晋国被几家贵族把持着,这其中有一个贵族名叫智伯。这是一个名不副实的人,他不仅没有智慧,而且蛮横无理、贪得无厌。

智伯本来拥有很大一块土地,但他还是平白无故地向邻居魏宣子索要土地。

魏宣子也是把持晋国的贵族之一,他很厌恶智伯的贪婪,不想给他土地。魏宣子有一个臣子叫任章,他对魏宣子说:"您最好把土地给他。"

魏宣子不解地问:"我凭什么要白白地送土地给他呢?"

任章说:"他无理求地,一定会引起邻国的恐惧,邻国都会讨厌他。他一定会利欲熏心,不知满足,到处索要,这样便会引起整个天下的忧虑。您给了他土地,他就会更加骄横起来,以为别人都怕他,他也就更加轻视对手,而更肆无忌惮地骚扰别人。那么他的邻国就会因为讨厌他而联合起来对付他,那时他的死期也就不远了。"

魏宣子听了若有所悟,任章又接着说:"《周书》上说,'将要打败他,一定要暂且给他一点帮助;将要夺取他,一定要暂且给他一点甜头'。所以,我说您还不如给他一点土地,让他更骄横起来。再说,您现在不给他土地,他就会把您当作他的靶子,向您发动进攻。那您还不如让天下人都与他为敌,让他成为众矢之的呢。"

魏宣子觉得有理,于是割让了一片土地给智伯。

果然就像任章所分析的那样,尝到甜头的智伯接下来便伸手向赵国要土地。赵国不答应,他就派兵围困晋阳。这时,韩、魏联合,趁机从外面打进去,赵国在里面接应,在里应外合、内外夹攻之下,智伯很快就灭亡了。

人生感悟

见到利益就想得到,而且越多越好,这是很多人的心理。真正能清醒地认识到利益背后隐藏着的危险,并且果断地拒绝,才是聪明人。

12.7 机会往往会乔装成"问题"的样子

如果不是你的工作,而你做了,这就是机会。机会是自己争取的,同时也是自己给自己带来的。

曾经就有一位成功人士讲述了自己是怎样走上富裕道路的:他说他在50年前,就开始踏入社会谋生,他在一家五金店找到了一份工作,每年才挣75美元。有一天,一位顾客买了一大批货物,有铲子、钳子、马鞍、盘子、水桶、箩筐等等。因为这位顾客过几天就要结婚了,所以他就提前购买一些生活和劳动用具,这也是当地的一种习俗。货物堆放在独轮推车上,装了满满一车,这些东西就是骡子拉起来也有些吃力。然而当时管货并非他的职责,他完全是出于自愿——而且他当时还为自己能运送如此沉重的货物感到自豪。

他说自己在送货的旅途当中,刚开始的时候一切都极其顺利。但是在他走了一段路程的时候,车轮一不小心陷进了一个不深不浅的泥潭里,使出吃奶的劲儿都推不动。后来,一位心地善良的商人驾着运货马车路过,用他的马拖起他当时送货的那个独轮车和货物,并且那个商人还好心地将货物送到顾客家里。在向顾客交付货物时,他只顾着清点货物的数目,一直到很晚才推着空车艰难地返回商店。虽然说老板并没有由于他的额外工作就此而称赞他,然而他自己为当时的所作所为而感到无比高兴。

他说,正是由于他多做了一点,而让他成了一名成功的人士。

第二天,那位商人就把他叫过去并告诉他:"我发现你工作十分努力,而且热情很高,尤其在你卸货时清点物品数目的时候,特别细心、专注。因此,我愿意为你提供一个年薪5000美元的职位。"

他当时就接受了这份工作,他的致富之路也就是从这个时候开始的。

对于一个优秀的员工而言,公司的组织结构是怎样的,谁该为此问题负责,谁应该具体完成这一任务,都不是最重要的,在他心目中唯一想法就是如何将问题解决。

每天多做一点,初衷也许并不是为了获得报酬,往往却获得更多。

人生感悟

由于机会往往乔装成"问题"的样子,所以当顾客、同事或者老板交给你某个难题的时候,也许正为你创造了一个珍贵的机会。

12.8 为人谋划就是为己谋划

战国后期,楚国谋划出兵攻韩。韩国十分紧张,忙向已归附自己的东周征调兵丁、粮草、武器。但东周此时自顾不暇,哪有多余的人力、物力支援韩国?再说,又怕这样一来,激怒了邻国楚国,楚国一怒之下会把自己灭掉。

因此,东周王接连好几日忧心忡忡。苏代见状,忙问原因。

听东周王讲了前因后果之后,他笑了笑说:"不必担忧。我到韩国走一趟,不但可使他们不再向我们征兵征粮,还可让他们白送我们一块地盘。"

东周王半信半疑地把苏代送走了。

苏代到了韩国,对韩相国公仲侈说:"我来之前,曾听说楚国的大臣向楚王说:'韩国久战,已十分疲惫,国空民乏,粮食奇缺,无力持久坚守。我们出兵,不出一个月,定能攻下韩国都城。'但楚王没抓到真凭实据,对这些话将信将疑,没敢发令攻打。但在这样的紧要关头,您却向东周征兵征粮,不是正把自己的弊端暴露给敌人,让楚王下决心猛攻韩国吗?"

公仲侈说:"哎呀!我怎么没想到这一点!您说该怎么办?"

苏代说:"我为您打算,倒不如这么办:马上停止向东周征调兵丁粮饷,再把米川高都送给东周,以显示自己的实力强大。"

公仲侈说:"我不征调东周人、粮,已经够仁义的了,哪能白白将高都奉送给东周?"

苏代说:"将高都送给东周,东周必然死心塌地跟随韩国。楚国一看,必与东周断交。以高都作代价,取得一个死心塌地的邻国,为什么不办呢?"

公仲侈一听,连声叫好,依计而行。楚王见了,以为韩国国力强盛,难以攻下,也没敢发兵。其中最为得利的却是东周。

人生感悟

苏代表面上是在为韩国（为人）谋划，实际却是在为东周（为己）效力。在现实生活中，很多时候也是这样，当你真心帮助了别人的时候，自己往往也是受益者。

12.9 该放手时就放手

在人生长途中，总会遇到不得不"放下"的时候。比如，一个人走到了年迈体衰之际，就有突然遭遇"被剥夺"辉煌的可能，这当然也是考验人如何对待"拿"和"放"的时候。

美国的第一位总统、开国元勋华盛顿连任一届总统后便坚持不再连任。他离任时，坦然地出席告别宴会，坦然地向人们举杯祝福。次日，他又坦然地参加了新任总统亚当斯的宣誓就职仪式。然后，他挥动着礼帽，坦然地回到了家乡维农山庄。

这一瞬间，给历史留下了永恒的光彩。

英国著名科学家赫胥黎，因其卓越的贡献而享有崇高的声望，然而，到了80岁时，赫氏不得不考虑放弃解剖工作时，他毅然辞去了所任的教授、渔业部视察官等职务。最后，他还辞去了一生中最高的荣誉职务——英国皇家学会会长。不难想象，此时赫胥黎的心情何其沉重、心绪多么沮丧，他甚至在发表了辞职演说后对友人这样说："我刚刚宣读了我去世的官方讣告。"

尽管是这样，毕竟他"放下"了，在没被人强迫的情况下"放下"了。

一个职务，一种头衔，自然是意味着一个人在社会上所取得的成就和地位，它的意义是不言而喻的。然而，华盛顿和赫胥黎都"拿"上了自己人生中最高的辉煌，可他们又都主动"放"下去了。

人生感悟

以坦然的态度去承受离任或离职之"放"，便活出了一份潇洒与光彩，活出了一种落落大方的风范来。

12.10 学习是有用的

加图是罗马著名的政治家、演讲家和杰出的文学家。他在公元前204年成为罗马共和国的财务官,公元前199年任职营造官,公元前198年出任裁判官,公元前195年又做了执政官,公元前184年当上了检察官。加图用他丰富的知识一次次出色地完成了自己的使命,赢得了罗马上下的好评。

他不仅在政治上取得了卓越的成就,还在演讲和文学领域有所建树。他是知名的演讲家和拉丁散文的奠基人。他晚年发表过很多的演讲词,大约150多篇,完整保存至今的,也有80个片断。在加图的人生里,共完成7部作品,内容涉及历史、军事、法律、医学、农业等诸多方面。为了督促和教育儿子学习,他还编写了一套百科全书,内容广泛、深刻,成为当时人们教育孩子的范本,甚至流传至今。

加图十分喜爱学习。有一次,80岁的加图在学习希腊文时被朋友们看见了,他们很吃惊地说:"希腊文太难学了,没有长时间的苦读是学不会的。您要是在年轻的时候学习它还来得及,如今年纪一大把了,再学起来困难重重不说,也没有用武之地了啊!"对于这样的说法,加图不以为然,他说:"学习是不分早晚的,无论什么时候都可以学习。只要你用心去学,就会有所收获,就会派上用场。"对希腊文的深入研究使加图更好地驾驭了语言知识,更好的吸收了希腊文化,从而使他的著作拥有了丰富的内涵和超大的读者群。

人生感悟

学习,至始至终都是有用的。它使我们在激烈的竞争中保有自己的一席之地。它为我们思考问题提供答案;为我们解决问题寻求方法;为我们有所创新奠定基础。我们不能因为岁月的追赶便放弃了学习。

12.11 开发出人们迫切需要的产品

金·吉列原是一家小公司的推销员。有一天,他的老板在与他聊天时说,如果能开发一种用完就扔掉的产品,那顾客就会不断地购买。这样,就可以发财致富了。这句话给吉列很大的启示。他按照这个思路开始留意身边的事件。

　　一天,吉列在起床刮胡子的时候,因为老剃刀没有打磨好,不仅刮起来费劲,而且脸也有划伤。懊丧的吉列眼盯着剃刀,突然一个灵感钻进了他的脑袋。这就是发明一种新型的剃须刀,不用反复磨就可以用到新的刀片。经过对周围男性的调查,发现他们都希望有一只安全保险、使用方便、刀片随时可换的剃须刀。

　　于是吉列积极行动起来,希望发明出这种新剃须刀。由于没能冲破传统习惯的束缚,新发明的基本构造不免受到老式长把剃须刀的局限。尽管他一次又一次地改进设计,但都没有令他满意的结果产生。

　　这样一晃几年,吉列仍没有研究出他想要的剃须刀。一天,他望着一片刚收割完的田地,看到一个农民正轻松自如地挥动着耙子修整田地。吉列得到了新的启示:新剃须刀的基本构造应该同这耙子一样,简单、方便、运用自如。钻研了八年的吉列终于取得了成功。

　　吉列决心由自己来生产这种新式剃刀。1903 年,他创建了吉列保安剃须刀公司,开始批量生产新发明的剃须刀片和刀架,结果马上受到了欢迎。吉列保安剃须刀迅速占领了美国市场,并势不可挡地向全球扩张。吉列取得了巨大成功。

人生感悟

　　如果一个公司能够不断地把顾客所需要的新产品推向市场,那么这个公司的发展壮大必将势不可挡。

12.12　能上能下是真龙

　　蔡锷原名艮寅,字松坡,湖南宝庆(今邵阳)人。13 岁中秀才,16 岁进入湖南时务学堂。当时谭嗣同为学堂总监,梁启超任中文总教习。蔡锷与梁启超结下了深厚的师生情谊。

　　戊戌变法失败后,蔡锷东渡日本。1904 年,蔡锷毕业回国,投入军界。1911 年辛亥革命爆发,蔡锷响应武昌起义,举行了"昆明重九起义",并担任起义军临时总指挥,起义胜利后被推举为云南军政府都督。

　　袁世凯窃取政权之后,对拥有强大军事实力的蔡锷始终存有戒心,便以组阁为由,召蔡锷入京。

　　有人劝说蔡锷不要进京。蔡锷说:"袁世凯很忌恨我,如果不去,就会更加怀疑我。怎么能因为我个人的关系,再引发战乱,致使生灵涂炭呢?你们不必担忧,我自有办法对付他。"接着,毅然前往。

蔡锷抵达北京后,袁世凯给了蔡锷一大堆虚衔,暗中派人监视他。为了保护好自己,消除袁世凯的疑虑,他把自己装扮成浪荡公子,吃喝玩乐无一不沾,期间与小凤仙结识。袁世凯稍稍放心。

袁世凯称帝,蔡锷尽管内心痛苦,表面上却仍然不动声色,甚至通电云南,让自己的部下拥戴帝制。袁世凯对他越来越信任,放松了对他的戒备。

为了保险起见,袁世凯用重金收买蔡锷,给了他600万的经费。蔡锷悄悄地将钱汇往云南,做日后举兵的经费。

蔡锷家在棉花胡同,妻子、母亲都在身边,对他逃出北京十分不利。在小凤仙的协助下,他以离婚的名义,使母亲和妻子逃离了京城。

袁世凯得知此事后,以为蔡锷因为小凤仙与亲人翻了脸,便对亲信说:"我以前把蔡锷看成是英雄,现在看来,也不过是斗宵之器罢了,刚一富贵,就忘了恩爱夫妻之情。他的志向已经到顶了,从今以后我可以不必再担心了。"于是就撤销了对蔡锷的监视。

蔡锷看到时机基本成熟,便开始实施逃离京城的计划。1915年11月11日,蔡锷在京城离奇失踪,成功脱京的蔡锷火速赶往天津。

蔡锷到天津后不久便乘运煤船东渡日本,经上海、香港、越南河内,沿途躲过数次暗杀,历尽艰险,于12月19日返回了自己的大本营云南。袁世凯得知消息后,追悔莫及。

1916年1月1日,袁世凯登基。蔡锷率第一军主力进入四川作战,战绩辉煌。在梁启超的积极号召下,各省纷纷树旗倒袁。3月22日,袁世凯被迫宣布取消帝制。

蔡锷首先摧毁了袁世凯的帝制梦,对再造共和有很大的功劳。而他能屈能伸,以柔克刚,迷惑袁世凯最终从密探的控制中脱身的经历,更是令人叹服。

人生感悟

龙藏深海时,世人不知它的存在,飞龙在天之时,举世都会震惊于它的壮美。关键时候,要懂得低调行事,保全自己。

12.13 利用对方的疲劳

宋太宗时,年方十七岁的曹玮任渭州(今甘肃平凉)刺史。

一次,曹玮率军与西夏兵作战,小获胜利,吓得西夏将领引军撤退。曹玮侦知西夏军撤去不远,便将缴获的牛马、辎重尽数收集,慢慢驱赶,缓缓返归。西夏将领听到曹玮如此行为,以为他是贪小利不会用兵之徒,便挥军加速追赶过来。眼见得西夏兵就要追上,曹玮回过头来列下阵势,派人对西夏将领说:"你军远路赶来,一定十分疲劳,我们现在就交战,我方有乘人之危的嫌疑。不如你们休息一会儿,咱们再决战不迟。"西夏兵已跑了上百里地,正感到十分疲乏,闻听此言,十分高兴,便答应了。

休息了片刻,曹玮又派人告诉西夏兵:"想必你们已歇得差不多了,咱们开战吧!"于是便指挥宋军冲杀过来。那些昔日强悍的西夏兵这次却变得不堪一击,交手不久便大败。

打完胜仗,部将们请曹玮解释原因。曹玮说:"走远路的人,刚到目的地时,并不十分疲乏,在稍做休息全身放松之后,才更觉疲倦。西夏兵远路追来,心里憋着一股劲儿,这时与他们交手,还要费些气力才能战胜他们。若让他们歇一下,全身松弛下来,他们觉得更疲惫了,就容易对付了。"大家听了,都佩服他的知识广博。

人生感悟

在对手最虚弱的时候下手,正是以己之长克敌之短的原则的具体运用。

12.14 能透过现象看到问题的本质

管仲病危时,齐桓公亲自去他家看望他。看到管仲病情很严重,齐桓公不禁悲伤不已。

管仲劝齐桓公不要悲伤,说:"生老病死是人之常情,我也不可能长生不老啊!"

齐桓公说:"您生病了,有什么话要嘱咐我吗?"

管仲回答说:"我希望主公能够远离易牙、竖刁、常之巫、卫公子启方这些人。"

齐桓公不解,心想这些人平时对自己总是毕恭毕敬,于是问:"当初我身处险境,无米无粮,是易牙亲手煮了他儿子的肉来孝敬我,使我免受饥饿之苦,这说明他爱我胜过爱他的儿子啊!这难道还有什么值得怀疑的吗?"

管仲说:"虎毒不食子,更不要说人了,天下哪里有父母不疼爱自己子女的。他对自己的儿子都这么残忍,又怎么能对您好呢?他这样做无非是想讨好您,达到他的目的罢了。"

齐桓公又继续问道:"竖刁不惜阉割自己来侍奉我,这可是一般人难以承受的痛苦。这说明他爱我胜过爱自己的身体,这又有何值得怀疑的呢?"

管仲说:"世间之人没有不爱惜自己身体的,竖刁连自己的身体都不爱惜,那又怎么会爱惜您呢?他这样做不过是想赢得您的信任,整日陪在您的左右,对您阿谀奉承,使您成为不听忠言的昏君啊!"

齐桓公听到这里出了一身冷汗,又问:"常之巫能够占卜人的生死,为我治病,难道也不能信任吗?"

管仲答:"生死有命,富贵在天。大王不相信天命固守本分,而是依靠常之巫,想长生不老,他必然会利用您而胡作非为啊!"

齐桓公又问:"卫公子启方侍候我都十多年了,也没回家看看自己的父母,就连他父亲去世,他都没有回去奔丧,这样的人难道对我还不够忠心吗?"

管仲说:"天地间,没有不爱自己父母的,卫公子对待自己的父亲尚且如此,又怎会真心对待您呢?"

齐桓公虽然答应了管仲,但并没有认真采纳他的建议。最终在自己病重时被这几个势利小人害死了。

人生感悟

世界上大多数人都是爱听阿谀奉承的话,不愿听逆耳忠言。如何才能辨别真伪?提高自身素质和能力是重要前提。

12.15 把烫手的"热山芋"扔给对方

唐代宗广德二年(公元764年),安史之乱被平定后不久,仆固怀恩在北方纠众反叛,屡次攻城夺地。唐代宗只好命郭子仪为副元帅,率军平叛。

郭子仪命令他的儿子郭晞为检校尚书兼行营节度使,在邠州屯兵。邠州地方上的混混挂在郭晞的名下,经常用军人的名义做些违法的勾当。要是有人不满足其要求,即遭毒打。

邠州节度使白孝德忌惮郭子仪,对此事不敢提及。白孝德的下属泾州刺史段秀实毛遂自荐请求处理这件事。白孝德一看有个替罪羊也不错,于是让他代理军队中的执法官都虞侯。

段秀实上任后的一天,郭晞军队17名士兵在集市闹事,重伤了酿酒工人,打碎了很多酒器。段秀实命令手下士兵把他们统统抓来,砍下脑袋挂在长矛上示众。

这引起了郭晞军营的骚动,士兵们穿起盔甲,要将段秀实碎尸万段。在这样的情形之下,段秀实不仅没有惊惶,反而取下佩刀,让一个行动不便的老兵给他牵马,来到郭晞军营门前。

全副武装的士兵见到这种情形,顿时错愕。原以为要进行一场厮杀,却见对方如此弱小,反而纷纷让路给他走。

段秀实见到郭晞后,对他说:"郭副元帅的功劳充盈于天地之间,您作为他的儿子却纵容手下的不法行为。如果因此使大唐边境发生动乱,罪过谁来担当呢?恐怕就要牵连到郭副元帅。现在邠州的不良青年挂在您的名下,借机胡作非为。别人都说您仗着父亲的势力不管教将士,长此以往,郭家的功名又怎能长久保存呢?"

郭晞本来对段秀实杀自己士兵的事很不满,对士兵的激愤情绪便未加制止。没想到段秀实却以这样一个姿态站在自己面前,并且他言辞恳切,一语中的。于是命令手下解除武装,并对段秀实说:"多亏了您的教导啊!"

段秀实为了让郭晞下定决心好好管理军队,便对郭晞说:"我到现在还没有吃晚饭,肚子饿了,请为我备饭吧。"郭晞便命人准备好饭菜。吃完饭的段秀实还不肯罢休,又说怕旧病复发,要留宿一晚。

郭晞担心愤怒的军人杀了这个不作抵抗的朝廷命官,心里很是紧张。于是自己亲自陪伴段秀实休息,以此来保证段秀实的安全。之后,郭晞对手下进行了整顿。

人生感悟

滴水可以穿石,柔竹能敌强风,在不能采用强硬手法的时候,不妨来个绵力相迎,以柔克刚,把烫手的热山芋扔给对方,让对方处理。

12.16 学会在逆境中忍耐和等待

犹太实业家路德维希·蒙德学生时代曾在海德堡大学同著名的化学家布恩森一起工作,发现了一种从废碱中提炼硫磺的方法。后来他移居英国,在英国几经周折才找到一家愿意同他合作开发此技术的公司,结果证明此项技术的经济价值非常高。于是蒙德萌发了开办化工企业的想法。

不久,蒙德买下了一种利用氨水的作用使盐转化为碳酸氢钠的方法,这种方法当时还不很成熟。蒙德于是在温宁顿一边买下一块地建造厂房,一边继续实验,以完善这种方法。尽管实验屡屡失败,但蒙德从未放弃,夜以继日地研究开发。经过反复而复杂的实验,他终于解决了技术上的难题。

1874年厂房建成,起初生产情况并不理想,成本居高不下,连续几年,企业完全亏损。同时,当地居民由于担心大型化工企业会破坏生态平衡,拒绝与他合作。

犹太人在逆境中坚忍的性格帮助了蒙德,他不气馁。终于在建厂6年后的1880年取得了重大突破,产量增加了3倍,成本也降了下来,产品由原先每吨亏损5英镑,变为获利1英镑。当时的英国,工厂普遍实行12小时工作制,工人一周要工作84小时。蒙德做出了一项重大决定,将工人的工作时间改变为每天8小时。由于工人的积极性极度高涨,每天8小时内完成的工作量与原来的12小时一样多。

工厂周围居民的态度也发生了转变,等着进他的工厂做工。因为蒙德的企业规定,在这里做工,可获得终身保障,并且当父亲退休时,还可以把这份工作传给儿子。

后来,蒙德建立的这家企业成了全世界最大的生产碱的化工企业。

人生感悟

在近两千年漂泊流离的生活中,犹太人一直处在逆境之中。在这漫长的日子里,他们学会了把逆境视若寻常事,学会了忍耐和等待。

12.17 懂得谦逊就是懂得人生无止境

晋周生不逢时,因为晋献公宠信骊姬,晋国公子多遭残害。晋周虽然没有争立太子的条件,更无继位的希望,也同样不能幸免。

为了保全性命,晋周来到周朝,跟着单襄公学习。晋周自小受父亲的教育,养成了良好的品性。以往晋国的公子在周朝,名声都不太好,但晋周却受到对人要求严厉的单襄公的称誉。

单襄公是周朝有名的大臣,学问渊博,待人宽厚而又严厉,是周天子和各国诸侯王公都很尊敬的人。晋周很高兴能跟着他学习。

单襄公出外与天子王公相会,晋周总是随从在后,有时候单襄公与王公大臣们议论朝政,他就规规矩矩地站在老师身后几个时辰,一点也没有不高兴不耐烦的神色。王公大臣们都夸奖晋周是个少见的谦谦君子。

晋周在单襄公空闲时,经常向他请教。交谈中,晋周所讲的都是仁义忠信智勇的内容,而且讲得很有分寸,处处表现出谦逊的精神。

人虽然在周朝,晋周仍然十分关心晋国的情况,一听到有不好的消息,他就为晋国担心流泪;一听到好的消息,他就为之欢欣鼓舞。一些人不理解,对晋周说:"晋国都容不下你了,你为什么这样关心晋国呢?"

晋周回答:"晋国是我的祖国,虽然有人容不下我,但不是祖国对不起我。我是晋国的公子,晋国就像是我的母亲,我怎么能不关心呢?"

在周朝数年,晋周言谈举止的每一个细节,都谦逊有礼,从未有不合礼数的举动发生。周朝的大臣们都对他有很好的评价。

单襄公临终时,对他的儿子说:"要好好对待晋周,晋周举止谦逊有礼,以后一定会做晋国国君的。"

果然,晋国国君死后,大家都想到远在周朝的晋周,就请他回来做了国君,成为历史上的晋悼公。

人生感悟

谦逊是人性中的精髓,只有谦逊才能吸纳更多的知识和力量,才能获得别人的尊重。

12.18 由自己的需求想到的生意

把早饭送到床边是最新冒出来的服务行业。这是由美国旧金山的家庭主妇苏珊首创的。在一个星期天的早晨,苏珊和她的丈夫都睡在床上不想起来。好不容易一个休息日,她们俩谁都想好好睡个痛快,苏珊幻想地说:"要是能像电影里那样,有人将早饭送到床边就好了。"

丈夫说:"早饭免了,算了。"

苏珊若有所思地说:"一定有很多人跟我们一样,休息日都想睡个懒觉。"丈夫回答说:"那当然喽。"

苏珊突然像发现了一个什么宝贝似地突然从床上跳起来,大声说:"我有一个生财的好主意了,将口味独特的早饭送到人们的床边,一定会大受欢迎的。对!我就做这生意。"

说做就做,苏珊立即开始学习烹饪技术,并广泛了解顾客的口味。接着她买来了一辆小货车,白色的车身上印着红色的"送到床边的早餐"的字样。里面装的是多种式样的早点和免洗餐具、保温设备,每份早餐还附有一瓶高级香槟酒或其它的高级饮料。

这种形式的服务,果然很受人们的欢迎,在附近地方试销了一段时间后,生意很好。为了扩大经营范围,她又设法将自己新奇独特的营业方式写成新闻稿请报刊电台予以报导。结果立即引起众人兴趣,订货电话一个接一个,应接不暇,经营前景很好。

人生感悟

很多老板都喜欢寻找市场的空隙,着手经营新行业。因为新行业的崛起,使人们得到了更多方便,尤为重要的是,为别人行方便的同时自己也获得了利润。

12.19 采他山之石成就自己

胡应湘是近年来最为活跃的香港富豪。他排不上香港前十名的富豪榜单,但是却可以成为香港投资内地最多的大富豪。他投资了广东广深高速公路、广州环市公路、沙角火力发电C厂等一系列十亿、数十亿的大型工程项目。但他的一笔笔巨额资金从何而来?求教的人从四面八方接踵而来。胡应湘据实回答:"我是向已故的两位船王丹尼尔·洛维格和包玉刚偷师学到的经验。包玉刚同丹尼尔一样先取得租船合约,然后才订制新船。银行见船已租出,收益有保障,当然愿意借钱,因此包玉刚借钱造船,20元成本有19元是借的,自己只须拿1元出来。"的确,胡应湘投资的项目都是上亿元的大项目，获得数十年的经营专利权，而专利权又是收益的保障，所以，银行愿意向他提供巨额贷款。这样，他自己只要拿出少量的资本就可以进行工程运营了。他在国内投资 40 亿元的沙角 C 厂，股本与贷款比例为 1∶12，广深珠高速公路及泰国架空铁路则为 1∶4。

胡应湘借助丹尼尔和包玉刚的成功经验，以小额投入取得巨额贷款，进行进一步的投资。这大大缩短了从资本积累到大规模投资的过程，基本上省去了原始资本积累的过程，是一种典型的借鸡生蛋的方式。正是对这种方式的借鉴和运用，才使得胡应湘的资产滚雪球般的积累起来。他成功的时间比其他人成功的时间短很多，也是得益于这种经验的启发。所以，借助其他人的成功经验可以很好的提高办事效率，减少不必要的精力和资本的浪费。

人生感悟

我们在做事时都希望有一些好的经验可以借鉴。这样可以避免我们走弯路，提升办事效率。同样的也可以借助他人的优点和长处来完善自己、提升自己，进而更能适应不断变化着的环境。

12.20 换个思路提意见

春秋时的晋国，自晋文公即位后，发愤图强，使得国家迅速兴盛起来，成为春秋时的一大强国，晋文公也成了一代霸主。

可接下来，晋襄公、晋灵公却不思振作，只图享乐。晋国的霸主地位也不知不觉地被楚庄王代替。晋灵公即位不久，不思进取，大兴土木，修筑宫室楼台，以供自己和嫔妃们享乐游玩。有一年，他竟挖空心思，想要建造一个九层高的楼台。在当时那种科技水平、建筑材料、建筑技术等条件下，如此宏大复杂的工程，不知要耗费多少人力、物力！无疑会给老百姓造成沉重的负担，使国力衰竭。因此，大臣和老百姓都反对建九层楼台。

但是晋灵公固执己见，并且在朝堂之上严厉地对大臣说："敢有劝阻建楼台的，立即斩首。"一时间气氛十分紧张。一些想保全身家性命的大臣，都吓得噤若寒蝉，谁愿意去送死呢？再没有人敢说反对的话了！

一天，有个叫苟息的大夫求见。晋灵公以为他是来劝谏的，便命人拉开弓，搭上箭，只要苟息开口劝说，他就要射死苟息。谁知苟息进来后，像是没看见他这架势一样,非常轻松自然,笑嘻嘻地对晋灵公说:"我今天特地来表演一套绝技给国君看,让国君开开眼界,散散心。国君您感兴趣吗?"

晋灵公一听说有玩的马上就来神儿了,忙问:"什么绝技?别卖关子了,快表演给我看看。"

苟息见晋灵公上钩了,便说:"我可以把九个棋子一个个叠起来以后,再在上面放九个鸡蛋。"

晋灵公一听,这事倒十分新鲜,不相信苟息会有这么高的技艺,但是又急于一饱眼福,便急急地说道:"我从未听过有这种事,今天就请你摆给我看看!"

苟息当然清楚,如果国君认为是欺骗了他,就会有杀头的危险。当晋灵公叫人拿来棋子和鸡蛋后,苟息便动手摆了起来。他先是小心翼翼地把九个棋子堆了起来,然后又慢慢地将鸡蛋放置在棋子上。只见他放上一个鸡蛋,又放第二个,第三个……战战兢兢,如履薄冰。

这时,屋子里的气氛十分紧张、沉寂,只能听到鸡蛋碰到棋子的声音,围观的大臣们全都屏住呼吸,生怕鸡蛋落下来,苟息也紧张得额头冒汗。晋灵公看到这情景,禁不住大声地说:"这太危险了!这太危险了!"

晋灵公刚说完"危险",苟息就从容不迫地说:"我倒感觉这算不了什么危险,还有比这更危险的呢!"

晋灵公觉得奇怪,因为对他来说,这样子已经是够刺激、够危险的了,还会有什么更惊险的绝招呢?便迫不及待地说:"是吗?快让我看看!"

这时,只听见苟息一字一句、非常沉痛地说:"九层之台,造了三年,还没有完工。三年来,男人不能在田里耕种,女人不能在家里纺织,都在这里搬木头,运石块。国库的金子也快花完了。兵士得不到给养,武器没有金属铸造。邻国正在计划乘机侵略我们。这样下去,国家很快就会灭亡。到那时,国君您将怎么办呢?这难道不比垒鸡蛋更危险吗?"

晋灵公听到这种十分合理又十分可怕的警告,不由得吓出一身冷汗。意识到了自己干了一件多么荒唐的事,犯了多么严重的错误,便对苟息说:"搞九层之台,是我的过错。"立即下令停止筑台。

人生感悟

聪明的臣下总是直话不直说,说话会拐弯儿,委婉地表达自己的意思。不然的话,事与愿违,后果也很难设想。

12.21 前景不广阔时及时更换行业

詹姆士年轻时沾染了花花公子的恶习,在败完父亲的家产后,生活出现了危机。詹姆士领悟到只有努力奋斗,才能过上好一点儿的生活,于是决心从头做起。

他先从哥哥那里借了一点钱开了一家小药厂,还亲自在厂里组织生产和销售工作,每天工作十几个小时。接着把积蓄下来的钱用于扩大再生产。几年后,他的药厂已经有相当的规模了,每年都有几十万美元的盈利。

经市场调研后,詹姆士认为当时的药物市场发展前景有限,希望转行做其他市场。经过一番思考他选择了食品市场。因为世界上有几十亿人口,每天消耗的实物数量大得惊人。

于是,他毅然卖掉了自己的药厂,又向银行贷得一些钱,买下了"加云食品公司"的控股权。这是一家专门制造糖果、饼干及各种零食的公司,还经营一些烟草生意,它的规模不太大,但品种却十分丰富。

詹姆士掌控这个公司以后,在经营管理和行销策略上进行了一番改革。他首先把产品规格和样式进行延展,如把糖果延伸到巧克力、香口胶等多品种;饼干除了增加品种,还细分儿童、成人、老人饼干,同时也做起了蛋糕等食品。

接着,詹姆士扩大了市场领域,他除了在巴黎经营外,还到其他国家和地区开设分店,形成了连锁经营网。

随着业务量的扩大,财富的增长,詹姆士又收购了一些英国、荷兰的食品公司,使其形成大强大的集团。

人生感悟

对经营前途理智分析,及时调整经营思路,转向其他行业是一种经商智慧。

12.22 内心原则是外界的东西动摇不了的

清朝时,出身于农家的于成龙少有大志,自幼过着耕读生活,受到较正规的儒家教育。顺治十八年,已44岁的于成龙,不顾亲朋的阻拦,抛妻别子,怀着"此行绝不以温饱为志,誓勿昧无理良心"的抱负,接受清廷委任,到遥远的边荒之地——广西罗城做县令。

罗城归于清朝统治不到两年,由于局势未稳,两任知县一死一逃。于成龙到罗城时,这里遍地荒草,城内只有居民6家,茅屋数间。县衙穷得连门墙都没有,只有三间破草房,他只得寄居于关帝庙中。于成龙从山西老家带来的一位仆人忍受不了这样的清苦,就对于成龙说:"当官如果是这个样子,还有谁愿意当官呢?你应该请求调离此地,否则还不如回老家种地呢。"

于成龙说:"我本来就是个农家子弟,现在能当上知县,为百姓做事,还有什么不满足呢?和这里的百姓相比,我们并不算清苦,你就不要抱怨了。"

于成龙知足常乐,为百姓的事到处奔忙。他那个仆人见劝不动他,又不甘心跟着他吃苦,竟然偷偷逃跑了。

罗城的百姓见于成龙是真心为他们办事,便自发地前来看望他,有的还给他带来了一点钱物。于成龙说:"我一个人用不了多少钱,你们的心意我领了。钱物我绝不能收下,这是我做人的准则啊!"

罗城百废待举,首要的在于安定社会,恢复生产。于是,于成龙采取"治乱世,用重典"的方法,首先在全乡建立保甲,严惩罪犯,大张声势地"严禁盗贼"。境内初安后,他又令乡民练兵,接着又在全县搞联防,从此,"邻盗"再不敢犯境。

在消除内忧外患的同时,于成龙十分注意招募流民以恢复生产,他常常深入田间访问农事,奖勤劝惰,闲时带领百姓修民宅、建学校、筑城墙。对迁入新居的农家,还亲为题写楹联,以示鼓励。三年之间,就使罗城摆脱混乱,出现了百姓安居乐业的新气象。

康熙六年(公元1667年),于成龙被两广总督芦光祖举荐为广西省唯一的"卓异",并升任四川合州(今四川合川市)知州。离开罗城时,他连赴任的路资也没有,出现了百姓"遮道呼号:'公今去,我侪无天矣!'追送数十里,哭而还"的感人情景。

后来于成龙升任湖广下江陆道道员,驻地湖北新州(今新春县)。在湖北期间,他的地位和环境都有了很大改善,但他仍然心清如水,保持了异于常人的艰苦生活作风。

于成龙在20余年的宦海生涯中,历任知县、知州、知府、道员、按察使、布政使、巡抚和总督、加兵部尚书、大学士等职。三次被举"卓异",以卓著的政绩和廉洁刻苦的一生,深得百姓爱戴和康熙帝赞誉,以"天下廉吏第一"蜚声朝野。

人生感悟

如果心如水质一般清澈，即便有泥沙倾倒下来，也不过是晃上几晃，泥沙尽可沉底，水质仍是一片清明。

12.23 做好小事

上世纪70年代，美国的麦当劳总公司很看好台湾市场。他们在正式布局台湾市场以前，需要在当地招聘和培训一批高级管理人员。由于标准很高，很多年轻人都没通过考试。

在经过层层选拔后，一位名叫韩定国的年轻人进入了最后一轮面试。麦当劳的总裁向韩定国提了一个让他意想不到的问题："假如我们要你先去洗厕所，你愿意吗？"

还未等韩定国开口，一旁的韩太太便随口答道："我们家的厕所一直都是他洗的。"

总裁十分高兴，当场录用了韩定国。

直到后来韩定国才知道，原来麦当劳训练员工的第一堂课就是从洗厕所开始的，因为麦当劳公司认为：只有先从卑微的工作开始做起，才有可能了解服务行业的真谛。

韩定国后来之所以能成为知名企业家，就是因为他一开始就能从卑微的小事做起，心甘情愿地做别人不愿意做的事情。

人生感悟

不要轻视小事，因为大事都是由小事构成的。只有用积极的态度干好每一件小事，才有可能做成大事。

12.24 聪明人从不卖弄自己的聪明

从前，有一种名叫斗鸡的赌博游戏，这种游戏在各国的宫廷里十分流行。帝王将相们在酒足饭饱以后，无所事事，常常用斗鸡来消磨时光，比赛输赢，从中取乐。

齐国的国王特别爱好斗鸡的赌博游戏，他虽然也饲养了一些斗鸡，却因为驯养得不好，总是失败。于是齐王便下令张榜招募驯养斗鸡的能手。

纪渻子是一个专职驯养斗鸡的专家，远近闻名，他应招去给齐王驯养斗鸡。

纪渻子驯养斗鸡十天，齐王便迫不及待地催问说："驯养成了吗？"

纪渻子回答说："还不行。这鸡没有什么本领却很骄傲，仗着傲气，跃跃欲试。"

又过了十天，齐王又问："怎么样？现在成了吧？"

纪渻子说："还不行啊！它听到其他鸡的叫声，见到其他鸡的影子，反应得特别迅速。"

齐王说："怎么，反应迅速还不好吗？"

纪渻子说："反应迅速，说明它取胜心切，火气还没有消除。"

又过了十天，齐王再一次问道："怎么样了？现在难道还不成吗？"

纪渻子说："现在差不多了。别的鸡虽然鸣叫着向它挑衅，它好像没听到似的，神态自若，毫无变化。不论遇到什么突然情况，它都不惊不慌，一副呆头呆脑的样子，好像木头做的鸡，它已具备了斗鸡的一切特性了！别的鸡看到它这副模样，没有敢与它斗架的，遇到它掉头就逃跑。"

齐王把这只斗鸡带到斗鸡场上，果然每斗必胜。

人生感悟

有勇气的人才敢"憨"。当"傻子"的时间越长，得到的利益越多。

12.25 入虎穴才能得虎子

英国的葛兰素药厂跻身美国市场是从1979年开始的。当时，它兼并了美国的一家小型药厂，借以彻底了解当地的市场情况。为了让这家企业成为地道的美国公司，使之与美国的文化完全融合，它首先授予该药厂美方负责人充分的权力。葛兰素药厂在美国站稳脚跟后，又迅速拓展市场。1981年，美国葛兰素与当地排名前10名的瑞士罗士药厂合作，运用罗士药厂的业务代理和行销网点销售其药品。

当时，不少厂家的做法是把自己的药品商标权借给经销商，并由其销售，签订10年或几年的合同分享利润。而葛兰素厂却采取垂直组合的经营状态，从原料生产、研究开发、成品制造到发货行销一竿子到底：不包给经销商销售，以保证产品的质量和及时反馈信息。"善胃得"药品就是这样成为了美国的"明星药品"。

"不入虎穴，焉得虎子。"英国葛兰素药厂在将其产品打入美国市场时，采用了"兼并"工厂这一绝招，就像将一个探测器安在美国市场上。这样，美国药品市场几乎一下被葛兰素药厂把握了，这为其产品占领美国药品市场提供了确切的情报基础。

人生感悟

注重进行市场预测调查，从而掌握市场需要，然后循序渐进，方能一举夺占鳌头。

12.26 经营理念要与时俱进

法国的福雄食品杂货店可算是当今世界上最大的食品杂货店。在巴黎本部营业面积是470平方公尺，分成6个部门，供应从全球各地搜罗来的16500余种稀有食品。

在全国，它还有800多家代销店，全世界有25个国家的100余个高级商店为它代理经销。

现任老板波里于30多年前从该店创始人福雄手里买下了这家濒临倒闭的店。波里接手后，完全改变了原来的经营思想和方式。他认为传统的食杂品经营思想是小商品经营意识。他决定要为食杂经营开创一个新纪元。

波里将破旧的店铺门面装修一番，然后到全国各地去采集引人注目和稀有的货物，如冰桶、五颜六色的大型胡桃磨子、香料瓶架子等等。很快地，食杂店吸引了大量消费者。

波里对自己的经营方式更有信心了，他进一步放开了步伐，放眼世界。他组织了一批精练的采购队伍，向世界各地采购各国的特殊食品和杂货，力求迎合生活富裕了的欧洲人。

于是，在巴黎12月能吃到日本的冬草莓、智利的樱桃、夏威夷的菠萝。在"福雄"国际食品部还可以买到加拿大的野稻米、槭糖浆和大马哈鱼罐头、埃及的无花果浆、巴西的木薯面、马来西亚的可可牛奶……真是琳琅满目，汇集世界各地精华食品一万余种。

"福雄"不仅商品的花色品种繁多，而且质量上乘，再加上服务优质，店员们对有钱人和一般顾客都同样对待,于是各阶层顾客都涌向"福雄"。还吸引了世界各地的消费者,通过邮购来"福雄"订货。

更有一些尊贵的有钱人坐飞机千里迢迢来购货。如摩洛哥的公主来这里购买玉米片,以美式玉米片当早餐;希腊船王每周都用私人飞机来装载各类稀有食品。

经过十几年的努力,"福雄"终于成为了一家国际性的大企业。

人生感悟

时代已经大大加快了前进的步伐,经营理念也要随之跟进。只有这样才能始终站在商海大潮的潮头上。

12.27 没有失败,永远不会有成功

莎莉·拉菲尔是美国著名电台广播员。她在30年的职业生涯中,曾被辞退了18次,但她每次都以更远的目光注视前方,确立自己下一步的目标。

早前的美国,大部分无线电台都认为女性很难吸引到观众,所以没有一家电台愿意雇佣女士。莎莉好不容易在纽约的一家电台找到工作,但不久即被辞退,对方的理由是:她跟不上时代潮流。莎莉并未因此灰心丧气。她总结失败教训,向国家广播公司电台推销她的清谈节目构想。电台勉勉强强同意她留下试用,但要她先在政治台做节目主持。

"我不了解政治,恐怕难以成功。"她曾犹豫不决,但坚定的信念促使她大胆进行了尝试。她对广播十分熟悉,她利用自己独特的长处和极具亲和力的主持风格,在节目中大谈即将到来的国庆节对自己有何意义,还让观众打电话来参与这次谈话节目,畅谈普通百姓的感受。观众们被这个清新的节目吸引,纷纷参与到其中。莎莉也一举成名。

现在,莎莉·拉菲尔已经成为自办电视节目的主持人,还两度获得主持人大奖。她说:"我被人辞退18次,本来会被这些厄运吓退,做不成我想做的事情。结果相反,我让它们鞭策我勇往直前了。"

人生感悟

一个暂时失利的人,如果继续努力,打算赢回来,那么他今天的失利,就不是真正的失败。相反的,如果他失去了再次战斗的勇气,那就是真的输了!

12.28　细微之处不可轻易放过

明朝时，周忱以工部右侍郎巡抚江南。周忱有个习惯，随身带着一个小本，将每日之事细细记下，连天气、地势、人情、风物一点儿都不遗漏。

某日，某县乡民来报，说送粮船遭风沉江，要求免除粮税。周忱问他是哪日哪时，刮的是何风。船民随口应答。周忱翻开日记本一看，惊堂木一拍，大喝："撒谎！"说出那天那时是刮北风，顺风驶船，且风又不大，怎能翻船？直把那船民吓得叩头求饶，道出了撒谎原因。

宋高宗建炎年间，金国率军南进，宋军溃败，驻在扬州（今江苏扬州）的宋高宗仓皇南逃。

过长江时，皇室侍卫眼见就要远离家乡，很多人不愿走。于是谣言四起，军心动摇。

大臣吕颐浩见状，忙以君臣大礼晓谕侍卫，又许下好处："凡护驾上船的人，一律晋升五级。届时在大家签名上盖官印为凭，到江南后兑现。"

大家听后，慢慢安静下来，陆续护卫宋高宗上船南渡。吕颐浩让大家各自签名，他往上盖官印。盖印时，吕颐浩将那些带头闹事的人倒过来盖印，协从者正过来盖印。到达建都临安（今浙江杭州），众人前去领赏时，吕颐浩根据印的倒、正一一或赏或罚，或升官或查办，一个也没有冤枉。

人生感悟

　　管理别人，要注意微细处，做得既秘密不被人觉察，自己又十分明白，胸中有数。

12.29　大度包容才能够成就大业

西汉末年王莽篡位，骄奢淫逸，民不聊生，很快就失去了民心。各路豪杰和农民起义军纷纷兴起，与王莽政权斗争。这其中就有刘縯、刘秀兄弟参与领导的起义军，他们打出匡复汉室的旗号，拥立族兄刘玄为帝，号更始帝。但是刘縯、刘秀兄弟威名日盛，越来越受人爱戴，引起刘玄的不安，一些依附刘玄的将领们开始劝刘玄除掉刘縯、刘秀兄弟。

这时刘縯手下的一些人不服刘玄当皇帝，就公开拒绝刘玄的任命，有的人还说："本来起兵图大事的是伯升（刘縯字伯升）兄弟，现在的皇帝是干什么的？"于是刘玄就借封刘縯部将刘稷为抗威将军而不受之故，把刘稷及为他说情的刘縯杀掉了。

刘秀担心刘玄下一步要对付自己，就赶紧到宛城请罪。刘縯的部下去迎接他，慰问他，他只是在公开场合下寒暄几句，表示过错在自己。但他不与这些人私下交流，不讲昆阳的战功，不为哥哥服丧，饮食言笑与平常一样，若无其事。刘玄见刘秀没有反对他的意思，感到有些惭愧，就拜他为破虏大将军，封武信侯。但刘秀每当独居，总是不喝酒、不吃肉，以此寄托哀伤。就这样，表面上他顺从刘玄，暗地里却开始谋划大事，准备为兄长报仇。

公元23年9月，刘玄的军队相继攻下长安和洛阳。刘玄打算以洛阳为皇都，便命刘秀先行前往整饬吏制。刘秀到任，安排僚属，下达文书，从工作秩序到官吏的装束服饰，全恢复汉朝旧制。当时，关中一带的官员赶来迎接皇帝刘玄去长安。他们见到刘玄的将领们头上随便包一块布，没有武冠，有的甚至穿着女人衣裳，滑稽可笑，没有庄重威严的样子，但刘秀的僚属却是仪容整齐。一些老官员流着泪说："没想到今天又看到了汉朝官员的威仪！"他们纷纷对刘秀产生敬佩心理。

在当时全国独立称王的有10多个集团。王莽拥有从洛阳到长安的地盘。更始帝及所属绿林，由今日之湖北西北通过河南西南向这一地区前进。山东的赤眉军，也自青州、徐州向西觊觎同一地区。

后来刘玄派刘秀去"关东"整顿吏治，那里有王郎称帝。王郎原本是以占卜为生，但现在也假称自己是汉成帝的儿子，自立为汉帝，起兵攻取州郡，一时很有声势。刘秀初抵邯郸时力尚未丰，只能采取迂回战略，向定县蓟州各处，一路以劝服征伐等方式，集合了几万人的兵力，于次年春夏之交，才回头拔邯郸诛王郎。后来刘秀集结兵力，经过数番激战，最后合围巨鹿，使敌人分兵，最后一举攻取了邯郸。

王郎战败被杀，结束了皇帝梦。刘秀收查他的往来文件书信，发现里面有手下官员们写给王郎的上千封书信，内容很多是诋毁和诽谤刘秀的，甚至有出主意剿杀刘秀的。左右劝他严加追查，好一网打尽，刘秀未置可否。

一天，刘秀把官员们召集在一处，点起炉火，火光映照在士兵们的刀枪上，显得威严而肃穆。那些与王郎暗中往来的官员都惶惶不可终日，脸色苍白。他们知道一旦追究起来，即使不被杀头，也会被关进深牢大狱。胆小的人开始瑟瑟发抖，胆大的也开始后悔没有早些逃走。

刘秀却是一副若无其事的样子,他让士兵把那些信都扔进火炉,看着书信燃烧成灰烬,然后说:"现在大家可以安心了。"

官员们都拜伏在地上,庆幸自己逃过了一劫,同时也很感激刘秀放过他们。从此以后,再也没有人敢对刘秀有二心了。

就这样,刘秀以他的谋略和宽容收服了人心,实力渐渐增强,最后不仅灭掉刘玄为兄长报了仇,而且成为东汉的开国皇帝。

人生感悟

所谓得人心者得天下,与其把人们赶到与自己为敌的一方,还不如对他们施以德行,以收为己用。但这不是寻常人能做到的,只有那种明了事物运转规律,明了顺应自然的道理的人才能真正做到。

12.30 人生是一个逐渐修养的过程

据史料记载说,"曾国藩一生三变,书字初学柳宗元,中年学黄山谷,晚年学李北海,而参以刘石,故挺健之中,愈饶妩媚。"这是说他习字的三变。

"其学问初为翰林词赋,即与庸镜海太常游,究心儒先语录,后又为六书之学,博览乾嘉训诂诸书,而不以宋人注经为然。在京为官时以程朱为依归,至出而办理团练军务,义变而为申韩。尝自欲著《挺经》,言其刚也。"这里说的是他学问上的三变。

纵观曾国藩一生的思想倾向,他一直是以儒家为本,并杂以百家为用,各家思想在他的每个时期几乎都有体现。但是随着形势、处境和地位的变化,各家学说在他思想中体现的强弱程度又有所不同。

曾国藩的同乡好友欧阳北熊认为:曾国藩一生的思想也有三变。早年在京城时信奉儒家,治理湘军、镇压太平天国时采用法家,晚年功成名就后则转向了老庄的道家。这个说法大体上描绘了曾国藩一生三个时期的重要思想特点。

曾国藩扎实的儒家功底,是在京做官时打下的。他用"程朱理学"这块敲门砖敲开了做官的大门之后,并没有把它丢在一边,而是对其进行了深入研究。又由于受到唐鉴等理学大家的指点,他在理学素养上更是有了质的飞跃。

曾国藩不仅对理学证纲名教和封建统治秩序的一整套伦理哲学,如性、命、理、诚、格、物、致、知等概念有深入的认识和理解,而且还进行了理学所重视的身心修养的系统训练。

这种身心修养在儒家来说是一种"内圣"的功夫,通过这种克己的"内圣"功夫,最终达到"治国平天下"的目的。

人生感悟

一个人要想实力强大,求得发展,并非一日之功,而是一个慢慢积累的过程,需要与时代的节奏同步,与环境的变化同步。

12.31 机遇来时不可优柔寡断

楚汉相争之时,韩信的实力已经不容小觑,他完全可以左右楚汉的胜败。辩士蒯通便对韩信说:"当今楚汉二王的命运掌握在你手里,你投靠哪一方,哪一方就会胜。我愿为你献计献策,帮助你得到最大的利益。目前,你占领着齐国的地盘,如果你从燕赵两地空虚的地方出击,就能控制汉楚的后方。这个时候,你若能满足天下百姓的愿望和要求,天下人就会投奔你而来。顺势者昌,逆势者亡,机遇来了不去把握,自己可能会遭殃。希望你慎重考虑啊!"

从当时的时局来看,韩信有足够的实力称霸。但他对此犹豫不决。不久蒯通再次劝说他:"计谋大事在于时机,时机一旦错过,想要保住安稳的位子就很难了。面对机遇要果断作出反应。否则就会错失良机、追悔莫及啊。若只看重小小的计谋,就会失去掌控天下的大局面,如果看清楚了局面,却不敢去做,就是百事的祸害。猛虎的犹豫不决,不如蜂虫的致螫;良马不前,不如驽马安步。虽然有舜禹那样的智慧,却默默不语,那就不如聋哑人的手势指点。功劳难成,却容易毁败;时机难得,却容易失去。时机一旦失去就不会再来了,但愿你认真考虑吧!"

然而韩信仍然在犹豫,他不能下决心背叛刘邦,最后终被刘邦杀害。

人生感悟

当机立断,指的是认准行情,深思熟虑后的果敢行动,而不是心血来潮或凭意气用事的有勇无谋。